帝国と遊牧民

近世オスマン朝の視座より

岩本佳子
Keiko Iwamoto

京都大学学術出版会

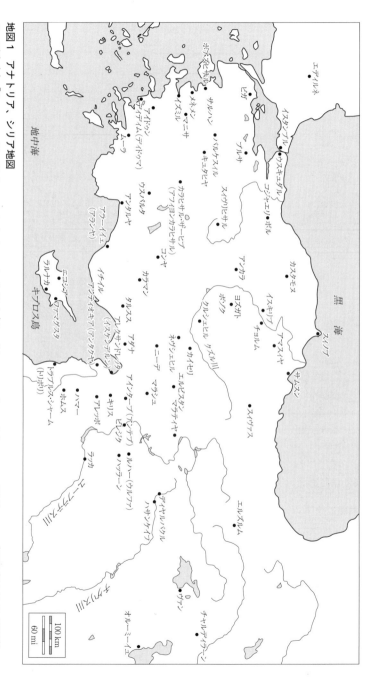

地図1 アナトリア、シリア地図
ウェブサイト「d-map.com, Map Turkey, coasts, hydrography (white)」http://d-maps.com/carte.php?num_car=699&lang=en（2018年6月13日閲覧）より著者作成。

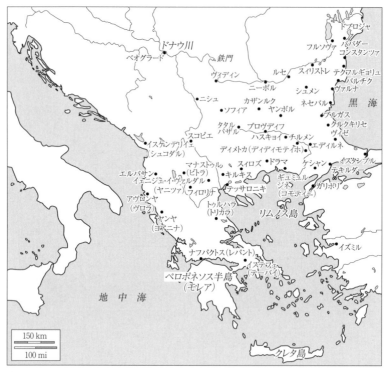

地図2 バルカン半島地図
ウェブサイト「d-maps.com Balkans coastas, hydrography (white)」http://d-maps.com/carte.php?num_car=2069&lang=en（2018年6月13日閲覧）より著者作成

目　次

凡例　1

序　章　オスマン朝と遊牧民 …………………………………… 5

  1　オスマン朝と遊牧民──なぜ、今、オスマン朝の遊牧民に着目
    するのか？　7
    1　現代世界とオスマン朝、そして遊牧民　7
    2　「オスマン朝の遊牧民」に着目することで何が分かるか　14
    3　本書のねらい　19
  2　遊牧と遊牧民とは何か　21
    1　遊牧と定住──曖昧な境界　21
    2　オスマン朝における遊牧民の定義とその内容　25
  3　オスマン朝における遊牧民をめぐる研究動向　28
    1　オグズ二十四氏族とアナトリアのテュルク化研究　29
    2　遊牧民の生業、居住地分析　31
    3　遊牧民の定住化　34
  4　史料と研究手法　41
    1　枢機勅令簿、その他各種命令を記した文書・帳簿史料　42
    2　租税調査台帳、その他財務帳簿史料　44
    3　法令集　46
    4　その他の資料　47
  コラム1　「アルプスの少女ハイジ」は遊牧民？　49

第Ⅰ部　バルカン半島における奉公集団的「遊牧民」　51

1章　ルメリのユリュクとタタール、そしてミュセッレム … 59

  1　奉公集団とは何か　61

2 オスマン朝のバルカン半島征服とルメリのユリュク、タタールの起源　62

　1　ルメリのユリュク　62

　2　ルメリのタタールの成立　66

3 奉公集団制度の成立とその管理体制　70

　1　ルメリのユリュク　70

　2　ルメリのタタール　77

4 奉公集団の奉公内容とその実態——枢機勅令簿の分析を中心に　80

　1　ルメリのユリュク　81

　　（1）戦役への参加　82／（2）城塞の建造、補修　83／

　　（3）大砲の運搬　84／（4）鉱山での労役　86／

　　（5）砲弾の製造　86／（6）城塞の防衛　86／

　　（7）船の建造、修理　87／（8）橋の建造、補修　87／

　　（9）水道の建造、補修　87

　2　ルメリのタタール　94

5 奉公集団の土地利用と生産活動——租税調査台帳の分析を中心に　99

　1　ルメリのユリュクが支払う税——免税特権はいつ適用されたのか？　99

　2　ルメリのユリュクの生産活動、土地利用　101

　　（1）セラニク県の事例　102／（2）ヴィゼ県の事例　103／

　　（3）トゥルハラ県の事例　105／（4）エディルネ県の事例　106

6 奉公集団から担税者へ——17世紀におけるルメリのユリュク、タタール、ミュセッレムの変容　109

　1　コジャジュク・ユリックの事例　110

　2　セラニク・ユリックの事例　113

　3　その他のユリックとの比較　118

　4　消え去った奉公集団——ルメリのタタールの事例　126

　　（1）ヴィゼ県の事例——タタールによる農耕　126／

(2) スィリストレ県の事例──「屯田兵」としてのタタール集団　128 ／

　　　(3) ユリュク・タタール台帳に見るルメリのタタールの各集団　131

　5　「担税者」となった奉公集団

　　　──ルメリのミュセッレムの事例　136

　　　(1) ルメリのミュセッレムはいつ廃止されたのか　141 ／

　　　(2) ルメリのミュセッレムの存続と変容　144 ／

　　　(3) 奉公集団としてのルメリのミュセッレム　145 ／

　　　(4) 奉公集団から担税者へ　149

　小結　152

　コラム2　テッサロニキのアタテュルク博物館とルメリのユリュク　157

2章　征服者の子孫たち……………………………………159

　1　ルメリのユリュクから征服者の子孫たちへ　161

　2　征服者の子孫たちの役割とその変容　170

　3　免税特権から見た征服者の子孫たちとその変容　175

　小結　186

　コラム3　オスマン朝はまだ生きている？──2012年の路上の嘆願書書き　188

第Ⅱ部　遊牧民の定住化　191

3章　16世紀における遊牧民の定住化……………………193

　1　遊牧民から農民へ？──ボゾク県における遊牧民の定住化をめぐる考察　195

　　1　法令集におけるボゾク県住民の認識の変化　197

　　2　租税調査台帳におけるボゾク県住民認識の変化──記載方式

の観点から　201
　　　（1）記載方式の変遷に見る住民認識の変化の変遷　202／（2）担税額の変遷に見る住民認識の変遷　206
　　3　租税調査台帳における部族集団ごとの担税額の変遷と部族集団認識の変化　210
　　　（1）部族集団別の担税額の変遷　210／（2）村および耕作地別の担税額の変遷　215
　　4　小結　217
　2　遊牧民であり続けた農民——アダナ県における農耕の拡大と遊牧民の存続　218
　　1　租税調査台帳の記載形式と部族集団、村、耕作地　221
　　2　税制とジェマアト名分類の存続　228
　　3　住民の流動性とジェマアト・耕作地　230
　　4　小結　232
　　コラム4　見やすい史料、見にくい史料——史料調査の悲喜こもごも　234

4章　シリア北部への遊牧民定住化政策 ……………………237

　1　定住化政策の発端——等閑視から問題視へ　243
　2　定住化政策の内実　246
　　1　同一地域内での定住化令　248
　　2　他地域からの定住化令　250
　3　何が両者を分けたのか？——定住化政策を強制された部族と免除された部族　252
　4　逃散する遊牧民とオスマン朝——定住化政策のもたらしたものとは　257
　小結　261

終章　オスマン朝にとって遊牧民とは何か、遊牧民にとってオスマン朝とは何であったのか……………………265

あとがき　277
参考文献　283
索引（人名・地名・事項）　317

凡　例

　オスマン語のラテン文字転写については、現在にいたるまで統一されたルールがないこと、トルコ共和国の歴史学会で一般的な、現代トルコ語で使われるラテン文字のみを用いた転写法では不十分なことに鑑みて、トルコ言語協会から出版された書籍で用いられるオスマン語転写法（一例として Kitab-ı Bâz-Name-i Padişahi: İnceleme, Metin, Dizin, p.12 を参照されたい）を本書では原則として採用した。すなわち、アラビア文字としては別の文字でも現代トルコ語の正書法では区別しない文字（h/ḥ/ḫ など）も、元綴を再現できるように区別して表記した。アラビア語、ペルシア語に由来する語は文字の示す母音の長短通りに、トルコ語由来の語は実際の発音に準拠して、母音の長短を表記した。長母音は、書名等をのぞいて、ā、ī、ū を用いて、現代トルコ語の正書法では見られないがオスマン語には見られるいわゆる「狭いエ」は é を用いて表記した。ただし、「ج」は c または ç で転写した。また、単語の語頭のアリフを「ʾ」で転写することは、煩雑になるために、原文でハムザが付されている箇所を除いておこなっていない。参照した文献名や参考文献からの引用部をのぞいて、オスマン語は、アラビア語やペルシア語起源の語も、現代トルコ語での発音に準拠してカナで表記した。（例　ラマザン ramażān、メフメト Meḥmed）現代トルコ語では「Anadolu」と円唇の u で表記される語がアラビア文字のヤー（ي）やアリフ・マクスーラ（ى）を用いて「Anaṭolı」と非円唇の ı で表されるように、現代トルコ語の正書法と原文のオスマン語のアラビア文字表記に違いがある場合、ラテン文字転写は原文のアラビア文字表記に準拠した。オスマン語のター（ط）は現代トルコ語では d となることが多いが、本書では一律に ṭ で転写した。また、ベイは beğ とラテン文字に転写した。現代トルコ語での発音、特に母音の長短の区別については、『岩波イスラーム辞典』に項目がある用語については『岩波イスラーム辞典』に、ないものについては『トルコ言語協会発行トルコ語辞典』に準拠した。ただし、「ルメリ」、「カーディー」、「ヤークーブ」、「ダーウード」、「ユースフ」などの一部の語は慣例のカ

1

凡　例

ナ表記に従った。

　原文の誤記や正書法と異なる箇所には［*sic*］を付した。また、著者による補足には［　］を用いた。現代トルコ語の表記は現代トルコ語の正書法に準拠した。ラテン文字を用いて併記される原語は、原則としてオスマン語もしくは現代トルコ語であるが、それ以外の言語やどの言語か紛らわしい場合は、英語は（eng.）、フランス語（fr.）、ブルガリア語（bul.）、ルーマニア語（rom.）、アラビア語（ar.）、ペルシア語（per.）、トルコ語（tr.）と略号を併記した。

　史料原文での固有名詞表記を尊重するために、また、現在の地域区分とオスマン朝時代のそれが必ずしも一致するわけではないことを考慮して、地名は原則オスマン語での表記を採用した。ただし、すでに日本語の表記が定着している一部地名については、初出の場合のみカタカナで慣例となっている表記、続けてオスマン語のラテン文字転写表記を記し、以降は慣例の表記のみを記した。また、オスマン朝時代の県名や固有名詞等は、原則として、オスマン語名を用いた。

　年月日は、「ヒジュラ暦／西暦（グレゴリオ暦）」とスラッシュを用いて表記した。西暦はグレゴリオ暦制定および採用以前の時期であってもグレゴリオ暦で表記した。ヒジュラ暦の西暦への換算には、ウェブサイト http://www.ttk.gov.tr/genel/tarih-cevirme-kilavuzu/（2018年4月18日閲覧）を利用した。

　史料の典拠は、文書に書かれた命令番号（hkm.no.と略記）、フォリオ数（fol.で表記）、ページ数を用いて表記した。必要に応じて註番号（n.で略記）も表記した。ただし、必要な場合をのぞいて、ページ数は「p.」、「pp.」を省略して記した。また、本書では、2011年にヤプクレディ出版から刊行されたエヴリヤ・チェレビ著『旅行記』のラテン文字転写版10巻本を2巻に合冊した版を用いたが、出典の表記は、スラッシュの前に合冊前の巻数を、スラッシュの後にそのページ数を記している。ネシュリー著『世界の鑑』については、スラッシュの前に写本に書かれたページ数を、スラッシュの後にラテン文字転写の刊本のページ数を記している。

凡 例

　少なくとも 16 世紀以降は、当代のオスマン朝君主を行政文書で示す際は「パーディシャー pādişāh」の語が用いられたこと、一般にオスマン朝の君主を指す際に用いられる「スルタン」の語は、女性を含むオスマン家の親族やオスマン朝の高官を指して用いられ、花押に相当する図案化されたオスマン朝君主の署名であるトゥーラ tuğra では「スルタン」ではなく「ハン」の語が用いられたことに鑑みて、本書では史料の引用部をのぞいて、オスマン朝の君主を「スルタン」ではなく「君主」と表記した[1]。

---

1) 行政文書に登場する「スルタン」の語が、オスマン朝君主を原則として指し示さないことは半世紀以上前に既に指摘されている［Uzunçarşılı 1943(1988); 髙松 2005: 岩本 2017］。オスマン朝の君主が帯びる様々な称号や呼称をめぐっては、いわゆるスルタン＝カリフ制を中心に種々の観点から研究が発表され、オスマン朝や他王朝に見られる君主の称号や呼称が考察され、そこに表象される正統性や機能について議論がなされてきた［Buzpınar 1994; Sourdel 1997; Imber 1997(2009): 98-111; Karateke 2005: 23-32; Kołodziejckzyk 2002; Yılmaz 2018; クロー 1992 (2002): 28-31, 446, n.21; 斉藤 1970; 岩本 2017; 小笠原 2017: 50-51, 57, n.33; 長谷部 2017: 7-10］。

序章
オスマン朝と遊牧民

トラキア平原に位置するヴィゼ市の小アヤソフィア・モスク。ビザンツ帝国時代に建てられた教会がオスマン朝によるヴィゼの征服後、モスクに転用された。ヴィゼの城跡に続く道の途中に位置する（著者撮影）

1 オスマン朝と遊牧民
——なぜ、今、オスマン朝の遊牧民に着目するのか？

1 現代世界とオスマン朝、そして遊牧民

ソフィアのバーニャ・バシ・モスク
（著者撮影）

　東欧、バルカン半島の諸国の1つであるブルガリア共和国の首都ソフィアの中心部セルディカ地区には、1つのモスクがある。こう書くと、近年のヨーロッパへ押し寄せるイスラム教徒（ムスリム）難民や移民の問題が想起されるが、ブルガリア語で「バーニャ・バシ・モスクБаня баши джамия」と呼ばれるこのモスクは、もっと古く、ブルガリアがオスマン朝（ca.1300-1922）[1]の支配下にあった14世紀から19世紀にいた

---

1) オスマン朝を指す際にかつてしばしば用いられた「オスマン・トルコ」という語は、統治エリート層に多くの非トルコ系の出自を持つ人々が参画し、バルカン半島、中東、北アフリカに住む多言語・多宗教・多文化の諸集団を支配した国に、「トルコ人の民族国家」との偏ったイメージを与えかねないという問題をはらんでいる。したがって、19世紀以降、事実上の準公用語として広く用いられたフランス語での自称「l'Empire ottoman」や現代トルコ語での呼称「Osmanlı

る時代の産物である。ブルガリア第二の都市プロヴディフには地域のイスラム教徒を管轄する公的機関があり、そこには現在もトルコ語で「フィリベ・ムフティー局 Filibe Müftülüğü」の看板が掲げられている[2]。プロヴディフから南東に下ったトラキア平原の町ハスコヴォ[3]には、今も相当な数のトルコ系ブルガリア人が住んでいる。そこでは、トルコ語を話す老人が、町のモスクに集まり「アレイキュムッセラーム（あなたに平安あれ）」とムスリム共通の挨拶の言葉をトルコ語訛りで交わしている光景が広がっている。ブルガリアのトルコ系住人であったナイム・スレ

İmparatorluğu」を邦訳した「オスマン帝国」という呼称が、少なくとも学術領域では一般化しつつある［鈴木董 2000: 116-23; 林 2008: 13-23］。ただし、オスマン朝内外の諸言語で、その国家を、［東］ローマ／ビザンツ帝国に由来する「ルーム Rūm」（なお、現代のトルコでは、トルコやキプロスなどの、ギリシア共和国領外に住むギリシア系住人を「ルム Rum」と呼んでいる）とならんで「トルコ」と呼ぶ例が見られることも事実である［Kafadar 2007; Yılmaz 2018: 10-14; 277-86］。オスマン朝の非トルコ性やトルコ人に対する侮蔑意識を示す傍証として、オスマン朝で、中央政府において事実上の第一公用語もしくはある種の「文明語」として用いられた、アラビア文字で表記され、大量のアラビア語、ペルシア語の語彙と文法要素が混じり合ったオスマン・トルコ語（オスマン語と本書では呼ぶ）［鈴木 1993（2007）: 119-47］では、「不潔なトルコ人 etrāk-ı nā-pāk」などの表現が用いられたことが、たびたび言及される。しかし、このような表現は「強情なアルバニア人 Arnavud-ı 'anūd」など他の集団にも用いられた言葉遊びを兼ねたクリシェでもあったことにも留意する必要があろう［Evliya Çelebi: 1/76, 4/163; Dankoff 2004: 63-65］。オスマン朝の非「トルコ」性については、なぜ、支配エリートの自己認識に「トルコ」の要素が乏しかったにもかかわらず、被支配者や他国はこの国家をしばしば「トルコ」と呼んでいたのかという観点からのアプローチも求められよう。なお、19 世紀以前には、近代的なオスマン朝の正式な国号は明確な形では定まっておらず、その国家や中央政府は「崇高なる王朝／国家 Devlet-i 'Aliyye」、「オスマン家の国土 memālik-i āl-i 'Oṣmānī」、「至福の門 Der-Sa'ādet」などと呼ばれていた。また、近代的な国民国家が成立する以前の時代において、オスマン朝に限らず、国家は多言語・多宗教・多文化の諸集団を支配することが通例であったこと、オスマン朝の君主号には、「パーディシャー」など「皇帝」と訳しうる語はあるものの、近代的な君主の正式な称号があったわけではないことなどに鑑みて、いかなる表記を用いたとしてもそこにある種の政治性や主張が生じうることを念頭に置きつつ、本書では、引用箇所や書名などをのぞいて、「オスマン朝」の表記を採用した。

2) http://www.grandmufti.bg/bg/glavno-menyu-rm/84-plovdiv.html （2018 年 6 月 9 日閲覧）プロヴディフのトルコ語名は、ギリシア語名フィリッポポリスに由来する「フィリベ」である。

3) トルコ語名はハスキョイ Ḫāṣṣköy。

イマノフ（d. 2017）が、後にトルコ国籍を取得してその姓をスレイマンオールと改め、ソウル、バルセロナ、アトランタ五輪と3度、重量上げ男子フェザー級金メダリストとなったことも、オスマン朝の影響が、バルカン半島において、ある種現在まで続いていることを示しているといえるかもしれない[4]。

　このように、ブルガリア南部、東部、そしてドナウ川一帯には、現在でもトルコ系住人がマイノリティとして居住している。トルコ共和国の建国にともない、1923年にギリシア・トルコ間でおこなわれた、ムスリムとギリシア正教徒の「住民交換 mübādele」によって、もはやトルコ系住民は存在しないと思われがちなギリシアにおいても、ギリシアの最東部に位置する西トラキア地方は住民交換の対象外とされたため、今でも多数のトルコ系住人の姿を目にすることができる。現在のトルコ共和国には、バルカン半島に自身のルーツを持つ、もしくはそのような意識を持つ人々も大勢おり、かつての「故郷」に関する書籍の出版や「里帰り」の旅に出かける人の姿は珍しいものではない[5]。

　視点をバルカン半島から中東に移すと、「欧州難民危機」とにわかに騒がれるようになったことで、世界の注目を集めることになった地域が、シリアとトルコである。シリアでは「アラブの春」を契機に泥沼の内戦が起こり、その終結は未だ見えないままである。そしてシリアと陸続きのトルコは、欧州が難民危機に陥る前から膨大な人数の難民が流入し、自らシリア内戦に介入したことで情勢の急速な流動化の渦中にある。ま

4）　http://www.sports-reference.com/olympics/athletes/su/naim-suleymanoglu-1.html （2016年8月6日閲覧）。

5）　一例をあげると『住民交換前後の新旧地名による北ギリシア地名地図 Mübadele Öncesi ve Sonrası Eski ve Yeni Adları ile Kuzey Yunanistan Yer Adları Atlası』が、2010年にイスタンブルで「ローザンヌ交換住民ワクフ Lozan Mübadilleri Vakfı」という財団から刊行された。2017年には、ギリシア北部の町ヤニツァ（トルコ語名イェニジェ・イ・ヴァルダル Yeñice-yi Vardar もしくはヴァルダル・イェニジェスィ）に残る、オスマン朝初期に活躍した武将ガーズィー・エヴレノス・ベイの墓廟で「郷愁の両面：住民交換における家族の物語」と題する住民交換の対象となったギリシア、トルコ系双方の家族のライフヒストリーの小規模な展覧会が開催された。http://www.lozanmubadilleri.org.tr/video-galerisi/hasretin-iki-yakasi-sergisi-yenice-i-vardar-gazi-evrenos-bey-turbesinde-acildi/ （2017年4月17日閲覧）。

た、そのトルコとシリアや周辺のイラン、イラクの国境をまたいで居住地が広がっているのが、時に「国家を持たない最大の少数民族」と呼ばれるクルド人である。さらに、シリア内戦をめぐって、クルド人が世界の耳目を集めるかたわら、シリア内戦関係のニュースの片隅に「トルクマーン」と呼ばれる人びとがしばしば登場する。トルクマーン人やその支援者により、内戦下のシリアでの「戦果」を誇る写真や映像が SNS 上にはしばしばアップロードされているが、そこで、右手の親指、中指、薬指をくっつけて前に伸ばし、小指と人差し指をピンと上に向けて伸ばすというポーズを目にした方もいるかもしれない。日本でこのポーズをすれば、「影絵のキツネ」を作っておどけているようにしか見えないが、実はこのポーズは、トルコでは「テュルク民族の象徴」とされる灰色の狼 bozkurt を表すものである[6]。シリアにいるトルクマーン人の少なくとも一部は、自身をオスマン朝の崩壊にともなってトルコとシリアの間に現在の国境線が引かれた際にシリア側に取り残されたトルコ人とみなしており、自らのアイデンティティをトルコやテュルク民族に帰して、トルコ等の国外の「同胞」に訴えかけることで、内戦下のシリアでの生存を図っていることが、ここからうかがえよう。

　ブルガリアのモスクやシリアの灰色の狼ポーズの例のように、バルカン半島から中東にいたる広大な地域を支配したオスマン朝の歴史が、現

---

6) ［小松編 2016］http://warontherocks.com/2016/01/a-cause-for-all-turks-turkey-and-syrias-turkmen-rebels/（2016 年 8 月 6 日閲覧）トルコ語で「トルコ人」を意味する Türk という語は、主にトルコ共和国に住んでおりトルコ語を母語とする人びとと、ユーラシアの東西に広がるテュルク系の諸言語を母語とするテュルク系諸民族の両方を指す。英語では、前者を Turkish、後者を Turkic と呼んで区別する。このような区別はフランス語やロシア語など他言語にもある。日本語でも、前者に「トルコ」、後者に「テュルク」、「チュルク」、「トゥルク」といった語をあてて区別する用法がある。本書では、書名や引用部を除いて原則的に、トルコ共和国に主に住んでおりトルコ語を母語とする人びとを指す場合には「トルコ」、より広く、テュルク系の諸言語のいずれかを母語とする、もしくは自らがテュルク系に属するという意識を持つ、または他者にテュルク系の人びとであると認識されていたと史料から推察される集団を指すときには、「テュルク」を用いた。なお、テュルク諸語を母語とするテュルク系民族には、日本人と外見がほぼ変わらない人も多いカザフ人やクルグズ（キルギス）人から、いわゆる「白人」型の彫りの深い顔立ちが一般的なトルコ人まで含まれる。

序章　オスマン朝と遊牧民

トルコ共和国の首都アンカラにて、「灰色の狼」ポーズをとるテュルク民族主義者の政治集会（著者撮影）

在の世界情勢にも関係していることは、近年、当該地域の研究者のみならず世間でも知られるようになってきた。しかし、上記の例はただオスマン朝の「遺産」というだけではない。そこには、オスマン朝とともに遊牧民の存在が関わっている。

　トルコ系住人が今でも住む上記のソフィアやプロヴディフ、ハスコヴォといったブルガリアの町は、オスマン朝の支配下でアナトリア西部[7]からバルカン半島に移住した、もしくはそのように史料で語られるテュルク系遊牧民の「ルメリ Rūméli のユリュク yörük ／ yürük」と呼ばれた人々の居住地であった。そして、そのルメリのユリュクをもとに17世

---

[7] オスマン朝時代に「アナトリア」がトルコ語に転訛した「アナドル」の語で呼ばれた範囲は、現代トルコ語の「アナドル」よりも狭い範囲を指していた。現在のトルコでは「アナドル」はトルコ共和国のアジア側領土全域を指して用いられるが、オスマン朝において、少なくとも20世紀までは、エーゲ海岸からアンカラにいたる地域を「アナドル」と呼び、アンカラより以東は、「ルーム」、「デュルカディル」、「クルディスタン」と「アナドル」とは別の地域として扱うことがたびたび見られた［Kafadar 2007］。本書では、「アナトリア」と表記した場合は、現在のトルコ共和国のアジア側領土にほぼ相当する地域を指すものとする。一方、「アナドル」や「アナドル州」は、上記の「アナトリア」の西部地域を指すものとする。

紀には、「征服者の子孫たち evlād-ı fātiḥān」と呼ばれた軍団が創設された。そして、このルメリのユリュクが多数居住していたブルガリア南部、東部には、現在でもトルコ系住人がマイノリティとして住んでいる。他方、現在のトルコでは、ルメリのユリュクや征服者の子孫たちの語は「トルコ民族のバルカン半島における栄光の歴史」と結びつけられて捉えられてすらいる[8]。一方、シリアではオスマン朝政府は 17 世紀末から、多数のテュルク系、クルド系の遊牧民を、ラッカ Raqqah（ar.）、Raḳḳa（tur.）市を中心としたシリア北部地域の開発目的で定住させることを試みた。現代のシリア内戦のプレーヤーとなっているクルド人やトルクマーン人の起源の 1 つには、オスマン朝が 17 世紀から 18 世紀にかけておこなった、このシリア北部への遊牧民の定住化政策がある。このように、オスマン朝の遊牧民の歴史は、バルカン半島やシリアの現在ともつながっているのである。

　もちろん、現在のブルガリアのトルコ系住人やシリアのトルクマーン人やクルド人が、すべてオスマン朝治下の遊牧民の子孫であるわけではない。当然のことながら、19 世紀以降の民族意識の覚醒と国民国家の形成を目指すナショナリズムの醸成とその発露、そして戦争や国境の変化、国民国家の形成と国民統合にともなう難民や移民の発生といった、まさに近代に起こった出来事や変化が、現代のバルカン半島やトルコ、シリアといった中東地域における複雑な宗派や民族構成とそれにともなう諸問題の主たる原因である。しかし、近代以降に、民族意識を醸成し称揚するために、過去の歴史の「好ましい」部分を取り出して組み上げ

---

8) http://www.kayserigundem.net/haber/12423/mhpli-halacoglu-suriyeliler-cumhurbaskanin-in-esi-istedi-diye-mi-vatandasliga-alinacak.html （2018 年 6 月 8 日閲覧）この記事でインタビューに答えている Y. ハラチュオールは、トルコ歴史協会 Türk Tarih Kurumu（TTK）の会長を務めた歴史研究者であり、インタビューが行われた 2016 年当時は、テュルク民族主義を掲げる右派政党の民族主義者行動党 Milliyetçi Hareket Partisi（MHP）所属の国会議員であり、2017 年からは、同じくテュルク民族主義の右派政党である優良党 İYİ Parti [sic] に所属している。なお、優良党の名称とシンボルマークには、「良い iyi」というトルコ語と、トルコ人そしてオスマン家の祖とされるオグズ Oğuz 二十四氏族のカユ Kayı 氏族の印章／タムガがかけられている。

ることで形成されたある種の「民族の神話」が「歴史」として広がっていったことを相対化し、そのような「神話」が組み上げられる前の時代や世界は、どのような状況にあったのか、すなわち、近世[9]期からどのような歴史を経て現代の世界が成立していったのかを探ることは、まさにナショナリズムとセクショナリズムに基づく諸集団の衝突が、甚大な被害をもたらしているシリア内戦やクルド人問題の例を引くまでもなく、歴史を客観視して、現代世界をより深く理解し、諸集団の共存を探っていく上で必要かつ有益であろう[10]。このように、近世におけるオスマン

9) オスマン朝のみならず、中東地域その他での時代区分については様々な議論があるが、さしあたって、本書では、オスマン朝において、同時代に作成された文書などの史料がまとまった数で現存する15世紀以降から、19世紀に近代化を目指してタンズィマート改革が始まるまでの時代を考察の対象とする。15世紀から16世紀に至る時期は、中央集権的な官僚制とティマールもしくはディルリク制と呼ばれる徴税権分配制度に基づく、オスマン朝の国家機構や諸制度が確立された時期とされ、H. イナルジュクの *The Ottoman Empire: The Classical Age 1300-1600* に見られるように「古典 classical 期」としばしば評される［İnalcık 1973 (2000)］。オスマン朝史研究においては、16世紀以降の古典期以後の時代、いわば「ポスト古典期」を、古典期に確立した支配のしくみが崩れていった「衰退期」と見なす見解が長らく支配的であった。しかし、17世紀から18世紀を、単に「衰退期」として捉えるのではなく、社会や経済の変化に合わせてオスマン朝の国家機構や統治のしくみが柔軟に変化していった時期として見直す見解が、L. T. ダーリングらにより提唱された。また、B. テズジャンは、16世紀末から19世紀初頭までのオスマン朝を、イェニチェリ軍団を通してムスリム成人男性へ政治参加への道が開かれ、シャリーアを通じてウラマー層による君主権力の制限が可能となった「第二帝国」と見なすラディカルな見解を世に問うた［Darling 1993: Tezcan 2010 (2012)］。本書も、「ポスト古典期」を単に「古典期からの衰退の時代」とはせず、社会や経済の変化に合わせてオスマン朝の遊牧民に対する統治や支配のしくみが変化した時期と見なして議論を進めていく。そして、オスマン朝史におけるこのような「古典期」、「ポスト古典期」の双方にまたがる時代を、本書では便宜的に「近世 early-modern」と呼ぶこととする。このような「近世」のオスマン史における活用の例としては、『近世イスラーム国家史研究の現在』や *The Second Ottoman Empire: Political and Social Transformation in the Early Modern World* などに見られる［Tezcan 2010 (2012); 近藤編 2017］。
10) たとえば、現在は民族名として用いられるクルド、テュルクメン／トルクマーン、さらにはアラブといった語は、近世のオスマン語で書かれた文書史料においては遊牧民もしくは部族民を意味することもある語であり、その集団の帰属や民族意識、母語を必ずしも意味するわけではない。そのために、史料では、「クルドのテュルクメン Türkmān-ı Kürd」、「テュルクメンのクルド Ekrād-ı Türkmān」、「アラブのテュルクメン 'Arab Türkmānı」といった表現すら登場する。このこと

朝と遊牧民の歴史を考察することは、現代においても充分な意味を持ちうるのである。

2 「オスマン朝の遊牧民」に着目することで何が分かるか

今日、世界各地で人口爆発による環境問題が生じたことを受け、人文・社会科学の諸分野でも人類と自然環境との共生への関心が高まっている。そこで、家畜を率いて季節ごとの移動生活を送り、牧草などの土地の資源を使い尽くさないことで、一定地域に留まって牧畜や農耕をおこなうには気候や植生条件が不適な土地の利用を可能とし、巧みに自然と共生してきた遊牧民への関心も高まりつつある[11]。

また、近代以前の時代においては、遊牧民は優れた騎馬技術を活かして騎兵として活躍することが多数の地域で見られた。「騎馬民族」の嚆矢とされるスキタイ、サルマタイの時代から、洋の東西を問わず、騎馬遊牧民の優れた騎乗技術と弓術は強力な軍事力の源の1つであった。その優れた軍事力は、大征服の実施と大帝国をうちたてることにしばしば結びついた。「中国大陸」においては騎馬遊牧民の「征服王朝」、「イスラーム世界」においては、マムルーク軍団の活躍やモンゴル帝国の大征服[12]といった事例がそのことを示している。

しかし、時代が下るにつれ、そのような状況に変化が見られる。例えばオスマン朝では、草創期に西アナトリアの遊牧民などから創設されたとされるヤヤ yaya、ミュセッレム müsellem 軍団が、火砲や火器を装備した歩兵のイェニチェリ軍団に常備軍の地位を取って代わられたという伝承[13]が象徴的に示すように、火薬を使った武器の出現は、騎馬遊牧民

をもって、しばしば、テュルク民族主義者は「クルド民族という民族は存在せず、クルド人はトルコ人の一部である」と主張し、逆にクルド民族主義者は「トルコ人とは違い、クルド人は古代から連綿と一つの民族としてクルディスタンに居住し続けていた」と訴えようとする。当然ながら、著者はこのような双方の言説に与しない［Halaçoğlu 1996; 2009（2011）: xxiv-xxv; Büyükcan Sayılır 2012: 577］。

11) ただし、遊牧が必ずしも「環境にやさしい」わけではなく、家畜の過放牧による植生の破壊や砂漠化など自然環境に負の影響を及ぼすことも、しばしば見られる。
12) 詳しくは、［林 2007; 雪嶋 2008; 杉山 2008; 川本 2013］などを参照されたい。

の軍事的プレゼンスを徐々に脅かすことにつながった[14]。

このような火砲を装備した常備軍が登場し、火器が戦場の主役になっていくという流れは、オスマン朝に限られたわけではない。ユーラシアや中東地域に限った場合でも、16 世紀のイランで成立したサファヴィー朝は、初期はテュルク系遊牧民の軍事力を、クズルバシュ／キズィルバーシュ Kızılbaş (tur.), Qizilbāsh (per.) 軍団として取り込むことで強大な国家を作り上げた。しかし、現在はイランの西アーザルバーイジャーン州に位置するチャルディラーンの地で行われた、名高いチャルディラーンの戦いでオスマン朝軍に破れた後、紆余曲折を経て、サファヴィー朝は、コルチ軍などの火器を装備した常備軍を育成し、遊牧民の諸部族を国家権力の中枢から周縁化していった[15]。また、遊牧民の諸部族が群雄割拠する中央アジアからインド亜大陸へ進出したムガル朝においても、パーニーパトの戦いの挿話が示すように、火器の広範な導入がデリー征服への道を切り開く１つの要因となったことが知られている[16]。もちろん、遊牧民の部族連合から火器を装備した常備軍へという変化は、すべての地域で一律かつ不可逆的に進行したわけではない。遊牧民の機動力を活かした騎兵と火器は長らく併存していていた。17 世紀から 18 世紀の中央ユーラシアに登場したジューンガル帝国やアフガニスタンのドゥッラーニー朝の例が示すように、遊牧民の軍事力に立脚した国家は、ユーラシアで火器の登場後も誕生している[17]。そして、オスマン朝でも、19 世紀や 20 世紀の「改革軍 Fırḳa-yı Iṣlāḥiyye」や「ハミディイェ軍 Ḥamīdiyye Alayları」のように、遊牧民の部族長を通じて遊牧民の諸部族

13) ［Aşıkpaşazade: fol. 63a-64b, 86b-88a, 55-56, 75-76; Doğru 1990: 1-11; 鈴木 1992: 43-44］
14) 大砲や鉄砲にとどまらない、オスマン朝における火薬を用いた兵器の利用については［Parry 1986a; Chase 2003］を参照されたい。
15) ［永田・羽田 1998; 前田 2009］
16) オスマン朝、サファヴィー朝、ムガル朝において、火器が帝国の勢力拡大を促し、騎兵から銃装歩兵へ主戦力が移り、中央集権化が進むなど、国家の体制に変革がもたらされたという「火薬帝国」論については、以下を参照されたい［Pacey 1990(1991): 73-91; パーシー 2001: 123-51; 齋藤 2002］。
17) ［杉山 2008: 310-23; 小沼 2014］

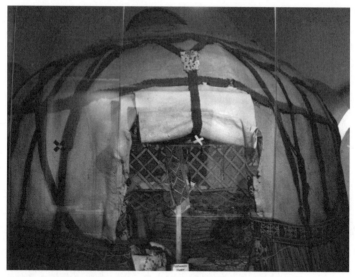

イスタンブルのトルコ・イスラーム美術博物館における「遊牧民のテント」の展示（著者撮影）

を軍事力として活用する試みは見られた[18]。

　それでは、火砲や火器が登場し、その軍事的プレゼンスが高まっていく近世期のオスマン朝において、かつて騎兵として活躍した遊牧民はどのような役割を国家に対して果たし、また国家は遊牧民に求めていたのであろうか。そして両者の関係は、近世のオスマン朝において、どのように変わり、または変わらなかったのであろうか。そして、遊牧という生産活動や遊牧民の存在そのものは、ユーラシア中部から環地中海世界、さらにはアフリカや南アメリカといった世界の各地で存在していた、または今でも存在しているものであり、そこには比較研究の可能性が充分にある。上述の諸問題の探求は、オスマン朝のみならず、他の王朝や地域の研究にも役立ちうるであろう。

　さらに、もとはギリシア語やアルメニア語、スラヴ諸語といったさまざまな言語を話すキリスト教徒が多数を占めていたアナトリアやバルカン半島が、中央アジアに起源を持つテュルク系遊牧民が同地に移り住み

18）　［Kodaman 1991; Kasaba 2009: 84-122; 2012（2013）: 17-22］

定住していったことで、ムスリムとキリスト教徒が共存する社会へ変わっていったように、遊牧民は、さまざまな世界を「越境」し「架橋」するある種の「境界人」として、その土地の社会や経済、さらには文化と歴史にも大きな影響を及ぼしてきた。そのような性質は、周辺の地域や国にも深く関係していた。クリミア・ハン国やその周辺の地域に居住するタタール Tatar はしばしば、オスマン朝とロシアやポーランド・リトアニア共和国の境域を越えて活動していた。ポーランド・リトアニア共和国につかえたタタールの兵士たち[19]や、モスクワ大公およびロシア皇帝の「白いハン」というペルソナの活用[20]、そして、オスマン家が断絶した際には、チンギス裔であるクリミア・ハンの一族からオスマン朝に君主を迎えるという伝承があったという挿話[21]に見られるように、境域をまたにかけるタタールの活動は、上記の国々の軍事のみならず経済や政治にも影響していた。それでは、タタールの例に見られるように、越境する遊牧民に対してオスマン朝はどのような政策を適用し、また対応していたのであろうか。オスマン朝の遊牧民をめぐる諸問題に取り組むことは、オスマン朝史研究のみならず、上記の周辺地域の諸帝国や諸国家との比較研究の可能性すら有しているのである。

オスマン朝では、元来は遊牧民が遊牧生活を送ることを禁止せず、むしろ、羊や山羊、牛や馬といった家畜、さらには皮革や獣脂、乳製品といった牧畜による特産物を税として徴収していた。このようにして、16世紀にはオスマン朝の総人口の6分の1近くを占めていた遊牧民は、オスマン朝の統治や社会の中に組み入れられ、その中でさまざまな役割をかつては担っていた[22]。しかし、このような遊牧民を活用する政策は、オスマン朝が近代化を進めるにいたって変化していった。最終的には、19世紀のタンズィマート改革以後には、遊牧民の移動性が高く、国家

---

19) ［濱本 2012; 川名 2013］
20) ［濱本 2009］
21) ［İnalcık 1991］
22) M. A. クックは、財務台帳を基に、1580年時点でのオスマン朝における遊牧民の人口を総人口の16パーセントと推計している［Cook 1972: 12-13; Murphey 1984: 191-92］。

の強固な管理や統制下に置きづらい点は、好ましくないものとされていった。1858 年の土地法 arāżī ḳānūnnāmesi に見られるように、オスマン朝領内の遊牧民に対する強制的な定住化と農耕の推奨政策が実施されるなど[23]、社会の中で遊牧民は「周縁化」されていった。結果、現在のトルコ共和国において、遊牧民は、「ユリュク祭り」、「ラクダ相撲」といった観光客向けのアトラクションや現代の人びとが先祖や歴史に思いをはせる「伝統文化」となり、今も牧草を求めて夏営地と冬営地を移動する遊牧民の実際の姿は、ほぼ見られなくなってしまっている[24]。

　このような対遊牧民政策の転換点が、先述の 17 世紀末のシリア北部地域への遊牧民定住化政策である[25]。このシリア北部への定住化政策は地域の民族構成や自然環境にも影響を与え、現代の地域社会や「中東情勢」とも深い関わりを持っている。しかし、この時期になぜそのような政策がとられたのか、この遊牧民定住化政策が、オスマン朝の社会や歴史にどのような影響を与えたのか、そして、定住化政策の対象となった遊牧民はどのような人々であり、各遊牧民の集団の間でどのような対応の違いがあったのか、こういった問題は未解明のままである。

　遊牧民は自ら文字記録を残さないことが多いため、王朝の建国や征服などの歴史的な事件との関係をあまり持たなかった遊牧民の歴史を研究することは容易ではない。しかし、中東からバルカン半島にかけて広大な領土を統治したオスマン朝では、15 世紀から 20 世紀にかけて軍事、政治、財務に関する膨大な行財政文書・帳簿[26]が作成され、それらが残

---

23) ［Egawa and Şahin 2007; Kasaba 2009; 2012（2013）］
24) ［Johansen 2005; Tuztaş-Horzumlu 2017; 松原 1983（2004）］http://www.haberturk.com / yerel- haberler / haber / 42503602-yoruk-kultur-senliginde-deve-guresleri-nefesleri-kesti （2018 年 6 月 8 日閲覧）一例をあげると、トルコ各地で現在行われている「ユリュク祭り」では、「伝統的な遊牧民のテント」として中央アジアの遊牧民の間で用いられる白い円形のテントがしばしば展示されている。しかし、人類学の研究や調査記録が示すように、アナトリアのユリュクは、実際には、酷暑と降水によく耐える黒い山羊の毛で編まれたテント地を垂直に立てたポールと張り綱で支える、非円形のテントを用いていた［Cribb 1991: 85-88, 102-04］。
25) ［Orhonlu 1987; Halaçoğlu 1988（2006）］
26) 一般に、文書と帳簿をまとめて「文書」と呼ぶことが多いが、「特定対象への情報伝達」を目的とする文書と、「情報照合機能」に主眼が置かれた帳簿には機能

されたために、小規模な遊牧民の集団であっても、その人口や生業などにせまる研究が、近代以前から可能である。

3 本書のねらい

そこで本書では、行財政文書・帳簿を主要史料として用いて、オスマン朝における遊牧民の諸集団の中で、バルカン半島におけるユリュク、タタール、征服者の子孫たち、そしてアナトリアやシリア北部におけるテュルクメン、クルドといった集団を取り上げる。本書で扱うバルカン半島、アナトリアそしてシリア地域は、15世紀もしくは16世紀からディルリク制もしくはティマール制と呼ばれる徴税権 dirlik 分配制[27]が適用され、オスマン朝の直接支配に置かれた地域である。バルカン半島には、オスマン朝の侵攻と征服により、遊牧民を含むテュルク系の人びとが住み着くこととなった。アナトリア、そしてシリアもまた、オスマン朝の直接支配のもとで、多くの遊牧民が居住していた地域である。これらの事例を通して、14世紀から19世紀初頭、オスマン朝の草創期からタンズィマート改革が始まる前の、主として近世期のオスマン朝を対象に、多言語・多宗教・多文化の諸集団を緩やかに統合し、支配したオスマン朝という帝国[28]と、その支配の下で存続した遊牧民の関係を考察し

や形態の面で差異がある。トルコ共和国の文書館では、オスマン朝において作成された文書を形態に応じて、紙葉状の「書類 evrak」と冊子状の「帳簿 defter」に二分している。本書では文書と帳簿を区別し、総称として「行財政文書・帳簿」の語を用いた［清水 2005; 髙松 2005］。アーカイブズ学的視点からの文書およびその整理原則や古文書学の概要については、以下を参照されたい［国文学研究資料館史料館編 1988: 53-57, 229-46; 大藤・安藤 1986: 120-34］。

27) 軍人・官僚に収入として割り当てられた徴税権を指す語。知行、封土、禄とも邦訳される。土地や耕作物に対する税のみではなく、遊牧民の支払う家畜関係の諸税やズィンミー（非イスラム教徒）の払うジズヤ税（人頭税）なども、ディルリクには含まれる。保有する徴税権の金額に応じてティマール tīmār（2万アクチェ未満）、ゼアメト ze'āmet（2万アクチェ以上10万アクチェ未満）、ハス ḫāṣṣ（10万アクチェ以上）の三種類に大別され、徴税権と引き換えに遠征への従軍・奉仕義務を負っていた。ティマール受給者はスィパーヒー sipāhī（「騎士」の意）、ゼアメト受給者はザーイム zā'im と呼ばれた。

28) 帝国をめぐっては様々な研究と議論が積み重ねられており、それら全てを整理、統合し止揚することは非常に困難である。さしあたって本書では、歴史上に登場

ていく。特に、遊牧民の諸集団をめぐる税制や制度、さらには土地利用や生産活動の観点から、400年という長い時間を経てオスマン朝をとりまく国際情勢や国内の社会情勢が変化していく中で、遊牧民とはどのような集団であったのか、オスマン朝の社会において遊牧民が果たした役割や意義はどのようなものであったのか、そして、遊牧民の間ではどのような共通点または相違点があり、そのことが遊牧民各集団がたどる歴史の違いにつながっていったのか、こういった問題を本書では考察する。最後に「オスマン朝にとって遊牧民とは何か、遊牧民にとってオスマン朝とは何か」という問いに一定の解答を示す。それによって、オスマン朝における遊牧民を1つの主軸として、近世オスマン朝の社会や歴史の姿とその変遷を解明する。そして、現在の中東、バルカン半島の抱える諸問題にも通ずる、中央政府は独自の生業や文化を持つさまざまな人々をどのように支配したか、その支配に人々はどのように対応してきたか、という問題への1つの解答を示すことを試みたい。

　火器の出現や社会の変化により、遊牧民を取り巻く環境や求められる役割が大きく変わっていった近世期のオスマン朝における対遊牧民政策の変化とその政策に対する遊牧民の対応を見ていくことは、同じく多数の遊牧民を抱える世界の諸地域や歴史上のさまざまな帝国との比較研究への道を開く可能性も有している。そして、人類が所与の環境にどのように対応してきたのか、それらを通してどのようにして現代の多種多様な世界が形成されてきたのかという、地域や時代をこえた普遍性を持つ歴史学の究極の問いの1つを論じる上での土台を整えることを、本書で

した様々な帝国の一般的な特徴とされる「広大な支配領域を持ち、複数の異なる民族いわば異なる言語や宗教や文化に属する人びとを支配し、征服により形成され、中心－周縁あるいは支配－従属の関係を持つ」国家と［Barkey 2008: 3-14; 山本編 2003: 3-85; 木畑・南塚・加納 2012: 13-26］帝国を定義して今後の議論を進めていく。「『民族も宗教も異にする多種多様な人々をゆるやかに1つの政治社会の中に包みこむ、統合と共存のシステム』を君主とその下僕によって構成された中央集権的で強靭な支配の組織が支える『柔らかい専制』国家」［鈴木 1992: 23-24, 136］、または「バルカン、アナトリア、アラブ地域のそれ以前の伝統を受け継ぎ、諸制度を柔軟に混合し、効果的な統治を実現した中央集権国家」［林 2008: 22］と評されるオスマン朝は、上記の帝国の定義を充分に満たしているといえよう。

は目指す。

2 遊牧と遊牧民とは何か

1 遊牧と定住——曖昧な境界

そもそも、遊牧や遊牧民とは何であろうか。辞書の定義によれば、遊牧 nomadism/pastoral nomadism (eng.), göçebelik/göçerlik (tur.) とは「一定の土地に定住せず、牛や羊などの家畜の群れとともに水や草を求めて移動し、家畜を飼養する牧畜形態」[29]であり、遊牧民 pastoral nomad/nomad (eng.), göçebe/konar-göçer (tur.)[30]とは「遊牧をおこなう人びと、つまりは家畜の群れとともに移動しつつ家畜の群れから得られる肉、皮、毛、乳などの生産物によって基本的な生活必需を満たしている人びと」のことである。遊牧を牧畜 pastrarism の一形態とし、移動性の高い牧畜とするこのような定義はありふれたものである。しかし、この定義は、遊牧の定義として充分なものであるとはいえない。放牧 pasturing/grazing のための牧草地や水を求めて、家畜、特に馬、牛、ラクダ、羊、山羊といった群れ flick/herd をつくる群居性の有蹄類とともに人間が移動する牧畜 mobile pastrarism は、遊牧の他にも存在する。欧州のアルプスやピレネー山脈などの高地で広くおこなわれていた、夏には高原にのぼって家畜を野外で放牧し、冬には町や低地におりて家畜を家畜小屋で飼養する

---

29) ［松村編 2006: 遊牧］家畜化された羊や山羊といった群居動物を率いて移動しつつ牧畜を行うという、遊牧の人類史における誕生と発展については、以下を参照されたい［Zeuner 1963: 129-98; Cribb 1991: 10-12; ゾイナー 1983: 134-222; 林 2007: 42-60］。

30) ただし、nomad の語は、「放浪 loaming/wandering 生活を行う人々」、「遊動民」といった生業が必ずしも牧畜ではないが移動生活を送る、いわゆる「ジプシー」と呼ばれたロマのような人びとを指すこともある［SOED: nomad; Ginio 2004: 松井 2001: 204-10］。オスマン語史料においても「泊まり移動する家（テント）住まいのジプシーの一団 ḳonar-göçer evli Ḳıptiyān ṭāyifesi」（オスマン語では、いわゆる「ジプシー」を指す語として「コプト Ḳıptī/Ḳıptiyān」がしばしば用いられた）といった用法が存在した［MHM.d.91: hkm.no.233］。

21

移牧 transhumance が、その一例としてあげられよう。また、遊牧民が家畜の飼養のために移動するといっても、家畜の餌になる草の生い茂っている場所を求めてあてもなくさすらい、同じ地点に戻って来ることは偶然以外にはなく、基本的に定まった居住地などはなく、土地の所有権は主張しないという遊動的 nomadic な移動を必ずしも意味するわけではない。このような規則性をともなわない移動は、実際のところ、ほとんどの遊牧民において確認できない。少なくとも本書で扱うオスマン朝支配下のバルカン半島やアナトリア、シリア北部の遊牧民については、冬営地や夏営地といった、毎年、毎シーズン用いている特定の牧草地を目指して、季節に応じて移動することが通例である。そして、その大半の地域で、夏期には山の放牧地へ、冬にはより標高が低く温暖な場所にある放牧地へという、垂直方向への移動を含む「垂直遊牧 vertical nomadism (eng.), vertikal göçebelik/dikey göçebelik (tur.)」[31]、すなわち標高差による気候、植生の違いを活かした土地の利用がなされていた[32]。冬営地や夏営地では、しばしば、小麦や大麦、さらには野菜や棉花といった商品作物すら生産されていた。そこでは、テントのみではなく、石を重ねて作った壁や物置小屋、さらには家までが建てられることもあった[33]。さらに、遊牧民は交易や商業活動、輸送業や賃労働にもしばしば従事した[34]。そもそも、所与の環境に適用した生活形態や生業の1つである遊

---

31) D. L. ジョンソンは西南アジアからサハラ砂漠一帯で見られる遊牧を、移動ルートの空間的形態をもとに、「水平遊牧 horizontal nomadism (eng.), horizontal göçebelik/yatay göçebelik (tur.)」と「垂直遊牧」に分類した。ただし、遊牧民の移動には、程度や規模の差こそあれ水平と垂直の両方の要素が含まれることが通常である［Johnson 1969; Büyükcan-Sayılır 2012］。

32) バルカン半島およびアナトリア地域では、小麦の天水農業が可能な年平均降水量とされる300から400ミリメートルを上回る降水があり、冬や春の降雪、降雨を利用して古来より現在に至るまで、牧畜や農耕が広範に行われている。一方、いわゆる「肥沃な三日月地帯」を含むシリア北部地域は、年平均の降水量が300から400ミリメートル前後と小麦の天水農業が可能な下限にあたり、天水農業、灌漑農業、遊牧が混在する地域である［大津・常木・西秋 1997: 3-16］。

33) ［Cribb 1991: 84-85, 92-109］

34) 一例として、ハレブ Ḥaleb（アレッポ）州一帯に住むハレブ・テュルクメンという部族が、1638年のオスマン軍のバグダード遠征の際に、ビレジク Birecik からバグダードへ軍事物資を輸送するため、オスマン軍へラクダを有償で貸したこ

牧を、「移動牧畜に専従する」職業として捉えることには不適当であろう。

　定住とは「一定の場所に住居を定めて暮らすこと」であり、定住化 settlementation/sedentarization/sedentism（eng.）、iskân/yerleştirme（tur.）とは、「移動生活をおくる人びと nomadic people が恒久的 permanent な住居や居住地に住み着くこと」［SOED: sedentrization］と定義される。オスマン朝の遊牧民においては、1年の中で夏営地と冬営地の間の季節移動をともなう生活をやめ、1年を通じてほぼ一定の場所に住み続けることが「定住化」であるといえよう。定住した元遊牧民の多くは、牧畜をおこないつつ農耕にも従事した。いわば、「定住化」と「農耕民化」はある種のセットであった[35]。

　それでは、オスマン朝における遊牧や遊牧民を考察していくにあたって、遊牧や移牧と定住化、遊牧民と農耕民とそれらの境界をどのように捉えることが望ましいのであろうか。

　先行研究は、これらの問題について以下のように述べている。遊牧民研究の第一人者の1人である A. M. ハザーノフは、自身のスキタイ研究の成果を世界の遊牧民の歴史と社会構造の考察に広げ、『遊牧民と外界

とがあげられる［Şahin 1982］。

[35] ただし、遊牧民が定住化することが、部族や氏族意識の解体に直結するわけではない。19世紀から現代までの、西アナトリアのバルケスィル一帯に住む部族に関する研究では、定住化後も、出身部族や氏族といった意識が残り続けていたと指摘されている［Egawa and Şahin 2007］。また、オスマン-イラン国境周辺に16世紀に強制移住させられたクルド系遊牧民の一部では、19世紀においても、元来の居住地とのつながりや、部族や氏族といった意識が保たれていた［Çiftçi 2018］。現在のアナトリアやバルカン半島においても、「A村の住人はA部族の出身で、定住した際に、村の名前を部族名からとった」という例は、史実か伝承かが定かでないことも多いが、各地で見られる http://www.hurriyet.com.tr/en-populer-kizik-koyu-23212516（2018年6月8日閲覧）。さらに、現在のトルコ共和国には「○○ユリュク協会」や「××テュルクメン協会」といった伝統文化保全や振興などを目的とする部族や氏族名を冠した協会 dernek が多数ある［Tuztaş-Horzumlu 2017］。生業の形態が遊牧から一箇所に定住しての農耕や牧畜に変わっても、遊牧時代の部族や氏族意識は長く保たれることは多くの場で見られたであろう。くわえて、「遊牧から定住・農耕へ」という変化は不可逆的ではなく、定住農耕民が遊牧生活に戻る「再遊牧化」現象は、社会主義政権崩壊直後のモンゴルなどで、歴史上、しばしば見られた。

Nomade and the Outside World』を刊行した。ハザーノフは、北アフリカ、中央ユーラシア、アラビア半島の事例を中心に、農耕と牧畜の土地利用に占める比率、居住地の移動性の高さといった要素に着目し、牧畜への従事者を、遊牧のみに従事し、農耕を全く行わない完全遊牧 pure pastoral nomadim、遊牧中心に特定の時期のみ農耕にも従事する半遊牧 semi-nomadic pastoralism、農耕中心に特定の時期のみ遊牧にも従事する農牧 semi-sedentary pastoralism/agro-pastoralism、家族や集落の中の特定の成員が「牧夫 herdsman」として家畜の放牧を専従でおこなう移牧といった類型に分類した[36]。日本語では、稲村がユーラシアにくわえて南米アンデスにおける標高差を利用した牧畜の事例も取り入れて、遊牧、移牧を含む牧畜の多様性を考察している [稲村 2014]。O. ウスタと O. オゼルは、F. ブローデルが主著『地中海』で、バルカン半島山間部のヴラフ（アルーマニア）人やバルカン半島のテュルク系遊牧民ユリュクを含む環地中海世界における牧畜民の事例を基に提唱した移牧、遊牧、牧畜の区分[37]や、上述のハザーノフの研究を引用して、アナトリア、バルカン地域の遊牧を、遊牧と移牧の混淆、前者から後者への転換期とみなす見解を提示した[Usta and Özel 2011]。M. ファン・ブライネセンは、クルド民族の調査の中で、「群れは比較的大きく、春には羊を連れて村ごと［あるいはその大部分が］山麓にある夏営地に出発し、そこに天幕を張って暮らす。村から夏営地までの距離は、数時間から数日までさまざ

36） [Khazanov 1983 (1994); Cribb 1991: 10-22; Barfield 1993; Büyükcan-Sayılır 2012; Potts 2014: 1-5; 福井 1982; 1987: 10-16; 月原 2000; 湊 2017:1-6]

37） [Braudel 1944 (1966); Mazower 2000 (2002); ブローデル 1991-95 (2004); マゾワー 2017] 1770 年から 1776 年にかけて、イスタンブルに招聘されオスマン軍の軍事顧問をつとめた、フランソワ・ド・トット男爵は、フランス語で記した『回想録』に「冬に［小］アジアの中心に住み、夏の間、武器と荷物を持って家畜を放牧させにシリアまでやってくる人々は、遊牧民 crus Nomades [sic] と考えられるが、8ヶ月の間、羊の後を追ってアンダルシアの山々を駆け巡るスペインの羊飼い bergers Espagnols [sic] ほどには、遊牧民ではない。」と記している [de Tott 1784: 152]。邦訳は［ブローデル 1991-95 (2004) vol.1: 159］に基づくが、一部修正した。ブローデルは、『回想録』1784 年刊行の第 4 巻を引用の出典としてあげているが、「p.76」とおそらく葉数と頁数を混同し、出典を誤って表記している [Braudel 1944 (1966) vol. 1: 91-93]。

まである。村の耕作地で仕事があると男たちは村に戻るが、すぐに家族のいる天幕に戻る。このような限定された形の［半］遊牧を、民族誌学の文献では移牧という。本書で「半遊牧民」という語は、移牧を実践する者たちを指している」と、完全遊牧と定住化した農耕民の中間状態を「半遊牧 semi-nomad（eng.）, yarı-göçebe（tur.）」とよび、それは「移牧」に相当するとしている[38]。H. イェニは、上記の遊牧の類型化、分類をめぐる議論を整理し、遊牧という生業、生産形態の多様性を提唱した[39]。また、遊牧民当人の本質的な違いよりも、外部の観察者がどのように彼らを切り分け呼ぶかに還元できる遊牧や遊牧民のさまざまな多様性を包摂すべく、西アジアのパシュトゥーン遊牧民とバルーチ遊牧民の人類学的調査をおこなった松井健は、遊牧民とその生活を、「遊牧民は一年のある部分を、固定的な長く利用するような家屋において、定着的に生活していることがありうること」、「牧畜以外の生業、経済活動にたずさわってもかまわないこと」を含みつつ「一定の生活圏のなかを、一年の一定期間簡単な持ち運びのできるテントのような住居に住んで、家畜とともに移動し、家畜を中心とするその牧畜生産物によって、おもに生活を立てている人たち」と定義した[40]。

　本書では、ハザーノフやイェニ、松井らの見解に基づき、オスマン朝における遊牧を「標高差や自然環境、植生の違いを利用して、ある一定の牧草地を季節ごとに定期的に移動し、家畜の飼養という牧畜にくわえて、牧畜以外の生産活動をおこなうことも含む生業の一形態」とみなして、今後の議論を進めていく。

2　オスマン朝における遊牧民の定義とその内容

　それでは、オスマン朝下で作成された史料において、遊牧民はどのような集団を指していたのであろうか。オスマン語でいわゆる遊牧民にあたる語としては、「移動する者 göçebe」や「泊まり移動する者 ḳonar-

---

38)　［van Bruinessen 1992: 13-18; 山口ほか 2017: 159, 164-68］
39)　［Yeni 2013c: 43-61］
40)　［松井 2001: 14-15］

göçer」などが用いられることが多い[41]。この他、遊牧民の集団名として、ユリュク、テュルクメン、クルドといった語も用いられる。この内、ユリュクの語は、トルコ語の動詞 yürümek に由来するとされ、字義通りには「歩く者」や「移動する者」を意味する。

15世紀初頭にヤズジュザーデ・アリー Yazcızāde 'Alī によって書かれた歴史書『セルジューク朝史 Tevārīḫ-i Āl-i Selçuḳ』[42]では

> エブルジャ・ハン Ebruca Ḫān は遊牧民 ṣaḥrā-nīşīn göçgün であった。すなわち荒野を故郷とし、ユリュク yabān yurtlu ve yörük であった。彼らの夏営地 yaylaḳ はウルタク Urtaḳ、ケルタイ Kertay 山という極めて大きく高い山である。その近郊にはイナンチュ İnanç という街があった。そして彼らの冬営地 ḳışlaḳ もその近郊にあった。[Yazcızade Ali: fol. 5a; Yazcızade Ali(trn.): 11]

と書かれており、遊牧民が夏営地、冬営地と季節に合わせて住む場所を変える集団と意識されていたことがここから分かる。この他、遊牧民を指す語として用いられる先述の「移動する者」や「泊まり移動する者」も遊牧民の移動性の高さに着目した、その生活様式に由来する語である。しかし、彼らの生業が、「季節ごとに家畜の群れを率いて牧草地を移動する牧畜」すなわち遊牧や移牧であることを、これらの語は必ずしも含意していない。「季節ごとの移動生活を送る集団」がオスマン朝における遊牧民の語が示す最大の範囲であるといえよう[43]。

しばしば、アナトリア中部を流れるクズル（・ウルマク）川 Kızıl Irmak でアナトリアを東西に分け、11世紀頃にアナトリアへやって来たアナトリア西部の遊牧民を「ユリュク」、遅れて13世紀頃にアナトリアへ移住したアナトリア東部の遊牧民を「テュルクメン」と呼ぶと説明される[44]。しかし、史料の中では「スィヴァスのユリュク Yörükān-ı

---

41) ［Sümer 1949-50］
42) 当該史料の詳細については以下を参照されたい［Yazcızade Ali: 5-42; Yazcızade Ali(trn.): vii-lxxiii］。
43) ［Büyükcan-Sayılır 2012; Okumuş 2013］
44) ［Arcanlı 1979; アルジャンル 1981］

Sivas」、「ハレプのユリュク Yörükān-ı Ḥaleb」などクズル川以東の遊牧民に対しても「ユリュク」の語が用いられる例もあり[45]、「ユリュク」、「テュルクメン」の使い分けはあくまで傾向にすぎない。さらにすでに述べたように、現在は民族名として用いられるクルド、テュルクメン（トルクマーン）の語は、本書で対象とする近世期のオスマン朝においては、遊牧民もしくは部族民を意味する語であり、その集団の民族意識や母語、生業を必ずしも意味するものではない。

　行財政文書・帳簿といった史料では、遊牧民もしくは遊牧生活をやめた集団に対してもしばしば、部族や氏族といった一定の父系の血族関係を共有するもしくは共有するとの認識を持つ集団を指す上でジェマアト cemā'at やアシレト aşiret、オイマク oymak といった語が主に用いられている。しばしば、上位単位として複数のジェマアトをまとめたカビーレ ḳabīle やターイフェ ṭā'ife/ṭāyife が、下位単位としてボリュック bölük またはマハッレ maḥalle もしくはオバ oba といった語が用いられることもある[46]。その中でも、財務関係の帳簿で多数、用いられるジェマアトの語は、「集団」を意味するアラビア語の jamā'a に由来し、地域の担税者、特に町や村の中に住むキリスト教徒、ユダヤ教徒などの特定の担税者の集団や、遊牧民などの年間を通して特定の居住地に住みついていない担税者を記録するために、幅広く用いられた語である。

　本書では、原文の表記を尊重し、原文で用いられているユリュク、テュルクメン、クルドといった語をそのまま用いた。そして、それらの語の総称として、「カビーレやジェマアトといった部族組織に属する、または属すると史料作成者より認識されていると推察される集団」を「部族集団」と呼び、特に移動しながら牧畜に従事するなど、生活に一定の非定住性を示す集団を指す際に「遊牧民」の語を用いていくこととする。

---

45)　［Sümer 1949-50: 518-20］
46)　オスマン朝における遊牧民の部族や氏族の分類や区分について、詳しくは［Halaçoğlu 2009（2011）: xvi-xviii］を参照されたい。

3 オスマン朝における遊牧民をめぐる研究動向

本節では、オスマン朝における遊牧民研究の概観を、関連分野も含めて示す。

オスマン朝における遊牧民研究、特に、現在のアナトリアにあたる地域に住んでいたテュルク系遊牧民に関する研究は、欧州の東洋学者から始まり[47]、トルコ共和国成立後はトルコ共和国を中心に、歴史的、文化人類学的観点から多数の研究があらわされている。

既存の「境界」をまたいで各地を移動する遊牧民のように、遊牧民をめぐる歴史研究はいくつもの分野に「越境」している。その上、まとまった記録をなかなか残さない遊牧民のように、遊牧民のみを扱ったまとまった研究の点数は決して多くはない。本章では、オスマン朝の遊牧民に関する先行研究の大まかな流れを、本書での議論に大きく関係する内容を中心に、

1. オグズ二十四氏族とアナトリアのテュルク化研究
2. 遊牧民の生業や居住地の分析
3. 遊牧民に対する定住化政策

の3点からまとめ、各研究の特徴とその問題点を述べる[48]。本書の各章

---

47) 19世紀末のアナトリアにおける遊牧民研究の先駆けとしては、[Bent 1891] によるタルソス（タルスス）山系に住むタフタジュ Tahtacı 族の宗教学的および文化人類学的研究がある。このタフタジュ族は、現代のトルコでは「アレヴィー Alevi」と呼ばれるスンナ派とは異なった教義や宗教実践を行う集団に属する。タフタジュ族について主にアレヴィー信仰の観点からトルコ共和国初期に行われた先駆的な研究としては[Yörükan 1998(2002)]がある。また、[Truhelka 1934] は、バルカン半島のユリュクについて述べた20世紀前半のまとまった研究であり、そのトルコ語訳が、A. テミルによる[Truhelka 1993]になる。本書であげた以外の、アナトリアおよびバルカン半島におけるテュルク系遊牧民に関する20世紀初頭までの研究について、詳しくは[Gökbilgin 1957(2008): 1-2]を参照されたい。

48) 本書で言及していない、近年のトルコ共和国を中心としたアナトリアのテュル

において取り上げる事例や研究テーマに大きく関係する先行研究については、各章ごとに研究の大まかな流れとその特徴、問題点を述べていく。

1 オグズ二十四氏族とアナトリアのテュルク化研究

現在のトルコ共和国の大半を占めるアナトリアへ、11世紀以降に中央ユーラシアからテュルク系遊牧民が流入し、それらの遊牧民の定住化が、トルコ語を含むテュルク諸語を母語とし、テュルク系民族に属するというアイデンティティを持つ人びとが、現在のアナトリアの人口の大半を占めるようになるという、いわゆるアナトリアの「テュルク化」の一因であることは知られている。オスマン朝における遊牧民の研究は、F. キョプリュリュをはじめとするトルコ共和国における歴史研究者の第一世代からおこなわれている。オスマン朝の起源や性格、大帝国を築き上げたその成功を「ビザンツ帝国の遺産」に帰する当時の「ネオ・ビザンツ論」に対して、キョプリュリュらは、オスマン朝のトルコ民族性を主張する中で、オスマン朝を開いたオスマン家が、自身の父祖は伝説上のテュルク民族の始祖オグズ二十四氏族[49]のカユ氏族にあたると主張していたことに着目し、カユ氏族とオスマン朝の関わりについていくつもの研究をあらわした[50]。そのような経緯もあり、ことにトルコ共和国の歴史学界において、オスマン朝の遊牧民研究は、オグズ二十四氏族に遡るテュルク系遊牧民の父系集団すなわち部族や氏族の系譜を解明し、テュルク系遊牧民の中央ユーラシアからアナトリアへの移住と、彼らのアナトリアへの定住化によるトルコ民族の誕生の経緯を探るという、民

ク系遊牧民を扱った研究については [Şahin 2006: 35-52] を参照されたい。また、世界と日本の牧畜研究の簡便な紹介としては、以下を参照されたい [福井 1987: 3-10]。

49) オグズ二十四氏族伝承については、詳しくは [Sümer 2007]、[本田・小山 1973] を参照されたい。

50) [Köprülü 1944; Demirtaş 1948; 1949] オスマン家とカユ氏族やセルジューク朝、イル・ハン朝とのつながりといったオスマン朝初期史における言説の研究としては、以下を参照されたい [Lindner 2007; 小笠原 2014]。なお、日本では一部のモンゴル史研究者から「オスマン家のモンゴル軍起源説」が仮説として提示されたが、主張を裏付ける史料がないために、その証明は現時点ではほぼ不可能である [岡田 1992: 221, 224; 杉山 2008: 22-23]。

アタテュルク廟内の遊牧民の絨毯を模した装飾（著者撮影）

族主義的な色彩が濃いものであった[51]。中央ユーラシアに端を発するテュルク系遊牧民が、アナトリアのどの地域や場所に住み着いたのか、現在のトルコ国民はこれらオグズ二十四氏族のどの部族や氏族につながるのかといったことは、特にトルコ共和国の歴史学界の中で、オスマン朝における遊牧民研究の中核の1つであった。このようなオスマン朝におけるオグズ二十四氏族に遡る遊牧民の部族、氏族の系譜、定住先の総目録を作ろうという動きは、F. シュメルの『オグズ族（テュルクメン） *Oğuzlar（Türkmenler）*』[52]で結実する。シュメルの後も、遊牧民の部族・氏族ごとの居住地一覧を作ろうという試みは続けられた[53]。代表的なところでは、O. サーキンは2006年に刊行した『アナトリアのテュルクメンとユリュク *Anadolu'da Türkmenler ve Yörükler*』[54]で、16世紀のオスマ

---

51) たとえば、トルコ共和国建国の父であるムスタファ・ケマル・アタテュルクの墓廟アヌトゥカビル Anıtkabir では、アナトリアの遊牧民の絨毯や平織りの織物キリムを模した装飾が用いられている［Bilsol 2007; 安達・渡邉 2010］。
52) ［Sümer 1953; 1967（1999）］
53) ［de Planhol 1959; Şahin 1987; Armağan 1999; de Tapla 2010; Uçakcı 2008; 2013］
54) ［Sakin 2006］

ン朝における部族や氏族の一覧をあらわした。ハラチュオールは 2009 年に初版が、大幅な訂正をくわえた改訂版が 2011 年に刊行された『アナトリアにおける部族と氏族―― 1453 年から 1650 年まで *Anadolu'da Aşiretler, Cemaatler, Oymaklar: 1453-1650*』[55]で多くのオスマン語で書かれた行財政文書・帳簿といった史料を用いて、アナトリアにおける各部族、氏族の居住地を網羅的に示した。これらの研究は、シュメルの問題意識を継いでテュルク系遊牧民諸部族の系譜を解明することに主眼を置いたものであるとまとめられよう。

2 遊牧民の生業、居住地分析

上記の遊牧民の系譜と居住先を解明する研究と合わせて、一定の時代や地域の社会や経済の中での遊牧民の姿を明らかにすることを目指す研究が、トルコ共和国における遊牧民研究の両翼を成している。

オスマン朝における遊牧民の姿は、財務関係の帳簿史料よりうかがうことができる。オスマン朝においては、州 beğlerbeğilik/vilāyet/eyālet、県 sancaḳ/livā、郡 ḳażā および郷 nāḥiye といった一定の地域区分や領域内に住む担税者の人口、居住地、支払う税の税目[56]と税額を記した租税調査台帳 taḥrīr/defter-i taḥrīr/tahrir defteri と呼ばれる史料群が、16 世紀を中心に多数、作成された。これら租税調査台帳を用いて当時の社会や経済を解明しようという「台帳学」は、州や県の数だけ、租税調査台帳の点数だけ可能ということもあり、租税調査台帳による社会経済史研究の限界が指摘されて久しいものの[57]、オスマン朝史研究の一分野を構成し、現在も続けられている[58]。州・県別租税調査台帳には遊牧民に関す

---

55) ［Halaçoğlu 2009(2011)］
56) オスマン朝における税制、税目に関しては以下の論考を参照されたい［Çağatay 1947; İnalcık 1959; Faroqhi 1977; 1979; Tabakoğlu 2007］。
57) 例えば、税を支払う成人男性の人数しか記さない租税調査台帳を用いて、女性や子どもの人数を含めた当該地域の人口を推定する試みについては、H. W. ローリーが四半世紀前に批判したにもかかわらず、トルコの学会を中心に依然として行われている［Berktay 1992; Lowry 1992; Howard 2017］。
58) トルコにおける租税調査台帳を用いた種々の研究について、詳しくは［Gürbüz 2001］を参照されたい。

る情報を含むものが多くあり、そこから当該地域における遊牧民の個々の居住地、担税額から見える生業、土地利用の分析をおこなった研究はいくつも存在する。これらの研究は、遊牧民のみを考察の対象にしたものではないこと、経年変化の分析や他の史料を組み合わせた総合的な分析に欠けるものが多いといった問題を抱えるものの、遊牧民に関する詳細な情報源としての有用性を有している。

　トルコ共和国のオスマン文書館出版局から出版された租税調査台帳の刊本で、遊牧民の集団を専門的に扱った記述を含むものとしてはルメリのユリュクとルメリのタタールに触れた［TT.d.370］がある。この他にも、州内の遊牧民についての記述を含む台帳は多数、見られる。また、英文で書かれたオスマン朝の遊牧民や移動民に関する近年の包括的な研究としては、R. カサバの一連の著作がある[59]。

　オスマン朝の税制・法制度をめぐる研究において、遊牧民のみを対象とした専門の研究の数は決して多くはない。ほとんどの研究は、研究の中で遊牧民については一章を割くなどして触れる程度である[60]。

59)　［Kasaba 2009; Kasaba 2012（2013）］
60)　多数のユリュクが居住していた西アナトリアにおける遊牧民については、［Emecen 1989］、［Emecen 2001 (2003)］、［Sarı 2008］の研究がある。［Ayhan 1999］はバルケスィル県を中心に、同県内の遊牧民の歴史を概説した。ヒュダーヴェンディギャール県（現ブルサ県 il）スィヴリヒサル郡の研究である［Doğru 1997］は同県内の遊牧民についても言及している。［Su 1938］はバルケスィル県内の遊牧民の諸部族の居住地を詳細に示した。テケ県については［Ünal 1996］、［Armağan 1998］が、イズミルの西に位置するチェシュメ郡については［Kütükoğlu 2010］が、チルメン県に関しては［Çalık 2005］が詳しい。現代も遊牧生活を送るサルケチリ Şarkeçili 族などのユリュクの夏営地が存在するウスパルタ県については、［Tuztaş-Horzumlu 2005］の研究がある。［Egawa and Şahin 2009］はデュズジェ県における遊牧民の活動、特に街道の維持管理・市場での遊牧民と定住民の交易を一次史料に基づき明らかとした。キュタヒヤ県租税調査台帳の研究である［Varlık 1987］はキュタヒヤ県内のユリュクに言及している。また［Gülten 2009b］は、16世紀の西アナトリア各地で遊牧を行っていたカラジャ Karaca・ユリュクについて述べた研究であり、未公刊の博士論文［Gülten 2008］では、西アナトリアの遊牧民、ユリュクの各集団について論じている。アナトリアの南西部、旧名イチイル／イチェル İç-il/İçél 県にはイチイル・ユリュクという遊牧民の部族集団が多く居住していた。このイチイル・ユリュクについては、［Moğol 1996］、［Çelik 1999］が詳しい。アナトリア内陸部はいわゆるテュルクメンと呼ばれた部族集団の居住地の一つであり、そこには多くの遊牧民の姿が見ら

れた。カイセリ一帯の遊牧民については［İnbaş 1998］、［Gökbel 2000］、［Akbaş 2005］が詳しく述べている。［Kütüklü and Tunoğlu 2012］はカスタモヌ県一帯、［Özel 2016］はアマスィヤ県における、同地での部族の反乱や叛徒 eşkıyā 化に言及している。クルシェヒル県については、［Günşen 1997］、［Yaşar 2005］、［Şahin 2011: 209-18］を参照されたい。スィヴァス県一帯のスィヴァス・テュルクメンによる大規模な反乱に関しては、［Döğüş 2008］の研究がある。クズル川以西については、［Erdoğan 2005］がアンカラ県租税調査台帳の研究を通じて、16世紀におけるユリュク人口の増加の実態を詳細に解明した。アンカラ県やクルクカレ県に現代も住むカラケチリ Karakeçili 族を扱った［Aksoy 2001］の博士論文は、上記部族の分布やその歴史にも触れている。カラケチリ族については［Bayrak 2005］も詳しい。黒海沿岸の租税調査台帳のラテン文字転写とその分析である［TT.d.387］、［Ordu 1455］、［Canik 1642］、［Bostan 2002］にも多くの遊牧民の諸部族の記録が登場する。また、［Öz 1993］はサムスン近郊のヴェズィルキョプリュ一帯の部族について詳細な研究をあらわした。チャンクル郡については［Doğru 1992］、［Kankal 2009］の研究がある。16世紀の研究が多い中で、［Gündoğdu 1992］は19世紀に作成された人口調査台帳 nüfus defteri を用いてチョルム県の部族集団の一覧を示した。アナトリア南東部のアダナ県の近隣に位置するスィス県に住む部族、氏族の構成、人口、支払う税や生業については［Halaçoğlu 1979］を、タルスス県については［Bilgili 2001］を参照されたい。東部や南東部アナトリアとも呼ばれる、いわゆるクルディスタン地域には大規模な部族や氏族が多数居住していたこともあり、多くの遊牧民に関する研究がなされている。［Karadeniz 1994: 60-61］では、ディヤルバクル近郊のエルガニ県の遊牧民の人口、遊牧民が住み着いた村名の一覧が紹介されている。この他、ディヤルバクルの租税調査台帳の分析を行った［İlhan 1981-82］、［İlhan 2000］は、県内に多数のクルド系遊牧民が住んでいたことに触れている。エルズルムについては［Aydın 1998］、ギレスンに関しては［Acun 1997］、［Bilgin 1997］、［İnan 1997］、［Şahin 1997］が、ハルプト県の部族については［Ünal 1989］が言及している。［Ekinci 1999］はディヤルバクル州スィヴェレク県に多数住む遊牧民の人口構成や彼らが支払う税について分析した。マラティヤについては［Göçebakan 2002］が、16世紀のマラシュについては［Yinanç and Elibüyük 1988］、［Solak 2002］が詳しい。［Solak 2003］ではマラシュ県ザマントゥ郡の租税調査台帳の分析を行っている。マルディンについての研究書である［Aydın et al. 2000］には、マルディン一帯の遊牧民諸部族に関する言及がある。ビトリス県については［Altınay 1996］を参照されたい。16世紀のキリス、ウルファ、アドゥヤマンに住むクルド系遊牧民については［Taştemir 1999］、［Öztürk 2004］、［Turan 2012］の研究がある。チャパクチュル（現ビンギョル）県租税調査台帳［KKA TT.d.188］をラテン文字に転写した。［Söylemez and Demir 2010］には、同地に住む遊牧民や、その夏営地や冬営地の記録が多数ある。16世紀のチェミシュゲゼク県に住む部族、氏族の一覧については［Ünal 1991］、［Ünal 1999］が詳しい。点数は多くはないものの、租税調査台帳以外の史料を活用した州や県内の遊牧民研究も存在する。［Yılmaz 1994］は租税調査台帳［TT.d.414］に収録されたカラジャ・ユリュクを対象とした徴税の規定を紹介し、その解説を行った。また、シャリーア法廷台帳を用いた

33

M. T. ギョクビルギンは、年代記、行財政文書・帳簿といった各種史料を用いて、アナトリアからバルカン半島へユリュクやタタールが移住していき、テュルク系遊牧民に出自が帰せられる一定の集団が成立していく過程を論じ、バルカン半島におけるテュルク系住民の移住、定住化の姿を明らかにした。

　近年では、H. イェニが、バルカン半島のユリュクを記録した財務台帳の、史料としての性格やその限界を指摘しつつ、生業や土地利用という重要ながら見落とされがちであった事項に着目し、成果をあげている[61]。

3　遊牧民の定住化

　テュルク系遊牧民の定住化に関する研究は、アナトリアのテュルク化を解明し、ひいては現在のトルコ共和国の正当性を示すという時代的要請もあり、主にトルコにおけるオスマン朝史研究の初期から積極的におこなわれていた。その中で、租税調査台帳を用いて、遊牧民が季節ごとの移動生活をやめ、村を作るなどして特定の土地に定住していく姿やその定住先を解明した研究は、租税調査台帳による地誌的研究の一部ではあることが多いものの、多数存在する[62]。

　　　遊牧民研究としては、マニサのシャリーア法廷台帳から、マニサに住むユリュクの叛徒への参加や逃散の記録を含む記録を紹介した［Ulçay 1944］、［Emecen 2007］がある。16世紀から17世紀のサルハン県シャリーア法廷台帳の中から［Gökçen 1946］は、サルハン県のエッジジ Ellici・ユリュクの鉱山での労役の記録を紹介した。近年、シャリーア法廷台帳を用いて16世紀から17世紀のカイセリの社会を研究している H. セルチュクもまた法廷台帳に記された遊牧民と定住民とのやり取りや両者の関係に触れている［Selçuk 2008a; 2008b］。さらに時代が下った18世紀のアナトリアの遊牧民の人口、担税額、居住地に関する研究としては、［Demir 2012］がある。

61)　［Yeni 2013a; 2013b; 2013c; 2017］
62)　アンタルヤ、テケ県一帯のチュムラ Çumra・ユリュクが定住化した村については［Türker 1997］が述べている。ただし、部族名と同名の村が、単純にその部族の定住化先であろうという M. Z. テュルケルの推計には疑問が残る。［Kütükoğlu 1990］はイズミル郡の部族名と同名の村を租税調査台帳から抽出した。［Tunçdilek 1953-54］は治安の問題が村の形成場所に影響したことや、遊牧民が定住化して村をつくった後も、季節に応じて村ごとしばしば移動していたことを

序章　オスマン朝と遊牧民

　アナール学派式の社会経済史研究をオスマン朝研究に紹介し本格的に導入した研究者の一人であり、オスマン朝社会経済史研究における大家であるÖ. L. バルカンは、アナトリアやバルカン半島におけるテュルク化を考察する上で、追放 sürgün が遊牧民の定住化、テュルク化のための政策として用いられていたことや、遊牧民に限らないが、スーフィーの道場であるザーウィヤ zāviye が地域のイスラーム化やテュルク化の拠点となったことを論証した[63]。定住化政策の一環としての追放や強制移住については、[Arslan 2001] などを参照されたい。アナトリア西部

示し、遊牧民の定住化を単線的かつ単純に捉えることに再考を促した。ギョクスン郡への遊牧民の定住化については、[Hacıgökmen 2006]、[Solak 2006]、[Solmaz 2006] を参照されたい。この他 [Aydın et al. 2000: 167-72] は、マルディン県一帯でのアラブ系諸部族とオスマン朝政府との対立、アラブ系諸部族の反乱対策を目的としたマルディン一帯へのテュルクメン、クルドへの定住化令を論じた。この他、マルディンへのクルド系遊牧民の定住化を論じた研究としては[Göyünç 1991: 76-86] がある。また [Çakar 2003] はハレプ州の遊牧民とその村の一覧を示した。東部アナトリアについてもいくつかの定住化研究が存在する。キウ（現ビンギョル）県租税調査台帳の研究である。[Koç 2004] は、キウ県の遊牧民とその定住化に言及している。[Akgündüz and Öztürk 2002] はマラティヤ県ダーレンデ郡、[Solak 2005] はマラシュ県ギュヴェルジンリク郡を対象に16世紀における遊牧民の定住化、遊牧民の減少について論じた。これらの研究が、定住化が進む前から遊牧民の支払う税の担税額の実に半分が、牧畜よりも農作物に課せられる税に由来していたことを指摘している点は興味深い。ウルファ県に関しては [Turan 1993] を参照されたい。中央アナトリアにおける遊牧民の定住化については、特にカイセリのそれに見るべきものが多い。カイセリ県全域については [Karaca 1997]、その中のラーレンデ郡に関しては [Gümüşçü 2001]、ザマントゥ郡については [Solak 2003] の研究がある。İ. ソラクは16世紀中頃に遊牧民の支払う耕地関係の税の額が牧畜関係の税のそれを大きく上回ったことに注目し、急速な遊牧民の定住化が同地で行ったと結論づけた。県は異なるが、トカト県のトゥルハル郡については [Şimşirgil 1997] の研究がある。スィヴァス県への定住化については、[Döğüş 2008] がある。黒海沿岸地域については、スィノプ県における遊牧民の急速な定住化を [Ünal 2008] が研究した。ギュミュシュハーネについては [Kırzıoğlu 1991] が詳しい。西アナトリアについては、マニサ県の研究である。[Emecen 1989] が、ユリュクを含めた多様な遊牧民諸集団の同地への定住化を論じた。この他、イズミルについては [Kütükoğlu 1990]、[Kütükoğlu 2000] が、キュタヒヤ県ウシャク郡への定住化については [Özdeğer 2001]、[Gökçe 2002] が詳しい。また、[Gökçe 1999] は、ニフ郡におけるエッリジ・ユリュク、アラバジュ Arabacı・ユリュクなどの居住地と人口の一覧を示した。[Gülten 2009a] は、ヒュダーヴェンディギャール県とその周辺地域に居住するユリュクの諸集団の16世紀における居住地、生業や人口の分析を行っている。

35

のボルヴァディン一帯での、17世紀における遊牧民の叛徒化に対する定住化令に触れた研究としては［Bayar 1996］がある。ガリポリについては［Emecen 1990］、現在はアダナ市が位置するチュクロヴァ地域に関しては［Tamdoğan 2006］を参照されたい。

　ただし、財務帳簿を用いた遊牧民研究の多くは、遊牧民の部族名や居住地といった個々の情報の提示、財務帳簿より明らかにされる人口や税の変遷の列挙に主眼を置く傾向が強い。結果、膨大な量の研究がおこなわれてきたにもかかわらず、夏営地・冬営地間の移動生活から村での定住生活への変化という遊牧民の定住化や、遊牧から農耕への生業の変化という遊牧民の農民化と、史料上の人口や税の税目、担税額の推移を単線的に結びつける傾向が強く、定住化や農耕民化という現象自体もしくはその要因をあらためて問う研究は、参照に値する研究も幾点か存在するものの、管見の限り、乏しいといえる。

　その中で、R. P. リンナーは、租税調査台帳を駆使して、アナトリア中部に位置するカラマン地方の遊牧民を対象に羊の頭数と羊・山羊税 resm-i ġanem/resm-i ağnām[64]の担税額の変遷を基に、16世紀に遊牧民が一時的な耕作地 mezra'a[65]での農耕を経て同地へ定住化していく過程を明らかにした[66]。リンナーは、遊牧民から徴収される羊・山羊税の税額が、遊牧生活が維持可能な家畜の頭数を割りこむように設定されており、オスマン朝には遊牧民を定住化させようという政策意図が存在したと主張した。だが、16世紀を通じて勅令や命令といった形で定住化を促す政策は、一部では見られたものの、明確な形で確認できない。そもそも、

---

63)　［Barkan 1942; 1951-52; 2000］

64)　羊または山羊の所有者から羊または山羊の頭数に応じて徴収される税。総じて羊・山羊2頭につき1アクチェ akçe が徴収された［Çagatay 1947］。「アクチェ」とは、近世のオスマン朝において台帳への記載などに用いられた事実上の公式の貨幣単位であり、銀貨を意味する。ただし、実際にはオスマン朝内外で発行された様々な貨幣がオスマン朝域内の経済活動では用いられていた［Sahillioğlu 1989: 224-27］。

65)　周辺の村の村民や遊牧民が、冬季もしくは夏季といった1年のうちの特定の時期のみ耕作を行う耕作地を指す語。「枝村」とも訳される［Çakar 2003］。

66)　［Lindner 1983］

リンナーの論は、推計に基づく「遊牧生活が維持可能な家畜の頭数」という地域や時代、さらには自然環境により容易に推移しうる一律に判断しがたい条件を論拠としており、オスマン朝の遊牧民全体に適用できるとは言い難い[67]。F. ソイレメズは、オスマン朝における対遊牧民政策を整理する中で、このリンナーの定住化強制政策論を批判しつつも、オスマン語文書から19世紀のアナトリア中部における定住民との対立にともなって実施された遊牧民定住化政策の内容を解明した[68]。ウスタとオゼルによる研究は、公刊された16世紀カイセリ県の租税調査台帳を主要史料として用いて、同地における内発的な遊牧民の定住化と、税収の確保や遊牧民を統制するために、遊牧民の自発的な定住化の動きを追随し歓迎したオスマン朝中央政府の姿勢を解明しており、近年の見るべき重要な成果の1つといえる[69]。

また、日本においては、永田雄三が西アナトリア、イズミル近郊のマニサ県を対象に、遊牧民が耕作地での農耕を契機に徐々に同地へ定住化していく過程を解明した先駆的な研究をあらわした[70]。三沢伸生は、マラティヤ県の遊牧民研究の中で、租税調査台帳を作成するオスマン朝政府に服属し、課税対象とされた遊牧民しか台帳には記載されないがために、租税調査台帳から当該地域の遊牧民の全体像を再構成できるわけではない点を指摘し、租税調査台帳を用いた遊牧民研究の問題と限界を示した[71]。勿論、三沢が指摘するように、租税調査台帳から読み解くことができる遊牧民の姿は、オスマン朝政府が認識している遊牧民の姿に過ぎず、地域に居住する全遊牧民の実情を必ずしも反映しているわけではない。租税調査台帳が租税を徴収するために、オスマン朝政府が認識し

---

67) リンナーの推計に対しては、その頭数の計算が過大であるとの批判がなされている［Murphey 1984: 193］。また、S. ホワイトは、16世紀には遊牧民の定住化、耕地の拡大が進んだものの、17世紀にはアナトリアで発生したジェラーリー反乱による混乱や小氷期の気温低下による影響で、主にシリア、アナトリアにおいて、耕地の縮小と再遊牧化が生じたと主張している［White 2011（2013）］。
68) ［Söylemez 2013］
69) ［Usta and Özel 2011］
70) ［永田 1977; 1985］
71) ［三沢 1989］

ている地域の住民を把握する目的で作成されたものである以上、租税調査台帳はオスマン朝政府の遊牧民に対する認識を抽出するための史料として用いることが適切であろう。

さらに、山口昭彦はオルーミーイェ湖の東に位置するアルダラーンの18世紀初頭の租税調査台帳を通じて、台帳に記された村 karye や耕作地が部族の冬営地として利用されていたこと、そのような冬営地として利用されていた村や耕作地では農耕がおこなわれており、1年を通じてそこに居住する者もいたこと、村や冬営地に関連づけられた形で台帳に記された遊牧民が存在することを指摘し、遊牧民による冬営地の耕地利用の姿を明らかにしている[72]。

上記の研究により、オスマン朝治下のアナトリアの遊牧民は「季節ごとに夏営地・冬営地を移動しながら牧畜をおこなう」のみではなく、耕作地での農耕、さらには免税特権と引き替えに軍馬の飼育や武具の調達、街道の整備や管理といった仕事に従事する極めて多様な集団であることが明らかにされてきた[73]。

16世紀にオスマン朝に征服されたキプロス島へは、積極的なテュルク系住人の移住・定住化政策が取られた。このキプロス島への定住化政策を扱った研究には、[Gökçe 1997]、[Beşirli and Erdal (eds.) 2007] などがある。キプロス島への定住化命令を扱った研究としては [Orhonlu 1971]、[Erdal 2008] がある。また、[Gazioğlu 1994] はキプロス島への追放命令のラテン文字転写を示し、[Köksal 2006] は、オスマン語文書を用いて、キプロス島への追放と同地へのテュルク系遊牧民の定住化を分析した。キプロス島へ追放され、同地に定住化した集団の一覧については、史料として定住化した部族の一覧を記録した台帳を用いた [Erdoğru 1996]、[Kurt 1996]、[Taş 1996] などが詳しい。

---

72) [山口 2000] また、現代の事例で地域も異なるが [松原 1983(2004)]、[鈴木瑛子 2000] の研究はアナトリアにおける冬営地、夏営地の土地利用、冬営地を基にした村の成立に言及している。

73) オスマン朝における「遊牧民」が様々な生業を営む集団を含んでいることについては [Şahin 2006; Halaçoğlu 2009(2011): xvi-xxiii; 永田 1984; 1985] などを参照されたい。

序章　オスマン朝と遊牧民

　17世紀末からおこなわれたシリア北部一帯への遊牧民定住化政策は、オスマン朝における初の本格的な遊牧民定住化政策とされている。このシリア北部地域への定住化政策に関する初の本格的な研究としては、C. オルホンルの一連の研究[74]があげられる。オルホンルは遊牧民定住化に関する台帳を用いて、当時の定住令をその特徴や特性別に類型化し、その概要を示した。近年では、カサバが16世紀から20世紀にいたるオスマン朝の遊牧民に対する政策を考察し、17世紀末に、領土喪失や対外情勢の変化を遠因として、遊牧民の定住化政策がオスマン朝において本格化したことを指摘し、オスマン朝における遊牧民の定住化政策の研究[75]を大きく進展させた[76]。

---

[74]　[Orhonlu 1966; 1976; 1987]

[75]　県や州をまたいで、遊牧民の部族・氏族集団ごとにその生業や居住地を分析した研究は、各県の租税調査台帳を分析し、県内の遊牧民の居住地や生業を分析した研究と比べて、その点数は少ないものの、いくつか存在する。特に、大規模な遊牧民の部族・氏族が居住していた北イラク、歴史的シリア、クルディスタン地域では、バルカンが1580年にはデュルカディル地方（現マラシュ県一帯）では総人口の54パーセント、ハレプ（アレッポ）県の総人口の58パーセント、バグダード一帯の総人口の62パーセントが遊牧民であるとの推計を示している［Barkan 1970: 169-71; Murphey 1984: 192］。また、［Sümer 1949-50］は16世紀のシリア、イラク一帯にすむテュルクメン諸部族の構成を示した。特に、現在のシリア、アレッポ一帯で冬営していたハレプ・テュルクメンと呼ばれる大規模部族集団に関する歴史学または文学人類学的研究としては、［Kılıç 1996］、［Şahin 2006: 155-64］、［Erol 2012］があげられよう。［Özdeğer 1987］には、ハレプ・テュルクメンの部族別の担税者人口と諸税の一覧が示されている。ハレプ・テュルクメンと並ぶ大規模なテュルク系大部族集団であるイェニイル Yeñi-il・テュルクメンについては、［Şahin 2006: 155-64］を参照されたい。オスマン朝支配下でのアラブ地域の遊牧民に関する研究は、オスマン語で書かれた行財政文書・帳簿史料の利用が進んだこともあり、近年、活発に行われている。［Masters 2011］は半独立のアラブ系諸部族に対するオスマン朝の支配制度を考察した。パレスチナについては［Kushner 2005］が詳しい。［Bayat 2010］には16世紀のシャーム、ハレプ州の文書原本が収録されており、そこには遊牧民に関する記述が含まれている。トラブルス・シャーム、ハマー、ホムスのテュルクメンについては［Gülsoy 2000］、モスルに関しては［Bayatlı 1999］を参照されたい。［Bakhit 1982］はダマスカス一帯のアラブ、テュルクメン、クルドの遊牧民について、一章を割いて考察している。［Murphey 1984］は、オスマン朝における遊牧民の人口や適用される税制や制度の概要を示した後で、イスタンブルとダマスカスに収蔵されるシャリーア法廷台帳を活用し、オスマン朝治下のアレッポ一帯における遊牧民研究の可能性を提示した。日本語でのオスマン朝時代のアラブ系遊牧民の概要に触れた

遊牧民の叛徒化とそれにともなう遊牧民への処罰命令や定住化命令に関して［Bayrak 2005］は 18 世紀から 19 世紀[77]におけるニーデ県一帯の

研究としては、非常にまとまった［長谷部 2017］がある。中央アナトリアにも大規模な部族集団は複数存在した。オスマン軍で用いられる軍馬の飼育役を勤めていたことで有名なアトチェケン Atçeken/Esbkeşān 族については多くの研究がなされてきたが、まとまった研究成果としては［Karadeniz 2000］を参照されたい。部族集団別の研究では、ボズウルス Bozulus・テュルクメンについては［Demirtaş 1949］、［Gündüz 2002］などの研究がある。ボズドアン Boztoğan 族については［Bulduk 2000］、［Demir 2000］、ダニシュメンドリュ Dānişmendlü・テュルクメンについては［Gündüz 2005］、カラケチリ族に関しては［Halaçoğlu 2010: 107-112］、リシュヴァン Rişvan 族については［Söylemez 2007: 2016］、［Winter 2017］が研究を進めているが、F. ソイレメズの研究は、ヴィンターが批判するように、リシュヴァン族が「クルド」と史料では呼ばれていたことに触れていない。ヴァルサク Varsak・テュルクメンについては［Sümer 1963: 70-98］、［Bilgili 1999］、［Bilgili 2001］、［Gökbel 2007］などを参照されたい。大規模な部族集団の研究から派生して、特にクルディスタンにおけるクルド系遊牧民の諸部族とオスマン朝の中央政府との関係、オスマン朝支配への取り込みとそれに対する遊牧民諸部族の対応については、山口らによる日本語への訳出［ファン・ブライネセン 2016; 2017］が進行中である［van Bruinessen 1992］など、数多くの研究の蓄積がある。［İlhan 1981-82］は 1518 年のアーミド県租税調査台帳の分析を通じて、同地のクルド系諸部族の姿とその定住化を明らかとした。［Yaşa 1992］、［Öz 2003］、［Yılmaz 2010］はビトリス県、［Sinclair 2003］はヴァン一帯におけるクルド諸部族のオスマン朝支配への取り込みの過程を解明した。これらの研究の多くは 16 世紀のクルディスタンを対象としたものが多かったが、［Ak 2011］は 18 世紀に作成されたアナトリアとクルディスタンの遊牧民諸部族の財務関係の命令集成［KK.d.5061/1135］を校訂し、新たな研究の可能性を開いた。日本においては、齋藤久美子がユルトルク・オジャクルク yurtlık ocaklık 制の研究を皮切りに、特殊な徴税権の分配や管理制度の研究から幅広く、クルド諸部族のオスマン朝支配との関わりを［齋藤 2005］、［齋藤 2006］、［齋藤 2009］、［齋藤 2012a］、［齋藤 2012b］といった研究で明らかにしている。16 世紀にイラン高原で成立し、オスマン朝とクルディスタン、カフカス、イラクの支配圏をめぐって争い合ったサファヴィー朝の創設に、中央アナトリアからクルディスタンにかけて居住していたクズルバシュと呼ばれるサファヴィー朝に臣従したシーア派のテュルク系遊牧民が大きく関わっていた。現代トルコにおいて前述の「アレヴィー」は、一説にはこのクズルバシュの末裔とされる。アナトリアにおけるクズルバシュの活動とそれに対するオスマン朝政府の対応を追った研究としては、［Hasluk 1929(2000)］、［Zarinebaf-Shahr 1997］、［Savaş 2002］、［Çetinkaya 2003(2004)］、［齋藤 2015］がある。オスマン朝史研究ではないが、オスマン語史料も用いてサファヴィー朝におけるクズルバシュおよびテュルク系遊牧民の近世から近代期に及ぶその活動を追った研究としては、［Sümer 1992］、［近藤 1996］、［山口 2017］を参照されたい。

76）　［Kasaba 2009; 2013］

部族や氏族の一覧とその叛徒化の実態を、オスマン語で書かれたさまざまな種類の文書から明らかにした。[Özkaya 2008 (2010)] は、18 世紀の遊牧民の叛徒化と定住化を分析している[78]。

4 史料と研究手法

本書で扱う史料の大半は、オスマン朝により行財政の実務のためにオスマン語で作成された公文書史料[79]である。それらの概略について、以

---

77) タンズィマート改革以降の遊牧民の定住化政策については管見の限り、研究の点数は以前の時代のそれほどに、多くはない。数少ない専論としては、[Köksal 2006]、[Egawa and Şahin 2007]、[Kasaba 2009; 2013]、[Klein 2012]、[Ak 2013] などがある。[Eröz 1966] や [Erdal 2008] はタンズィマート改革以後のみならず、オスマン朝崩壊後のトルコ共和国における遊牧民の定住化政策も考察の対象としている。また、M. アクは、著書『テケ Teke・ユリュク』で 19 世紀における西アナトリアの遊牧民を研究した [Ak 2015]。欧米における文明観や植民地主義的言説の影響を受けて、ミドハト・パシャやジェヴデト・パシャといった 19 世紀のオスマン朝の政治家が遊牧民や部族を「文明の低発展状態」、「野蛮」と見なしていたことについては、[Deringil 2003]、[Kasaba 2009: 3-12, 103-08] などの研究がある。このような言説は、現代のトルコ共和国においても、遊牧生活や部族を「トルコ民族の伝統」とノスタルジックな視点で懐かしみながら、現実の遊牧民については「遅れた人びと」と一段低く見る傾向につながるところがあろう。[Tızlak 2005] は、テケ県の遊牧民が 16 世紀においては叛徒の代名詞であったが、19 世紀にはテュルク性の象徴として英雄視されるようになったことを明らかにした。さらに、19 世紀のオスマン朝において、ロシアの侵攻にともなってコーカサス地方からオスマン朝へやってきたコーカサス系住民への土地の割り当てと定住をめぐって、割り当てられた土地やその周辺に既に定住していた遊牧民との間で、対立や紛争がしばしば勃発したことについては、いくつかの研究がある [Terzibaşıoğlu 2001; 宮澤 2009]。

78) この他、現代のアナトリアの遊牧民を扱った文化人類学的研究としては、[Güngör 1941]、[Bates 1973]、[Khoury and Kostiner (eds.) 1990]、[Yalman (Yalgın) 1931-33 (2000)]、[Johansen 2005] がある。[Potts 2014] は先史時代から現代に至るまでのイラン高原における遊牧民の通史である。[Aköz 2014] はオスマン朝期の、[Cribb 1991] はトルコ、イランでの考古学的見地からの遊牧研究であるが、現代の遊牧民に関する情報も多く含んでおり、示唆に富む。[高尾 2010] は現代のシリアにおいて、遊牧民が部族意識を残したまま、牧畜から農耕へその生業を変化させたことを指摘している。

79) オスマン朝における文書・帳簿史料とその分類、オスマン文書館における分類

下に簡単に述べる。

1　枢機勅令簿、その他各種命令を記した文書・帳簿史料

本書で用いる主要史料の1つは、御前会議 dīvān-ı hümāyūn により発布された勅令、命令の概要を記録した台帳である枢機勅令簿 mühimme defteri である。かつては「御前会議重要議事録」と邦訳されたが、実際には、オスマン朝の最高の意思決定機関である御前会議、後には大宰相府で決定された勅令や命令について、その草稿をもとに、宛先、発布にいたる経緯とその内容、初期は勅令や命令を伝令へ渡した日付、後にはその草稿もしくは要旨を枢機勅令簿へ記録したと推察される、もしくは伝令 çavuş に命令を渡した日付が記された史料である。枢機勅令簿といっても、あくまで本文の主要部分を書き留めた控えであって、現物のテキストを写しとったものではない可能性が高く、また勅令や命令そのものの発布日が記されているかは不明瞭である[80]。しかし、文書そのものは命令先に送付されてしまうため、実際に執行された勅令や命令がまとまった形でイスタンブルに残されることは原理上ほぼないが、枢機勅令簿には、実際に発布され、効力を発揮したであろう勅令や命令の概要がまとまった形で時系列順に並べられて残されている。枢機勅令簿にはしばしば、上申や嘆願書、地方からの報告といった勅令や命令発布の契機となった文書の要約が含まれており、発布の経緯を記した部分には、他の史料には見られない細かな出来事の記録が見られ、重要である。

枢機勅令簿は、イスタンブルの大統領府オスマン文書館 T.C. Cumhurbaşıkanlık Devlet Arşivleri Genel Müdürlüğü Osmanlı Arşivi Daire Başkanlığı（旧称首相府 Başbakanlık オスマン文書館、以下 COA もしくはオスマン文書館と略す）の枢機勅令簿フォンド（A.{DVNSMHM.d.）と呼ばれる史料分類群にその大半が所蔵されている。フォンドが含む枢機勅令簿の範

　　や史料群について、詳しくは以下を参照されたい［BOA rehberi; Kütükoğlu 1994 (2013); 清水 2005; 2012; 髙松 2004; 2005; 2009; 2012］。

80）　便宜的に本書では、勅令、命令の発布年月日を示す際には、「枢機勅令簿に記されている年月日」をそのまま記した

囲は961年／1554年から1323年／1905年までの266冊に及ぶ。ただし、枢機勅令簿フォンドの中には、枢機勅令簿とは性格の異なる他の台帳が、誤って分類され混入してしまったものも多く存在する。また、このフォンド以外にも、オスマン文書館には多くの枢機勅令簿がある[81]。さらに、オスマン文書館に所蔵される961年／1554年よりも古い枢機勅令簿は、トプカプ宮殿博物館附属文書館 Topkapı Sarayı Müzesi Arşivi とトプカプ宮殿博物館附属図書館 Topkapı Sarayı Müzesi Kütüphanesi に所蔵されている。

この他、バヤズィト2世 (r. 1481-1512) 治下で作成された命令台帳 ahkām defteri も本書では用いた。この史料は、御前会議により発布された、政務・財務両方にわたるさまざまな命令、指示、決定の記録簿であり、命令の宛先、内容、日付が記されている点で、先述の枢機勅令簿と共通している。しかし、現存する枢機勅令簿が、16世紀中頃すなわちスレイマン1世 (r. 1520-66) の治世以降に作成されたものであるのに対して、本台帳はより古い時代に作成されており、上述の枢機勅令簿の前身にあたる。スレイマン1世以前の時代に作成された勅令や命令の記録簿の多くは現存していない可能性が高いため、非常に重要な史料であるといえよう[82]。

枢機勅令簿のいくつかは刊行されている。本書では、オスマン文書館やトプカプ宮殿博物館附属図書館や附属文書館に所蔵されるオスマン語で書かれた原本を参照しつつ、刊本がある場合はそれらも参照した。また、未公刊の枢機勅令簿の略号は［MHM.d.］とし、命令 hüküm 番号が付されている場合は、hkm.no.と略記しその番号をレファレンスのために示した。命令番号が書かれていない場合は、枢機勅令簿のページ数を記した。公刊された枢機勅令簿の略号と史料名については、巻末の参考文献を参照されたい。

---

81) 16世紀を中心とした枢機勅令簿フォンド群と枢機勅令簿という史料の性格について、詳しくは以下を参照されたい［Heyd 1960; Peachy 1986; Emecen 2011 111-57; 髙松 2005; 澤井 2006; 2012］。

82) 詳しくは［Bayezid II Ahkam.d.: xiii-xxxv］を参照されたい。

オスマン文書館には、行政の職務や手続きの中で作成された各種の行政文書が多数収蔵されている。本書では、17世紀から19世紀のタンズィマート改革以前の文書群の中で、内容の概略や要約が公開されているアリー・エミーリ分類、ジェヴデト分類、イブニュルエミン分類等の中の遊牧民に関する記録がある文書を利用した。フォンド名と略号は以下の通りである。

[A.{DFE.d.] Bâb-ı Âsafî, Defterhâne-i Âmire（Tapu Tahrir）
[AE.SAMHM.d..III.] Ali Emiri Sultan Ahmed III
[C.AS.]: Cevdet Askeriye
[C.DH.]: Cevdet Dahiliye
[C.ML.]: Cevdet Maliye
[İE.AS.]: İbnülemin Askeriye
[İE.DH.]: İbnülemin Dahiliye
[İE.MİT.]: İbnülemin Muafiyet
[İE.ML.]: İbnülemin Maliye

くわえて、アンカラのワクフ総局中央図書室 T.C. Vakıflar Genel Müdürlüğü Merkez Kütüphanesi 附属文書室 Vakıflar Kayıtlar Arşivi（以下 VGM）に収蔵される、ワクフ関係の案件に関して発布された命令を収集した台帳を利用した。こちらの台帳は VGM の略号を採用して［VGM.d.］と略記した。この VGM 所蔵の命令台帳には枢機勅令簿とは異なって命令番号が記されず、ページ数のみが記されているために、本書ではページ数を記した。

2　租税調査台帳、その他財務帳簿史料

オスマン朝では、徴税を目的として、州、県、郡、郷といった一定の行政区画に住む担税者の人口、農作物の生産高、担税額などの租税に関する情報を記録した租税調査台帳と呼ばれる史料群が作成された。現在確認できる最初の租税調査台帳は、15世紀中頃に作成されたアルバニ

ア県租税調査台帳である。その後、16世紀には、ディルリク制が施行されたバルカン半島、アナトリア、歴史的シリアの各地域で、租税調査台帳が定期的もしくは君主の代替わりごとに作成された[83]。租税台帳、課税調査台帳、徴税台帳または検地帳とも邦訳される租税調査台帳には、都市、村ごとに担税者と担税額の一覧を載せた明細帳 defter-i mufaṣṣal/mufassal defteri と、主に封土から成る徴税権の保有者ごとに、保有する徴税権の一覧とその総額を記載した簡易帳 defter-i icmāl/defter-i mücemmel/icmal defteri の2種類が存在した。この他、州ごとに徴税権の区分や徴税権として割り当てられた町村の名前と徴税額の総額、担税者[84]の総数を記載した大軍管区簡易会計台帳などがある[85]。また、台帳の専門化・分化がまだ進んでいない15世紀の租税調査台帳には、後の租税調査台帳には見られないさまざまな情報が、端書 derkenār などの形で記されており、独自の価値がある。

　租税調査台帳の大半は、オスマン文書館の租税調査台帳フォンド（略号［TT.d.］）に含まれているが、主に16世紀後半に作成された租税調査台帳の一部は、アンカラの地券・地籍簿総局文書館 Tapu ve Kadastro Genel Müdürlüğü Kuyud-ı Kadime Arşivi の租税調査台帳フォンド（略号［KKA.TT.d.］）に所蔵されている。アンカラの地券・地籍簿総局文書館に収蔵されている租税調査台帳は、イスタンブルの中央政府に存在した帳簿保存局 Defterḫāne-yi ʿĀmire に保管され、長期にわたり地名や村や担税額といった徴税のための情報、徴税権や土地の管轄を確認するための参照資料として用いられた。そのため、同文書館の租税調査台帳には、

83)　［Lewis 1954; Barkan 1970; Faroqhi 2000; Öz 2010; 岩本 2016］ディルリク制研究史の動向とその課題については、以下の研究を参照されたい［Lowry 1992; Howard 2017］。

84)　オスマン朝では、各種租税は原則的に成人男性にのみ課税されたために、租税調査台帳には課税対象とされる担税者である既婚成人男性の人数を「担税戸／世帯 ḫāne」で表記し、それに未婚成人男性の人数を足した総数が「人数 nefer」として記載された。

85)　大軍管区簡易会計台帳と簡易帳、明細帳との性格の違いやその特徴について詳しくは［今野 2007］を参照されたい。「大軍管区簡易会計台帳」という訳語は、今野の前掲論文に拠った。

45

後世の書き込みや挟み込まれた後世の文書がいくつも見られる[86]。

この他、オスマン文書館には主に徴税に関して作成された多数の文書が存在する。これらの財務帳簿の中でも、キャーミル・ケペジ台帳、財務省移管台帳等のフォンドには、遊牧民に関する多数の記録が見られる。また、トプカプ宮殿博物館附属図書館および文書館や、アタテュルク図書館所蔵のムアッリム・ジェヴデト写本分類にも多数の財務関係の文書や帳簿が収蔵されている。本書で利用したこれらの台帳のフォンド名と略号を以下に記す。

[D.BŞM.d.]: Divan-ı Hümayun, Bâb-ı Defterleri, Baş Muhâsebe Kalemi Defterleri
[KK.d.]: Kâmil Kepeci Defterleri
[MAD.d.]: Maliyeden Müdevver Defterler
[TSMK.K.]: Topkapı Sarayı Müzesi Kütüphanesi, Koğuşlar
[TS.MA.d.]: Topkapı Sarayı Müzesi Arşivi, defter
[MC.Evr.] Atatürk Kitaplığı, Muallim Cevdet, evrak

この他の刊行された租税調査台帳やその他の台帳の略号と書誌情報については巻末の参考文献を参照されたい[87]。

3 法令集

オスマン朝では、行政や財政に関するさまざまな規定を記したカーヌーン ḳānūn が多数作成された。それらカーヌーンをまとめたものは、法令集 ḳānūnnāme[88] と呼ばれる。現存する最古の法令集はメフメト2世（r.1444-46, 1451-81）期のものである。本書では、メフメト2世以降に作成された法令集を利用した。特に、租税調査台帳の冒頭に記載され、そ

---

86) ［Özel 2013: 62-63; Afyoncu 2014: 44-50］
87) 本書で用いた史料を収蔵する研究施設について、詳しくはウェブサイト「トルコ共和国イスタンブル・アンカラの文書館・資料館」http://tbias.jp/guide/turkey（2018年6月8日閲覧）を参照されたい。
88) ［Fatih KN: 4-301; Barkan 1943; İnalcık 1969］

の地域の徴税に関連する諸規則を記した徴税規則もしくは行政マニュアルにあたるいわゆる「県別法令集」を用いた。

　本書では、A. アクギュンドゥズの『オスマン朝の法令集と法の研究 *Osmanlı Kanunnâmeleri ve Hukukî Tahlilleri*』を主に利用した。この本には、メフメト 2 世期からオスマン 2 世（r. 1618-22）期までの、多数の史料の中に散見される法令集を集めて編纂し、その原文のファクシミリとラテン文字転写を収録している。ただし、本書には誤植や落丁などの問題も多く、利用にあたっては原文のファクシミリや法令集が収録された文書の原本を参照した。法令集の略号とその書誌事項については、以下の一覧と巻末の参考文献を参照されたい。

[Fatih KN]: A. アクギュンドゥズ『メフメト 2 世期法令集』
[Bayezid II KN]: A. アクギュンドゥズ『バヤズィト 2 世期法令集』
[Yavuz KN]: A. アクギュンドゥズ『セリム 1 世期法令集』
[Kanuni KN(4)]: A. アクギュンドゥズ『第 4 巻：スレイマン 1 世期法令集』
[Kanuni KN(5)]: A. アクギュンドゥズ『第 5 巻：スレイマン 1 世期法令集』
[Kanuni KN(6)]: A. アクギュンドゥズ『第 6 巻：スレイマン 1 世期法令集』
[Murad III KN]: A. アクギュンドゥズ『ムラト 3 世、メフメト 3 世期法令集』
[Selim II KN]: A. アクギュンドゥズ『スレイマン 1 世、セリム 2 世期法令集』
[Barkan 1943]: Ö. L. バルカン『法令集』

4　その他の史料

　本書では、年代記や旅行記といった叙述史料も利用した。文書や帳簿史料と比べて、遊牧民に関するまとまった情報は記されていないが、そ

の性質が文書や帳簿史料とは異なる編纂史料であるだけに、上記の文書・帳簿史料の情報の内容を、異なった角度から検証できる。これらの年代記や旅行記については、近年、刊行されたラテン文字転写としばしば写本のファクシミリをともなう校訂本を主に利用した。本編で用いた年代記や旅行記について、以下にその略号と書名を記す[89]。

[Anonim]: 著者不明『オスマン朝年代記 Tevārīḫ-i Āl-i ʻOs̱mān』
[Aşıkpaşazade]: アーシュクパシャザーデ著『オスマン朝年代記』
[Ayn-ı Ali]: アイヌ・アリー著『オスマン朝諸法典 Ḳavānīn-i Āl-i ʻOs̱mān』
[Esʻad Efendi]: 修史官エサト・エフェンディ著年代記
[Evliya Çelebi]: エヴリヤ・チェレビ著『旅行記 Seyaḥat-nāme』
[Koçi Bey]: コチ・ベイ著『論策 Risāle』
[Neşri]: ネシュリー著『世界の鑑 Cihān-nümā』
[Oruç Beğ]: オルチ・ベイ著『オスマン朝年代記』
[Râşid]: 修史官ラーシド・エフェンディ著年代記
[Subhi]: 修史官スブヒー・エフェンディ著年代記
[Şanizade]: 修史官シャーニーザーデ・エフェンディ著年代記
[Yazcızade Ali]: ヤズジュザーデ・アリー著『セルジューク朝史』
[ZNŠ]: シャーミー著『勝利の書 Ẓafar-nāmah』
[ZNY]: ヤズディー著『勝利の書』

---

89) 上記の年代記を含むオスマン語年代記の史料解題として、現時点で日本語で読める最新のものとしては、[小笠原 2014] がある。

「アルプスの少女ハイジ」は遊牧民？

　1974年に初放映されたテレビアニメーション「アルプスの少女ハイジ」は、日本のみならず、ドイツやトルコを含む世界の各地で放映され人気を博した。著者も「子どもの頃、ハイジのアニメ çizgi film を見ていたわよ」とトルコ人女性からいわれたことがある。(ただし、ハイジが日本で作られたアニメだということはトルコではあまり知られておらず、彼女もそのことを知らなかった。)「ハイジ」の主要登場人物に、山小屋に住むアルムおんじがいるが、アルム Alm とはスイスのドイツ語で「アルプス山系の放牧地」を意味する語である。このアルムは標高の高いところにあり、夏に家畜が草を食べにやってくるというある種の「夏営地」である。また、山羊飼いの少年ペーターは、夏は村人やアルムおんじから家畜の山羊を預かり、このアルムへ放牧にやって来る「雇われ牧夫」である。そして冬は、アルムより標高が低く暖かい村の家畜小屋で山羊は飼養される。さまざまな事情や理由により、冬になっても村に下りてこないペーターやアルムおんじが、ハイジとの関わりの中で改心して村へ下りてくるようになることがストーリーの山場の1つであるが、この規則的な移動性の高い生活様式は、夏は高原の牧草地で放牧し、冬は低地の家畜小屋で家畜を飼うという移牧そのものであり、夏は夏営地へ、冬は冬営地へ移動し、ほぼ毎年、既定の放牧地を利用する遊牧民の生活であるともいえよう。

　なお、アニメ版では排されているが、原作であるJ. シュピリの「ハイジ Heidi」シリーズは、キリスト教色の非常に強い教養小説である。そして作中では、乱暴ものの雄山羊が「トルコ Türkei」と呼ばれている。トルコでは、まだ表記にアラビア文字が用いられていた1927年に「ハイジ」の訳書が出版されたが(J. Spyri. *Hāydī*. Sabiha Zekeriya [Sertel] (tr.) İstanbul: Resimli Ay Matbaası, 1927.)、作中の「遊牧」やキリスト教信仰、乱暴ものの山羊「トルコ」に関する箇所はどのように翻訳され、当時のトルコ社会で受けとめられたのであろうか。著者の興味は尽きない。

49

第Ⅰ部　バルカン半島における奉公集団的「遊牧民」

13世紀末または14世紀初頭に、アナトリアの西北部で誕生したオスマン朝は、当初は辺境の一君侯国/ベイリク beğlik に過ぎなかった。しかし、オスマン朝は周囲へ勢力を拡大していく過程で14世紀にはバルカン半島へ渡り、やがてはバルカン半島から中東、北アフリカにまたがる世界史上の大帝国を打ち立てていった[1]。

　オスマン朝のバルカン半島進出により、多くの人びとがアナトリアから、新たにオスマン語で「ルメリ」と呼ばれたバルカン半島へ渡っていった。そしてオスマン朝の支配が、地域の政治、社会、経済に大きな影響を与えていく中で、史料に、バルカン半島に住むテュルク系遊牧民ユリュクやタタールの記録が登場してくる。これらユリュクやタタールは住み着いた地域の名前などを冠した複数の下部集団に分かれ、それぞれ「ルメリのユリュク」または「ルメリのタタール」と称される集団を形成した[2]。

　時代は下り、オスマン朝のバルカン半島支配にかげりが見えてきた17世紀末に、バルカン半島ではルメリのユリュクをもとに「征服者の子孫たち」という軍団が創設され、19世紀のタンズィマート改革の時代まで存在し続けた。

　ギョクビルギンは、1957年に初版が刊行された著書『ルメリにおけるユリュク、タタール、征服者の子孫たち *Rumeli'de Yürükler, Tatarlar ve Evlâd-ı Fâtihân*』で、年代記、行政財文書・帳簿といった各種史料を用いて、アナトリアからバルカン半島へユリュクやタタールが移住していき、ルメリのユリュクが成立していく過程を明らかにした。ギョクビルギンは法令集や財務帳簿より、ルメリのユリュクはエシキンジ eşkinci/eşkünci[3]とヤマク yamak[4]という2つの異なる職能の集団からなるオジャク ocak[5]と呼ばれる単位に分かれており、種々の軍役・労役に

---

1) [Kafadar 1996; İnalcık 2010]
2) ルメリのユリュクの各集団の居住地、人口については [Gökbilgin 1957 (2008): 53-100, 109-67] を参照されたい。
3) もともとは「馬を速歩（ゆるやかな駆け足）trot (eng.) で走らせる者」の意味であり、「騎兵」を意味する。
4) もともとは「助力者」や「補佐役」を意味する。

従事していたことや、彼らの従事していた軍役・労役の内容を詳細に明らかにした。また、コジャジュク・ユリュク Yörükān-ı Ḳocacıḳ と呼ばれる一集団を中心に 16 世紀のバルカン半島におけるユリュクやタタールの各集団の居住先、人口や支払う税の担税額の変遷、17 世紀末における征服者の子孫たちの成立を論じ、バルカン半島におけるテュルク系遊牧民の移住、定住化を解明した[6]。ギョクビルギンは、オスマン文書館に収蔵されるルメリのユリュク、そしてルメリのタタール、征服者の子孫たちに関する多数の文書・帳簿史料を紹介するのみならず、重要な史料の翻刻やラテン文字転写を示すなどしてルメリのユリュク、ルメリのタタール、征服者の子孫たちをめぐるその後の研究の方向を決定づけた。ギョクビルギンの研究は、実に半世紀以上にわたっていくつもの研究で参照され、ルメリのユリュク、ルメリのタタール、征服者の子孫たちをめぐる研究の基底を形成している。例えば［Çevik 1971］、［Orhonlu 1987: 3-5, 26-28］、［Şerefgil 1981b］、［Arslan 2002］、［Halaçoğlu 1988 (2006): 20-22］、［Kasaba 2009: 72-74］、［Halaçoğlu 2009(2011):xvi-xix ］から、『トルコ宗務ワクフイスラーム百科事典 *Tükiye Diyanet Vakfı İslam Ansiklopedisi*』の"Evlad-ı Fatihan"、"Yörük"の項目にいたるまで、いずれもギョクビルギンの研究に依拠している[7]。

　ギョクビルギンに続いてルメリのユリュク研究に進展をもたらした研究者は M. インバシュである。オスマン朝成立 700 年を記念して 1999 年に刊行された『オスマン朝 *Osmanlı*』シリーズの中で、インバシュは「新史料から見たルメリのユリュク Yeni Belgelerin Işığında Rumeli Yörükleri」でギョクビルギンが主に扱ったコジャジュク・ユリュク以外

---

5) 「炉」を意味する言葉。転じて一定の目的や意識のもとに集まった人々の組織や集団を指すようになった。現在のトルコ語では、「トルコ人の炉辺 Türk Ocakları」など党派や政治的グループの意味でも用いられる。

6) ［Gökbilgin 1957(2008)］

7) この他、［Çetintürk 1943］はユリュクに関する法令集の研究の中で、ルメリのユリュクに触れている。また、遊牧民を対象に発布された命令のラテン文字転写を掲載した［Altınay 1930(1989)］には、ルメリのユリュクや征服者の子孫たちに関する命令も含まれている。日本語では、永田がオスマン朝における遊牧民の概説の中で、ルメリのユリュクに触れている［永田 1984: 194-95］。

のルメリのユリュク諸集団の、オジャクの構成員の名前や人数の一覧、居住先の郷の名前の一覧、ヤマク税の税額の変遷を解明した。続けて、ユリュク台帳を用いたユリュク各集団の人口、担税額、居住地の変遷を示した[8]。ただし、インバシュの研究には、原典史料に記載された数値とのズレがあるなど問題もあり、その利用には注意を要する。インバシュの研究を継受して、ユリュク台帳をもとに S. アルトゥナンは、ナアルドケン・ユリュク Yörükān-ı Naʻldöken とタンルダー[9]・ユリュク Yörükān-ı Ṭañrıṭaği の人口、担税額、居住地の 16 世紀から 17 世紀にいたる時期の変遷を示した。アルトゥナンの未公刊博士論文では、16 世紀のルメリのユリュク、特にナアルドケン・ユリュク集団の人口、居住地、担税額の変遷を、ユリュク台帳を用いて明らかにしている[10]。

近年では、H. イェニがルメリのユリュクに関する研究でめざましい成果をあげている。ビルケント大学に提出した博士論文と発表された一連の論考は、ルメリのユリュクについての言及、農耕についての記述を含む最新のルメリのユリュクを扱った論考である[11]。イェニは東マケドニア地方のドラマ、西トラキア地方のギュミュルジネ Gümülcine 郡[12]の記録を分析し、ユリュク台帳は居住地ごとのユリュクの総人口や土地利用を示す史料ではなく、あくまでオジャクという集団を単位として、そのオジャクに属する構成員の名前と居住地を記録した史料であることを示した。そして、イェニは西トラキア地方の県別租税調査台帳の記録を詳細に検討し、そこから西トラキア地方にはオジャクに属し軍役や労役

---

8) ［İnbaşı 1999; 2005］
9) タンルダー・ユリュクに対しては、現トルコ共和国テキルダー市にちなんで「テキルダー・ユリュク Ṭekirṭaği Yörükleri」という表記も見られる。本書では、「そもそもタンルダー・ユリュクはテキルダー周辺には住んでいない」、「同時代に作成された租税調査台帳、枢機勅令簿では Ṭanrıṭağ とアラビア文字ラー (ر) とター (ط) の間にヤー (ى) を入れた表記がなされる」［İnbaşı 1999］と指摘していることを踏まえ、「タンルダー・ユリュク」の表記を採用した。タンルダー・ユリュクについて詳しくは ［Çevik 1971］を参照されたい。
10) ［Altunan 1999; 2002; 2005］
11) ［Yeni 2013a; 2013b; 2013c; 2017］
12) ルメリ州エディルネ県、エディルネの南西に位置する。現ギリシア領コモティニ。

に従事する者の他にも、ユリュクが各地に住んでいたことを解明した。イェニの研究は、ユリュク台帳の史料としての性格やその限界、生業や土地利用という重要ながらルメリのユリュク研究の中で見落とされてきた事項に着目した画期的な研究である。

ルメリのユリュクが多く住んでいたブルガリアでは、ブルガリア史の枠内でブルガリアのオスマン朝統治期を考察する研究の一環として、いくつかのユリュクを扱った論考が存在する。それらの研究は、ブルガリア国内の聖キリル・聖メトディ・ブルガリア国立図書館 Национална библиотека „Св. св. Кирил и Методий" 所蔵史料とオスマン文書館所蔵で出版物として刊行された史料を用いる傾向が強い。A. カリョンスキはトルコ、ブルガリアのみならず、スコピエのマケドニア共和国文書館所蔵史料を積極的に活用し、ユリュクについてのブルガリア語での専論をあらわした[13]。特に、ブルガリア南西部にそびえるロドピ山脈における19世紀から現代にいたるまでのユリュクの歴史を解明した点で重要である。G. D. グルボフはオスマン語で書かれたユリュクに関する法令集をブルガリア語に翻訳し、ルメリのユリュクを「半遊牧民。アナトリアからバルカン半島へやって来て、ユリュクのベイらの指揮下で軍を支援する組織体」[14]と規定した。

しかしながら、これらの研究は「バルカン半島のテュルク化」に主眼が置かれているがゆえに、何故、ルメリのユリュクがバルカン半島で征服から数世紀を経た17世紀にいたるまで解体されることなく一定の集団として存在し続けたのか、ユリュクやタタールはどのような生業に従事し、土地利用をおこなっていたのか、ユリュクとタタールはどのような点が共通しており、また異なるのか。そして、征服者の子孫たちという300年以上前の征服の故事を彷彿とさせる名をもつ軍団が17世紀末に生まれ、その成員をルメリのユリュクが担った理由は何かという問題は未だ解明されておらず、ルメリのユリュク、タタール、そして征服者の子孫たちがオスマン朝において果たした役割は未解明のままである。

---

13)　［Кальонски 2007］

14)　［Гълъбов 1961: 328］

そこで本書では、従来の研究では用いられて来なかった史料、さらに各種史料の関係に着目して、ルメリのユリュク、タタール、そして征服者の子孫たちの成立過程と、さまざまな事例から窺い知れるそれらの集団とオスマン朝中央政府との関係を解明する。また、ルメリのユリュク、タタール、征服者の子孫たちを理解するための補助線として、同じくバルカン半島で種々の軍役・労役を担った「ミュセッレム müsellem [15]」と呼ばれる集団を取り上げ、ルメリのユリュクとルメリのミュセッレムの比較を通じて、16世紀末以降のオスマン朝の政治、財政制度、社会、経済の変化が類似の制度として出発した両者にどのような影響を与え、なぜ、ルメリのユリュクから征服者の子孫たちという集団が生み出されたのかという問題に一定の解答を示す。

---

[15]　原義は「安堵された」であり、オスマン語では「免税特権を与えられた」もしくは「免税特権を与えられた者」という意味でも用いられる。史料では「免税免租 muʿāf u müsellem」という二語から成る定型句もしばしば登場する。

1章
ルメリのユリュクとタタール、そしてミュセッレム

ディメトカ(現ギリシア領ディディモティホ)の城塞跡の高台からトラキア平原を臨む。トラキア平原には地平線の果てまで青々とした草原と耕地が広がっている。トラキア平原には多数の「ルメリのユリュク」や「ルメリのタタール」、「ミュセッレム」が居住していた。ディメトカにはオスマン朝支配下で建てられたモスクが今も残っている(著者撮影)

1　奉公集団とは何か

　あらゆる国家において徴税は国家運営の基盤の1つである。税は現金や現物で納付されるとは限らない。現金や現物で税を納める代わりに、賦役のように労働力を提供することや、課税額の減免、俸給の代わりに臣民からの徴税権を得ることと引き替えに、王朝や国家に奉公することは、近代以前の社会では広く見られた。オスマン朝でも、スィパーヒーやカプクル ḳapıḳulı などの軍人ならびに文人官吏やウラマー 'ulemā 層から成るアスケリー 'askerī[1] と呼ばれる支配層は、軍事行動への参加やイスラーム法学の知識の提供を通じて国家に奉公することと引き替えに、税の支払いが免除され、国から俸給または徴税権を受け取る資格を有していた。これに対して、国家もしくは上述のアスケリーから成る徴税権保持者へ、被支配層のレアーヤー re'āyā[2] は税を支払っていた。

　しかし、オスマン朝では税をめぐってアスケリーとレアーヤーという二つの集団のみが存在していたわけではない。オスマン朝には、ルメリのユリュクにルメリのタタール、ヴォイヌク voynūḳ、ヤヤ[3]、ミュセッレムといった、一定の免税特権を対価に各種の軍役や労役に従事する義務を負う集団が存在した。本書では、原史料にまとまった呼称として登場するわけではないが、1つの分析概念としてこれらの集団を奉公集団[4] と呼んで、議論を進めていく[5]。

---

1) この語の原義は「軍人」、「軍属」である。
2) この語の原義は「群れ」転じて「臣民」である。
3) この語はトルコ語で「歩兵」を意味する。そのため、史料中では「歩兵」を意味するペルシア語に由来する「piyāde」とも表記される。
4) 免税特権と引き替えに軍役や労役に従事する集団を、著者はかつて、「準軍人」と呼んだ［岩本 2012］。しかし、本書で述べるように、奉公集団の内部には、軍役や労役に従事する者に税を支払うという、アスケリーに対するレアーヤーに相当する集団が存在することや、多岐にわたる軍役や労役の内容が軍隊に関わるものばかりではないこと、仕事の内容の点で軍役と労役の間に明確な差異を見出すことが容易ではないこと、軍役や労役への出動命令に奉公を意味する「ḫizmet/ḫidmet」の語がしばしば用いられることに鑑みて、本書では「奉公集団」という語を用いる。先行研究では、現代トルコ語では「geri hizmet kıtaları」もし

2 オスマン朝のバルカン半島征服とルメリのユリュク、タタールの起源

1 ルメリのユリュク

　本節では、ルメリのユリュクやタタールとオスマン朝の関わりを解明するための前段階として、ギョクビルギンの研究に依拠しつつも先行研究で触れられていない史料も用いて、オスマン朝のバルカン半島征服と、それにともなうアナトリアからバルカン半島への人びとの移動を明らかにし、そこからルメリのユリュクとタタールの起源を解明する。

　先述のように、14世紀中頃からオスマン朝はバルカン半島へ進出していき、それに応じてアナトリアからバルカン半島へテュルク系の人びとが移住していった。もちろん、第一次、第二次ブルガリア帝国をうち立てたブルガール族、ビザンツ帝国軍で活躍したトルコ人傭兵、ジョチ・ウルスの流れをくみ、黒海北岸に勢力を築いたクリミア・ハン国のクリミア・タタールやポーランド・リトアニア共和国に臣従したリプカ・タタールのように、オスマン朝とは無関係にもテュルク系の諸族は東欧やバルカン半島へ移入していた。しかし、オスマン朝のバルカン半島進出とテュルク系の人びとのバルカン半島への流入を結びつける言説や説話はいくつもの史料から確認できる。一例を挙げると、14世紀から15世紀にカスタモヌやスィノプといったアナトリアの黒海沿岸地域

　　くは「geri hizmetçi」、英語で「auxiliary force」や「auxiliary」と「兵站部隊」、「後方支援」の意味も持つ語で表現されている［Göçek 1993; Emecen 2013; Yeni 2013a; 2013b; 2013c］。

5)　主にキリスト教徒にジズヤ税などの免税特権と引き換えに奉公への参加義務を課したヴォイヌク制に関しては［Ercan 1986］が詳しい。また、［Ak 2011］は、［KK.d.5061/1135］を用いてヴォイヌク制の姿を解明した。敵地へ侵入し、略奪を行う権利を認められたオスマン朝の非正規の兵員であるアクンジュ akıncı、トイジャ toyca については［Öztürk 2008］を参照されたい。また、アクンジュの名前と居住地を記録した台帳が、近年、内容の分析や台帳本文のラテン文字転写を附して刊行された［Erdoğan-Özünlü and Kayapınar 2015; 2017］。

一帯を支配した地方政権のジャンダルオール・ベイリク[6]がオスマン朝に併合された際に、同ベイリクの支配者一族の出身であったイスフェンディヤールオール・イスマイル・ベイがルメリ州のフィリベの町へ移住させられた話が複数の年代記に登場する[7]。

そして、15世紀から16世紀にかけて成立したオスマン語年代記には、アナトリア各地からバルカン半島への移住者の中に、ユリュクがいたことを示す記録がいくつも見られる[8]。

15世紀末に成立したオスマン朝の歴史書である『アーシュクパシャザーデ史』[9]はこう記している。

> このサルハン[10]のくに Şaruḫān ili の遊牧民 göçmen ḫalḳı がいた。メネメン平野 Menemen Ovası [11]で冬営していた。そして、そのあたりには塩税 tuz yasağı があった。彼らはその［塩］税を受け入れていなかった。バヤズィト・ハン［ことバヤズィト1世（r. 1389-1402）］に［このことが］知らされた。ハンは息子のエルトゥールル Ertuğrul [12]へ便りを送った。「その遊牧民 ol göçer evleri がどれだけいようと、［状況を］改善し掌握して有能なしもべ ḳul へ託せ。［遊牧民を］フィリベ一帯へ送れ」と［命じた。］エルトゥールルも彼の父（バヤズィト1世）の命令を受諾した。何を命じられようとも、よりいっそう［命令遂行に尽力］した ziyāde étdi 。その遊牧民をフィリベ方面へ住まわせた。現在、そ

---

6) [Yücel 1980; 1993]
7) [Neşri: 194-95/334-35; Oruç Beğ: fol. 81b; 116, 今澤 2011] また、935年／1528-29年付フィリベ県租税調査台帳にはイスマイル・ベイのワクフに関する記録が登場する [TT.d.370: 104; Yücel 1980: 114-15]。
8) [Aktepe 1951-53: 299-301; Çevik, 1971: 8-9; Gökbilgin 1957(2008): 13-18]
9) 正式な書名は『オスマン朝史』。著者の名前から『アーシュクパシャザーデ史 Aşıkpaşazade Tarihi』と呼ばれる。半ば伝承に近いオスマン朝の創設からメフメト2世治世末期の1492年、一部の版ではバヤズィト2世治下の1502年までの歴史が記されている [Aşıkpaşazade: xvii-l; Özcan 1991]。
10) 西アナトリアのイズミルの後背地である現在のマニサ一帯を指す地名。13世紀末にマニサを中心に成立し、15世紀前半にオスマン朝に併合されたサルハン・ベイリクに由来する [Emecen: 2001(2003); 2009]。
11) イズミル近郊の地名。
12) バヤズィト1世の息子であるエルトゥールル王子（d. 1399）[Sicill-i Osmani: Ertuğrul Çelebi]。

こ（フィリベ一帯）では［彼らは］サルハン・ベイ［リク］出身者 Ṣaruḫān Beğlü[13]と呼ばれている。パシャ・イイト・ベイ Paşa Yiğit Beğ [14]はその部族の長 ḳavmiñ ulusı であり、その頃、彼らとともに［フィリベへ］やって来た。［Aşıkpaşazade: fol. 119a, 100］

『アーシュクパシャザーデ史』を参照して書かれた『オルチ・ベイ史』[15]では、時代はバヤズィト 1 世からムラト 1 世（r. ca.1360-89）治下へ、場所はフィリベからスィロズ Siroz [16]へと変わっているが、サルハン・ユリュクをバルカン半島へ移住させた記録が登場する[17]。

そしてサルハンのくにには、遊牧民のユリュク ḳonar-göçer yörükler がいた。また別の一団／くにであった başḳa bir ildi 。彼ら（ユリュク）はアナトリアから移動した。スィロズ方面へ［オスマン朝がユリュクを］連れていった。［Oruç Beğ: fol. 19b, 28］

パリのフランス国立図書館所蔵写本 Paris Bibliothèque nationale ancien fonds，Turc 99 のみではあるが、上記の記述の後に

彼らは住み着き［スィロズは彼らにとっての］故郷となった。見ると［スィロズの］くには［土地を手に入れるために］何も払う必要ない müft 家や庭やブドウ畑や土地であった。めいめいが［スィロズへ住み着くことを］受け入れ［そこを］耕作した。

---

13) プロヴディフ市の北西、現パザルジク市近郊にあるセプテンヴリという町のトルコ語名はサラン・ベイもしくはサラハン・ベイという。この町の名前はおそらくこのサルハン・ベイリクに由来するのであろう［Acaroğlu 2006: 855］。
14) 後のウスキュプ（現マケドニア領スコピエ）・ベイ。830 年／ 1427 年死去［Sicill-i Osmani: Paşa Yiğit］。
15) 正式な書名は『オスマン朝史』。著者の名前オルチ・ビン・アーディル Oruç b. 'Ādil から『オルチ・ベイ史 Oruç Beğ Tarihi』とも呼ばれる。オスマン朝の創設からバヤズィト 2 世治下の 908 年／ 1502-03 年までの歴史が記されている［Oruç Beğ: xvii-xlvi; Özcan 2007］。
16) テッサロニキ近郊の地名。別名セレズ Serez 。現在はギリシア領セレス。
17) 同様の話は、ネシュリーの『世界の鑑』や、著者不明の『オスマン朝諸年代記』などの年代記でも見られる［Anonim: 32; Neşri: 66/111］。サルハン県のユリュクをスィロズへ移住させたと一部の史料で述べられているカラ・ティムルタシュについては、今澤の研究がある［今澤 2015］。

と、スィロズにサルハン出身のユリュクが住み着き、農耕に従事したことが記されている。

　このようなオスマン朝によりアナトリアからバルカン半島へ連れてこられたユリュクの存在は他の史料からも確認できるのであろうか。

　1431-32 年作成アルバニア県租税調査台帳[18]は、後世の租税調査台帳とは異なる特徴を持つ。この租税調査台帳では、郷ごとに徴税権保有者の名前が上げられ、その徴税権保有者に税を支払う街区や村の名前とそこに住む担税者の人数、坦税額の総計が記されている[19]。さらに、徴税権保有者の名前の横に、いつどのような形でその人物が徴税権を受給したかが書かれている。この徴税権受給に関する端書の中に「アナトリアからバルカン半島へ移住した」という旨の記録がいくつも見られる[20]。例えば、

　　チェルティクの子ハムゼのティマール：サルハン出身 Ṣaruḫānlu'dan、追放されてやって来たという sürülüp gelmiş。故スルタン merḥūm sulṭān の時代から［封土を］持っており、故スルタンの勅許状 berāt を持っている。［TT.d.1M: fol. 46a; İnalcık 1954(1987): 43-44］

　　セイディーのティマール：エンギュル[21]の元住人でありガーズィー、サルハン出身、自ら願い出て kendü ricāsıyla [22]やって来た。故スルタンの治世にサルハン人のハムゼへ与えた。我らのスルタン［ことムラト 2 世（r. 1421-44, 1446-51）］の時代に前述の者らへ与えた。セイディーはパシャの書付[23] paşa bitisi を持っている。［TT.d.1M: fol. 50b; İnalcık

---

18)　［TT.d. 1M; İnalcık 1954(1987)］
19)　［İnalcık 1954(1987): xi-xxxvi; 今野 2007］
20)　［TT.d.1M; Aktepe 1951-53: 301-03; İnalcık 1954(1987)］
21)　アンカラの異称。
22)　移住者の大半は端書に「追放されてやって来た」と書かれているが、このように本人の意志で移住した旨が記されている例は、他にも見られる［TT.d.1M: fol. 97b, 137b, 141b; İnalcık 1954(1987): 81, 107, 111］。アクチャヒサルに住むオスマンという人物が受給するティマールについての端書には「［このオスマンは、西アナトリアの］コジャエリ［地方］から自らの足で兄弟のもとへやって来た者である」と書かれている［TT.d.1M: fol. 150a; İnalcık 1954(1987): 119］。
23)　古くはこの語は「勅許状 berāt」と同じ意味で用いられた［Kütükoğlu 1994(2013): 124］。

1954(1987): 47]

　　カラ・バヤズィトのティマール：イェニシェヒル[24]出身、サルハンのくにでティマールを食んでいたというtīmār yemiş。サルハン人とともに Şaruḫānlular ile 追放されてやって来た。故スルタンの治世から食んできたという yeyügelmiş。故スルタンの勅許状を持っている。[TT. d.1M: fol. 51a; İnalcık 1954(1987): 48]

　　ドゥラスの息子バリーのティマール：サルハン出身、追放されてやって来た者の息子 sürülüp geçmişiñ oğlı [25]である。故スルタンの治世にベイのしもべ beğ ḳulı であったヤークーブが［この徴税権を］食んできたものだったという yermiş。[ヤークーブは] 亡くなった。我らのスルタンの治世に前述の者［ドゥラの息子バリー］へ［故ヤークーブのティマールを] 与えた。サンジャクベイの書状を持っている。[TT.d.1M: fol. 72a; İnalcık 1954(1987): 66]

　無論、租税調査台帳に登場するアナトリアからバルカン半島へ移り住んだスィパーヒーが、年代記に見られるアナトリアからバルカン半島へ連れてこられたユリュクに対応するとは限らない。ただし、年代記に登場するサルハン・ユリュクのように、15世紀に作成された租税調査台帳の記録からも、アナトリアからバルカン半島へ移り住んだ者の存在が確認できることは確かである。

2　ルメリのタタールの成立

　1256年のモンゴル軍のアナトリア侵入以降、遊牧生活を送りモンゴル帝国に服属する、もしくはモンゴルと関わりを持つとされた人びともまたアナトリアへ流入し、各地へ住み着いていった。後の史料で「カラ・タタール Ḳara Tatar」と呼ばれたアナトリア在住のタタールはこうして歴史の舞台に登場してくる[26]。

24)　アナドル州アイドゥン県イェニシェヒル郡。イズミルの南東に位置する。アイドゥン県の北にはサルハン県があり、ともにサルハン・ベイリクの支配地であった。
25)　「追放されてやってきた者の息子である」と端書に書かれたスィパーヒーは、この他にもいる [TTd.1M: fol. 80a, 99a; İnalcık 1954(1987): 74, 82]。

1章 ルメリのユリュクとタタール、そしてミュセッレム

　そして、オスマン朝がバルカン半島へ勢力を拡大する中で、アナトリアからバルカン半島へ移り住んだ者は、前述のユリュクのみではない。モンゴル軍のアナトリア到来以後、アナトリアにいた「タタール」とバルカン半島をめぐっては、以下の話が史料に見られる。

　　サムスンを取った（征服した）スルタン・メフメト［1 世（r. 1413-21）］はブルサへ戻るときにイスキリプ İskilip [27]へ到着した。その地域 vilāyet で大量のタタールを見て「おい、この天幕は誰のものだ。」と問うた。「ミンネト・ベイ Minnet Beğ のものです。」と［タタールは］答えた。「ほう、これら［タタール］のベイはどこにいるのか。」と［メフメト 1 世は尋ねた］。「タタールのサマカヴ[28] オール Tatar Şamakavoğlı が宴を開きました。その宴に行きました。」と答えた。スルタン・メフメトは宰相のバヤズィト・パシャ[29]へ「ティムールはこの地域からタタールを連れていった[30]というが、この地域で彼ら［タタール］のベイが宴を開いている。お互いに行き来はしているが、私の遠征［に参加する］ためには出てこない。これらの者を追放すること sürmek が必要だ。」といった。ミンネト・ベイを呼び出した。これら［タタール］の全員を追放した。フィリベ一帯へ移動させ、コヌシュ・ヒサル Ḳonuş Ḥiṣārı [31]一帯へ住まわせた。ミンネトオール・メフ

---

26)　[Sümer 1969; 2011; Koç 2000a: 485-86; Cihan 2003: 219-20; 岩本 2014: 78-80]
27)　アナトリア中西部、アンカラの北東、チョルムの北西に位置する。フランスの国立図書館 Bibliothèque nationale 所蔵写本 supplement turc 1047 ではイシュキリ İşkili 、また別の写本 turc 99 とマニサ図書館 Manisa Genel Kütüphanesi 所蔵写本 Muradiye no.5506/2 では港 iskele と書かれている。
28)　プロヴディフの北西、ソフィアの南には、ブルガリア語名サマコフ、トルコ語名サマカヴという町があった [Osmanlı Atlas: 40-43]。
29)　メフメト 1 世の王子時代からの腹心であり、メフメト 1 世の即位後、宰相となった。824-25 年／1421-22 年に死去 [Sicill-i Osmani: Bayazit Paşa]。
30)　ティムールが 1402 年にオスマン朝の軍を打ち破ったアンカラの戦いの後に、モンゴル軍のアナトリア侵入以後にアナトリアに残っていたカラ・タタールを中央アジアへ連れて行った話を指す [ZNŠ: 275-76; ZNY: 357-59; Sümer 1969: 129-32; Yücel 1989: 78-80; Özkaya 2008(2010): 184-85]。アナトリアにいたカラ・タタールを中央アジアへティムールが連れて行った話は『アーシュクパシャザーデ史』などのオスマン語年代記でも引用されている [Aşıkpaşazade: fol. 127b-28b, 144a-45a, 108, 121-22]。
31)　別名コヌシュ。プロヴディフの北西に位置する。オスマン時代には郡の中心であった [Acaroğlu 2006: Konuş]。

67

メト・ベイはコヌシュで一軒の救貧所 'imāret を建て、1軒の隊商宿も建てた。[タタールは] 住み着き、そこに留まり、そこを居所とした。[Aşıkpaşazade: fol. 144a-45a, 121-22]

このメフメト1世がアナトリアのタタールをアナトリアからバルカン半島へ連れて行った話は、『アーシュクパシャザーデ史』の後に書かれた『オルチ・ベイ史』ではこう伝えられている。

> そして再びスルタン・メフメトは国運と幸福をともなって兵団を集め、アナトリアからルメリへ到着し、[再び] アナトリアへ渡りサムスンを取った (征服した)。息子のスルタン・ムラト・チェレビー (後のムラト2世) をアマスィヤに封じた。サムスンを取った後、行き来する際に道中、イスキリプへ達した。そこでたくさんのタタールの天幕を tatar evleri 見た。[その天幕は] ティムール・ハンの時代から残っていたそうである。そのタタールの天幕をそこから動かした。ルメリへ、フィリベへ連れていった。フィリベ周辺へ、コヌシュ・ヒサル周辺へ連れていった。その地域を栄えさせた ma'mūr étdi。そのタタールの天幕はそこ (コヌシュ・ヒサル) に留まった。[その長は] ミンネトオール・メフメト・ベイといった。ガーズィーのベイの1人であった。そのメフメト・ベイは、タタールのために1軒の救貧所と1軒の隊商宿を建てた。その地を栄えさせた。タタールはそこに住み着いてとどまった yerleşüp ḳaldı。[Oruç Beğ: fol. 34b, 50]

同様の話は、ネシュリーの『世界の鑑』や、著者不明の『オスマン朝諸年代記』など他の年代記でも見られる[32]。これらの年代記の記録から、オスマン朝が、西アナトリアの各地からユリュクとならんでタタールをバルカン半島へ連れていき、そこに住まわせていたことがうかがえる[33]。

---

32) [Anonim: 63; Neşri: 146/251] この他のメフメト1世がアナトリアにいたタタールをバルカン半島へ追放した話について、詳しくは [Şahin and Emecen 1987: 249-50; 今澤 2011] を参照されたい。

33) プロヴディフの西に位置するパザルジク市は、オスマン語では「タタールの市場」を意味するタタルパザル Tatar Pāzārı もしくはタタルパザルジュウ Tatar Pāzārcığı と呼ばれる。ただし、この地名の由来は、現在はモルドヴァおよびウクライナ領であるベッサラビアからやって来たタタールが町の近くに住みついたためと一般には説明されている [Lory 2000; Boykov and Kiel 2007]。

1章　ルメリのユリュクとタタール、そしてミュセッレム

しかし、上記のオスマン語史書はいずれも成立年が 15 世紀末から 16 世紀初頭であり、この挿話が史実の反映か、16 世紀のバルカン半島におけるタタールの起源を説明する説話かは明確ではない。

上記の問題を検討する上では、先述の 1431-32 年アルバニア県租税調査台帳の記録が、ユリュクの場合と同様に有用である。ディルリクについての端書の中に、以下のタタールに関する記録がある。

コンド Ḳondo のティマール：［コンドは］女。アイディノ Aydino の姉妹。故スルタンの治世にアナトリアから追放されてやって来た sürülüp gelen タタールが食んでいたという yerlermiş。我らのスルタン（ムラト 2 世）の治世に前述の者へ与えた。パシャの書付を持っているといっている。［TT.d.1M: fol. 109b; İnalcık 1954(1987): 90］

バラバンのティマール：アミールの下僕 ġulām-ı mīr。故スルタンの治世にアナトリアから追放されてやって来たタタール［の一部］が食んでいたものだったという tatardan yerlermiş。［TT.d.1M: fol. 111a; İnalcık 1954(1987): 91］

イブラヒムのティマール：背の高い uzun ［上記の］バラバンの息子。アミールの下僕。故スルタンの治世に追放されてやって来たタタールが食んでいたものだったという yermiş。［TT.d.1M: fol. 111b; İnalcık 1954(1987): 91-92］

これらの記録から、15 世紀のアルバニアに、アナトリアからやって来たタタールが住み着いていたことが読み取れる。

このように、14 世紀から 15 世紀にかけて、オスマン朝のバルカン半島征服にともない、強制もしくは本人の希望によって、アナトリアからバルカン半島へ渡った、もしくはそのように認識され、記録が残された人びとの中にユリュクとタタールがいたことが明らかとなった[34]。それでは、移住先のバルカン半島において、これらユリュクおよびタタールはどのような歴史をたどったのであろうか。

---

34)　この他の「アナトリアからバルカン半島へのテュルク系遊牧民の移住」に関する記録については、［Aktepe 1951-53: 301-03; Gökbilgin 1957(2008): 1-18］を参照されたい。

■ 第Ⅰ部　バルカン半島における奉公集団的「遊牧民」

3 奉公集団制度の成立とその管理体制

　14世紀から15世紀にかけて、アナトリアからバルカン半島へ渡っていったユリュクやタタールを基に、いかにしてルメリのユリュクやルメリのタタールという集団が形成されていったのであろうか。

　本節では、ルメリのユリュク、タタールとオスマン朝の関係を考察する前段として、先述のギョクビルギンやアクギュンドゥズの研究を利用しつつ、ルメリのユリュク、タタールという集団の成立過程とその特徴を、法令集や租税調査台帳から明らかにする。

1　ルメリのユリュク

　オスマン朝で作成された法令集の中で、征服者 Ebü'l-Fetḥ／後に Fātiḥ と渾名されるメフメト2世、そしてバヤズィト2世やスレイマン1世時代に作成された法令集には、ユリュクに関する規定がいくつか見られる。例えば、「メフメト2世の総法令集 Fâtih umumî kanunnâmesi」とアクギュンドゥズが呼ぶ、メフメト2世期に成立した法令集[35]——ただし、現存する写本の筆写時期は893年第一ジュマーダー月上旬／1488年4月中旬–下旬とバヤズィト2世期である——では、耕地税 resm-i çift、ウシュル税 resm-i ʿöşür/ʿöşür [36]の支払いとその税額を定めた規定の後に、こう続いている。

> 　タタールとユリュクにはこの［慣習］税 ʿādet（耕地税、ウシュル税の支払い義務）はない。というのは、これらの者はエシキンジであるからだ。（中略）
> 　ユリュクの法令集 ḳānūnnāme-yi yörükān。24人中1人はエシキンジ、3人はチャタル çatal、20人はヤマク yamak と［分類］される。前述の

---

35)　[Fatih KN: 346-47] オーストリアの国立図書館所蔵 no.A.F.554 写本 fol. 2b-7b に該当する。

36)　耕地から収穫された耕作物の何割かを現物で納める税。語源は「十分の一」。ただし、租税調査台帳には徴収された収穫物そのものの計量値と現金に換算した金額の両方または一方が記載された。

エシキンジはジェベリュ cebelü [37)]の旗竿、その鉄［製の武器］、矢の飾り羽 yelek、弓矢、剣、盾を不足なく用意せよ。10 人のエシキンジにつき 1 頭の駄獣と 1 張の天幕 tenktür ［を用意］せよ。ユリュクのエシキンジ、チャタル、ヤマクは大麦と藁を［差し出すこと］、砦を作ることḥiṣār yapmak やその他アヴァールズ 'avārıż ［税の支払い][38)]にはかかわらない。［ユリュクのエシキンジ、チャタル、ヤマクは］戦役へ出陣する年にサーラール税 sālārlık [39)]は払うなと周知させよ。［Fatih KN: 351 354-55, 361-62, 364; Barkan 1943: 390, 393］[40)]

メフメト 2 世時代にはユリュクが 24 人ごとにまとめられており、1 集団につき 1 人とされたエシキンジは、戦争へ行く代わりに一部の税の支払いが免除されていたことが、ここから分かる。また、907 年第一ラビー月中旬／1501 年 9 月下旬-10 月上旬とバヤズィト 2 世期に作成された法令集である「オスマン朝慣習法令集 kitāb-ı ḳavānīn-i 'örfiyye-yi 'Os̱mānī」[41)]では、

> 帝王の勅許状 berāt-ı hümāyūn を持っていて、実際に鷹匠 ṭoğancı ［として鷹を供出する役］を務めている鷹匠はレアーヤー re'āyā ではない。戦争へ赴く eşer ヤヤやミュセッレムやジャンバズ cānbāz [42)]やユリュクやタタールやヴォイヌク[43)]の一団は、アスケリー 'askerī である。

37) 遠征に赴くスィパーヒー、ザーイムに従士として同行する兵士［Emecen 1993; Osmanlı tarih deyimleri: cebelü］。
38) 遠征が行われる時に徴収される臨時税。別名アヴァールズ・ディーヴァーニイェ税 'avārıż-ı dīvāniyye 。後には毎年徴収される税となった［Sahillioğlu 1991］。
39) サーラーリイェ税とも呼ばれる。ウシュル税とあわせて土地の産物の一部を高官に納める税［Fatih KN: 176-77, 355; Osmanlı tarih deyimleri: sâlâriyye］。
40) トプカプ宮殿博物館附属文書館には、この規定とほぼ一致する内容の法令集の断片が収蔵されている［Kanuni KN(6): 343; Yeni 2013c: 170-72］。アクギュンドゥズは、年代が書かれていないこの断片が書かれた時期をスレイマン 1 世時期と推測しているが、「チャタル」が登場するなど他のスレイマン 1 世期の法令集とは大きく異なる内容である。この法例集の断片が仮にスレイマン 1 世期に書かれたものとしても、実際には適用されてはいないか一時的にしか適用されなかった規定であろうと、イェニは推定している。
41) ［Bayezid KN: 33-111］コンヤのコユンオール図書館 no.69 写本 fol. 1b-66b 等に該当する。
42) 原義はペルシア語で「命知らず」の意味。
43) いずれも平時にはレアーヤーのように農耕に従事する一方、戦時にはアスケ

［Bayezid II KN: 60, 95］

と記されている。オスマン朝において「アスケリー 'askerī」の語は、軍人、書記やカーディーなどの専門技能をもって国に奉公する代わりに、免税特権や俸給、徴税権の割り当てを受ける権利を有する支配層を意味した。その対義語である「レアーヤー re'āyā」は、上記の支配層に税を支払う被支配層を意味する。ここでは、ヤヤ、ミュセッレム、タタールそしてユリュクは被支配層のレアーヤーではなく支配層のアスケリーであると明確に述べられている。

この規定を受けて、バヤズィト2世治下で作成された命令台帳 aḥkām defteri では、906年／1501年付の「ユリュクのヤマクがヤマク税の例年の支払いを拒否したことに対して、あらためてヤマクに毎年50アクチェのヤマク税を支払うことを求める」命令の記録[44]が登場する。また、同年には「遠征がある年には、遠征へ赴くエシキンジへヤマクがハルチルク ḫarçlık [45]を支払うことと引き替えに、アヴァールズ税を免税とする」と上記の法令集の規定の遵守と執行を求める命令[46]が発布された。

16世紀前半から中頃にかけてオスマン朝を統治したスレイマン1世の治世には、スレイマン1世が、後に立法者 Ḳānūnī と呼ばれたように、多数の法令集が作成された。特に、州、県の租税調査台帳の冒頭には、しばしばその地域での統治の規則や徴税に関する規定や手引きを細かに記した法令集が収録された。そのようなスレイマン1世時代や、時代は更に下るムラト3世（r. 1574-95）治下に作成された法令集は、ルメリ内の軍人／支配層に属するユリュクやタタール、ミュセッレムの人数などを記録した特別の租税調査台帳の冒頭に収録された。本書では、以降、このような租税調査台帳をユリュク台帳、タタール台帳、ミュセッレム台帳と呼んでいく[47]。

リーと同じく戦闘へ参加することと引き換えに一部税の免除特権を持つ集団である［Şerefgil 1981c; Doğru 1990; 1997; Yılmaz 1999; Kütükoğlu 2000］。
44）［Bayezid II Ahkam.d.: hkm.no.123］
45）原義は「手当」、「小遣い」の意味。
46）［Bayezid II Ahkam.d.: hkm.no.438］
47）租税調査台帳の明細帳、簡易帳の分類と分析を行った［Finke 1998］は、ユリュ

950年ズー・ル＝ヒッジャ月中旬／1544年3月上旬‐中旬には、コジャジュク・ユリュク台帳［TT.d.222］、ナアルドケン・ユリュク台帳の［TT.d.223］、オフチャボル・ユリュク Yörükān-ı Ofçabolı 台帳の［TT.d.224］、セラニク・ユリュク Yörükān-ı Selānīk 台帳の［TT.d.225］、ヴィゼ[48]・ユリュク Yörükān-ı Vize 台帳の［TT.d.226］、そしてタンルダー・ユリュク台帳の［TT.d.230］といった数点のユリュク台帳が作成された[49]。それらユリュク台帳のうち、950年／1544年作成タンルダー・ユリュク台帳［TT.d.230］、973年／1566年作成ナアルドケン・ユリュク台帳［TT.d.357］、973年／1566年作成オフチャボル・ユリュク台帳［TT.d.354］、992年／1584年作成のコジャジュク・ユリュクおよびタンルダー・ユリュク台帳である［TT.d.614］、973年／1566年に作成されヤンボル Yanboli[50]・ユリュクおよびヤンボル・タタール、アクタヴ Aḳtav・タタールを記録した台帳である［MAD.d.4995］の冒頭には、法令集があり、以下のユリュクに関する規定が共通して見られる。

帝王の台帳 defter-i hümāyūn にエシキンジのユリュクやタタール eşkinci yörük ve tatarları から25人［ごと］を1つのオジャク ocaḳ ［とい

ク、ヤヤ、ミュセッレムといった「奉公集団」を対象とした特別の租税調査台帳についても言及している。
48) 現トルコ共和国領クルクラレリ県 il ヴィゼ。当時のヴィゼ県は現在のクルクラレリ県、テキルダー県、イスタンブル県にまたがっていた。ヴィゼにおけるユリュクについては［Bayraktaroğlu (Akcan) 2005］の研究がある。
49) 16世紀において、通常、「ナアルドケン・ユリュク」、「セラニク・ユリュク」といったユリュクの集団名をもって、史料では言及されている。ただし、これらのユリュクは先述の通り、いずれもバルカン半島に居住しており、総称として「ルメリにいるユリュク Rūméli'de olan yörükleri」という表現が見られる例も存在する［MHM.d.5: hkm.no.795; MHM.d.5(trn.): 138］。本書では議論のために、これらバルカン半島に住むユリュクの総称として「ルメリのユリュク」という呼称を採用した。なお、17世紀になると各集団名を逐一あげずに、「ルメリに住むユリュクの一団 Rūméli'de sākin olan yörük ṭāyifesi」や「ルメリにいるユリュク Rūméli'de vāḳi' yörük」［MHM.d.101: hkm.no.52: 102: hkm.no.772］とまとめて呼ぶ例が増加する。
50) ルメリ州スィリストレ県に属する町。バルカン山脈の南麓に位置する。現ブルガリア領ヤンボル。同地にはオスマン朝支配下で建てられたモスクが現在も残っている。

う集団にまとめ]、5人の当番のエシキンジ növbetlü eşkinci、20人のヤマクを [台帳に] 記録する。帝国の戦役 [が起こったり]、帝王のための奉公がおこなわれたりするときに、当番のエシキンジは、アヴァールズ・ディーヴァーニイェ税の代わりに君主の古来の法 ḳānūn-ı ḳadīm-i sulṭānī に従って、50アクチェのハルチルクをその [エシキンジと同じオジャクに属する] ヤマクたちから徴収して戦役に赴く。奉公や戦役がないときに、エシキンジはヤマクから何も [税として] 取ってはならない。(中略)

スバシ subaşı [51]や兵団長 çeribaşı [52]は毎年、[太陽／農事暦] マルト月 (3月) 初めに Mārt ibtidāsında [税を] 取る。これらの者はスィパーヒーの一部であるからだ。スバシや兵団長は毎年 [税を] 取るために [ヤマクの] 既婚者から50 [アクチェ]、未婚者から25アクチェのヤマク税 resm-i yamaḳ を取る。エシキンジが戦役へ赴く際には、奉公に対するものであるので、既婚や未婚に関係なく [スバシ、兵団長はヤマクから] 50アクチェのヤマク税全額を徴収する。(中略)

ヤマクは50アクチェの税を支払うのでアヴァールズ [税支払い] の要求は不法である。(中略)

エシキンジの一団の一部が老齢者 pīr-i fānī や破算者 müflis となり、帝王の奉公に耐えることができず、その代わりに [エシキンジとして台帳に] 登録されるに相応しい子孫もいない場合、[そのエシキンジは] エシキンジ職を放棄してヤマクとなり、ヤマクの中から有能な者がエシキンジになり、その [新たにエシキンジになった者の] 子孫や兄弟がヤマクになることが古来の法 ḳānūn-ı ḳadīm である。(中略)

ユリュクに土地はない lā mekān。土地の割り当て ta'yīn-i ṭopraḳ はない。どこでも望んだ場所に移動する。(中略)

遊牧民ではなく ḳonar ve göçer olmayup、一カ所に住み着き、耕作に携わった çifte ve çubuğa mālik (耕地で耕作した) ユリュクについて、全 [1] チフトの土地を持つ者は12アクチェ、半チフトの土地の所有者は6アクチェの耕地税 resm-i çift [53]をティマールの保有者へ支払え。(いず

---

51) 都市の治安維持役、各郡の郡都規模の町の執政官をつとめる軍政官 [Osmanlı tarih deyimleri: subaşı]。

52) スィパーヒー、ヤヤ、ミュセッレム、ヴォイヌクといった軍人を統轄する上位軍人 [Osmanlı tarih deyimleri: çeribaşı]。スバシ、兵団長ともにゼアメトの受給者である。

れも［Kanuni KN(6): 692-709, 718-23; Murad III KN: 535-41］）

これらの規定から、スレイマン1世時代にはユリュクが25人ごとにオジャクという集団にまとめられていたこと、その中の5人がエシキンジ、残り20人がヤマクとされていたこと、戦時はヤマク1人につき50アクチェのハルチルクがエシキンジに支払われていたこと、平時にはヤマク1人あたり既婚者からは50アクチェ、未婚者からは25アクチェのヤマク税が徴収されていたと分かる。さらに、オジャクの構成員の数はメフメト2世期の24人からスレイマン1世期に25人に増員され、16世紀末には30人に総員された。但し、増員後もオジャクの構成員の数が25人のままの例も散見される[54]。エシキンジが戦役や奉公活動に参加することと引き替えにオジャクの成員全員がアヴァールズ税の免税特権を有していたこと、エシキンジ、ヤマクの地位は原則として世襲であり、エシキンジ身分を引き継ぐものがいない場合は、同じオジャクに属するヤマクからエシキンジを補充してオジャクを維持していたこともまた確認できる。ユリュクは軍人／支配層とされているが、平時か戦時かを問わず、ユリュクのヤマクには毎年25アクチェもしくは50アクチェの税の支払いがつ義務づけられており、エシキンジがヤマクから税を徴収できるのは戦時のみである。ユリュクは通常の軍人／支配層のようにすべての税が免除されているわけでもなく、俸給や徴税権が例年授与されているわけでもない。すなわち、ルメリのユリュクのオジャクの中に、遠征参加といった国家のための奉公活動を担う代わりに税の支払いが免除されるという点で、スィパーヒーのような軍人／支配層に類するエシキンジと、エシキンジへ税を支払う点で軍人／支配層に税を支払う臣民

---

53) 保有する耕地の面積に応じて定額を現金で納める税。税額や規定には地域により差異が見られるが、2頭の牛に黎を引かせて耕作し、地力を損なうことなく一定量の収穫を維持しうる規模の耕地を1チフト çift と定義し、おおよそ1チフト以上の耕地を保有する担税者はチフト、1チフト未満半チフト以上の耕地の保有者はニーム nīm、半チフト未満の保有者で既婚の者はベンナーク bennāk、未婚の担税者はミュジェッルド mücerred もしくはジャバ caba と分類され、めいめいから定額の耕地税が徴収された［Çagatay 1947; Emecen 1993; 永田 1984: 154-58; 多田 2005: 24-49］。

54) ［Murad III KN: 535-41; Gökbilgin 1957(2008): 19-42］

／被支配層に相当するヤマクという 2 つの集団が存在していた。そのため、ルメリのユリュク自体は、軍人／支配層と臣民／被支配層の両者に渡り、両者の中間に位置する独自の奉公集団とでもいうべき集団であった。そして、これらユリュクの持つ免税特権、特殊な身分を正当化する根拠は「古来の法」という慣習や慣例に基づく戦争や各種の労役への参加であった[55]。さらに、法令集の規定では、ユリュクが移動する集団として認識されていたこと、移動生活をやめて一カ所に住み着き耕作をするようになったユリュクは、その土地を管轄する、すなわちその土地の徴税権を持つスィパーヒーへ耕地税を支払うように定められていた。

　これらユリュク台帳に記録されたユリュクは、いずれもアナトリアではなくバルカン半島に居住しており、行政区分上はルメリ州に属していた[56]。これらルメリのユリュクを記録したユリュク台帳には、上記のユリュクに属するオジャクごとに 5 人のエシキンジと 20 人のヤマクの名前とその総数、ヤマクが支払うヤマク税のオジャクごとの総額が記録された[57]。結婚税 resm-i ʻarūsāne/resm-i ʻarūs、罰金 cürüm ü cināyet、ハイマーネ税 resm-i ḥaymāne [58]などはユリュクからも徴収され、前述のスバ

---

55) ユリュクやタタールと同様または類似の規定が、クズルジャ・ミュセッレム Müsellemān-ı Kızılca を扱った法令集の中にも見られる［Kanuni KN(6): 595-602］。また、スィノプ県における遊牧民の急速な定住化を研究したウナルは、スィノプには労役と引き替えに免税特権を持つ部族集団が多数居住していたと述べている［Ünal 2008］。

56) ［Yeni 2013c: 155-62; 2017］は、このユリュクの居住地が、オスマン軍がバルカン半島へ進出していった進軍ルートとほぼ一致することに着目し、ルメリのユリュクの起源は 14 世紀から 15 世紀にかけてオスマン軍がバルカン半島各地へ進出していく中で、アクンジュの供給源となった集団であると推定している。

57) 通常、ヤマク一人あたり 50 アクチェの税を支払うので、オジャクごとのヤマク税の総額は 1,000 アクチェとなる。ただし、一部のオジャクや、ゼアメトやハスの保有者である兵団長や司令官 ser-ʻasker に属するヤマクについてはこの限りではない。

58) この語の原義は「テント」、「天幕」であり、［Osmanlı tarih lüğatı: haymâne］では一定の土地に連続して住まず天幕を張って遊牧生活を送っている集団、すなわち遊牧民を指すと説明されている。［Yeni 2013c: 187-88］は、ルメリのユリュクの諸集団を対象とした法令集の規定の中に「ユリュクの一団の［中の］台帳への記録がなされていないハイマーネ yörük ṭāyifesiniñ ḫāriç ez defter olan ḥaymāneleri」、「ハイマーネ税」の語が見られること［Kanuni KN(6): 694, 697, 700, 703, 706,

シ、兵団長などに支払われていたが、これらについてはユリュク全体での総額が台帳の冒頭に記されるのみである[59]。通常、臣民／被支配層に課せられる耕地税、ウシュル税は原則としてルメリのユリュクには課せられていない。ルメリのユリュクは、このように通常の軍人／支配層や臣民／被支配層とは異なる税制のもとに置かれ、軍人／支配層や臣民／被支配層の間に位置する奉公集団であった。そのような特殊な集団を記録するために、セラニク、ヴィゼといった各県の租税調査台帳とは別に、ユリュクのみを記録した特殊な租税調査台帳、すなわちユリュク台帳が作成されたのである。

2　ルメリのタタール

すでに述べたように、メフメト2世、バヤズィト2世の法令集には、ユリュクと並んでタタールをめぐる規定が登場する。

> タタールとユリュクには、この慣習（耕地税やウシュル税の支払い義務）はない。なぜならば、これらの者はエシキンジであるからだ。（中略）
> 土地を持つタタールの臣民／被支配層 re'āyā は1チフトにつき1本の鎌、荷車1杯の牧草を［税として］支払ってきた。しかし、その［タタールの］エシキンジは支払わなかった。再びその法の通りに定めよ。[Fatih KN: 351, 353, 361-63; Barkan 1943: 390-91]

> 戦争へ赴くヤヤ、ミュセッレムやジャンバズやユリュクやタタールやヴォイヌクの一団は軍人／支配層 'askerī である。[Bayezid II KN: 60, 95]

709, 720, 723］、［TT.d.631: 15-17］にイェニジェ・イ・カラス Yeñice-yi Karaṣu 郡にハイマーネ200世帯とハイマーネ税7,500アクチェ（イェニは7,900アクチェと書いているがこれは7,500アクチェの誤記である）がザーイムの徴税権として記されていることを指摘し「ハイマーネ」の語を「エシキンジ、ヤマクの親族で、ユリュク台帳には未登録であるが、台帳に記録されているエシキンジやヤマクが奉公活動に参加することが不可能になった場合に代わりに台帳に登録され奉公活動を行うオジャクの補充要員を指す用語」と、ハイマーネ税はこのハイマーネが支払う税であると見なしている。

59）［Gökbilgin 1957 (2008): 43-46］

■第Ⅰ部　バルカン半島における奉公集団的「遊牧民」

表1　ルメリのユリュクおよびタタール台帳一覧表
※は当該台帳がルメリのユリュク、タタールを専門に記録した台帳であることを示す。

フォンド名	番号	台帳作成年		記録対象となったユリュクの集団	
		ヒジュラ暦	西暦		
MAD.d.	338	912	1506	トゥルハラ、イェニシェヒルに居住するユリュク、タタール	
TT.d.	222	950	1544	コジャジュク・ユリュク ヤンボル・タタール	※
TT.d.	223	950	1544	ナアルドケン・ユリュク アクタヴ・タタール	※
TT.d.	224	950	1544	オフチャボル・ユリュク	※
TT.d.	225	950	1544	セラニク・ユリュク トゥルハラ・タタール	※
TT.d.	226	950	1544	ヴィゼ・ユリュク ボズアパ・タタール	※
TT.d.	230	950	1544	タンルダー・ユリュク	※
TT.d.	303	964	1557	ヴィゼ・ユリュク ボズアパ・タタール	※
TT.d.	354	973	1566	オフチャボル・ユリュク	※
TT.d.	357	973	1566	ナアルドケン・ユリュク	※
MAD.d.	4995	973	1566	ヤンボル・ユリュク ヤンボル・タタール アクタヴ・タタール	※
TT.d.	1008	974	1566	タンルダー・ユリュク	※
TT.d.	483	977	1569–70	スィリストレ県内のタタール	
MAD.d.	620	992	1584	コジャジュク・ユリュク タンルダー・ユリュク	※
TT.d.	614	992	1584	コジャジュク・ユリュク タンルダー・ユリュク	※
TT.d.	616	993	1585	ナアルドケン・ユリュク	※
TT.d.	620	993	1585	ナアルドケン・ユリュク	※
TT.d.	631	999	1591	タンルダー・ユリュク	※
TT.d.	685	1005	1597	ナアルドケン・ユリュク	※
KKA.TT.d.	83	1006	1597–98	スィリストレ県内のタタール	

TT.d.	705	1017	1609	ヴィゼ・ユリュク	※
TT.d.	707	1017	1608-09	ナアルドケン・ユリュク	※
TT.d.	721	1022	1613	ヴィゼ・ユリュク	※
MAD.d.	6678	1028	1618-19	タンルダー・ユリュク	※
MAD.d.	18319	1039	1630	タンルダー・ユリュク	※
MAD.d.	5809	1047	1637	コジャジュク・ユリュク	※
TT.d.	770	1051	1642	コジャジュク・ユリュク	※
TT.d.	774	1051	1642	タンルダー・ユリュク	※
MAD.d.	3619	1058	1649	セラニク州キョステンディル県に住むユリュク	※
MAD.d.	4807	1080	1669	ルメリ州各地に住むユリュク	※
MAD.d.	4961	1081	1671	セラニク・ユリュク	※
MAD.d.	6247	1086	1675	セラニク・ユリュク	※
MAD.d.	6641	1086	1675	タンルダー・ユリュク	※
MAD.d.	5114	1086	1675	ナアルドケン・ユリュク	※
MAD.d.	3302	1095	1684	セラニク・ユリュク	※
MAD.d.	7979	1095	1684	オフチャボル・ユリュク ナアルドケン・ユリュク タンルダー・ユリュク セラニク・ユリュク ヴィゼ・ユリュク	※
MAD.d.	4987	1098	1686	タンルダー・ユリュク	※
KK.d.	2737	1102	1690-91	ルメリのユリュク	※

　これらの記述から、ユリュクとともにタタールが軍人／支配層に分類され、遠征へ赴く代わりに一部税の支払いを免除されていたことが分かる。
　先述のスレイマン1世時代に作成された台帳や、時代は更に下るムラト3世時代に作成され、ルメリのタタールを記録した租税調査台帳の冒頭に付された法令集にも、ユリュクと並んでタタールに関する規定が登場する[60]。

第Ⅰ部　バルカン半島における奉公集団的「遊牧民」

　　帝王の台帳にエシキンジのユリュクやタタールから 25 人［ごと］を
　 1 オジャク［という集団にまとめ］、5 人の当番のエシキンジ、20 人の
　 ヤマクを［台帳に］記録する。帝国の戦役［が起こったり］、帝王のた
　 めの奉公がおこなわれたりするときに、当番のエシキンジは、アヴ
　 ァールズ・ディーヴァーニイェ税の代わりに君主の昔からの法に従っ
　 て、50 アクチェのハルチルクをその［エシキンジと同じオジャクに属
　 する］ヤマクたちから徴収して戦役に赴く。奉公や戦役がないときに
　 エシキンジはヤマクから何も取ってはならない。

ここから、少なくとも 16 世紀には、ルメリ州でユリュクにくわえて
タタールが 25 人ごとにオジャクという集団にまとめられ、その中の 5
人がエシキンジ、残り 20 人がヤマクとされたこと、戦時はヤマク 1 人
につき 50 アクチェのハルチルクがエシキンジに支払われていたことが
分かる。16 世紀において、ルメリのタタールは、ユリュクと並んで、
税を支払う臣民／被支配層と税を徴収し代わりに戦争に参加する軍人／
支配層の間に位置する、奉公集団であったといえよう。

4　奉公集団の奉公内容とその実態
　　　──枢機勅令簿の分析を中心に

　本節ではルメリのユリュク、ルメリのタタールがオスマン朝の中でど
のような働きをしていたのかをルメリのユリュク、ルメリのタタールに
対して下された命令の分析を通じて明らかにする。そのために、中央政
府より発布された勅令や命令を記録した枢機勅令簿を用いる。この他、
年代記や旅行記、さらには中央政府とルメリのユリュク、ルメリのタ
タールの関わりを示す史料として行政文書を活用し、ルメリのユリュク、
ルメリのタタールの奉公活動の姿をより詳細に解明する。

60）　［Kanuni KN: 692-709, 718-23; Murat III KN: 535-41］

1 ルメリのユリュク

　確認できる限りではあるが、ルメリのユリュクについて言及した最初の命令を含む枢機勅令簿は、現在はトプカプ宮殿博物館附属文書館に収蔵されている、951-52 年／1544-45 年に作成された E.12321 という史料である。

　その中に、952 年／1545 年にルメリ州エディルネ県ギュミュルジネ郡で、一部の臣民／被支配層が「ユリュク身分」を主張して、ハイマーネ税として既婚者から 50 アクチェ、未婚者からは 25 アクチェが徴収されることは違法だと主張した事案が登場する。このユリュクの免税特権にのっとった免税の主張に対して、報告を受けたオスマン朝中央は、彼らがユリュクであることを証明できる台帳や書状の記録がないことを理由に、これらの臣民／被支配層による「ユリュク身分」の主張には正当性がないとし、免税の主張は認められないと宣告した。そして、ユリュクではない臣民／被支配層からは、従来通りに税を徴収することを命じている[61]。法令集におけるユリュクの免税特権の規定が 16 世紀のオスマン朝の中で実際に機能していたこと、中央政府はユリュクと臣民／被支配層の区別を文書や帳簿記録に基づいておこなっていたことが読み取れる。

　ルメリのユリュクは、免税特権と引き替えに戦争に兵士として参戦するのみならず、平時も命令に従いさまざまな労役に従事していた[62]。16 世紀に発布された勅令や命令を記録した総計 70 巻近い枢機勅令簿[63]の

---

61) ［TSMA E. 12321: hkm.no.379］ここで登場する「ハイマーネ税」の性格は、前述のイェニの見解とよく一致する。

62) ［Altınay 1930 (1989); Çetintürk 1943: 111-12; Gökbilgin 1957 (2008): 78, 81, 84; Çevik 1971: 33-36, 48; Özcan 1995］

63) オスマン文書館所蔵枢機勅令簿フォンドでのユリュクに対する命令の初出は 967 年第一ラビー月 2 日／1559 年 12 月 2 日付命令になる［MHM.d.3: hkm.no. 556; MHM.d.3(trn.):247］。オスマン文書館所蔵枢機勅令簿とトプカプ宮殿博物館附属文書館所蔵枢機勅令簿の間には 7 年の開きがあるが、トプカプ宮殿博物館附属文書館が 2018 年現在は閉鎖中のために、この期間の枢機勅令簿については調査ができず、1540 年代および 50 年代のユリュクやタタールの奉公については不明な点が多い。今後の研究状況の改善に期待しつつ、この点については今後の課

中で、ルメリのユリュクに対して発せられた戦役や奉公への参加を命ずる命令は、内容別に以下のように大別できる。

(1) 戦役への参加[64]

993年第一ラビー月20日／1585年3月22日付の命令では、ヴィゼ・ユリュクのスバシと「チンゲネ çingene/çingāne」とトルコ語で呼ばれたロマなどのいわゆる「ジプシー」から成るチンゲネ・ミュセッレム[65]、ヴィゼ・ミュセッレムの管理官へ宛てて、ヴィゼ・ユリュク、チンゲネ・ミュセッレム、ヴィゼ・ミュセッレムへ遠征に参戦すること、そのため、フズル・イルヤース Ḫıżır İlyās の日[66]までに、兵団長とともに6ヶ月分の食糧と武具を持参してエルズルムへ到着するよう命じている[67]。

---

64) 以下、16世紀の枢機勅令簿に見られる、本文に未掲載の命令を示す［TSMK.K. 888: fol. 20b, 57a; MHM.d.12: hkm.no.221, 243, 788; 14: hkm.no.396, 1045, 1260, 1630; 19: hkm.no.282, 391, 588; 24: hkm.no.34, 267, 318, 495, 498, 861; 29: hkm.no.280; 32: hkm.no.530, 553, 584; 33: hkm.no.54-55; 36: hkm.no.366, 509, 559; 39: hkm.no.397; 40: hkm.no.338; 44: hkm.no.30; 53: hkm.no.815, 817; 72: hkm.no.776; MHM.d.12-1 (trn.): 161, 172; MHM.d.44 (Ünal): 4-5; Yaşaroğlu 1995: 33-34, 104］。また、ルメリのユリュクは叛徒討伐へも参加していた［MHM.d.62: hkm.no.101］。

65) 「チンゲネ」とトルコ語で呼ばれる、ロマなどのいわゆる「ジプシー」の一部は、チンゲネ［県］・ミュセッレム Müsellemān-ı［Livā-yı］Çingāneyān という独自の行政単位にまとめられ、命令に従い様々な奉公に従事することと引き換えに一部の税の支払が免除されていた。トルコ語の「チンゲネ」は文脈によっては差別的なニュアンスを含む語ではあり、近年ではより中立的な表現としてトルコ語で書かれた研究においても「ロマ」の語を用いる例が増えつつある［Gürboğa 2016］。本書では、史料に見られ、歴史的に用いられてきた上記の語が排他的にロマのみをさすわけではないことや、史料本文の記述を尊重するために「チンゲネ・ミュセッレム」の語を採用した［MHM.d.91: hkm.no.233; Barkan 1943: 249-50］。

66) 伝統的に夏の始まりとされる日。諸説あるが、一説にはグレゴリオ暦の5月6日に相当する。「フズル・イルヤース」はクルアーン18章に登場する「緑の人」ヒズルと、旧約聖書の預言者エリヤ（アラビア語名イルヤース）が合わさった聖者であり、彼への崇敬は、バルカン半島、アナトリアのみならず、幅広い地域で見られる［Hasluk 1929(2000): 266-76; 家島 2006: 625-65］。冬の始まりとされるカスム Ḳāṣım の日（一説にはグレゴリオ暦の11月8日）、春分であるノウルーズと並んで、オスマン朝の税制においてはしばしば、徴税の時期や期日として言及された。また、奉公への参加命令において、フズル〔・イルヤース〕の日やカスムの日、ノウルーズは、奉公の期限とされることが多かった。

1章　ルメリのユリュクとタタール、そしてミュセッレム

テッサロニキ（セラニク）城（著者撮影）

(2) 城塞の建造、補修[68]

　ルメリのユリュクの軍役・労役に関して初めて述べた枢機勅令簿は、確認できる限り、トプカプ宮殿博物館附属図書館所蔵の Koğuşlar no.888 という分類番号を付された史料である。この枢機勅令簿によると、959年／1552年に、セラニク県[69]に住むセラニク・ユリュク、サルギョル・ユリュク Şarıgöl Yörükleri に対して、1番目の当番 növbetlü はスバシとともに遠征へ参加すること、2番目の当番である70人のエシキンジへ、テッサロニキ市内の高台に位置し、現在もムラト2世のトゥーラが残る

67）［MHM.d.53: hkm.no.817］
68）［MHM.d.3: hkm.no.556; 22: hkm.no.34, 58; 27: hkm.no.427, 803; 29: hkm.no.87, 302; 30: hkm.no.780; 39: hkm.no.76, 694; 44: hkm.no.66; 48: hkm.no.1074; 52: hkm.no.78, 404, 966; 53: hkm.no.45; 61: hkm.no.125; MHM.d.3（trn.）: 247; MHM.d.44（Ünal）: 22-23］
69）現ギリシア共和国領テッサロニキ。別名サロニカ。トルコ語名はセラニク。

テッサロニキ城の城壁の修繕へ参加することを求める命令が発布されている[70]。

(3) 大砲[71]の運搬[72]

973年／1565年発布の命令では、セラニク・ユリュクに、大砲を運ぶために水牛 cāmūs を供出し、100組すなわち200頭の水牛を命令された場所まで連れてくることを命じている[73]。

17世紀に書かれたエヴリヤ・チェレビの『旅行記』の中にも、セラニク県について述べた部分で、以下のセラニク・ユリュクに関する記述が登場する。

> 要は、このテッサロニキ Selanik の街は何百もの王権から王権へ転変し、ついに792年／1389-90年[74]にオスマン家のガーズィー・ヒュダーヴェンディギャールすなわちオルハン・ガーズィーの子スルタン・ムラト1世の、宰相の1人であるガーズィー・エヴレノス・ベイの手で、ルームの不信仰者ども küffār の手から勝利の手により征服された。現在、ガーズィーのスレイマン・ハン（スレイマン1世）の記録 taḥrīr によると、ルメリ州にいる別のサンジャクベイの座所である。しかし、現在のベイはルメリの宰相とともに遠征へは赴かず、［地中海］諸島 Cezāyir[-i Baḥr-i Sefīd]［州］の宰相のカプダン・パシャらとともに遠征へ駆け、3隻のよく整備され準備万端のオールの漕ぎ手が引くガレー船 folsa-keş ḳadırġa を率いて、海戦へ赴くよう命じられている。パシャの帝国のハスは28万832［アクチェ相当］であり、ゼアメトは総計36、ティマールは総計262、セラニク・ユリュクのオジャクのベイ Selanik'

---

70) ［TSMK.K.888: fol. 225b; Yaşaroğlu 1995: 440-41］
71) オスマン朝を含む近代以前の軍隊における大砲と車 araba を用いた戦術の歴史や、大砲やマスケット銃といった火器の利用については、以下の文献を参照されたい［Wittek 1956（2006）; Parry 1986a; 1986b; Chase 2003: 84-98; Antoche 2004］。
72) ［MHM.d.5: hkm.no.792, 795, 798; 7: hkm.no.3, 5; MHM.d.7-1(trn.): 3-4］
73) ［MHM.d.5: hkm.no.792］
74) ただし、ガーズィー・エヴレノス・ベイによるテッサロニキ征服は正しくは789年／1387年であり、その直後の1391年、1394年にはオスマン朝の支配からテッサロニキは脱している。完全にテッサロニキがオスマン朝の支配下に置かれたのは、ムラト2世治下の1430年である［Kiel 2009］。

in yörükān ocaḳ beği のゼアメトは 400 地片のゼアメトであり、大砲輸送の ṭop-keşān ユリュクに対する担当官 mübāşir となり、遠征の際には、水牛を使って長距離砲 balyemez の大砲 ṭop を運ぶのである。

　このザーイムとティマール保有者とユリュクのオジャクの主であるベイ erbāb-ı ocaḳ-ı yörükān beği の兵士とパシャの兵士とともに、遠征時には、法 ḳānūn に従って、従士 cebelü とともに計 6,000 人の、優秀かつ武装した準備万端の兵士 pür-silāḥ-āmāde ʻasker となる。さて、この兵士の一団の他に、この県にはエシキンジの兵士として、総計 1 万 2,000 人のユリュクや、バルカン半島出身のテュルク çıtakān の兵士がいる。これらのものをハーカーンの台帳ではセラニク・ユリュクのミュセッレム müsellemān-ı Selanik Yörükānı と呼んでいる。[Evliya Çelebi: 8/63-8/65]

　スレイマン 1 世時代の台帳の記録に触れたこの記述によると、戦時には、法に従って兵士として出動するセラニク・ユリュクがセラニク県にいたこと、セラニク・ユリュクは水牛に大砲や砲弾を運ばせる仕事に従事していたことが分かる。この他にも、『旅行記』には、ヤンボル・ユリュク、ヴィゼ・ユリュク、セラニク・ユリュク、コジャ［ジュク］・ユリュク、タンルダー［・ユリュク］、ナアルドケン［・ユリュク］のアミールがユリュクの兵士をともなって遠征に参加していたことや、ユリュクのアミールの軍勢 mīr-i yörükānıñ ʻaskeri が大砲の輸送目的での水牛の供出や大砲の輸送といった仕事に従事していた旨が記録されている[75]。この「水牛を用いた大砲の輸送」がユリュクの重要な職務であったことは、さまざまな記録からうかがい知ることができる[76]。

---

75) [Evliya Çelebi: 3/222-3/223] ギョクビルギンは、16 世紀にヤンボルにいた集団はユリュクではなくタタールであったことを理由に、この『旅行記』の記述はルメリのユリュクのベイを指しているのではなく、単にユリュクの部族長を指しているのだと解釈している [Gökbilgin 1957(2008): 87-88]。しかし、ここではヤンボル以外にもナアルドケン・ユリュクやタンルダー・ユリュクの名前が見られ、また、17 世紀のヤンボルにコジャジュク・ユリュクが居住していたという記録は存在している [İnbaşı 1999: 157]。
76) 水牛の家畜化の起源と、中東からバルカン半島にまで及ぶ、荷車の牽引などの輓獣、労役獣としての利用については、以下を参照されたい [Zeuner 1963: 245-52; ゾイナー 1983: 272-80]。

(4) 鉱山での労役[77]

(5) 砲弾の製造[78]

　ユリュクの担った仕事の中に、鉱山での労役、さらには鉱山での大砲の砲弾製造に関する記録は、たびたび登場する。976年／1568年には、セラニク・ユリュクおよびオフチャボル・ユリュクへ宛ててルドニクRudnik [79]鉱山での労役が命じられた[80]。続けて、左記の鉱山でバシリスク砲の［砲］弾 demür yuvalaklardan iri badaluşka ṭop を冬までに製造すること、その奉公のために雇われたセラニク・ユリュクの名前を宮廷に報告し、職務放棄したユリュクを処罰することを命じている[81]。また、タンルダー・ユリュク、セラニク・ユリュク、ヴィゼ・ユリュクに対しては、ボスニアのカメングラト Ḳamengrād 鉱山で砲弾製造の奉公をおこなうことが命じられた[82]。

(6) 城塞の防衛[83]

　972年／1565年発布の命令で、海戦のためにセラニク城を留守にしているセラニクのベイに代わり、ウストゥルゴン Usturgon [84]のベイがセラニク・ユリュクの当番 növbetlü を率いて城や海岸線の防備をおこなうことが命じられた[85]。

---

77)　[MHM.d.7: hkm.no.1064, 1443, 1722, 1724; 14: hkm.no.534; 24: hkm.no.267; 27: hkm.no.151; 39: hkm.no.472, 571; 43: hkm.no.202; MHM.d.7-1(trn.): 506; MHM.d.7-2(trn.): 126, 262-63]

78)　[MHM.d.7: hkm.no.2645; 19: hkm.no.53; 22: hkm.no.203; 23: hkm.no.133, 735, 778; 26: hkm.no.744; 33: hkm.no.702, 704, 713; 34: hkm.no.94; 36: hkm.no.151; 39: hkm.no.535; 42: hkm.no.673-74; 44: hkm.no.65; 46: hkm.no.840; 48: hkm.no.1073; 60: hkm.no.503; 70: hkm.no.367; MHM.d.7-3(trn.): 332-33; MHM.d.44(Ünal): 22]

79)　ベオグラードの南西、サライェヴォの西に位置する。現ボスニア・ヘルツェゴヴィナ領。

80)　[MHM.d.7: hkm.no.3, 5; MHM.d.7-1(trn.): 3-4]

81)　[MHM.d.7: hkm.no.1974; MHM.d.7-2(trn.): 385-86]

82)　[MHM.d.44: hkm.no.65, 335; MHM.d.44(Ünal): 22, 149]

83)　[MHM.d.3: hkm.no.965; 6: hkm.no.1212-13, 1262; 12: hkm.no.1073; MHM.d.3(trn.): 435; MHM.d.6-2(trn.): 222-23, 248; MHM.d.12-2(trn.): 195-96]

84)　現ハンガリー領エステルゴムであり、ドナウ川を挟んでスロヴェニアと隣り合っている。当時はオスマン朝とハプスブルク君主国の最前線であった。

1章　ルメリのユリュクとタタール、そしてミュセッレム

(7) 船の建造、修理[86]

　軍艦を造るには多くの材木や人手が必要となるために、しばしばユリュクが材木の供出やそれにともなう人手の提供の対象となった。973年／1566年の命令では、ヴィゼ・ユリュクらへ造船の仕事への参加令が発布されている[87]。

(8) 橋の建造、補修[88]

　ユリュクは橋の建造や修繕といった仕事にもかり出された。989年／1581年発布の命令は、ネヴルーズ・アイドゥンル Nevrūz-ı 'Aydınlu [sic] 城と橋の修繕のために、6ヶ月分の食料持参で[89]ナアルドケン・ユリュクへ奉公に加わることを命じている。この命令の中では、ユリュクではないと己の身分を偽り、職務逃れを試みた者の処罰も命じられている[90]。先述のユリュク身分を僭称して税の支払いを拒否しようとした事例とは逆に、ユリュク身分を隠すことで労役逃れを図ることもあったと確認できる。

(9) 水道の建造、補修[91]

　上記の仕事と比べると、比較的軍事色が薄いように思われる水道の敷設や修繕の仕事にユリュクが動員されることもあった。973年／1565年付の命令で[92]、総計552オジャクのセラニク・ユリュクの当番のエシキ

---

85) ［MHM.d.6: hkm.no.1212-13; MHM.d.6-2 (trn.): 222-23］
86) ［MHM.d.5: hkm.no.1102; 12: hkm.no.48, 1213; 14: hkm.no.1688; 16: hkm.no.62; 26: hkm.no.764; 40: hkm.no.236, 572, 732; MHM.d.12-1 (trn.): 66; MHM.d.12-2 (trn.): 267-68］造船所におけるユリュクの労役については［Bostan 1992 (2003)］を参照されたい。
87) ［MHM.d.5: hkm.no.1045］
88) ［MHM.d.7: hkm.no.1525, 1726; MHM.d.7-2 (trn.): 168, 264］
89) 奉公への参加にあたり、食料や駄獣などの必要物資をユリュクが自前で用意することが通例であった。
90) ［MHM.d.44: hkm.no.66; MHM.d.44 (Ünal): 22-23］
91) ［MHM.d.6: hkm.no.1014; 42: hkm.no.797; 47: hkm.no.369; MHM.d.6-2 (trn.): 108］水道敷設におけるユリュクの労役については［İlhan 2008］を参照されたい。
92) ［MHM.d.3: hkm.no.843; MHM.d.3 (trn.): 382］

ンジに水道の仕事へ来るよう命じている。

　この他、992年第一ラビー月朔日 ġurre／1584年3月13日付の命令では、ヴィゼ・ユリュクへ、エディルネのセリミイェ・モスクの修繕の仕事に参加するよう命じている[93]。

　これらの命令を見ていくと、直接、戦闘への参加を命じるもの以外に、平時においても城や橋といった軍事もしくは軍事関連施設に関連する仕事が多いことが分かる[94]。また、鉱山での大砲の砲弾製造への参加命令や大砲を移送するための労働力、家畜の提供など、火器とりわけ大砲に関係する仕事が多いことが読み取れる。

　これらの命令の発布時期、内容、命令相互の関係を分析するために、本書ではキプロス島征服に関係する命令に着目する。

　978年ムハッラム月／1570年6-7月、ヴェネツィア共和国の支配下にあったキプロス島に、オスマン軍が島の南岸の現ラルナカ港周辺より上陸し、戦争が始まった。978年第二ラビー月8日／1570年9月9日には島のほぼ中央に位置するニコシア Lefkoşa [95]をオスマン軍は占拠する。その後、オスマン軍は島の北東に位置するファマグスタ Mağusa に迫るが、地中海が荒れる冬がやって来たことで、春まで休戦となった[96]。この休戦期間中である978年シャアバーン月7日／1571年1月4日付で、ナアルドケン・ユリュク、ヴィゼ・ユリュク、タンルダー・ユリュクへ遠征への参加命令が発布された[97]。翌月の978年ラマダーン月20日／1571年2月15日付でコジャジュク・ユリュクに対してもキプロス戦役

---

93)　[MHM.d.52: hkm.no.761]
94)　上記の類型にあてはまらない奉公への参加命令としては、980年サファル月28日／1572年7月10日付のチンゲネ・ミュセッレム居住地のカーディー宛命令がある。この命令では、「前述の県のユリュク」の第一当番392人へ遠征への参加と羊の輸送を命令している。後述するように、羊の輸送命令は、ほぼミュセッレムに対して発布されており、ユリュクを対象とした命令はこの1件のみである。ユリュクとチンゲネ・ミュセッレムを混同したか、特殊な例外であった可能性が高い[MHM.d.19: hkm.no.392]。
95)　現在はキプロス共和国の首都。旧市街をとり囲む城壁が今も残されている。
96)　[Çiçek 2005]
97)　[MHM.d.14: hkm.no.1260]

1章　ルメリのユリュクとタタール、そしてミュセッレム

エディルネのセリミイェ・モスク（著者撮影）

への参加が命令される[98]。ユリュクの徴用命令は月が変わっても止むことはなく、さらに翌月の978年シャウワール月10日／1571年3月7日[99]、翌日シャウワール月11日／3月8日[100]付で、コジャジュク・ユリュク、ヴィゼ・ユリュク、タンルダー・ユリュクにくわえて、セラニク・ユリュクにもキプロス島戦役への参加命令が下された。実に3ヶ月の間に計4度もルメリのユリュクへ戦役への参加命令が発布されたこととなる。

　キプロス戦役の中で、ルメリのユリュクに対して下された命令は戦役の参加のみに限らない。四方を海に囲まれたキプロス島の征服には、大量の船が必要であった。キプロス戦役のために生じた軍艦の需要に応えるため、造船の仕事にルメリのユリュクを含む多くの者がかりだされた。978年ラマダーン月22日／1571年2月17日付で、ルメリのユリュクへ、

98）　[MHM.d.12: hkm.no.221; MHM.d.12-1（trn.）: 161]
99）　[MHM.d.12: hkm.no.243; MHM.d.12-1（trn.）: 172]
100）　[MHM.d.14: hkm.no.1630]

スゼボル Süzeboli[101]で建造中の 15 隻のガレー船の資材とされる材木を供出することが命じられた[102]。978 年ラマダーン月 24 日／1571 年 2 月 19 日付の命令では、ナアルドケン・ユリュクのエシキンジにヴァルナ Varna[103]港で造船の奉公に従事し、必要な材木を準備し輸送することが命じられた[104]。キプロス戦役に関連してルメリのユリュクに命じられた奉公は遠征参加や造船関係に留まらず、キプロス戦役開始直後の 978 年第二ラビー月 27 日／1570 年 9 月 28 日付で、ナアルドケン・ユリュクに鉱山で砲弾を製造せよという命令が下されている[105]。

春を迎えると、戦闘は再開された。そして、979 年第一ラビー月 9 日／1571 年 8 月 1 日にファマグスタは陥落し、キプロス島はオスマン朝により完全に征服された[106]。これらキプロス戦役に関する命令から、休戦期間の冬の間に兵力の増大と装備の増強を図るという目的で、兵員や戦争に関連する各種の仕事に従事する労働力を提供するために、ルメリのユリュクが活用されていたことがうかがえる[107]。

枢機勅令簿からはさらに、オスマン朝政府がルメリのユリュクを労働力として活用することに対して、ルメリのユリュクの側がどのように反応し対応したのかも読み解くことができる。

978 年第一ラビー月 27 日／1570 年 8 月 29 日付の命令[108]には、砲弾製造の仕事への参加を命じられたナアルドケン・ユリュクの一部が米の

---

101) 黒海西岸、ブルガズの南に位置する。現ブルガリア領ソゾポル。
102) ［MHM.d.12: hkm.no.39; MHM.d.12-1（trn.）: 61］.
103) 現ブルガリア共和国ヴァルナ市。黒海に面した港町。
104) ［MHM.d.12: hkm.no.48; MHM.d.12-1（trn.）: 66］
105) ［MHM.d.14: hkm.no.534］
106) ［Çiçek 2005］
107) 免税特権を対価とする特定の役や、賦役などの無償労働によって、仕事に必要な人材を確保するという制度やしくみは、洋の東西を問わず存在した。たとえば、日本では、江戸時代には街道沿いの農民が年貢の減免と引き替えに輸送補助の義務を負う「助郷役」という制度があった。また、モンゴル帝国において、駅逓の維持や管理のために馬匹を周辺の住人から提供させる制度や、城塞の破壊や堀の埋めたてや時に「人間の盾」として征服地の住民を利用した、アラビア語で「ハシャル」と呼ばれた戦時徴用人の制度などが、類似するものとしてあげられよう［川本 2013: 109-11, 128-38］。
108) ［MHM.d.14: hkm.no.534］

栽培人 çeltükçi や鷹匠の身分を主張して各種の奉公への参加を拒否していたことが記されている。982 年サファル月 3 日／1574 年 5 月 25 日付命令では、ヴィゼ・ユリュクが「我々はティマール地に住み着いて耕作をおこなっているので、ユリュクではなく通常の臣民／被支配層 reʿāyā である。」と主張し、各種奉公への参加を拒否したことが記されている。この事態に対して「ユリュクの子はユリュクである」とユリュクの地位が世襲であるとあらためて述べ、勝手にユリュクをやめることを禁止し、命令違反者は処罰されることになった[109]。また、993 年サファル月 11 日／1585 年 2 月 12 日付の命令[110]では、セラニク・ユリュクが奉公活動に参加しなかったことを非難し、代替税 bedel akçesi の支払いを命じている。さらに、セリム 2 世（r. 1566-74）期の法令集[111]には「勝手に 1 年間戦役に参加しなかったユリュクは、トラブゾンもしくはペロポネソス半島／モレア Mora へ追放する。2 年以上、［命令を無視して］戦役に参加しなかった者にはより厳しい処罰をくわえる。」[Selim II KN: 228, 257]という規定がくわえられた。

　それにもかかわらず、このような命令への服従拒否は止むことはなかった。982 年ムハッラム月 3 日／1574 年 4 月 25 日付の命令では、ヴィゼ・ユリュクへ戦役への参加命令が発布されたにもかかわらず、一部がその命令に従わなかったことを問題視し、ムハッラム月 10 日／5 月 2 日までにガリポリ Gelibolı 港へ到着しなかった者はユリュクの身分を剥奪し、キプロス島へ追放すると述べている[112]。しかし、このような厳しい施策をもってしても、ルメリのユリュクの命令拒否と命令違反者の処罰命令は 16 世紀を通じてなくなりはしなかった[113]。

---

109) ［MHM.d.24: hkm.no.895］同様の事案は、他でも確認できる。ヴィゼ、チョルル Çorlı、マルカラ Maʿlḳara、イプサラ İpṣala、ハイラボル Ḫayrabolı にいるユリュク、ジャンバズが台帳に別の身分で誤って記載されていることを受けて、元の正しい身分で台帳に記録し直すよう命令している［MHM.d.24: hkm.no.449］。

110) ［MHM.d.55: hkm.no.303; Altınay 1930(1989): 53; Yeni 2013c: 185-86］

111) ［Selim II KN: 220-59］

112) ［MHM.d.24: hkm.no.435］

113) 枢機勅令簿における本文で言及した以外のルメリのユリュクに対する命令拒否者の処罰命令は以下の通りである［MHM.d. 5: hkm.no.1045, 1127; 7: hkm.no.1525;

ただし、オスマン朝は命令に従わないルメリのユリュクをただ強権的に処罰していただけではない。989 年第一ラビー月 16 日／1581 年 4 月 20 日付の命令では、ナアルドケン・ユリュクが戦役への参加を拒否したことを受け、戦役への参加の代わりに、城塞と橋の修復の仕事に加わるよう命じている[114]。この命令においても「ユリュクとユリュクの息子はユリュクの身分から離脱はできない yörük ve yörük oğulları yörüklıkdan çıkmaz」と記されており、ユリュクが免税特権と奉公への参加義務を負う世襲の身分であることが示されている。978 年シャウワール月 17 日／1571 年 3 月 14 日付の命令では、ユリュクの間で疫病が流行り、牧草地が荒廃し多数の死者が出たために、命じられた仕事に赴くことが難しくなったとの報告を受けて、新たな牧草地をユリュクに割り当て、1 オジャクにつきヤマク 5 人を新たに任命し、ユリュク台帳に登録するよう命じている[115]。中央政府は、厳罰のみではなく、硬軟取り混ぜて、ユリュクの集団維持につとめていたのである。

時代は少し下るものの、1011 年／1602-03 年にヴィゼ・ユリュクおよびチンゲネ・ミュセッレムのアミール Mīr-i Yörükān-ı Vize ve Müsellemān-ı Çingeneyān であるスレイマンが中央政府に対して以下の嘆願をおこなっている[116]。

> 天を経巡る宮廷、天空の如き力持つ宮殿の土に向けて、卑小なる下僕にして一塊の土塊の如き者［たる小生］の上奏 'arż ［の内容］は以下の通りです。我々が管轄しているヴィゼ・ユリュクのエシキンジとチンゲネ・ミュセッレムと兵団長とともに、モンテネグロ Ḳara Ṭaġ の

9: hkm.no.67, 70; 14: hkm.no.396, 534; 19: hkm.no.553-54; 26: hkm.no.480, 547; 27: hkm.no.151; 32: hkm.no.605; 35: hkm.no.613; 36: hkm.no.713, 824; 39: hkm.no.59, 75-76, 397, 472; 40: hkm.no.236. 338; 43: hkm.no.28; 44: hkm.no.66; 52: hkm.no.52; 58: hkm.no.872; 61: hkm.no.125; Altınay 1930 (1989): 5, 12, 23; MHM.d.7-2 (trn.): 168; MHM.d.44 (Ünal): 22-23］。

114）　［MHM.d.44: hkm.no.66; MHM.d.44 (Ünal): 22-23］
115）　［MHM.d.12: 279］その他の同様の事例が［MHM.d.7: hkm.no.1416; 12: hkm.no.572; MHM.d.7-2 (trn.): 113-14; MHM.d.12-1 (trn.): 358; Altınay 1930 (1989): 13-14］で見られる。詳しくは［Yeni 2013c: 183, 204-07］を参照されたい。
116）　［İE.AS.: 14/1329］

1章 ルメリのユリュクとタタール、そしてミュセッレム

バジュ Bāc 鉱山で砲弾［製造］の奉公に人を［送り］「すぐ急いで出立し、すぐに砲弾を作れ。」との命令が、伝令に届きました。その後、聖なる命令（勅令）emr-i şerīf に基づいて任命された帝王の奉公へエシキンジ、ミュセッレム、兵団長を出動させる時に、メヴクーファート局の代官[117]であるムスタファ・チャヴシュが前述の［エシキンジ、ミュセッレムの］一団をいじめ「まさに今年［ヒジュラ暦］1011 年はお前たちに対して戦役も奉公もない。国庫のために［戦役や奉公に行かない代わりの］代替税を徴収せよという聖なる命令が私に届いた。」［とムスタファ・チャヴシュが主張して税を取り立てようとしたために］、勅令で命じられた帝王の奉公が遅れてしまっています。メヴクーファート局の代官は他の［郡の］カーディーでもあり、あちこちの郷を見回っています。エシキンジ、ミュセッレム、兵団長は「砲弾［製造］の奉公へ行かせないで下さい。あなたが［我々が奉公に］行くことを許せば、後々、あなたの［大砲運搬の奉公に供出する予定の］荷運び用の水牛は、国税 mīrī 代替税のために売られてしまうでしょう。」と警告し強調し訴えています。さて、前述の奉公へエシキンジやミュセッレムや兵団長が赴かなければ、砲弾はできず［奉公ができ］ないことは確実です。先述の代官にこの件で干渉や介入をさせないために、前述の［エシキンジやミュセッレムの］一団をいじめることを妨げ、防ぐようご命令下さい。エシキンジやミュセッレムや兵団長が勅令で命じられ任された奉公へ出かけていくことが［でき］ない場合は、万事がうまく運ぶよう至高なる栄誉の聖なる命令（勅令）emr-i şerīf-i 'ālīşān［の発布］を求めます。

　この「モンテネグロの鉱山での砲弾製造に赴くよう命令が下ったものの、他の行政官が不当に税を徴収しようとしたために、命じられた奉公ができない」との訴えに対し、中央政府はこのように返答し、指示している。

　　今後、［エシキンジ、ミュセッレムの］仕事へ［他の行政官を］介入させるな。2 人ずつ当番 növbetlü を徴用せよ。命令に従ってバジュ鉱山での［砲］弾［製造］の仕事をさせることは正しいことである。［エシ

---

[117]　ヤヤ、ミュセッレムから一年ごとに税を徴収する各県のメヴクーファート局に属する代官［Osmanlı tarih lügatı: Mevkūfât emîni］。

キンジ、ミュセッレムを] 徴用せよ。[他の行政官の] 妨害があれば知らせよ。

ユリュクが訴え出た結果、宮廷はユリュクから代官が税を不当に徴収することを禁止している。この事例からルメリのユリュクは戦役や奉公への参加義務を負担として拒否するばかりではなく、与えられた免税特権や自らの奉公集団という特殊な身分を、行政官の勝手な介入や税の不当な徴集に対する抵抗手段として用いることもあったことが読みとれよう。

2 ルメリのタタール

現在確認できるかぎり、オスマン文書館に収蔵される枢機勅令簿[118]の中で、ルメリのタタールにたいして発布された徴用令の中で最古のものは、967年第一ラビー月2日／1559年12月2日に、「アクダー Aktağ・タタール」に対して発布された命令である[119]。ここでは、ナアルドケン・ユリュク、ヴィゼ・ユリュク、コジャジュク・ユリュク、タンルダー・ユリュクと並んで、ヤンボル・タタール、ドブルジャ・タタール、アクダー・タタールへ、遠征へ参加することを命じている。973年第一ジュマーダー月23日／1565年12月16日には、ヴィゼ・タタール[120]にも遠征への参戦命令が発布された[121]。

---

118) イスタンブルのオスマン文書館に所蔵される枢機勅令簿よりも古い枢機勅令簿が、トプカプ宮殿博物館附属文書館、附属図書館に数点所蔵されている。確認できるかぎり、トプカプ宮殿博物館附属図書館所蔵の枢機勅令簿である Koğuşlar 888 には、現在はブルガリアとルーマニア領に分かれているドナウ川河口域のドブロジャ（ブルガリア語、トルコ語名はドブルジャ Dobruca）地方に住むタタールを含む兵士に宛てた 959 年／1552 年発布の遠征参加命令が記載されている [TSMK.K.888: fol. 79b-80a, 136b, 153a, 159a; Yaşaroğlu 1995: 148-49, 270-71, 302, 314]。

119) [MHM.d.3: hkm.no.556; MHM.d.3(trn.): 247] 著者は [岩本 2014] の中で、オスマン文書館に収蔵される枢機勅令簿の中で、明確にルメリのタタールにたいして発布された徴用令の中で最古のものは、973年第一ジュマーダー月23日／1565年12月16日付の命令 [MHM.d.5: hkm.no.798] であるとしたが、この [MHM.d.3: hkm.no.556] の方が古い。本書をもって上記の誤りを訂正する。

120) おそらく、後述のヴィゼ県に居住していた「ボズアパ Bozapa・タタール」と

1章　ルメリのユリュクとタタール、そしてミュセッレム

先述のキプロス戦役にも、ルメリのタタールの姿を見ることができる。休戦期間中の978年シャアバーン月7日／1571年1月4日に、ナアルドケン・ユリュク、ヴィゼ・ユリュク、タンルダー・ユリュクとともにタタールにもキプロス島遠征へ加わるよう命令された[122]。978年ラマダーン月10日／1571年2月5日には、チンゲネ・ミュセッレム、ヤンボル・タタール、ドブルジャ・タタール、アクタヴ[123]・タタールへキプロス島遠征への参加命令が発布された[124]。978年ラマダーン月18日／1571年2月13日には、クズルジャ・ミュセッレム、ナアルドケン・ユリュク、ヴィゼ・ユリュク、タンルダー・ユリュクにくわえて、ヴィゼ・タタールの第一、第二当番は、キプロス島へ向かうオスマン海軍の艦船に乗るために、大至急、ボアズヒサル Boğaz Ḥiṣārı[125]へ行くよう命じられた[126]。

タタールには城塞の防衛への参加令もしばしば出された。例えば、979年ズー・ル＝カァダ月8日／1572年3月23日付で、セラニク・ユリュクとトゥルハラ・タタール宛に、イネバフトゥ İnebaḫtı[127]城塞の防衛命令が下されている[128]。このイネバフトゥ周辺の海域は、前年の1571年に名高いレパントの海戦がおこなわれた場所である。ルメリの

呼ばれた集団のことを指しているのであろう。
121）　［MHM.d.5: hkm.no.798］,
122）　［MHM.d.14: hkm.no.1260］
123）　アクタヴ・タタールの起源は、ティムール軍の侵攻によりクリミア半島から逃げてきたタタールであるという説がある［Boykov and Kiel 2011］。なお、「白い山」を意味する「アクタヴ」の語は、タタール語が含まれるテュルク諸語 Turkic 北西グループで用いられ、南西グループに属するトルコ語 Turkish では「アクダー ak dağ」となる。［MHM.d.3: hkm.no.556］でなぜ、アラビア文字のワーウ（و）ではなく、ガイン（غ）を用いて、トルコ語発音準拠で書かれたかは定かではないが、前述の「アクダー」・タタールは、この「アクタヴ」・タタールのことであろう。
124）　［MHM.d.14: hkm.no.1302-03］
125）　西アナトリアのカレスィ県アヤズメンド（現アルトゥンオヴァ）近郊の地名。
126）　［MHM.d.14: hkm.no.1260］
127）　現ギリシア領ナフパクトス。海を挟んでペロポネソス半島の対岸に位置する。イタリア語名はレパント。
128）　［MHM.d.12: hkm.no.1073; MHM.d.12-2(trn.): 195-96］

ユリュクやルメリのタタールもまた、レパントの海戦後のオスマン朝の東地中海での覇権の回復への試みと海軍や海防体制の立て直しと多少なりとも関わっていた。この他、990年ムハッラム月25日／1582年2月19日付で、チンゲネ・ミュセッレムとならんで、ヤンボル・タタール、アクタヴ・タタール、ボズアパ・タタールヘキリ Kili [129]城での奉公が命ぜられた[130]。

タタールは城塞の防衛だけではなく、城塞の修復の仕事にも出動していた。ヤンボル・タタール、アクタヴ・タタール、ボズアパ・タタールの第二当番ヘキリ城の修復の仕事への出動が命じられた[131]。

タタールは、このような奉公への参加命令にただ従っていたわけではない。1001年ムハッラム月25日／1592年11月1日付で、タタールが命じられた職務を放棄したことを受け、職務放棄をしたタタールの処罰を求める命令[132]が発布されている。

タタールへの命令は戦役への参加令に留まらない。973年シャアバン月6日／1566年2月26日付の命令は、ヴィゼ・ユリュクとヴィゼ・タタールへ、造船の仕事へ参加せよと述べている[133]。続けて、973年シャアバン月7日／1566年2月27日付で、ヴィゼ・ユリュク、ヴィゼ・タタール、ボズアパ・タタールへ、ミスィヴリ Misivri [134]、スゼボル、オフタボル Ohtabolı [135]での造船の仕事とチェクメジェ Çekmece 橋[136]での仕事への参加が命令された[137]。アクタヴ・タタール Tatarān-

---

129) ドナウ川の下流域に位置する。現ウクライナ領キリヤ。
130) ［MHM.d.46: hkm.no.790］
131) ［MHM.d.24: hkm.no.250］
132) ［MHM.d.70: hkm.no.209-10］
133) ［MHM.d.5: hkm.no.1045］
134) ブルガスの北東、黒海西岸に位置する。現ブルガリア領ネセバル。
135) ブルガスの南、黒海西岸に位置する。現ブルガリア領アフトポル。
136) この橋は、イスタンブルのブユク・チェクメジェ地区に現存するブユク・チェクメジェ橋のことであろう。この橋は、スレイマン1世の治世末期に建造が始まり、スレイマン1世最後の親征であるハンガリーのスィゲトヴァール遠征に際して何度もその建造に関する命令が発布されたが、スレイマン1世の生前には完成せず、次代のセリム2世治下の975年／1567-68年に完成した［MHM.d.5: hkm. no.245, 472, 1102, 1379; MHM.d.6: hkm.no.1337; Çulpan 1975: 142-47; 井谷・岩本

1章 ルメリのユリュクとタタール、そしてミュセッレム

1 Aḳtav に対しても、エシキンジの中から当番の者を、上述のチェクメジェ橋の修繕の職務へ出動させるよう命じられた[138]。

ルメリのタタールがしばしば従事していた仕事としては、この他に鉱山での労役がある。976 年ラジャブ月 7 日／1568 年 12 月 26 日には、セラニク・ユリュクとトゥルハラ・タタールへ、ルドニク鉱山での奉公令が発布された[139]。988 年サファル月 11 日／1580 年 3 月 28 日には、ヤンボル・ユリュクとともに、スィリストレ Silistre [140]県のドブロジャ地方に住むタタール、そして前述のボズアパ・タタールへ、バジュ鉱山での労役命令が下された[141]。鉱山での労役と関連して、994 年ズー・ル＝カァダ月 26 日／1586 年 11 月 8 日に、セラニク・ユリュクとトゥルハラ・タタールへ鉱山で大砲の砲弾を製造することが命令されている[142]。

これらルメリのタタールが担った軍役・労役は、

・戦役への参加[143]
・城塞の防衛[144]
・鉱山での労役[145]
・砲弾の製造[146]

2015]。［井谷・岩本 2015］における、1566 年のスィゲトヴァール遠征とセゲドの戦いの混同およびスィゲトヴァール城塞の陥落日についての著者担当箇所の誤りを、本書をもって訂正したい。
137)　［MHM.d.5: hkm.no.1102］
138)　［MHM.d.7: hkm.no.8; MHM.d.7-1(trn.)：4］
139)　［MHM.d.7: hkm.no.3; MHM.d.7-1(trn.)：3］
140)　現ブルガリア領スィリストラ。ドナウ川沿いに位置し、現在は対岸にルーマニアをのぞむ国境の町になっている。
141)　［MHM.d.39: hkm.no.571］
142)　［MHM.d.60: hkm.no.503］
143)　［TSMK.K.888: fol. 79b-80a, 136b-137a, 153a, 159a; MHM.d.5: hkm. no. 798; MHM.d.7: hkm.no. 10; 14: hkm.no. 1260, 1302-03; 19: hkm.no.282; MHM.d.7-1(trn.)：5］
144)　［MHM.d.6: hkm.no.1213; 12: hkm.no. 1073; 46: hkm.no. 790; MHM.d.6-2(trn.)：222-23; MHM.d.12-2(trn.)：195-96; Yaşaroğlu 1995: 148-49, 270-71, 302, 314］
145)　［MHM.d.7: hkm.no. 3; 39: hkm. no. 571; MHM.d.7-1(trn.)：3］

│第Ⅰ部　バルカン半島における奉公集団的「遊牧民」

ブユク・チェクメジェ橋（著者撮影）

・船の建造、修理[147]
・橋の建造、補修[148]
・城塞の建造・補修[149]

に大別できる。これらはいずれも、先述のルメリのユリュクがおこなった軍役・労役に含まれている。そして、ルメリのタタールにたいして出された各種軍役や労役への従事命令は、ルメリのユリュクやその他の集団に対するものと合わせて発布されていることが非常に多いことが指摘できる。ルメリのタタールは、法令集における規定、租税調査台帳から見える各集団の支配と管理、枢機勅令簿から見える軍役や労役においても、ルメリのユリュクに付記される形で常に存在していたのである。

146）［MHM.d.60: hkm.no.503］
147）［MHM.d.5: hkm.no.1045, 1102］
148）［MHM.d.5: hkm.no.1102; 7: hkm. no. 8; MHM.d.7-1(trn.): 4］
149）［MHM.d.19: hkm.no.588］

5 奉公集団の土地利用と生産活動
——租税調査台帳の分析を中心に

1 ルメリのユリュクが支払う税——免税特権はいつ適用されたのか？

　先述のように、オスマン朝史においては、先述の租税調査台帳に15世紀から16世紀にかけての地域の担税者、支払われる税目、担税額といった情報が大量に記録されていることを利用して、各地域の農業、牧畜といった経済活動を解明する社会経済史研究が盛んにおこなわれている。しかし、ルメリのユリュクをめぐっては、これら租税調査台帳を用いて経済活動を明らかとする研究は、前述のイェニの研究[150]をのぞけば、管見の限りほぼ見られない。

　ルメリのユリュクは、先述のように16世紀以降、セラニク・ユリュク、タンルダー・ユリュク、ナアルドケン・ユリュク、オフチャボル・ユリュク、ヴィゼ・ユリュク、コジャジュク・ユリュクといった複数の下部集団に分かれていた。これらルメリのユリュクの下部集団ごとに、居住している県や郷の名前、オジャクの総数、さらにオジャクごとのエシキンジとヤマクの名前とその人数、ヤマクが支払うヤマク税の総額が記されるユリュク専用の租税調査台帳、すなわちユリュク台帳が作成された。

　これらユリュク台帳を用いて、ギョクビルギンやインバシュはユリュク諸集団のオジャクの構成員の名前や人数、居住地の一覧、オジャクやその構成員の総数、ヤマク税の税額の変遷を明らかとした。しかし、これらの研究では、ルメリのユリュク各集団の生業、土地利用の分析はおこなわれていない。

　そこで本書では、従来の研究では等閑に付されてきたルメリのユリュクの経済活動について考察を進めていく。

　すでに述べたように、ルメリのユリュクは、軍役や労役と引き替えの

150）［Yeni 2013a; 2013b; 2013c］

免税特権を有しており、ヤマクにはヤマク税の支払いのみが義務として課せられていた。したがって、ユリュク台帳には原則として、エシキンジ5人とヤマク20から25人の名前と居住地、そしてヤマクの人数に応じて課せられる定額のヤマク税の金額のみがオジャクごとに記された。すなわち、生産活動と土地利用に直接関係するために、生産活動や土地利用の状況を知る上で重要となる耕地税やウシュル税に関する記録はそこには記載されなかった。例外的に、ユリュク台帳にも結婚税、罰金、家畜に関する税などが記される例も見られるが、その場合も台帳の冒頭に集団全体の総額が記されるのみであり、ここから、ユリュクの各集団の生産活動や土地利用の状況を細かに把握することは難しい。通常の臣民／被支配層に課せられる耕地税やウシュル税は原則としてルメリのユリュクには課せられなかったために、ユリュク台帳のみから、ルメリのユリュクの生産活動および土地利用を分析することは、ほぼ不可能である。このことが、ルメリのユリュクについては、支払う税から生業や土地利用を解明する研究がおこなわれてこなかった理由である。

しかし、これらルメリのユリュクの免税特権には、以下の法令集の規定に見られるようにある例外が存在する。

> ユリュク、油屋 yağcı [151]、軍馬の飼育役 güreci [152] は誰であろうと兵団長のティマール［地］で耕作した場合、またはそこに住み着き土地の［耕作に邪魔な］根を引き抜いた（開墾した）場合、「その土地の根を私が抜いた。」ということが報告された。さて、土地 il が新たに書かれ（その土地が租税調査台帳に登録され）、その根が抜かれた土地も台帳の［記録の］内 dāḫil-i defter となった後、その土地は臣民／被支配層の耕地 ra'iyyet çiftliği に含まれる。その（ティマールの）保有者は「私が根を抜いてそこに住んでいる。」という者へ［特別の］はからいをせず 'amel olunmayup、そのような者（ユリュクなど）からもウシュル税

---

151) 元々は油屋 yağcı ではなく、軍隊に弓矢を納める代わりに、免税などの一定の特権を有した弓矢職人 yaycı が転訛した可能性も考えられる。

152) ギョクビルギンはこの語を küreci と読んで "Küreci madencidir." と説明し、鉱山関係の職種であると説明している［Gökbilgin 1957(2008): 51］。本書では güreci と読み、軍馬用の仔馬を飼育する役職と解釈した。

1章 ルメリのユリュクとタタール、そしてミュセッレム

resm-i 'öşür とサーラーリイェ税を徴収せよ。耕地税も徴収せよ。
[Kanuni KN(6): 516, 518, 660, 664]

　この規定は、ユリュクが本来の居住地以外の土地、つまりはユリュクを管轄し支配している軍人／支配層以外の者に徴税権が割り当てられたディルリク地で、耕作や牧畜に土地を利用した場合は、免税特権は適用されず、耕地税、ウシュル税といった生産活動、土地利用に関する税を支払っていたことを示している。このユリュクが他のディルリク地で耕作した場合は耕地税を支払うという規定は、後に訂正や改正されることはなく、後々まで適用され続けた。

　このような他の軍人／支配層のディルリク地での土地利用の事例に着目することで、ルメリのユリュクの土地利用、生産活動の一端を垣間見ることが可能となろう。次項では、この手法を用いて、ルメリのユリュクが居住している県の租税調査台帳に残るルメリのユリュクに関する記録から、ルメリのユリュクによる土地利用、生産活動の一端に迫っていく。

2　ルメリのユリュクの生産活動、土地利用

　ルメリ州の中でもユリュクが多く居住していた、現在のギリシア北部、トルコ共和国のヨーロッパ側領土、ブルガリア南部・西部を中心に、地名を集団名に冠するユリュクがその県内や周辺地域に多数見られたセラニク県とヴィゼ県、ユリュクの各集団が多く県内に居住していたトゥルハラ県、エディルネ県の事例をもとに、上記の県の県別租税調査台帳の中に見えるユリュクの記録に着目し、考察していく[153]。

---

153) 上記の件の他に、925年／1519年作成ゲリボル（ガリポリ）県租税調査台帳の明細帳 [TT.d.75] の中にも、ユリュクの耕作に関する記録が見られる。[TT.d.75] に登場するユリュクは、ハララ Harala、ケシャン Keşan、アブル Abrı、マルカラ郷といったトラキア平原西部、現在のトルコ＝ギリシア国境付近に居住していた。この租税調査台帳に登場する全てのユリュクは、居住する村ごとに記録されており、ウシュル税や耕地税を支払っていた。[TT.d.75] では、ウシュル税などの土地利用に関する税の担税額が他の村民と合算して記録されており、ユリュクによる土地利用を完全に解明することはできない。ただし、ユリュクが住む村からは小麦や大麦のウシュル税が多く徴収されており、ユリュクの生産活動が農耕中心であったと推察される。また、アブル郡サルチャ Saruça 村でのバルタ・

第Ⅰ部　バルカン半島における奉公集団的「遊牧民」

(1) セラニク県の事例[154]

　オスマン朝時代のセラニク県は、現在のギリシア共和国第二の都市テッサロニキを中心に、歴史的マケドニア地方から西トラキア地方を含む、現在のギリシアからトルコにまたがる幅広い地域に相当する。テッサロニキが位置するエーゲ海沿岸には平地が広がる一方で、県の北部には、ディナル・アルプス山脈とロドピ山脈の間に位置し2,000メートル級の山が立ち並ぶ峻険なマケドニア山地が広がっている。現在でも、マケドニア地方では、平地で農耕がおこなわれる一方で、山地では羊や山羊が放牧されるなど、多様な地勢を反映した多彩な土地の利用がおこなわれている。

　このような特徴を持つセラニク県租税調査台帳のユリュクに関する記述を確認すると、冬営地税 resm-i kışlak、ユリュクの冬営地税 resm-i kışlak-ı yörükān、冬営地の群れ税 resm-i ağıl-ı kışla[k][155]、煙草税 resm-i duḫān [156]、ユリュクの煙草税 resm-i duḫān-ı yörükān、煙草税と群れ税

バラバンル・ユリュク Yörükān-ı Balta Balabanlu については、ユリュクのみ独立した形で、ユリュクが支払った諸税の担税額が記録されている。この記録においても、小麦、大麦のウシュル税を中心とした農耕税が税目と税額の大半を占めている [TT.d.75: 317-18]。

154) [TT.d.7; 374; 403; 723; KKA.TT.d.186] 上記の台帳にくわえて、イェニはセラニク県租税調査台帳の簡易帳、ワクフ台帳、さらにギュミュルジネ租税調査台帳 [KKA.TT.d.187]、ドラマ租税調査台帳 [KKA.TT.d.194] を用いて、ギュミュルジネ、イェニジェ・イ・カラス、デミュルヒサル、ドラマ郡で、村ごとのユリュクの人口、土地利用を明らかにした [Yeni 2013c: 62-153]。ただし、イェニの関心が人口にあったことや、税の細目を記録しない簡易帳も史料として活用したために、土地利用については各村での事例を上げ、イェニジェ・イ・カラスやギュミュルジネ郡では牧畜よりも農耕が盛んであった可能性を指摘するのみで、郡や郷ごとに詳細な分析を行ってはいない [Yeni 2013c: 107-08, 120-22, 127-34]。地券・地籍簿総局文書館所蔵の [KKA.TT.d.187]、[KKA.TT.d.194] は著者未見であり、この両史料の調査と分析については今後の課題としたい。

155) 羊、山羊などの家畜から徴収される税。地域、時代により差があるが、たいていは 300 頭を一群れとし、一群れにつき 5 アクチェが徴収された。resm-i yatak, resm-i sürü など地域や時代により様々な名称で呼ばれた [Osmanlı tarih deyimleri: resm-i ağıl]。

156) 他所からやって来た者が、冬営するまたは家畜に草を食ませるなど農耕以外の目的でディルリク地を利用した場合に、その土地のディルリク保有者へ支払う税 [Kanuni KN(6): 660]。

resm-i duḫān ma'a resm-i ağıl といった数多くの牧畜に関する税の記録が目を引く。この中でも、冬営地税や煙草税は「外からディルリク地にやって来て、ディルリク地を牧草地として使用した者から徴収される」という税の性格上、セラニク県において、外部からやって来たユリュクが、土地を牧畜のために利用していたことを示している。各種税の担税額についても、16 世紀後半、17 世紀初頭の租税調査台帳において、ともに牧畜関係の税の担税額が農耕関係のそれを上回っている。この傾向から、セラニク県のディルリク地において、ユリュクが土地を牧畜に利用し、生業として牧畜をおこなっていたこと[157]が示されよう。

ただし、このことはセラニク県において、牧畜のみに土地をユリュクが利用していたことを意味しているのではない。例えば、多数のユリュクの土地利用の記録が見られるセラニク県ゲルメリイェ Gelmeriye 郷[158]では、以下のような端書が台帳の中に見られる。

> 耕作はおこなっていないが、彼ら（ユリュク）が［税の支払いを］担う ellerinde ベンナーク［税］、ミュジェッレド税［といった耕地説］、菜園税、結婚税を支払っている。（後略）［KKA.TT.d.186: 126］

> 村の境界で ḳaryeniñ şınurında 耕作をおこなっており、彼らの［負担する］ウシュル税を支払っている。半チフトの［土地の］保有者 nīm çift mutaṣarrıf olan は［1 人につき］12 アクチェずつ［ニーム］税を支払っている。［KKA.TT.d.186: 159］

セラニク県でのユリュクのディルリク地の利用は牧畜の比重が比較的高いものであったが、このように農耕も一定程度は実施されていたのである。

(2) ヴィゼ県の事例[159]

セラニク県が、その山がちな地勢を反映して牧畜が盛んであった県と

---

157) セラニク県の一部が含まれる西トラキアのユリュクの土地利用を分析したイェニも、ユリュクにより牧畜が行われていたことを指摘している［Yeni 2013c: 65-66］。

158) ［TT.d.723: 227-50; KKA.TT.d.186: 126-48］別名ケレメリイェ。現テッサロニキ近郊のカラマリア一帯に相当する。

103

すると、対照的な土地の利用が見られる県がヴィゼ県である。このヴィゼ県は、現在のトルコ共和国からギリシア、ブルガリアへと広がるトラキア平原に位置し、年間を通じて緑に覆われ、現在も同地には畑や耕作地が広がっている。このような特徴を持つヴィゼ県の租税調査台帳には、先述の法令集の規定とほぼ一致する、その地勢や土地利用を反映したユリュクの土地利用に関する以下の端書が登場する。

外から hāriçden［来て］耕作している者がユリュクであろうとなかろうと、彼らの［支払う］ウシュル税、サーラーリイェ税、巣箱税 resm-i kevvāre [160)]、耕地税を［台帳の］前［の箇所で］に述べたスィパーヒーの一団へ支払え vezī'me-'i mezbūre sipāhīsine véreler 。［KKA.TT.d. 165: 126］

この他にも「エシキンジの中のエッリジ[161)]・ユリュクの集団 cemā'at-i Yörükān-ı Ellici 'an eşkinciyān」による「ユリュクの耕地税 resm-i çift-i yörükān」といった、免税特権を持つルメリのユリュクのエシキンジによる他のディルリク地の利用とウシュル税の支払いの記録が見られる[162)]。このことは、オジャクに属するルメリのユリュクも、前節で述べた他のディルリク保有者の土地を利用した際には税の支払いが義務とされていたことを示しており、ルメリのユリュクによる土地の利用の記録として重要である[163)]。また、台帳の多数の箇所で、ユリュクによる

---

159) ［TT.d.434; KKA.TT.d.165］
160) 養蜂用の蜂の巣箱に対して課せられる税。蜂蜜税［Çağatay 1947: 508-09］。
161) 毎年、1人あたり50アクチェのヤマク税をエシキンジにヤマクは支払っていたために、しばしばオジャクに属するルメリのユリュクは「エッリジ」とも呼ばれた。エッリはトルコ語で50を意味する。
162) ［TT.d.434: 68］他の台帳でも「ユリュクの耕地税 resm-i çift-i yörükān」といった表現が見られる［TT.d.374: 139; Yeni 2013c: 96-97］。
163) ギュミュルジネ、ドラマの租税調査台帳を分析したイェニは、オジャクに属するユリュクと、ハイマーネ身分のようにオジャクには属さないユリュクの2種類のユリュクが同地には居住しており、村での耕作や農耕は後者のユリュクが担っていたと考察した［Yeni 2013c: 67-69, 187-88］。イェニの視点は、ユリュク台帳を基本史料として用いたためにオジャクに属するユリュクのみに関心が集中しがちであったこれまでの研究に、新たな観点を持ち込んだ点で、重要である。しかし、先に記したように、ルメリのユリュクも他のディルリク保有者の土地を利用

1章　ルメリのユリュクとタタール、そしてミュセッレム

耕地での耕作と、それによる耕地税およびウシュル税の支払いの記録が見られる。それによると、ヴィゼ県ではユリュクにより、小麦 ḫınṭa、大麦 şa'īr、粟 erzen、その他の穀類 galle、レンズ豆 mercimek、亜麻 kettān、牧草 çāyır、果物 meyve、菜園／ブドウ畑 bağ/bağçe での作物の栽培といった耕作がおこなわれており、その中でも、小麦と大麦の栽培は、ほぼすべての耕地でおこなわれていた[164]。また、農耕関係の税の担税額は、担税額の総額の9割近くを常に占めている。さらに、1チフト以上の耕地を保有するユリュクの記録が多数見られる。このような背景事情があったために、ヴィゼ・ユリュクがスィパーヒーの土地で耕作をおこなっていることを理由に、ユリュクへの動員令を拒否するような事案[165]も発生しえたのである。農耕関係の税とは対照的に、羊・山羊税、冬営地税といった牧畜や遊牧に関する税の記録は、ヴィゼ県においては少なく、その担税額についても、農耕関係のそれとは大きな差がある。ヴィゼ県でのユリュクのディルリク地の利用は、セラニク県のそれとは対照的に農耕中心であったと結論づけられよう。

(3) トゥルハラ県の事例[166]

テッサロニキの南西、現ギリシア中部のテッサリア地方に位置するトゥルハラ県[167]にも、セラニク・ユリュクが居住していた。そのため、859年／1454-55年と15世紀中頃に作成されたトゥルハラ県租税調査台帳明細帳である［MAD.d.167］、さらに16世紀に作成された租税調査台

　　　　した場合はそのディルリク保有者に、耕地税などの土地利用に関する税を支払っていた。よって、ユリュクによる土地利用をオジャクに属さないユリュクにのみに帰する必要はないと著者は考える。

164)　ユリュクによる土地利用の記録を多数含む［TT.d.274］、［KKA.TT.d.165］を例に取ると、［TT.d.274］では、13地片の村もしくは耕地において、ユリュクが栽培した作物の記録が見られ、小麦は13地片全てで、大麦は12地片の村もしくは耕地で栽培されていた。同じく、［KKA.TT.d.165］では、21地片の村もしくは耕地において、小麦は21地片全てで、大麦は20地片の村もしくは耕地でユリュクにより栽培されていた。

165)　［MHM.d.24: hkm.no.895］

166)　［MAD.d.167; TT.d.36; 105］

167)　ルメリ州トゥルハラ県。現ギリシア領トリカラ。

帳明細帳のうち、912年／1506年作成の［TT.d.36］と927年／1521年作成の［TT.d.105］には、通常の村の記録と合わせて、ユリュクの人口や土地が記録されている事例が見られる。

　［MAD.d.167］では、村や耕作地の名前を記した後に「ユリュクが住み着いている yörükler oturur」と簡潔に記した後、ユリュクの既婚者、寡婦、独身の成人男性といった担税者の人数、そして支払う税の税目と税額が記載されている。1つの村と24地片の耕作地にユリュクが居住している旨の記録があり、71人の世帯主と5人の寡婦、6人の独身成人男性の名前が台帳に記されている。さらに、支払う税については、小麦や大麦のウシュル税の担税額が、担税額全額の7割近くを占めている。対して、羊・山羊税などの牧畜関係の税はこれらの村や耕作地、そしてユリュクから徴収されていない。16世紀に作成された［TT.d.36］、［TT.d.105］についても、小麦と大麦のウシュル税の担税額が多く、牧畜関係の税の記録がほぼ見られないという傾向は同じである[168]。そもそも、トゥルハラ県は、当時も、そして現在も農耕が盛んであるテッサリア平原に位置している[169]。15世紀中頃から16世紀前半のトゥルハラ県でのユリュクのディルリク地の利用は、トゥルハラ県全体での傾向とほぼ一致した農耕中心であったと推察できよう。

(4) エディルネ県の事例[170]

　ユリュクにより、セラニク県では主に牧畜、ヴィゼ、トゥルハラ県では農耕のためにディルリク地が利用されていたことを確認した。この両者の中間の土地利用がおこなわれていた地域がエディルネ県である。

　ヴィゼ県と同じくトラキア平原に位置するエディルネ県には、オスマン朝の大都市の1つでありオスマン朝の宮殿が存在したエディルネがあ

---

168) ただし、927年／1529年作成トゥルハラ県租税調査台帳の明細帳である［TT.d.105］は、多くの箇所でウシュル税などの担税額は他の村民と合算して記録されているために、ユリュクのみの土地利用の状況を詳細に解明することは不可能である。

169) ［MAD.d.167: xxxiii-xl］

170) ［TT.d.77; 729; 1001; KKA.TT.d.65］

1章 ルメリのユリュクとタタール、そしてミュセッレム

表2 ルメリのユリュク居住県の県別租税調査台帳の比較表

県名	租税調査台帳			ユリュクの集団の数	ユリュクの記録をもつ村	ユリュクの記録をもつ耕作地	ユリュクから徴収された諸税(担税額 単位:アクチェ)		
	no.	作成年		記載数	地片数	地片数	総額	農耕関係	牧畜関係
		ヒジュラ暦	西暦						
エディルネ	TT.d.77	925	1519-20	7	3	0	15,788	600	15,178
	KKA.TT.d.65	976	1568-69	44	27	0	73,150	44,465	6,556
	TT.d.1001	16世紀末		20	2	0	7,765	3,420	2,371
	TT.d.729	17世紀初頭		20	3	1			3,637
ガリポリ	TT.d.75	929	1519	15	11	0			
セラニク	TT.d.7	883	1478-79	2	0	1	2,224	1,040	0
	TT.d.374	16世紀中頃		1	1	0	5,956	4,293	286
	KKA.TT.d.186	976	1568-69	110	5	5	49,403	9,946	39,457
	TT.d.723	1022	1613-14	97	4	0	125,316	16,570	31,870
スィリストレ	TT.d.483	977	1569-70	2	38	0	227,079	165,621	4,974
	TK.TT.d.83	1006	1597-98	2	38	4	255,495	174,709	7,665
トゥルハラ	MAD.d.167	859	1454-55	0	1	24	13,399	10,402	185
	TT.d.36	912	1506	20	23	4	19,454	18,354	300
	TT.d.105	927	1521	75	40	1			
ヴィゼ	TT.d.185	934	1527-28	1	1	0	523	327	196
	TT.d.274	958	1551-52	0	2	7	6,451	5,978	80
	TT.d.286	960	1552-53	9	2	0	26,267	23,470	100
	KKA.TT.d.165	976	1568-69	12	16	16	56,731	47,094	639

107

第Ⅰ部　バルカン半島における奉公集団的「遊牧民」

農耕関係の税の内訳
　・耕地税
　・ウシュル税
　　・小麦
　　・大麦
　　・粟
　　・果物　その他
　　　その他各種税

牧畜関係の税の内訳
　・羊・山羊税
　・冬営地税
　・群れ税
　・煙草税
　　　その他各種税

る。エディルネは、「パシャの県 Paşa Sancağı」と呼ばれ、ルメリ・ベイレルベイが座すルメリ州の州都として、農耕、牧畜のみならず手工業も栄えるバルカン半島の中心地の1つであった。

　エディルネ県での、他のディルリク地を利用したユリュクからの徴税記録によると、16世紀初頭に作成された［TT.d.77］では羊・山羊税を中心に牧畜関係の税が、そのようなユリュクから徴収された税の総額の大半を占めている。しかし、この状況は16世紀後半になると大きく変わり、［KKA.TT.d.65］では穀物に対するウシュル税を中心に農耕に関する税の担税額が全体の6割を占めるようになった。それに合わせて、ユリュクによる耕作の記録をもつ村の数も27に増加している。牧畜関係の税の記録も見られるが、その税目の内訳は、羊・山羊税が中心であり、先のエディルネ県台帳からの大きな変化はない。［TT.d.1001］になると、先の租税調査台帳から税額や記録の数が減少し、農耕に関する税と牧畜関係の税の担税額の差が大きく縮まっている。土地の利用状況でいえば、エディルネ県では変動が大きいものの、農耕、牧畜の双方で土地が利用されていたと結論づけられよう。

　エディルネ県租税調査台帳の中には、ユリュクが以前から連続してディルリク地を耕地として利用し、税を支払っていたことを示す記録も登場する。

　　　外から来て ḫāriçden gelüp 前述の村の境界に住み ḳarye-'i mezbūre

şınurında sākin、保有する ellerinde 1 つの土地につき 12 アクチェの［耕地］税を支払った後に、彼らの［負担する］シャリーアの諸ウシュル税、慣習の諸税を、古来の慣例の通りに a'şār-ı şer'iyyelerin ve rüsūm-ı 'örfiyyelerin 'ādet-i ķadīme üzere 支払うと旧台帳 defter-i 'atīķ に書かれているので、新台帳 defter-i cedīd にもそのように記された。［KKA.TT.d. 65: 16］

この記述からは、ユリュクが外部からディルリク地にやって来て、村の近辺で耕作をおこない、そのディルリク地の徴税権保有者へ税を支払っていたと分かる。くわえて、そのようなユリュクによる土地の利用が、複数の租税調査台帳にわたって、すなわち数年から数十年以上にわたって継続的におこなわれていたことも、確認できるのである[171]。

6 奉公集団から担税者へ──17 世紀におけるルメリのユリュク、タタール、ミュセッレムの変容

枢機勅令簿の中のルメリのユリュクに関する命令の点数は、17 世紀に入ってから大きく減少する。例えば、17 世紀に入ってからは僅かに［MHM.d.78: hkm.no.2059］、［MHM.d. 79: hkm.no.68］、［MHM.d.85: hkm.no.218］[172]にルメリのユリュクの軍務での動員命令や命令拒否者の処罰

---

171) アンカラの地券・地籍簿総局文書館に所蔵される 16 世紀後半の租税調査台帳は、イスタンブルのオスマン文書館所蔵の租税調査台帳よりも県内を網羅的に記録しており、ユリュクのディルリク地における耕作の記録がより多く登場する。これは、地券・地籍簿総局文書館に収蔵されている租税調査台帳の多くが、16 世紀後半から末に、州や県ごとに作成された最後の租税調査台帳であり、イスタンブルの帳簿保存局に保管され、加筆や文書の差込が行われるなど、現用資料として 20 世紀に至るまで参照され続けたことに関係があろう。また、イェニが主張しているように、16 世紀後半にユリュクが大量に県内に流入し、ユリュクの土地利用が増加したことを反映している可能性も考えられるが、史料からは判然としない［Yeni 2013c: 62-153］。この点に関しては今後の課題としたい。

172) この命令記録のラテン文字転写が［MHM.d.85(trn.): 132-33］である。

命令が見られる程度である。そのため、16 世紀と比べて、17 世紀のルメリのユリュクに関する研究は不足している。

本節では、比較的、17 世紀以降もユリュク台帳が定期的に作成されており、ギョクビルギンにより 16 世紀までは居住する村といった詳細な情報が提示されており、また 16 世紀と 17 世紀では対照的な特徴を示すコジャジュク・ユリュクと、17 世紀以降も多数のユリュク台帳が作られたにもかかわらず、ギョクビルギン、インバシュ、アルトゥナンともにすべての台帳をあげて 17 世紀の状況を分析していないセラニク・ユリュクを主に取り上げる。それらユリュク台帳を分析することで、17 世紀における税制や居住地の変遷、特にヤマク税の担税額の変化を分析していく。そこから、16 世紀から 17 世紀におけるルメリのユリュクの変容、その共通点と相違点を解明する。

1 コジャジュク・ユリュクの事例

確認できる限り、最初のコジャジュク・ユリュク台帳は、1544 年に作成された [TT.d.222] である。この台帳では、1 つのオジャクは 5 人のエシキンジと 20 人のヤマクから構成され、ヤマク 1 人につき 50 アクチェのヤマク税が徴収されている。ただし、ザーイムや兵団長に税を支払うヤマクも台帳には記録されている。さらに、オジャクに属する通常のルメリのユリュクが居住していないチョケ Çöke [173] やアッケルマン Akkirman [174] といった地域にも、ルメリのユリュクのザーイムや兵団長の持分 hisse が存在していた。

約 40 年後の 1582 年に作成されたコジャジュク・ユリュク台帳 [TT.d.614] では、エシキンジの数は 5 人と先の台帳から変わっていない。一方、ヤマクの人数が 20 人から 25 人に増員されたことを受けて、オジャクの成員の総数は 30 人に増えている。ヤマク税の税額は、ヤマク 1

---

173) ルメリ州エディルネ県の郡。
174) クリミア・ハン国との境域にあたり、対ロシア、ポーランド・リトアニア共和国との最前線であった。現ウクライナ領ビルホロド・ドニストロフシキーであり、現在は観光名所となっている古い城塞が残っている。

1章 ルメリのユリュクとタタール、そしてミュセッレム

人につき 50 アクチェと不変であるが、フィリベ郷では例外的に 20 人のヤマクから 1,250 アクチェが徴収されている。

　居住地については、16 世紀の 40 年間でコジャジュク・ユリュクの居住地の継続性は高い。また、ユリュクの人口は増加しているが、この人口増加には、自然増の他に、ヤマクの人数が 20 人から 25 人に増員されたことの影響も大きかろう。また、ザーイムや兵団長に属するヤマクの人数と税額は、通常のオジャクに属するヤマクよりも金額や人数は少ないものの、その増加率はエシキンジとヤマクから成る通常のオジャクのそれを大きく上回っている。先のユリュク台帳と同様に、エシキンジではなく、ザーイムや兵団長に直接、ヤマク税を支払っているヤマクが存在し、チョケ、ドブロジャなどにもコジャジュク・ユリュクを管轄するザーイムに対する徴税権の持分が存在する。対して、先のユリュク台帳ではザーイムや兵団長に属するヤマクのみが居住していたアッケルマンには、後の台帳では対照的に、11 ものオジャクが記録され、多くのユリュクが居住するようになっていた。また、ドナウ川下流域の現在のドブロジャ地方に位置し、ロシア、ポーランド・リトアニア共和国、クリミア・ハン国とオスマン朝の境域であったテクフルギョリュ Tekfürgölü[175]郷については、[TT.d.222] から [TT.d.614] の 40 年間でオジャクの数が 2 から 8 へ増えている。同じくドブロジャ地方のフルソヴァ Hırsova 郷においても、オジャクの数が 17 から 26 に増加している。この他、シュムヌ Şumnu[176]郷では 8 から 14、ヤンボル郷でも 21 から 30 とオジャクの数が増えている。ドブロジャ地方や黒海の西北部、バルカン山脈周辺でコジャジュク・ユリュクが増加し集中する傾向にあったことが、史料からは読み取れよう。

　17 世紀初のコジャジュク・ユリュク台帳は 1637 年作成の [MAD.d. 5809] になる。ここではオジャクの数、その成員の人数そして居住地の

---

175) 現ルーマニア領テキルギョル Techirghiol。トルコ語名は「異教徒（非ムスリム）王 tekfūr の湖」を意味するが、地名の由来については異説もある。
176) 現ブルガリア領シュメン。この地域には今でも多くのテュルク系住人が住んでおり、オスマン朝治下で建てられたモスクが今も礼拝の場として使われている。

111

▎第Ⅰ部　バルカン半島における奉公集団的「遊牧民」

シュムヌ（シュメン）のトンブル・モスク（著者撮影）

みが記されており、ヤマク税に関する記録はないために税額の変遷をたどることはできない。オジャクの数は 66 に減り、それに合わせて人口も先のユリュク台帳の 4 割未満と大幅に減少している。

　その 5 年後に作成された 1642 年作成の［TT.d.770］では、オジャクの数は 18 にまで落ち込み、それに合わせて、ユリュクの人口はさらに大幅に減少した。また、オジャクの成員の人数は、エディルネ郷の例外の一例をのぞいて 1 オジャクにつき 5 人のエシキンジと 20 人のヤマクと、16 世紀前半と同数の総計 25 人に戻っている。ヤマク税については、先の［MAD. d. 5809］とは異なり、ヤマク税の記録が復活しているため、その変化を読み解くことができる。ヤマク税の額は 1 オジャクあたり 1,000 アクチェから 2,800 アクチェに大幅に増額しているが、それにもかかわらず、ヤマク税の総額は、16 世紀と比べると大幅に減少している。

　17 世紀に入ると、オジャクの数や成員の人口が減少し、それに応じて居住している郷も大きく減少した。16 世紀に引き続いて 17 世紀にも

112

多くのユリュクが住んでいる郷は、エディルネ、クルクキリセ Kırkkilise [177]、ババエスキ Babaeski [178]、ヤンボル郷とバルカン山脈の南麓とトラキア平原の東部に集中している。フルソヴァ、テクフルギョリュ郷にはコジャジュク・ユリュクの居住記録はなくなり、わずかにドブルジャ郷にオジャクが1つ残っているに過ぎない。16世紀には黒海の北西部方面へ広がる傾向にあった居住地が、一転して縮小していることがうかがえる。その中でも、エディルネ郷は、[TT.d.614] から [MAD.d.5809] の50年間で、各オジャクの成員が住む村はほぼ不変であり、エディルネ郷では安定してユリュク制度が機能し残存していたことが推察できる。それに対してクルクキリセ郷では、[TT.d.770] において大幅にオジャクの数が減少している。また、[MAD.d.5809]、[TT.d.770] 双方に登場する村の内、17世紀から新たに台帳に追加された村はその半分を占めている。さらに、台帳に登場する村の半分でユリュクの人口が減少する中で、ケシュヴェルリク Keşverlik 村へユリュクを集約する動きが見られた。実に、[TT.d.770] においては、他の村がユリュクの人口を軒並み減らす中で、ケシュヴェルリク村だけが、[MAD.d.5809]のエシキンジ2人、ヤマク10人からエシキンジ7人、ヤマク19人に増加している。また、この村に住むエシキンジとヤマクは、複数のオジャクにまたがっていた。このようにコジャジュク・ユリュクにおいては、オジャクの枠を越えて各地のユリュクを統合し、残ったユリュクを一定の村に集中させる再編の動きにより、制度の維持を図っていたことがうかがえよう。

2　セラニク・ユリュクの事例

初のセラニク・ユリュク台帳は、1544年に作成された [TT.d.225] である。ここでも、1つのオジャクは5人のエシキンジと20人のヤマクという総計25人で構成されている。ただし、エシキンジではなく、ザーイムに属するヤマクも存在した。ヤマクの支払うヤマク税のみが台

---

177)　現トルコ共和国領クルクラレリ県 il 一帯。
178)　現トルコ共和国領クルクラレリ県ババエスキ郡 ilçe。

表3 コジャエシュク・ユリュクのオジャクの数とその構成員の人数一覧

地名	TT.d.222(1544)				TT.d.614(1582)				MAD.d.5809(1637)				TT..d.770(1642)			
	オジャク数	エシキンジ人数	ヤマク人数	ヤマク税	オジャク数	エシキンジ人数	ヤマク人数	ヤマク税	オジャク数	エシキンジ人数	ヤマク人数	ヤマク税	オジャク数	エシキンジ人数	ヤマク人数	ヤマク税
郷名	記載総計				記載総計				記載総計				記載総計			
一般のユリュク																
Ahyolu	4	20	80	4,000	5	25	125	6,250								
Akkirman					11	55	275	13,750								
Aydos	3	15	60	3,000	5	25	125	6,250								
Babaeskisi	1	5	20	1,000	1	5	25	1,250	1	5	25					
Baba (eskisi)																
Çirmen													4	20	80	11,200
Bender					3	15	75	3,750								
Birgos					1	5	25	1,250	1	5	25					
Dobruca									1	5	20		1	5	20	2,800
Edirne	5	25	100	5,000	6	30	150	7,500	6	30	150		7	35	139	19,600
Kırkkilise																
Bergos									3			135				
Yenice-i Kızılağaç																
Baba Eskisi																
Filibe	1	5	20	1,000	1	5	20	1,250	1	5	25					
Filibe																
Ruskasrı																
Hacıoğlu Pazarı													1	5	20	2,800
Hırsova	17	85	340	17,000	26	130	650	32,500								

Karinabad	13	65	260	13,000	11	55	275	13,750					3	15	60	8,400
Kırkkilise	14	70	280	14,000	16	80	400	20,000	16	80	396					
Kili					1	5	25	1,250								
Niğboli													1	5	20	2800
Pravadi	3	15	60	3,000												
Ruskasrı	8	40	160	8,000	12	60	300	15,000								
Silistre	11	55	220	11,000	8	40	200	10,000								
Silistre													1	5	20	2,800
Pazarcık																
Şumnu	8	40	160	8,000	14	70	350	17,500								
Tekfurgölü	2	10	40	2,000	8	40	200	10,000								
Varna	14	70	280	14,000	15	75	375	18,750								
Yanboli	21	105	420	21,000	30	150	750	37,500	32	160	925					
Yenice-i Kızılağaç	4	20	80	4,000	5	25	125	6,250	5	25	125					
総計	129	645	2,580	129,000	179	895	4,470	223,750	66	315	1,826		18	90	359	50,400

ザイーム、兵団長所属セラニーク・ユリュク

総計		230		13,500			1,228	64,425								
総計	129	645	2,810	142,500	179	895	5,698	288,175	66	315	1,826		18	90	359	50,400

帳に記載されており、その税額は1人につき50アクチェと法令集のほぼ規定通りである。また、コジャジュク・ユリュクと同様に、エシキンジではなくザーイムに直接、税を支払っているヤマクも見られる。これらのヤマクが支払うヤマク税の税額も、原則として1人あたり50アクチェであったが、こちらにはいくつかの税額の例外が見られた。

次のセラニク・ユリュク台帳は、1世紀近く経過した1649年に執筆された [MAD.d. 3619] である。ここでは、オジャクの成員の数は、エシキンジの数はそのままだが、ヤマクの人数が25人に増員されたために、総計30人に増加している。ただし、オジャクの成員の数が30人ではないオジャクも多数存在していた。

1オジャクごとのヤマク税の税額は4,000アクチェに増額されている。先の台帳と同じく、ザーイムに直属のヤマクも存在している。これらのヤマクが支払うヤマク税の額は、原則として1人あたり100アクチェであったが、この額にもいくらかの例外が見られた。さらに、オジャクの数が500から118に減少したために、それに合わせてヤマクの人口も大幅に減少した。ただしヤマク税の額が1オジャクあたり4,000アクチェに増額されたために、ヤマク税の総額は56万1,910アクチェから50万1,500アクチェとオジャクの数やユリュクの人口ほどには減少していない。

20年ほど経過した1671年に作成されたセラニク・ユリュク台帳である [MAD.d.4961] では、1つのオジャクは5人のエシキンジと25人のヤマクすなわち総計30人から構成されている。ただし、オジャクの成員の数が30ではないオジャクが多数あったために、エシキンジとヤマクを合わせたオジャク成員の人数の平均値は30.18と30人よりわずかながら多い。オジャクの数は先の台帳の118から128に微増している。ヤマクの支払うヤマク税のみが台帳には記載されており、その額はヤマク25人につき4,000アクチェ、1人につき160アクチェと、先の台帳である [MAD.d.3619] と変わらない。先の台帳と同じく、エシキンジの記載がなく、ザーイムや兵団長直属のヤマクもまた存在する。これらのヤマクが支払うヤマク税の税額は、原則1人100アクチェから160アクチ

エと通常のユリュクと同程度の額に増額されているが、これにもいくらか例外が見られる。

　[MAD.d.4691] が作成されてから4年後の1675年に書かれた [MAD.d.6247] では、オジャクの数は138に増加したが、ヤマクの人数は先の台帳での9,654人から3,011人に減少した。ヤマクの支払うヤマク税の税額は、1オジャクにつき4,000アクチェと依然として変わっていない。セラニク・ユリュクの1オジャクの成員の人数がエシキンジ5人とヤマク25人ではないオジャクの数が75もあり、この数は全123オジャク中の61パーセントにも及ぶ。その中で、オジャクの成員の人数が30より多いオジャクは26、逆に30に満たないオジャクの数は49である。そのため、平均するとエシキンジとヤマクを合わせた1オジャクの成員の数は27と、むしろ増員前の [TT.d.225] の時点での25に近い数になる。さらに、オジャク・エシキンジ・ヤマクといった構造を持たず、台帳には、単に「集団 cemāʿat」と記され、その集団ごとに支払う税の総額を記載する例が複数登場するようになった。エシキンジとヤマクからなるオジャクという構造が弛緩し解体しつつあり、充分な税収を確保するために、「集団」という新たな単位を導入することで対策を講じ、税収の確保を図っていたことが読み解ける。そのことがあってか、エシキンジとヤマクから成るオジャクから徴収されるヤマク税の総担税額は52万1,000アクチェから63万2,700アクチェに増額した。また、ザーイムの管轄下にあり、ザーイムに税を支払うヤマクの数は大幅に増加しており、例外はあるものの、原則としてヤマク1人につき160アクチェのヤマク税が徴収されている。

　1682年に作成された [MAD.d.3302] では、オジャクの数は139に微増した。しかし、エシキンジの人数は573から250、ヤマクの人数は3,011から1,548に半減した。さらに、エシキンジとヤマクを合算した1オジャクあたりの成員の人数は平均して12.21人にまで減少しており、オジャク組織の解体傾向がさらに進んでいる。それに合わせてヤマク税の額も35万7,420アクチェに半減している。

　17世紀以降は、セラニク・ユリュクについてもヤマクの人数が20か

ら25人へ増員され、ヤマク税の額も1オジャクにつき4,000アクチェに増額された。

16世紀から17世紀を通じて、全租税調査台帳に共通して登場する郷は、アヴレトヒサル'Avret Ḥiṣārı、ウストゥルムジャ Usturmuca郷[179]の2つのみである。それに対して、17世紀に入ってから居住が始まった郷は、ジュマパザル Cum'a Pāzārı[180]、エーリ・ブジャク Eğri Bucak[181]、カラダー Kara Ṭağ[182]、ドイラン Ṭoyran[183]郷であり、後者の2郡では17世紀を通じてユリュクの居住記録が見られる。17世紀からの居住郡、オジャクの数には連続性が認められるが、16世紀と17世紀のそれについては断絶がある。セラニク・ユリュクの居住地については入れ替わりが激しく、17世紀に居住郷の選択と集中、新たな居住地の開発が生じた可能性も示唆されよう。

3 その他のユリュクとの比較

本項では、コジャジュク・ユリュク、セラニク・ユリュク以外のユリュク諸集団の17世紀の状況について、[Altunan 1999]、[Altunan 2002]、[Altunan 2005]、[Gökbilgin 1957(2008): 55-86]、[İnbaşı 1999]、[Yeni 2013c]の研究に立脚して考察し、上述の両ユリュクとの比較や対照を試みる。

タンルダー・ユリュクについては、17世紀以降、テクフルギョリュ、フルソヴァといったドブロジャ地方からギュミュルジネ、イェニジェ・イ・カラス[184]といったマルマラ海沿岸、歴史的マケドニア地方への人口の集中が見られる。さらに、16世紀最初のタンルダー・ユリュク台

---

179) テッサロニキの北に位置する。現ギリシア領キルキス近郊。
180) テッサロニキの南西に位置する。別名ジュマ、セルフィジェ、セルフィジェ・ジュマ。現ギリシア領。
181) テッサロニキの東に位置する。現ギリシア領。
182) 同名の地名は複数存在するが、ここでは現ギリシア領キルキス近郊のカラダーに該当する。
183) キルキス近郊。
184) マルマラ海北岸に位置する。別名カラス・イェニジェスィもしくはカラス。現ギリシア領イェニスィア [Kiel 2013: 443-45]。

1章 ルメリのユリュクとタタール、そしてミュセッレム

ユリュク台帳の記載例［TT.d.222: 19, Gökbilgin（1957）2008: 186］

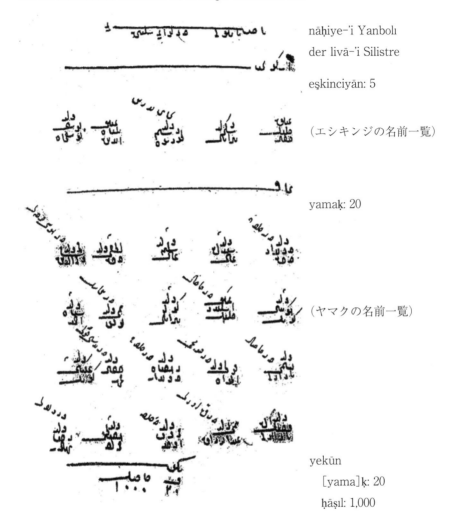

nāḥiye-ʾi Yanbolı
der livā-ʾi Silistre

eşkinciyān: 5

（エシキンジの名前一覧）

yamaḳ: 20

（ヤマクの名前一覧）

yekūn
　[yama]ḳ: 20
　ḥāṣıl: 1,000

※税額の単位はアクチェ。

表4 セラニーク・ユリュックのオジャクの数とその構成員の人数一覧

地名		TT.d.225(1544)					MAD.d.3619(1649)					MAD.d.4961(1671)					MAD.d.6247(1675)						MAD.d.3302(1682)					
郷名		オジャク数	成員総数	エジネジジ人数	ヤマク人数	ヤマク分税	オジャク数	成員総数	エジネジジ人数	ヤマク人数	ヤマク分税	オジャク数	成員総数	エジネジジ人数	ヤマク人数	ヤマク分税	オジャク数	成員総数	村総数	エジネジジ人数	ヤマク人数	ヤマク分税	オジャク数	集団総数	村総数	エジネジジ人数	ヤマク人数	総額
一般ユリュック																												
Akçakazanlık		1	25	5	20	1,000																						
Avrethisar		47	1175	235	940	47,000	9	270	45	225	36,000	8	240	40	200	32,000	16	475		74	401	64,900	8			13	59	11,000
Badracık		5	125	25	100	5,000	2	60	10	50	8,000	2	60	10	50	8,000												
Beğ Pazarı Yarcık												1	30	5	25	4,000												
Berdevükürye-i Toplun																												
Cum'a'Ruan tabi'i SanGöl																							2			10	72	8,000
Çatalca		60	1500	300	1200	60,000	8	240	40	200	32,000	8	240	40	200	32,000	9	270	3	45	225	48,000						
Çobançumbe Kazə-i Siruz												3	90	15	75	12,000												
Çernova		4	100	20	80	4,000	1	30	5	25	4,000																	
Çirmen																												
Özçeve Eğri Hassköy																	1	30	1	5	25	15,000						
Çirmen ve Zağra-i Atik																						13,000						
Demirihisar		8	200	40	160	8,000																						
Edirne							11	330	55	275	44,000	11	330	55	275	44,000	11	245	4	40	205	63,500						
Eğri Bucak tabi'i Sarıgil																												
Eskihisar-ı Zağra		6	150	30	120	6,000																						
Fener		23	575	115	460	23,000						4	120	20	100	16,000												
Filibe		10	250	50	200	10,000																						
Florina		36	900	180	720	36,000	2	60	10	50	8,000	2	60	10	50	8,000												
Hassköy		1	25	5	20	1,000																						
Çirmen Çirganlı																												
Hırsova		2	50	10	40	2,000	2	53	10	43	8,000						11	341	1	55	286	71,900						
Ince Kara tabi'i Sarı Göl																	8	240		40	200	32,000						
İştip																												
İştip																		10				17,000						
Rûdvîş																												
Tekûş												1	30	5	25	4,000												
KaraSu Mustahiye							5	150	25	125	20,000	5	150	25	125	20,000	18	505	1	80	425	85,600	58	2			305	73,600
KaraTağ																							53					

Kesriç tabi'-i Beğşehir	2	50	10	40	2,000					9	264	45	219	32,000						
Kızılağaç										1	30	5	25	4,000					33	34,000
Kesriç					10	300	50	250	40,000										193	
Lankaza	3	75	15	60	3,000									3,000				7	8	
Lofça					17	510	85	425	68,000											
Mal'akara	7	175	35	140	7,000															
Manastır	13	325	65	260	13,000															
Pırlepe	8	200	40	160	8,000															
Pomaz Dağ	3	75	15	60	3,000										11	287	43	244	53,100	
Pravadi																				
Pravişte					9	270	45	225	36,000	9	270	45	225	36,000				19	36	79,500
Sarıgöl tabi'-i Ağca Kara					17	510	85	425		17	510	85	425	68,000					225	
Selâfiye? tabi'-i Beğşehir																				
Selanik														6,000				3	10	8,000
Serfiçe	33	825	165	660	33,000					5	180	30	150	24,000						
Silistre	26	650	130	520	26,000										1	33	5	28	20,000	
Siroz	2	50	10	40	2,000	2	60	10	8,000	2	60	10	50	8,000				1	2	4,500
Sumnu	7	175	35	140	7,000					2	60	10	50	8,000	2			1	1	
Tatarpazarı	2	50	10	40	2,000															
Tekfurgölü	3	75	15	60	3,000	27	810	135	675	108,000	26	779	130	649	104,000	34	722	139	583	119,700	18	69	79,320
Tırnova					3	90	15	75	12,000	3	90	15	75	12,000						
Toyran	28	700	140	560	28,000										3	90	15	75	12,000	3		
Usturumca					3	90	15	75	12,000	4	120	20	100	16,000						
Radvişte																				
İştip					7	210	35	175	28,000											
Üstine																			40	
Varna	4	100	20	80	4,000															
Yanbolı	1	25	5	20	1,000															
Yenice-'i Vardar	2	50	10	40	2,000															
Yenice-'i Zağra	1	25	5	20	1,000															
Yenişehir	117	2,925	585	2,340	117,000					2	60	10	50	8,000						
Zağra-'i Atik																				
総計	500	12,500	2,500	10,000	500,000	118	3,533	590	2,943	472,000	128	3,863	645	3,218	521,000	131	3,473	569	2,829	632,700	132	246	1,366	357,420

サーイム、兵団別保有セラーク・ユリュク

総計				486	61,910		266	29,500			5,886	954,000		7	206		182	4	182
TT. d. 総計	500	12,500	2,500	10,486	561,910	118	3,533	590	3,209	501,500	128	3,863	645	9,104	1,475,000	138	3,679	573	3,011	632,700	139	49	250	1,548	357,420

> 第Ⅰ部　バルカン半島における奉公集団的「遊牧民」

帳である［TT.d.230］では、例外なく、1 つのオジャクが 5 人のエシキンジと 20 人のヤマクからなり、1 つのオジャクが支払うヤマク税の総額は 1,000 アクチェであった。1051 年ズー・ル＝ヒッジャ月 25 日／1642 年 3 月 27 日に作成されたタンルダー・ユリュク台帳の［TT.d.774］では、1 オジャクにつき 5 人のエシキンジと 25 人のヤマクとヤマクの人数が増員されている。そして、エシキンジ 1 人あたり 300 アクチェ、ヤマク 1 人あたり 100 アクチェの税の徴収が指示[185]されたために、1 オジャクにつき 4,000 オジャクが徴収されている。エシキンジに期待される役割が、遠征や奉公活動へ参加することから、ヤマクのように定額の税を国庫へ支払うことへ変わっていたことがここから分かる。明記されてはいないが、オジャクの構成員の数やヤマク税の額から考えて、セラニク・ユリュクについても、このエシキンジからの定額の税の徴収がおこなわれていた可能性は高い。くわえて、5 人のエシキンジと 25 人のヤマクというオジャクの成員の数を満たさないオジャクが 139 あり、この数は、オジャクの総数の実に 6 割に及ぶ。特に、最大のオジャクの数をほこるイェニジェ・イ・カラス郷では、すべてのオジャクが 5 人のエシキンジと 25 人のヤマクという規定の数を満たしておらず、郷内のすべてのオジャクで実際に支払われているヤマク税の額は 4,000 アクチェに達していない。タンルダー・ユリュクについてもオジャクの構造が弛緩し崩れだしているといえる。オジャクの構造が崩れだしている点ではセラニク・ユリュクと共通だが、セラニク・ユリュクの場合では、オジャクの成員の数が規定の人数を越えるオジャクと満たないオジャクの両方が見られたのに対し、タンルダー・ユリュクの場合は、規定のオジャクの人数に満たないオジャクばかりであった。この傾向は 1675 年作成のタンルダー・ユリュク台帳［MAD.d.6641］でも変わらず、ヤマクの数が 25 人に満たないオジャクが全 112 オジャク中 87 と 8 割近くに達している。タンルダー・ユリュクのみを扱った台帳ではないが、1686 年作成の［MAD.d.4987］では、イェニジェ・イ・カラス、ラヴィシュテ Ravişte[186]、チャーラユク Çağlayık[187]郡に居住するタンルダー・ユリュ

---

185)　［TT.d.774: 56; İnbaşı 1999: 164］

1章 ルメリのユリュクとタタール、そしてミュセッレム

クはオジャクごとではなく、村ごとにエシキンジ、ヤマクの人数そしてヤマク税の担税額が記載されるようになっていた。

ナアルドケン・ユリュクについては、17世紀以降、エディルネ、タタルパザル、フィリベ、チルメン、ザーラ・イ・エスキヒサル Zağra-'i Eskiḥiṣār[188]、アクチャカザンルク Akça Ḳazanlıḳ[189]、イェニジェ・イ・ザーラ Yeñice-'i Zağra[190]郷といったバルカン山脈南麓やトラキア平原一帯で、オジャクが残っていた。ただし、オジャクの数としては少数ではあるが、テクフルギュリュ、ドブルジャ郷といった、スィリストレやニーボル Niğboli[191]県内のドナウ川沿岸の地域にもユリュクのオジャクが存在した。さらに、16世紀最初のナアルドケン・ユリュク台帳である［TT.d.223］では、1つのオジャクは5人のエシキンジと20人のヤマクから構成され、1,000アクチェのヤマク税を各オジャクが支払っていたが、1017年／1608-09年に作成された［TT.d.707］では、1つのオジャクは5人のエシキンジとヤマク20人からなり、タンルダー・ユリュクやセラニク・ユリュクと同じように、エシキンジ1人から300アクチェ、ヤマクから100アクチェが徴収されている。17世紀初頭に作成された［TT.d.707］は、オジャクの成員の人数にばらつきはほぼ見られないが、さらに時代が下った1675年作成の［MAD.d.5114］では、総計60のオジャク中25と4割近いオジャクでエシキンジ5人と20人のヤマクから成るというオジャクの基本的な構成が崩れている。タンルダー・ユリュクと同様に、ナアルドケン・ユリュクも、規定の人数に満たないオジャクが増えたことが見てとれる。しかし、ナアルドケン・ユリュクの

---

186) スコピエ近郊。現マケドニア領ラドヴィシュ。
187) ドラマの東に位置する。
188) 現ブルガリア領スタラ・ザゴラ。エスキザーラ、エスキヒサル・ザーラもしくはザーラ・ユ・アティーク Zağra-yı 'Atīḳ ともオスマン語では呼ばれる。
189) 別名カザンルク。現ブルガリア領カザンラク。ローズオイル用のバラの生産で有名な「バラの谷」に位置する。
190) 別名イェニ・ザーラ、ザーラ・ユ・ジェディード。現ブルガリア領ノヴァ・ザゴラ。バルカン山脈の南に位置する。
191) ドナウ川南岸中流域に位置する都市。別名ニコポリス。現在はブルガリア領ニコポル。スィリストレ県とともに多くのルメリのユリュクが同地には居住していた［Gökbilgin 1957(2008)］。

スィリストレ（現スィリストラ）からドナウ川と対岸のルーマニアをのぞむ（著者撮影）

場合は他のユリュクとは異なり、そのような成員の人数が規程の25人に足りないオジャクについても、そこから徴収されるヤマク税の金額は一律に3,500アクチェと台帳には記されている。このことは一定の税収の確保には寄与したであろうが、崩れつつあったオジャクの成員1人あたりの税負担を増やすことにもつながったであろう。また、ナアルドケン・ユリュクのアミール mīr-i yörükān、兵団長所属のヤマクも台帳には含まれており、それら8つのオジャクから2万8,000アクチェと1オジャクにつき3,500アクチェの税が取られていたと台帳に記されている[192]。ただし、ユリュクのアミールに属するヤマクはオジャクごとではなく、村ごとに台帳には記されている。また、その中には「現在、[この人物は] その村から逃亡している。」[193]とルメリのユリュクの逃散に関する記述も見られる。

ヴィゼ・ユリュクについては、17世紀に作られた台帳は17世紀初頭

---

192) ［MAD.d.5114: 8］
193) ［MAD.d.5114: 6］

1章 ルメリのユリュクとタタール、そしてミュセッレム

から前半に偏っており、17世紀以後のヴィゼ・ユリュク全体の状況をつかむことは難しい。17世紀前半までに限ると［TT.d.705］、［TT.d.721］の両台帳がある。16世紀と比べてその居住地は縮小傾向にあるものの、ヴィゼ県一帯に、ヴィゼ・ユリュクが住んでいたことが見てとれる。税制については、初のヴィゼ・ユリュク台帳である［TT.d.226］では、1つのオジャクがエシキンジ5人と20人のヤマクから構成され、20人のヤマクが総計1,000アクチェのヤマク税を支払うという構成から、1つのオジャクにつきヤマクの人数が5人追加されて25人に増員され、それに合わせて、ヤマク税の総額も2,500アクチェに増額されている。ヤマク1人あたりの支払うヤマク税の額は、50アクチェから100アクチェに増額されているものの、ヴィゼ県ではエシキンジから税は徴収されてはいない。また、他のユリュクとは異なりオジャクの成員の人数にばらつきは見られない。ただし、前述のナアルドケン・ユリュクにおいても、17世紀初頭に作成された［TT.d.707］では、オジャクの基本的な構成は依然として保たれていた。

　このように、17世紀以降、コジャジュク・ユリュク、セラニク・ユリュクに見られたヤマクの人数とヤマク税の減少、オジャクの構造の弛緩とそれに対する税収確保のための対策、そして一定の郷や土地へのユリュクの集約といった変化は、ルメリのユリュクに共通したものであった。特に、セラニク・ユリュク、タンルダー・ユリュク、ナアルドケン・ユリュクではエシキンジも税を支払うようになったことは、軍役や奉公活動が大幅に減少した中で、ルメリのユリュクが軍営や労役に従事するという性格よりも、特殊な税を支払う身分としての性格を強めていたことを指し示しているといえよう。ただし、ルメリのユリュクの各集団の間では、ヤマクの人数や1つのオジャクあたりの徴税額、エシキンジを課税対象にするか否かといった点では違いがあった。17世紀に入り、ルメリのユリュクに対するそれまでの統一的なオジャクの構成や税制が崩れていく中で、各集団がそれまでの税収確保や集団の維持につとめていたこともまた、ユリュク台帳の記録からは読み取れるのである。

第Ⅰ部　バルカン半島における奉公集団的「遊牧民」

ヴィゼの城跡からトラキア平原をのぞむ（著者撮影）

4　消え去った奉公集団——ルメリのタタールの事例

　ルメリ州の中でも、現在のギリシア北部、トルコ共和国のヨーロッパ側領土、そしてブルガリア南部および西部は、ユリュクと並んでタタールもまた多数住んでいた地域である。その中から、ボズアパ・タタールが県内に多数住んでいたヴィゼ県の租税調査台帳と、対ポーランド・リトアニア共和国およびロシアの最前線にあたり、ジェベリュのタタール tatarān-ı cebelüyān の記録が多数登場するスィリストレ県の租税調査台帳に登場するタタールの記録に着目し、免税特権を持つタタールの生産活動、土地利用を考察する。

(1) ヴィゼ県の事例——タタールによる農耕

　トラキア平原に位置するヴィゼ県の、976年／1568-69年付租税調査台帳である［KKA.TT.d.165］には、トゥザネ村 Karye-yi Ṭuzāne の村人と彼らが支払う税の税目と担税額を記した後に、ルメリのタタールに関す

126

る以下の記録が登場する。

> ボズアパ・タタールの集団 cemā'at-i Ṭatarān-ı Bozapa［中略］産物のウシュル税 ḥāṣıl 'öşüri、土地のサーラーリイェ税 sālāriyye-yi zemīn をダニシュメンドリュ村の［徴税権］保有者 Ḳarye-'i Dānişmendlü'ye mutaṣarrıf olan へ支払うが、庭 bağ［税］、慣習の諸々の税 rüsūm-ı 'örfiyye、バードゥ・ハヴァー税 bād-ı havā[194]については、そしてワクフ地以外の土地については、［先に］述べられたウシュル税を、その土地の［の徴税権］を保有するスィパーヒーへ支払うよう、旧台帳 defter-i 'atīḳ に記されていたので、新台帳 defter-i cedīd にも［そのように］記録された。［KKA.TT.d.165: 26］

この端書に続けて、村の近くで耕作をおこない、村を管轄するスィパーヒーへ税を支払う総計27人のタタールの名前が列挙されている。27人のタタールは、耕地税の徴収のため、通常の臣民／被支配層と同様に保有する耕地の面積と既婚か未婚かで、チフト、ニーム、ベンナーク、ミュジェッレドに分類された。これとは別に、役職別にエシキンジ1人、ミュセッレム1人、徴税人 muḥaṣṣıl 1人、ヤマク13人と記されている。彼らが支払う税については、耕地税とベンナーク税230アクチェ、収穫物にたいして課せられるウシュル税は480アクチェ相当の小麦10ミュッド müdd、大麦50アクチェ相当の10キーレ／ケイレ kīle/keyle[195]、その他の穀物80アクチェ相当1キーレ、キビは20アクチェ相当で4キーレ、この他、挽臼税 resm-i āsiyāb[196]が稼働中の［挽臼］1台につき40アクチェ、バードゥ・ハヴァー税および結婚税とし

---

194) スィパーヒー、サンジャクベイへ支払われる雑税を指す。主に西アナトリアの事例から、租税調査台帳に記載されるバードゥ・ハヴァー税の税額が、徴収される税の総額から機械的に算出されていたことを多田は明らかにし、バードゥ・ハヴァー税に「臨時収入見積もり税」という訳語をあてている［多田 2009; 2012; 2017: 36］。

195) 計量単位は地域、時代、軽量物により差異が見られるが、租税調査台帳への記録には、特に断り書きがない場合、イスタンブルのそれが用いられた。小麦の場合、1イスタンブル・キーレが約25キログラム、1ミッドが20キーレに相当した。

196) 水車、風車などを動力にして動く挽臼に対してその稼働期間に応じて課せられる税［Çağatay 1947: 503-04］。

て 20 アクチェが課せられている。対して、羊・山羊税などの牧畜に関する税は課せられていない。

　ヴィゼ県内でのユリュクの農耕の記録、農耕にともなう耕地税、ウシュル税の支払いの記録は多数見られるが、それに比して、羊・山羊税、冬営地税といった牧畜や遊牧に関する税の記録は少ない。ヴィゼ県では、タタールについても、農耕中心で土地が利用されていたといえよう。

(2) スィリストレ県の事例——「屯田兵」としてのタタール集団
　スィリストレ県の中でもドナウ川河口域のドブロジャ地方に位置するテクフルギョリュ、フルソヴァ郷には、ジェベリュのタタールの記録が見られる。このジェベリュのタタールは、租税調査台帳の中で他のルメリのタタールとは大きく異なる扱いを受けている。まず、その成員はオジャクごとに記されるのではなく「ジェベリュのタタールたちの集団 cemā'at-i tatarān-ı cebelüyān」という見出しの下、ジェベリュのタタールが居住する総計 38 の村の名前が書かれ、村ごとにそこに住む世帯主と独身者すなわち担税者の名前と人数、そして彼らが支払う税の税目や担税額といった情報が記されている。

　さらに、ジェベリュのタタールは、耕地税、ウシュル税、羊・山羊税といった、その土地での生産活動に関与する諸税を、通常の臣民／被支配層と同様に支払っていた。これら生産活動に関連する税が徴収されていたために、他のルメリのタタールとは異なり、他の軍人／支配層のディルリク地を利用した場合に限定されず、生産活動、土地利用の幅広い事例を収集することが可能である。これらスィリストレ県のジェベリュのタタールに関する記録、特に耕地税、各種ウシュル税、羊・山羊税その他の税額の記録を参照すると、977 年／ 1569-70 年作成のスィリストレ県租税調査台帳［TT.d.483］では、1,686 人の担税者が支払う農耕に関する税の担税額が 16 万 5,621 アクチェ、1006 年／ 1597-98 年作成のスィリストレ県租税調査台帳［KKA.TT.d.83］では、1,948 人の担税者が支払う農耕に関する税の担税額は 17 万 4,709 アクチェである。この額はともにジェベリュのタタールが支払う税の総額の 7 割近くを占めている。

1章　ルメリのユリュクとタタール、そしてミュセッレム

テキルギョル湖　（著者撮影）

たいして、牧畜に関する羊・山羊税などの諸税は［TT.d.483］では 4,974 アクチェ、［KKA.TT.d.83］では 8,035 アクチェに過ぎない。そもそも、ジェベリュのタタールの記録単位が村単位であることから分かるように、彼らの生産活動や土地利用は、定住先の村で営まれる農耕であった。

　それでは、このジェベリュのタタールは、オジャクごとにまとめられたボズアパ・タタールやヤンボル・タタール、アクタヴ・タタール、トゥルハラ・タタールとは全く関係がない集団なのであろうか。しかし、租税調査台帳には、ジェベリュのタタールに関して以下の規定が記されている。

　　ジェベリュのタタールの集団　前述のタタールたちは帝国の遠征 sefer-i hümāyūn が起こった時には、80 人のジェベリュが［遠征に］出動する。そして奉公に対して、自らの［住む］村の産物の中で自らの集団が耕作し農耕をおこなったもの（作物）のウシュル税、耕地税、羊・山羊税、罰金、遺失奴隷・家畜［税］yava ve kaçgun[197]、国庫

197）持ち主のもとから逃げ出した奴隷や家畜が見つかった際に、持ち主が支払う税

129

beytü'l-māl［への没収遺産］[198]）、結婚税に［課税対象の］産物が結びつけられるが、［先に］述べられた村々の人びとはアヴァールズ・ディーヴァーニイェ税や慣習の諸税 tekālīf-i 'örfiyye は免税免租 muʿāf u müsellem であるために（後略）［TT.d.483: 606］

　このアヴァールズ税などの免税と引き替えに戦役への参戦義務を課せられているという点は、他のルメリのタタールの諸集団と共通である。スィリストレ県のジェベリュのタタールが、他のルメリのタタールと同じく奉公をおこなっていたことは、前述のタタールに充てた諸命令の中に「ドブルジャ・タタール」の名がしばしば見られることや、993 年サファル月 29 日／ 1585 年 8 月 26 日付で、黒海の北西岸に位置し、ロシア、ポーランド・リトアニア共和国、クリミア・ハン国との境域にあたるスィリストレ県のタタールのアア ağa であるホジャ・ケマルへ宛てて、県内のタタールを召集し、遠征へ赴くことが命令されている[199]）ことからも確認できる。

　まとめると、スィリストレ県を含むドブロジャ地方に住むジェベリュのタタールは、国境や城塞の防衛のために遠征や戦闘に参加するという性格と、地域の開墾や開発の要員として村を開き、農耕に従事するという性格を兼ねた集団であった。そして、このジェベリュのタタールは、アクタヴ・タタール、ヤンボル・タタールなどの他のルメリのタタールとは、免税特権と引き替えに奉公に従事するという点では一致するが、その免税の内容を異にする独自の集団であった。そもそも「ジェベリュ」とは騎兵の従士として遠征へ赴く兵士を指す言葉である。そして、ジェベリュのタタールが住むドブロジャ地方は、クリミア・ハン国に近く、対ロシア、ポーランド・リトアニア共和国の最前線であった。そのため、同地にはしばしばクリミア・タタールやリプカ・タタールといったオスマン朝外のタタールも流入した。ジェベリュの語が普通名詞であり、他のタタールのような特別な集団名を持たないこと、免税特権の内

　　　［Tabakoğlu 2007］。
198）　遺産の相続人が誰もいない場合に、国庫に没収される遺産を指す。
199）　［MHM.d.58: hkm.no. 606］

1章 ルメリのユリュクとタタール、そしてミュセッレム

容が他と異なること、「アナトリアからルメリへやって来た」という言説が見られないことに鑑みて、ジェベリュのタタールは、クリミア・タタールやリプカ・タタールと近縁であり、新たにオスマン朝の支配に組み入れられた新参のルメリのタタールであった可能性が指摘できよう。

(3) ユリュク・タタール台帳に見るルメリのタタールの各集団

前節で述べたように、ルメリのタタールはルメリのユリュクのように、エシキンジとヤマクから成るオジャクを構成し、軍役・労役と引き替えに免税特権を有する独特の身分を構成していた。そのようなタタールを、オスマン朝はどのように管理していたのであろうか。

16世紀以降のルメリ州では、ルメリのユリュクはセラニク・ユリュク、タンルダー・ユリュク、ナアルドケン・ユリュク、オフチャボル・ユリュク、ヴィゼ・ユリュク、コジャジュク・ユリュクといった複数の下部集団に分かれていた。これらルメリのユリュクについては上記の下部集団ごとに、その居住する郷ごとのユリュクのオジャクの数、そしてオジャクを構成するエシキンジとヤマクの名前と人数、さらにそのオジャクに属するヤマクが支払うヤマク税の総額を記した専用のユリュク台帳が作成された。このようなユリュク台帳の中には、ユリュクに続けてルメリのタタールに関する記録が記されているものが存在する[200]。

950年／1544年作成のコジャジュク・ユリュク台帳[TT.d.222]の後半部分には、ヤンボル・タタールが居住する郷の名前とオジャクの構成、人数が記されている[201]。ここから、ヤンボル・タタールがその名前の由来となったヤンボルを中心に、プロヴディフからヴァルナを経由してドナウ川下流域のドブロジャ地方に位置するテクフルギョリュ郷にいたる、バルカン山脈南麓、トラキア平原北部から黒海沿岸、ドナウ川河口域までの広大な地域に住んでいたことが確認できる。

同様の記録は他のユリュク台帳でも見られる。[TT.d.223]という950年／1544年作成のナアルドケン・ユリュク台帳には、アクタヴ・タ

200) [Gökbilgin 1957(2008): 86-90]
201) [TT.d.222: 82-104; Gökbilgin1957 (2008): 230-43]

タールの居住郷とオジャクの成員の名前と人数、オジャクごとに支払うヤマク税の額を記録した箇所があり[202]、その居住地がチルメン Çirmen[203]県、パシャ Paşa 県[204]フィリベ郷、ザーラ・イ・エスキ［ヒ］サール Zağra-'i Eski[hi]ṣār 郷とトラキア平原一帯に広がっていたことが確認できる。

　また、973 年／1566 年に作成された台帳 [MAD.d. 4995] では、「ヤンボル・タタールとアクタヴ・タタールのユリュク Yörükān-ı Tatarān-ı Yanbolı ma'a Tatarān-ı Akṭav」という表題のもとでアクタヴ・タタールとヤンボル・タタールのオジャクの成員と彼らが支払うヤマク税の金額が記されている。先の台帳からは 20 年ほど経過しているが、ヤンボル・タタールについてはその居住地は全く変わらず、オジャクの数が計 34 から 35 に微増した程度の変化しか見られない。一方で、アクタヴ・タタールは居住先の郷に、従来の居住地の近隣に位置するヤンボル、ハスキョイ郷が加わり、オジャクの数が 13 から 24 とほぼ倍増している。

　一方、トラキア平原の東側に位置するルメリ州ヴィゼ県では、950 年／1544 年に作成された [TT.d.226]、そして 964 年／1557 年に作成された [TT.d.303] と 2 つのヴィゼ・ユリュク台帳に、ボズアパ・タタールの記録が付記されている[205]。2 つの租税調査台帳では、ボズアパ・タタールの居住先の郷、オジャクの数、エシキンジ、ヤマクの人数と支払うヤマク税の税額が全く同じである。おそらく、一方の台帳の記録がもう一方の台帳の記録の写しであると推察されるが、いずれの台帳にもそのような旨ははっきりとは記されていない。

　ルメリのタタールが住んでいた土地はトラキア平原ばかりではない。950 年／1544 年作成の [TT.d.225] では、セラニク・ユリュクの記録の後に、ギリシアのテッサリア地方の一地域であるトゥルハラの名前が冠せられた、トゥルハラ・タタール Tatarān-ı Ṭırhala の、オジャクの数と

---

202)　[TT.d.223: 115-23]
203)　エディルネの西に位置する。現ギリシア領オルメニオ。
204)　ここでは、ルメリ州の州都であるエディルネ県を指す。
205)　[TT.d.226: 66-79; 303: 78-93]

エシキンジ、ヤマクの人数、そして支払われたヤマク税の額が記載されている[206]。

このように、ルメリ州の各地では、ルメリのユリュクとともにルメリのタタールの各集団が存在していた。そして、一部のユリュク台帳には、ユリュクに続く形でタタールの各集団が記されていた。このようなルメリのユリュクにくわえてルメリのタタールの記録を持つ台帳を、本書ではユリュク・タタール台帳と呼ぶこととする。このようなユリュク・タタール台帳に登場するルメリのタタールの各集団は、兵団長やザーイム直属のエシキンジ、ヤマクを除くと、1つのオジャクが5人のエシキンジと20人のヤマクで構成されている。そして、ヤマク1人あたり50アクチェ、すなわち1つのオジャクにつき1,000アクチェのヤマク税がいずれのルメリのタタールからも徴収されていた。なにより[MAD.d.4995]をのぞくと、いずれのルメリのタタールも、ルメリのユリュクの記録に続けて、いわばルメリのユリュクに付記される形で台帳に記され、オスマン朝により管理されていたのである。

オスマン朝のバルカン半島征服後、ルメリ州と呼ばれることになったバルカン半島には、アナトリアから「タタール」と呼称される集団が移住していった。このようにして誕生したルメリのタタールは、ルメリのユリュクとともに、バルカン半島において、免税特権と引き換えに各種労役に従事するという、軍人／支配層と臣民／被支配層の間に位置する特殊な身分を形成し、オスマン朝の中で一定の役割を果たしていた。さらに、スィリストレ県のジェベリュのタタールの例に見られるように、土地の防衛と開発を担う「屯田兵」的なタタール集団も存在していた。

ルメリにおける「タタール」集団の歴史を見ていくと、「タタール」という語が持つ多義性があらためて浮き彫りとなる。史料では、同じ「タタール」でも指すものが異なることがしばしば見られる。たとえば、スィリストレ県のジェベリュのタタールとヤンボル、アクタヴ・タタールといったその他のルメリのタタールは、免税特権と引き換えに軍役・労役に従事するという共通点を持つが、その免税特権の内容は大きく異

206) [TT.d.225: 278-85]

第Ⅰ部　バルカン半島における奉公集団的「遊牧民」

表5　ルメリのタタール台帳におけるタタール諸集団とその居住地およびオジャクの成員の人数、支払う税の税目と税額の一覧

タタール名・記載ユリュク台帳・居住地	居住地	オジャク	エシキンジ	ヤマク	ヤマク税	罰金・結婚税
ボズアパ・タタール ヴィゼ・ユリュク台帳 ルメリ州ヴィゼ県 [TT.d.226: 66-79; 303: 78-93]	兵団長所属			30	1.500	
	チョルル郷	4	20	80	4.000	
	ヴィゼ郷	4	20	80	4.000	
	クルクキリセ郷	5	25	100	5.000	
	ハイラボル郷	5	25	100	5.000	
	エディルネ郷	2	10	40	2.000	
	ブルガス郷	1	5	20	1.000	
	総計	21	105	450	22.500	
ヤンボル・タタール コジャジュク・ユリュク台帳 ルメリ州、バルカン山脈南麓から黒海西岸にかけての地域 [TT.d.222: 82-104]	ザーイム、兵団長所属			56	2.500	3000
	フィリベ郷	7	35	140	7.000	
	ヤンボル郷	9	45	180	9.000	
	ルスカスル郷	8	40	160	8.000	
	プラヴァディ郷	6	30	120	6.000	
	ヴァルナ郷	2	10	40	2.000	
	テクフルギョリュ郷	2	10	40	2.000	
	総計	34	170	736	36.500	3000
アクタヴ・タタール ナアルドケン・ユリュック台帳 ルメリ州エディルネ近郊 [TT.d.223: 115-123]	兵団長所属			50	1.500	
	チルメン郷	1	5	20	1.000	
	フィリベ郷	7	35	140	7.000	
	ザーラ・イ・エスキサール（エスキザーラ）郷	5	25	100	5.000	
	総計	13	65	310	14.500	
トゥルハラ・タタール セラニク・ユリュック台帳 ルメリ州トゥルハラ県 [TT.d.225: 278-85]	兵団長所属			30	1.500	
	チャタルジャ郷	4	20	80	4.000	
	イェニシェヒル郷	8	40	160	8.000	
	総計	12	60	270	13.500	
総計		80	400	1.766	87.000	3.000

1章 ルメリのユリュクとタタール、そしてミュセッレム

なる。それでも両者はともに「タタール」と呼ばれていたのである。

　さらに、ルメリのタタールは、ルメリのユリュクに呑み込まれ、ユリュクの中に溶けこんでいたことが指摘できる。ルメリのタタールは、ルメリのユリュクと同様の仕事に従事し、同等の扱いを受け、ルメリのユリュクに付記される形で台帳に記録された。勅令や命令においては、ルメリのユリュクと合わせてタタールは扱われることが多く、命令の発布数や言及数も、常にユリュクの方が上であった。そのためか、16世紀中頃の959年サファル月11日／1552年2月7日付の遠征参加命令[207]の中では「ナアルドケンとアクタヴ・ユリュク Naʻldöken ve Aḵṭav yörükleri」という表現が使われている。また、987年ムハッラム月4日／1579年3月3日付命令[208]では「ヤンボルとボズアパとアクタヴ・ユリュク Yanbolı ve Bozapa ve Aḵṭav yörükleri とチンゲネ・ミュセッレムのスバシ」という表現が用いられるなど、16世紀において「ユリュク」と「タタール」の語は混用されていた。17世紀に入ると、タタールのオジャク成員や支払う税を記録した台帳が作られることはなくなったばかりか、1675年に作成された［MAD.d.6641］では、ルメリ州エディルネ県、プロヴディフ近郊のチュルパン Çırpan[209]郷で、「アクタヴ・ユリュク Yörükān-ı Aḵṭav」というアクタヴ・タタールを思わせる名前を持つ集団の記録が登場する[210]。「アクタヴ」という固有名詞の由来がバルカン半島の特定の地名ではないことや、チュルパン郷が16世紀におけるアクタヴ・タタールの居住地であったトラキア平原に位置することに鑑みて、まさにこの「アクタヴ・ユリュク」が、タタールがユリュクに飲み込まれ、両集団が溶け合いつつあったことの証左であろう。さらに、17世紀末にルメリのユリュクをもとに、征服者の子孫たちという軍団が創設された際の命令には、ユリュクの語は出てきてもタタールの語は全く出てはこない[211]。ルメリのタタールはルメリのユリュクとともに

207）［TSMK.K.888: fol. 57a; Yaşaroğlu 1995: 104］
208）［MHM.d.32: hkm.no.605］
209）プロヴディフとエディルネの間に位置する。現ブルガリア領チルパン。
210）［MAD.d.6641: 49］
211）［İE.DH.: 18/1705］

存在していた。そして、その近さゆえに、ユリュクが17世紀末まで集団として存続したこととは対照的に、最終的にはユリュクに吸収され、歴史上、その姿を消してしまったと結論づけられよう。

5 「担税者」となった奉公集団——ルメリのミュセッレムの事例

前項で述べたように、ルメリのタタールは、奉公集団としてはルメリのユリュクの中に埋没し、消滅してしまったことが確認できた。それでは、同じく奉公集団でムスリムから構成され、バルカン半島とアナトリアの両方に存在し、耕地の割り当てを受けているなど、ユリュクやタタールとは異なる制度下におかれたヤヤそしてミュセッレムについては、ユリュクと比べると、どのような特徴が見て取れるのであろうか。本項では、ヤヤそしてミュセッレム、特にバルカン半島に居住していたミュセッレムを取り上げる。

原則として、ヤヤはアナドル州、つまり現在のアンカラ一帯より以西の西アナトリアに住んでいた。しばしば、史料中ではヤヤと一緒に言及されるミュセッレムは、西アナトリアとバルカン半島——主にトラキア平原から現ブルガリア領のバルカン山脈の周辺に広がる地域——の両方に居住していた[212]。特に、バルカン半島のミュセッレムは、ルメリ州クルクキリセ県一帯に住むクズルジャ・ミュセッレム、ロマなどのいわゆる「ジプシー」から構成されるチンゲネ・ミュセッレム、ヴィゼ県に居住するヴィゼ・ミュセッレム、チルメン県を主な居住地とするチルメ

---

[212] ただし、M. アルカンやF. エメジェンが指摘するように、バルカン半島でもゲリボル県には15世紀から16世紀初頭にかけて、ミュセッレムとともにヤヤが居住していた。そのため、879年／1474-75年作成租税調査台帳[TT.d.12]、924年／1518年に作成された[TT.d.67]、925年／1519年作成の[TT.d.72]には、ミュセッレムとならんでヤヤの記録が登場する [Arıkan 1983: 188-93; Emecen 2013]。ただし、このゲリボル県のヤヤとミュセッレムの記録は、管見の限り、1519年以降には登場しない。また、他のバルカン半島のミュセッレムのようなまとまった集団名として「ゲリボル・ミュセッレム」といった語が史料中で用いられることもない。さらに、1533年以降、ゲリボル県の帰属先は、ルメリ州からオスマン海軍提督であるカプダン・パシャが管轄する地中海諸島州に変更された。そのため、『オスマン朝諸法典』ではバルカン半島のミュセッレムに、ゲリボル県内のミュセッレムは含まれていない [Ayn-ı Ali: 39-47]。

ン・ミュセッレムという4つの下位集団に分かれていた。本書では、これらバルカン半島居住のミュセッレム諸集団をまとめて「ルメリのミュセッレム」と呼称する。

　ヤヤとミュセッレムに関する先行研究[213]は、その内容から大きく以下の二種類に分けられる。まずは、法令集とオスマン文書館の租税調査台帳フォンド、財務省移管文書フォンドに収蔵されるヤヤとミュセッレムの担税者の名前、居住地、支払う税の税目と税額をその下部集団ごとに記録した租税調査台帳を用いて、その人口、分布、生産活動や土地利用を分析する研究がある。これに対して、発給された勅令・命令の記録簿である枢機勅令簿を利用して、奉公集団の仕事の内容を解明した研究もまた存在する。

　これらの先行する研究によると、オスマン朝第2代君主であるオルハ

---

213)　[Káldy-Nagy 1976; 1977: 172-73; Arıkan 1983; Doğru 1990; Yılmaz 1999; Gökçe 2000b; Ginio 2004; Bizbirlik ve Çiçek 2013; Emecen 2013, Bıyık 2016][Káldy-Nagy 1977]はオスマン朝における各軍隊の概説の中で、ヤヤ、ミュセッレムについて触れている。また、[Káldy-Nagy 1996]はスレイマニイェ図書館所蔵の法令集の中からヤヤ、ミュセッレム制度に関する勅許状 nişān-ı hümāyūn に言及している。[Arıkan 1983]はルメリ、アナトリア双方におけるヤヤ、ミュセッレムの制度を通時的に分析した。特に、[Doğru 1990]のヤヤ、ミュセッレムに関する専論、[Yılmaz 1999]の論考は、オスマン語文書・帳簿史料を活用して、ヤヤ、ミュセッレムが保有する耕地 çiftlik の変遷を明らかとした。この他、[Bizbirlik and Çiçek 2013]は、初のヤヤおよびミュセッレムを専門に記録した台帳である1487年作成[TT.d.48]の分析を通じて、サルハン・ベイリクの成立とオスマン朝によるサルハン・ベイリクの併合後にも及ぶその影響、さらには同地におけるヤヤ、ミュセッレム制度の成立の概観を示した。地域別に見ると、[Özdeğer 2001]は西アナトリアのキュタヒヤ県ウシャク郡の遊牧民とヤヤ、ミュセッレムについて考察し、[Doğru 1997]は同じくアナトリア西部のスルタンオニュ県スィヴリヒサル郡の租税調査台帳の分析を通じて、同地におけるヤヤ、ミュセッレム制度の内容を明らかとした。[Kütükoğlu 2010: 79-91]は イズミルの西に位置するチェシュメ郡の研究書の中で、チェシュメ郡内のヤヤ制度、保有する耕地と居住する村、担った役割と制度の解体、さらには郡内の少数の部族が同地に定住化したことを明らかとしており、ヤヤ、ミュセッレム制を考える上で重要な研究である。[Aköz 1996]は、16世紀初頭から中頃にかけて、中央アナトリアのアラダー郡に存在した、歩兵（ヤヤ）piyāde、ミュセッレム制度が解体していく過程を明らかとした。黒海沿岸地域においてもミュセッレム制度およびその名残は台帳の記録より確認できる[Yediyıldız 1985: 78-82, 163-64; Özel 2016: 58-60]。

ン (r. ca.1326-ca.1360) の治世に、平時は農耕に従事するが、戦時は君主直属の兵士となる集団として、ヤヤおよびミュセッレムが創設された[214]。次代のムラト1世の時代には、ヤヤとミュセッレムの役割は、君主直属の兵士から命令に応じて軍役やさまざまな労役に従事する役職へ変更された[215]。そして、スレイマン1世時代の法令集[216]によると、ルメリのユリュクやタタールと同じように、ヤヤおよびミュセッレムは、数人のミュセッレムと数人のヤマクから成るオジャクを構成すると定められた。ミュセッレムは「戦争へ赴くスィパーヒー eşer sipāhī に含まれる。」とも定められ、遠征や戦闘への参加[217]、城塞の防衛[218]、軍艦に乗船しての戦役への参加[219]、船の建材である材木の輸送を含む造船の仕事[220]、鉱山[221]での労役、免税特権と引き替えに街道や交通の要所と

---

214) [Aşıkpaşazade: fol. 63a-64b; 55-56, 米林 1977; 鈴木 1992: 43-44]
215) [Uzunçarşılı 1943 (1988) 1-6; Káldy-Nagy 1976: 275-76; Arıkan 1983: 175; Doğru 1990: 2-8; Yılmaz 1999: 150-51]
216) [Kanuni KN (4): 293-97, 318-20, 347-48] また、930年／1530年作成チンゲネ・ミュセッレム租税調査台帳である [TT.d.370] や、チンゲネ・ミュセッレムおよびヴィゼ・ミュセッレム台帳 [TT.d.170]、クズルジャ・ミュセッレム台帳 [MAD.d.251] に記載された法令集は、ミュセッレムに関する規定を含んでいる [Kanuni KN (6): 511-19, 595-602]。
217) [TSMA.K. 888: hkm.no.101; MHM.d.3: hkm.no.1111; 5: hkm.no.1392, 1569, 1587, 1605; 7: hkm.no.2644, 12: hkm.no.43, 465, 684, 788, p.3; 14: hkm.no.1043, 1162, 1302; 36: hkm.no.366; 67: hkm.no.380; 77: hkm.no.635; MHM.d.3 (trn.): 491; MHM.d.7-3 (trn.): 332; MHM.d.12-1 (trn.): 8, 62-63 300, 416-17; MHM.d.12-2 (trn.): 47-48; Yaşaroğlu 1995: 467-68]
218) [MHM.d.3: hkm.no.1276; 12: hkm.no.1144, 1147; 46: hkm.no.790; 58: hkm.no.434, 785; MHM.d.3 (trn.): 559; MHM.d.12-2 (trn.): 231, 233]
219) [MHM.d.42: hkm.no.747]
220) [TSMA.K. 888: hkm.no.37, 111, fol. 261b, 390b, 391a, 431a; MHM.d.3: hkm.no. 202, 575, 707, 1257, 1635: 5: hkm.no.836-37; 14: hkm.no.334; 15: hkm.no.611; 16: hkm.no.19, 164, 282; 26: hkm.no.560; 34: hkm.no.397, 406, 413; 42: hkm.no.604; 46: hkm.no.310; 47: hkm.no.151; MHM.d.3 (trn.): 95, 259, 318, 551, 708; Yaşaroğlu 1995: 12-13, 46]
221) [TSMA.K. 888: hkm.no.37, 175, 395, fol. 306b, 323b, 337b, 357b, 365a; MHM.d.3: hkm.no.202, 812, 1159: 5: hkm.no., 203, 388, 737, 1515-16; 7: hkm.no.1062, 1372, 1391, 1475, 1568, 1582, 1790, 2000, 2014; 14: hkm.no.636; 16: hkm.no.378, 505; 19: hkm.no.378; 21: hkm.no.448; 22: hkm.no.242; 26: hkm.no.454; 40: hkm.no.596; 42: hkm.no.792; MHM.d.3 (trn.): 95, 367-68, 510; MHM.d.7-1 (trn.): 504-05; MHM.d.7-2

峠や隘路の防衛、管理、治安維持をおこなうデルベンドジ derbendci 職への着任命令[222]、革なめしや染め物などに用いられる薬品であるミョウバンの製造[223]、火器にかかせない火薬の原料である硝石（硝酸カリウム／KNO_3）güherçile の採取や砲弾の製造とそれらの輸送[224]、イスタンブル、エディルネといった大都市への物資の輸送用ラクダ[225]や食肉用羊の供出および輸送[226]、橋[227]や街道[228]の建造や整備命令、さらには、現在はユネスコの世界文化遺産に選定されているエディルネのセリミイェ・モスク[229]やイスタンブルのアヤソフィア・モスク[230]を含む、各地のモスクや城壁の修繕[231]といったさまざまな奉公に従事していた。そ

  (trn.): 93, 102, 140-41, 190, 197, 295; MHM.d.7-3 (trn.): 13, 19, Yaşaroğlu 1995: 12-13, 80, 189-90］

222)　［TSMA.K. 888: fol. 273b; MHM.d. 7: hkm.no.578, 1364; MHM.d.7-1 (trn.): 279; MHM.d.7-2 (trn.): 89］

223)　［MHM.d.5: hkm. no.138, 165］

224)　［TSMA.K. 888: fol. 442b; MHM.d.3: hkm.no.1627; 5: hkm.no.371, 907, 1137, 1287, 1504; 7: hkm.no.347, 1062, 1391, 1475, 1582, 1676, 2645; 12: hkm.no.115, 465, 1144, 1194; 16: hkm.no.347, 350, 365; 21: hkm.no.448; 22: hkm.no.242; 23: hkm.no.555; 26: hkm.no.388, 30: hkm.no.620, 858; 39: hkm.no.79; 42: hkm.no.182; 46: hkm.no.304; MHM.d.7-1 (trn.): 177, 504-05; MHM.d.7-2 (trn.): 102, 140-41, 197, 241; MHM.d. 7-3 (trn.): 332-33; MHM.d.12-1 (trn.): 300; MHM.d.12-2 (trn.): 231, 257-58］

225)　バルカン半島において、水牛やラバ、ラクダが荷物運搬用の駄獣として幅広く用いられていたことは、欧州人の旅行者が残した記録からも確認できる［Mazower 2000 (2002) 7-9; マゾワー 2017: 40-44］。また、雌のヒトコブラクダと雄のフタコブラクダをかけ合わせた一代雑種である「ヒトコブ半ラクダ tülü」は「テュルクメンのラクダ」とも呼ばれ、繁殖能力は低いものの親より大きく成長するために物資の運搬などに利用された［永田 1984: 184-87, 196-208］。

226)　［MHM.d.5: hkm.no.250; 7: hkm.no.191, 1238-39, 1786, 1830, 2102; 12: hkm.no. 684, 1194; 14: hkm.no.88, 1018, 42: hkm.no.196, 800; 47: hkm.no.247; 52: hkm.no. 743; 58: hkm.no.10, 233; 67: hkm.no.38, 344; 70: hkm.no.45, 72: hkm.no.804; MHM.d. 7-1 (trn.): 98; MHM.d.7-2 (trn.): 24-25, 294, 315; MHM.d.7-3 (trn.): 65-66; MHM.d. 12-1 (trn.): 416-17; MHM.d.12-2 (trn.): 257-58］

227)　［MHM.d.5: hkm.no.1275, 1287; 井谷・岩本 2015］

228)　［MHM.d.5: hkm.no.1542］

229)　［MHM.d.52: hkm.no.740］

230)　［MHM.d. 26: hkm.no.912; 29 hkm.no.203; 46 hkm.no.751］現在は博物館となっているアヤソフィアは、オスマン朝時代はモスクとして利用されていた。

231)　［MHM.d.5: hkm.no.1510; 12: hkm.no.1147; 35: hkm.no.13, 41; MHM.d.12-2 (trn.): 233］

の対価として、ミュセッレムには耕地からの徴税権を割り当てられていた。そして、同じオジャクに属するヤマクは、耕地での耕作権を対価に、小麦、大麦といった耕地で育てた作物に課せられるウシュル税、法令集では「ハルチルク」と呼ばれるヤマク1人あたり50アクチェの定額の税、そしてその他の諸税をミュセッレムへ支払っていた。また、ミュセッレムとともにヤマクも、通常の臣民／被支配層に課せられるアヴァールズ・ディーヴァーニイェ税の免税特権を有していた。

このような特徴を持つミュセッレム制度は、人口の増加にともなう耕地不足によって、その制度の維持が困難となり[232]、また、ルメリのユリュクやタタールと同様に、ルメリ、アナドル州双方でヤヤやミュセッレムの動員命令への服従拒否や逃亡が相次いだこともあり[233]、990年第二ジュマーダー月29日／1582年7月21日には「全歩兵（ヤヤ）とミュセッレムの一団は廃止 'umūmen piyāde ve müsellem ṭāyifesi ref'」と命じられ[234]、廃止された[235]。

しかし、先行する研究は、アナトリア居住のヤヤとミュセッレムを主に論じており、史料の点数がアナトリアと比べて少ないバルカン半島のミュセッレムについての研究は相対的に不足している。その中で、İ. アルトゥンオズは、938年／1532年作成［TT.d.170］および［TT.d.191］[236]、947年／1540-41年作成［TT.d.206］、963年／1556年作成［TT.d.299］といったオスマン文書館所蔵のチンゲネ・ミュセッレムおよびヴィゼ・ミュセッレム台帳を用いて、チンゲネ・ミュセッレムの16世紀における人口や支払う税額の詳細な変遷を示している[237]。しか

232) ［MHM.d.35: hkm.no.6; 36: hkm.no.48; Altınay 1930 (1989): 65］
233) ［TSMA.K. 888: fol. 261b, 271a, 273b, 306b, 365a, 357b, 390b, 391a, 431a-31b; MHM.d.3: hkm.no.122, 184, 1159, 1627; 5: hkm.no.138, 160, 165, 203, 1108, 1327, 1516; 7: hkm.no.1364, 1568; 12: hkm.no.808; 14: hkm.no.802; 21: hkm.no.451; 52: hkm.no.894; 64: hkm.no.255; 76: hkm.no.232, 77: hkm.no.391; 78: hkm.no.2059; MHM.d.7-2 (trn.): 89, 190; MHM.d.12-2 (trn.): 57-58］
234) ［MHM.d.47: hkm.no.392-96］
235) ［Doğru 1990; Yılmaz 1999; Gökçe 2000a］
236) この両台帳は、筆跡が異なるもののその内容は全く同一であり、一方がもう一方を写し取ったものであると推察される。
237) ［Altınöz 2013］

し、これらの研究は、上記の台帳や933年／1527年作成クズルジャ・ミュセッレム台帳の［MAD.d.251］[238]といったオスマン文書館所蔵の史料のみを用いており、地券・地籍簿総局文書館に所蔵されているルメリのミュセッレムを記録した台帳を用いた本格的な研究は、管見の限り、現在にいたるまでおこなわれていない。

　そのためか、ルメリのミュセッレムの廃止時期については、先述の1582年すなわち16世紀末にアナトリアのヤヤおよびミュセッレムとともに廃止されたという説[239]に対して、ギョクビルギンは、1607年にアイヌ・アリーによって書かれた『オスマン朝諸法典』と1631年に書かれたコチ・ベイの『論策』を典拠に「［他の］ヤヤとミュセッレムのように、チンゲネ・ミュセッレムは17世紀初頭に廃止された」と異なった見解を示している。また、スレイマン1世期の法令集と『オスマン朝諸法典』を史料として主に用いたM. Z. パカルンは、「ミュセッレム制度はヒジュラ暦11世紀／西暦17世紀に廃止された」と述べているが、彼はこの情報の典拠を示していない[240]。このように、ルメリのミュセッレムの廃止時期については「16世紀末」と「17世紀、特に17世紀初頭」の両説が、現在まで併存している状況である。

　そこで本書では、バルカン半島におけるミュセッレムについて、その廃止時期の問題と17世紀以降の状況を中心に分析する。

(1) ルメリのミュセッレムはいつ廃止されたのか
　先行研究で16世紀末のヤヤとミュセッレム制廃止の論拠とされてい

---

[238] 作成年は記されていないが、様式から15世紀後半作成のミュセッレム台帳と推察される［MAD.d.35］がオスマン文書館には収蔵されている。この台帳は、ルメリ州のイェニジェ・イ・ザーラ、ハスキョイ、アクチャカザンルクといった郷ごとに、ヤヤおよびミュセッレムを記録している。また、同じく15世紀後半に作成された［MAD.d.549］も、イェニジェ・イ・ザーラ、アクチャカザンルク郷のヤヤ、ミュセッレムの記録を含む。

[239] [Doğru 1990; Yılmaz 1999; Gökçe 2000a; Bizbirlik ve Çiçek 2013; Emecen 2013] チンゲネ・ミュセッレムに関する研究の大半が、その廃止時期には触れてはいない [Şerefgil 1981a; Marushiakova and Popov 2001; Altınöz 2013]。

[240] [Gökbilgin 1945; Káldy-Nagy 1976; Göçek 1993; Darling 2006: 119-20; Dingeç 2009; Osmanlı tarih deyimleri: Müsellem]

る、1582年の命令では、確かに「全歩兵（ヤヤ）とミュセッレムの一団は廃止［された］」と記している。しかしこの後には「サルハン県にいる歩兵（ヤヤ）の一団については、歩兵（ヤヤ）本人や［その歩兵（ヤヤ）が］保有している土地と耕地は、他の臣民／被支配層 re'āyā と同じ扱いで台帳に記録される」と書かれている。つまり、廃止の対象と名指しされているのはサルハン県のヤヤである。さらに、この命令の写し ṣūret は、ハミド、テケ、メンテシェ、キュタヒヤ、カラヒサル・サーヒプ[241]、ヒュダーヴェンディギャール、ビガ、カレスィ、アンカラ、スルタンオニュ、ボルといういずれもアナドル州の県に宛てて、県内に住むヤヤとミュセッレムの廃止を命じるために送付された。この命令に従ってアナトリアのヤヤが廃止されたことは、廃止命令発布後に、ヤヤとミュセッレムへの徴税権の割り当てを取り消し mensūḫ、ティマールやゼアメトとしてスィパーヒーやその他の軍政官に対する徴税権として分配し直した耕地を記録した台帳が存在する[242]ことからもうかがえる。

　すなわち、ルメリ州に住んでいたルメリのミュセッレムがこの命令により廃止されたかどうかは、実のところ、明確ではないのである。さらに、枢機勅令簿からは、ルメリのミュセッレムに宛てた奉公への参加命令が1582年以降も1594年にいたるまで、数度にわたって発布されていることが確認できる[243]。つまり、16世紀末のヤヤとミュセッレム廃止命令発布後も、ルメリにおいてミュセッレムは、奉公集団として16世紀末以降も廃止されずに存続していたと結論づけられよう。

　それでは、ルメリのミュセッレムの廃止時期として正しいのは、「17世紀初頭」なのだろうか[244]。ギョクビルギンとパカルンが典拠としてあげた『オスマン朝諸法典』では、クズルジャ・ミュセッレム、チルメン・ミュセッレム、ヴィゼ・ミュセッレム、チンゲネ・ミュセッレムの

241）　現在のアフィヨン・カラヒサル Afyon Karahisar の旧名。
242）　[TT.d.61, 629, 678, 682-683, 700; KKA.TT.d.78, 103, 158]
243）　[MHM.d.52: hkm.no.740, 743, 894; 53: hkm.no.817; 58: hkm.no.10, 233, 434, 785; 60: hkm.no.480; 62: hkm.no.311, 348; 67: hkm.no.38, 344, 379, 380; 70: hkm.no.336; 72: hkm.no.766, 776; Altınöz 2013: 129-30]
244）　[Gökbilgin 1945; Göçek 1993; Dingeç 2009]

1章　ルメリのユリュクとタタール、そしてミュセッレム

オジャクの数が記された後に、以下のように書かれている。

> アナドル［州］には歩兵（ヤヤ）やミュセッレムの一団が［以前は］いた。遠征へ駆ける当番 növbetlü は総計 6,900 人であり、ヤマクと合わせて 2 万 6,500 人であった。［ヤヤとミュセッレムを管轄する］ベイは、当番の者を遠征へ出動させ、大砲を引く（輸送）ことや道を切り開くことや倉庫へ［物資を］運ぶといった奉公をおこなっていた。ルメリと同様にこれらの者も、ミュセッレムのオジャクの耕地で生産された作物のウシュル税を、そのオジャクにおける当番のヤヤとミュセッレムが取って、遠征［に従軍するという］奉公をおこなっていた。
> 　現在、ヤヤとミュセッレムの一団は廃止され、その全員が臣民／被支配層 reʿāyā と記録されたという。その耕地はゼアメトとティマールに属している。［Ayn-ı Ali 39-47］

この記述に続いて、廃止されたアナトリア居住の元ヤヤと元ミュセッレムの人数が列挙されている。つまり、アナトリアではヤヤとミュセッレムは廃止されたと読み解くことはできても、同じようにルメリでもミュセッレムが 17 世紀初頭に廃止されていたかどうかは、この記述からは分からないのである。

ギョクビルギンが同じく「17 世紀初頭」廃止説の典拠としてあげた『論策』は、ミュセッレムの廃止について以下のように述べている。

> そして、ユリュクとミュセッレムの一団はムカーター muḳāṭaʿa に属しており、アナドル州にいるヤヤはティマール［管轄下］となり、その名を［オスマン朝中央政府は］廃止した。［Koçi Bey 52］

コチ・ベイは、アナドル州のヤヤはティマール管轄下の臣民／被支配層になった、すなわちヤヤ制度は廃止されたとは述べているが、ここでも、ルメリのミュセッレムがこの時期に廃止されていたかは明確ではない。

ただし、コチ・ベイは「ミュセッレムはムカーターに属している」と記している。そもそもムカーターとは、農業、商手工業、鉱業、遊牧民などによる牧畜といった各種の生産活動から見込まれる税収を対象に設

143

定された徴税単位であり、ムカーターからの徴税には、徴税権をスィパーヒーや軍政官に分配するディルリク制ではなく短期徴税請負 iltizām 制による徴税請負制が適用された。16 世紀から、17 世紀末の終身徴税請負 mālikāne 制導入にいたるまでの時期は、オスマン朝において、財源や税収のさらなる確保の必要や軍隊の編成や戦術、さらには政治システムの変化により、ディルリク制の地位や価値が従来よりも低下する一方で、徴税請負制の価値が上昇し、税制の中核がディルリク制から徴税請負制へと転換していった時期である[245]。コチ・ベイが述べるようにルメリのミュセッレムがムカーターに属しているのであれば、アナトリアのヤヤと同様に、ルメリのミュセッレムは奉公集団としての性格を失って担税者となっていたとも考えられる。17 世紀において、ルメリのミュセッレムは奉公集団であり続けていたのか、それとも廃止されて担税者になっていたのであろうか。

(2) ルメリのミュセッレムの存続と変容

　管見の限り、1014 年シャウワール月 13 日／1606 年 2 月 21 日付のヴィゼ・ユリュクとチンゲネ・ミュセッレムへの遠征参加令である [MHM.d.77 hkm.no.635] を最後に、枢機勅令簿にはルメリのミュセッレムに奉公への参加を命じる命令は見られない[246]。また、アナトリアにおいては、廃止された元ヤヤおよび元ミュセッレムの徴税権から成るムカーターの税収を記録した台帳も存在する[247]が、管見の限り、17 世紀

---

245) [Darling 1996; 2006; 2017; Çakır 2003; Özvar 2003; Nagata et al. (eds.) 2006; 清水 2012]

246) ただし、17 世紀初頭の枢機勅令簿に、ルメリのユリュクやミュセッレムを記録した台帳の作成命令が数点ある [MHM.d.76: hkm.no.232; 77: hkm.no.391]。また、ルメリのユリュクへの行政官の不当な介入を禁止する命令 [MHM.d.78: hkm.no.1040-41] やルメリのユリュクからの徴税命令 [MHM.d.78: hkm.no.578]、台帳の記録に基づいて、誤ってルメリのユリュクとされていた者を通常の臣民／被支配層として扱い、所定の税を徴収することを命じる命令 [MHM.d.85: hkm.no.578; MHM.d.85(trn.): 350-51] なども 17 世紀の枢機勅令簿に見られる。

247) 1653 年作成のムカーター台帳である [MAD.d.22249] には、「廃止されたヤヤおよびミュセッレムのムカーター」の記録があるが、その記録対象はアナトリアのヤヤとミュセッレムである [Çakır 2003]。

前半から中頃にかけてのルメリにおいては、このような台帳は見られない。そのため、17世紀以後のルメリのミュセッレムの状況を解明するためには、前述の地券・地籍簿総局文書館所蔵の1650-51年に作成されたルメリのミュセッレム台帳である［KKA.TT.d.160］が重要となる。本章では、ミュセッレム台帳を用いて、16世紀から17世紀にかけてのルメリのミュセッレムの変化を考察する。

(3) 奉公集団としてのルメリのミュセッレム

　16世紀におけるルメリのミュセッレム台帳の記載形式は、先述の法令集の規定にほぼ従っている。933年／1527年作成のクズルジャ・ミュセッレム台帳である［MAD.d.251］では、ユリュクやタタールのようにオジャクの構成員が記される前に、記録の頭にミュセッレムの名前と人数を記した後、ある種の見出しとして、村 ḳarye の名前が書かれている。その後、村ごとに、ミュセッレムに割り当てられた耕地の名前、ヤマクの人数と名前が記載される。サンジャクベイやヤヤバシュ yayabaşı といったハスやゼアメトの保有者に税を支払うヤマクもごく少数はいるが、それらを除くと、台帳ではミュセッレムとヤマクが必ず両者一組で記録されており、ミュセッレムまたはヤマクのどちらか一方のみが記録されるということはない。オジャクはミュセッレム数名とヤマク数名から必ず成り立ち、ヤマクは同じオジャクに属するミュセッレムに税を支払うという原則が徹底されている。これらオジャクの成員の記録に続いて、ウシュル税、菜園税、羊・山羊税といった生産活動に課せられる諸税と、ヤマク1人あたり50アクチェという定額の「ヤマク税 resm-i yamakān」[248]といった、ヤマクが支払う税の税目と担税額、そして末尾にヤマクが支払う担税額の総計が記載されている。

　この記載様式は、［TT.d.170］および［TT.d.191］、［TT.d.206］、［TT.d.299］といったオスマン文書館所蔵のルメリのミュセッレム各集団の台帳でも踏襲されている。特に、オジャクがミュセッレムとヤマクの両集

---

[248] 法令集では、「ハルチルク」の語が用いられているが、台帳ではこの語は用いられず、代わりに「ヤマク税」と書かれている。

表6 ルメリのミュセッレム台帳一覧表

※は当該台帳がルメリのミュセッレムを専門に記録した台帳であることを示す。

フォンド名	番号	台帳作成年 ヒジュラ暦	台帳作成年 西暦	記録対象となるミュセッレムの集団	
MAD.d.	35		15世紀？	テキルダー、ハスキョイ、アクチャカザンルク、チルメン、イェニジェ・イ・ザーラ郷などに居住するヤヤおよびミュセッレム	
TT.d.	12	879	1474-75	ゲリボル県ヤヤ、ミュセッレム	※
MAD.d.	549	888	1483	アクチャカザンルク、イェニジェ・イ・ザーラ郷等に居住するヤヤおよびミュセッレム	
TT.d.	67	924	1518	ゲリボル県ヤヤ、ミュセッレム	※
TT.d.	72	925	1519	ゲリボル県ヤヤ、ミュセッレム	※
TT.d.	370	930	1530	チンゲネ県のミュセッレム	
MAD.d.	251	933	1527	クズルジャ・ミュセッレム	※
TT.d.	120	929	1522-23	チンゲネ・ミュセッレム	※
TT.d.	172	938	1531-32	チルメン・ミュセッレム	※
TT.d.	170	938	1532	チンゲネ・ミュセッレム ヴィゼ・ミュセッレム	※
TT.d.	191	947	1540-41	チンゲネ・ミュセッレム ヴィゼ・ミュセッレム	※
TT.d.	206	947	1540-41	チンゲネ・ミュセッレム ヴィゼ・ミュセッレム	※
TT.d.	299	963	1556	チンゲネ・ミュセッレム	※
TT.d.	407		16世紀？	クズルジャ・ミュセッレム	※
TT.d.	643	1003	1585-86	チルメン・ミュセッレム	※
KKA.TT.d.	147	1001	1593	チンゲネ・ミュセッレム ヴィゼ・ミュセッレム	※
KKA.TT.d.	148	1010	1602	クズルジャ・ミュセッレム	※
KKA.TT.d.	160	1051	1650-51	クズルジャ・ミュセッレム チンゲネ・ミュセッレム チルメン・ミュセッレム ヴィゼ・ミュセッレム	※

団から成り立ち、ヤマクはミュセッレムに税を支払い、免税特権を保持したミュセッレムがヤマクから税を徴収するということは、上記のすべての台帳を通じて変化していない。オスマン文書館所蔵の台帳のみならず、地券・地籍簿総局文書館収蔵台帳であり1001年／1593年に作成されたチンゲネ・ミュセッレム、ヴィゼ・ミュセッレム台帳[249]の［KKA.TT.d.147］でも、この特徴は変化していない。

17世紀初頭の1010年／1602年に作成され、地券・地籍簿総局文書館に収蔵されているクズルジャ・ミュセッレム台帳［KKA.TT.d.148］でも、この記載方式は変化していない。この台帳でも、オジャクは必ずミュセッレムとヤマクから成り立っており、ヤマクが支払う諸税の税目と税額を記した箇所には、ウシュル税や羊・山羊税と並んでヤマク税の記録がある。ただし、ヤマク税の税額はヤマク1人あたり50アクチェという法令集の規定を外れており、オジャクごとにばらつきがある。そのため、ヤマク1人あたり平均33アクチェ、台帳の記録の中にヤマク税の項目はあってもその税額の記録が抜け落ちているケシャン[250]郡を除いてもヤマク1人あたり平均40アクチェに低下している。

このように、16世紀から17世紀初頭にかけては、ヤマク税に見られるように、法令集に定められた税制から多少の逸脱はあっても、オジャクはミュセッレムとヤマクから成り、ミュセッレムは免税特権を持ちヤマクから税を徴収する、ヤマクは税をミュセッレムに支払うという特徴は保持されていた。つまり、ルメリのミュセッレムは17世紀初頭、少なくとも1602年までは、さまざまな軍役や労役への参加記録こそ確認できないものの、独自の税制を適用された16世紀までと同様の奉公集団として存続していたといえよう。

---

249) 文書館のカタログではクズルジャ・ミュセッレム台帳とされている［KKA.TT.d.147］は、正しくはチンゲネ・ミュセッレム、ヴィゼ・ミュセッレム台帳である。
250) 現エディルネ県ilケシャン。

ミュセッレム台帳の記載例 [MAD. d. 251: 226]

müsellem: 4
（ミュセッレムの名前一覧）
'a[n] karye-yi Yaṣṣı Vīrān
çiftlik-i Ḥasan Çelebi

'a[n] karye-yi Erder
çiftlik-i Ṭayyip Faḳīh

yamaḳ: 9

（ヤマクの名前一覧）

ḥāṣıl ma'a resm-i yamaḳān: 1,148

'a[n] 'öşür-i ġalle ve resm-i çift: 698

Defter-i 'atīḳden naḳl olundı.

1章　ルメリのユリュクとタタール、そしてミュセッレム

⑷　奉公集団から担税者へ

　17世紀初頭までのルメリのミュセッレムの状況は、1060年／1650-51年作成のルメリのミュセッレムの下部集団すべてを記録した台帳である[251]［KKA.TT.d.160］で大きく変化した。

　まず、［KKA.TT.d.160］では、ヤマクの人数と名前のみが記載されており、ミュセッレムの名前や人数の記録が見られない、すなわちヤマクしか成員がいないオジャクが多数、登場するようになった。実に、全261オジャク中151オジャクと全体の6割近いオジャクで、ミュセッレムの名前と人数が書かれていない。特に、チルメン・ミュセッレムでは、70オジャク中54オジャクと8割近いオジャクで、ミュセッレムの名前や人数の記録が見られない。このことは、ミュセッレムとヤマクの両者からなるという17世紀初頭まで続いてきたオジャクの基本構造が、大きく変わったことを示しているといえよう。

　また、［KKA.TT.d.160］では、「ヤマク税」という語こそ使われてはいないものの、若干の例外を含みつつもヤマク1人につき100アクチェの税が徴収されていた。さらに、全体の4割を占めるミュセッレムの人数や名前が記録されているオジャクにおいては、これまでは奉公活動をおこなう代わりに税を課せられないという軍人／支配層に相当する扱いであったミュセッレムからも、ミュセッレム1人につき200アクチェの税が徴収されるように変化していた。そのため、［KKA.TT.d.160］では、2,508人のヤマクから総計25万1,200アクチェが徴収されたのみならず、くわえて、378人のミュセッレムからも総計7万5,600アクチェが、ある種の「人頭税」として徴収されている。このミュセッレムから徴収される一人頭200アクチェの税は、台帳に「ヤマク税」とは記されてこそ

---

[251]　文書館のカタログでは、［KKA.TT.d.160］はクズルジャ・ミュセッレム台帳とされているが、実際には、クズルジャ・ミュセッレム以外にもチンゲネ・ミュセッレム、ヴィゼ・ミュセッレム、チルメン・ミュセッレムといったルメリのミュセッレムの全下部集団を記録している。さらに、カタログは台帳の作成年を1682年としているが、1682年は帳簿保存局へこの台帳を保管するよう命令が出された年であり、台帳が作成された年は正しくは1060年／1650年である［KKA.TT.d.160: 2-3］。

いないが、「1人あたり定額」という、まさにヤマク税に相当する特徴を有している。また、ミュセッレムとヤマクが支払う諸税の総額は、それまでの「総計」から「年［ごと］の合計総額 cem'an ber vech-i maḳṭū' fī sene」と表記されるように変わった。

このように、17世紀中頃には、ミュセッレムからは200アクチェ、ヤマクからは100アクチェという定額の税が取られるように変化した。つまり、他史料から奉公活動に徴用されなくなったと確認できる17世紀以降、おそらくは17世紀中頃にはルメリのミュセッレムは奉公集団であることをやめて、ヤマクのみならずミュセッレムも、他の臣民／被支配層と同じような担税者に変化していたのである。コチ・ベイが『論策』を書いた17世紀前半、もしくは［KKA.TT.d.160］が作成された17世紀中頃には確実に、ルメリのミュセッレムは、他の臣民／被支配層とは区別される1つの集団としては存続していたが、もはや奉公集団ではなく、担税者へ変化していたと解釈できるのである。

そして、このような事例は、先述のように奉公集団としてのヤヤおよびミュセッレム制度が16世紀末には廃止されたアナトリアにおいても確認できる。一例をあげると、西アナトリアのヒュダーヴェンディギャール県ギョイヌク郡では、17世紀に作成されたアヴァールズ台帳においても、臣民／被支配層の記録の中に「ヤヤ」、「ミュセッレム」の語が登場し、他とは別の集団として記録されている。奉公集団としてのヤヤとミュセッレムの制度が廃止された後も、免税特権を伴わない1つの集団として、アナトリアそしてルメリにおいて、ヤヤとミュセッレムの名前は存続していたと考えられよう[252]。

1650-51年に作成された［KKA.TT.d.160］の本文には、コチ・ベイが述べるような「ミュセッレムのムカーター」という語や表現は確認できない。そのため、先述のコチ・ベイの記述が1631年までにルメリも含んだユリュクとミュセッレムが免税特権者から担税者に変化していたことを示す可能性はあるものの、この記述のみからは必ずしも明白である

---

252)　［多田 2015］17世紀末から18世紀にかけての、戦場への大量の兵士徴用と、それにともなう様々な税制改革については［多田 2017; 2018］を参照されたい。

1章 ルメリのユリュクとタタール、そしてミュセッレム

ミュセッレム台帳の記載例 [KKA. TT. d. 160: 44]

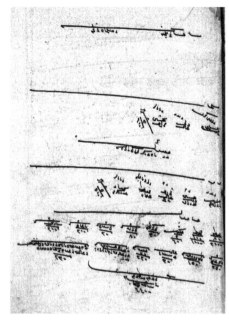

nāḥiye-yi Gümülcine
'a[n] müsellemān-ı Ḳızılca

müsellemān（名前の一覧）
neferen 3 ḳıymet 600
çiftlik-i Cedīd nām-ı diğer Büyük Obası

yamaḳān（名前の一覧）
neferen 5 ḳıymet 500
ḥāṣıl
ḥınṭa 80 müdd ḳıymet 2,000
maḥlūṭ 100 müdd ḳıymet 1,000
çeltük 2 müdd ḳıymet 60
（中略）
cem'an ber vech-i maḳṭū' fī sene
6,400

※税額の表記はアクチェ。

とはいえない。しかし、17世紀から時代が下ると、ルメリのミュセッレムを対象としたムカーターの存在が明確に確認できる。「ルメリ州チルメン県に位置し、ハディジェ・スルタン Hadīce Sulṭān 保有のクズルジャ・ミュセッレムのハス」に属する村の徴税権の管轄を争う紛争を調査し、その解決を命じる旨を記した1114年／1702年付の文書[253]が [KKA.TT.d.160] には挟み込まれている。さらに、ケシャンでの徴税権の管轄を争う紛争の解決を命じた1172年第二ジュマーダー月26日／1759年2月24日付の台帳添付文書には「クズルジャ・ミュセッレムの

---

253) [KKA.TT.d.160 デジタルデータのファイル番号（以下 d.no.）101］「クズルジャ・ミュセッレムのハス」における土地の管轄権をめぐる争いを調停したことを記録した文書の追加は、この他にも多数見られる [KKA.TT.d.160: d.no.49-51, 57-58, 80, 126-27]。

ムカーター」という表現が登場する[254]。17世紀中頃以降、少なくとも18世紀には、オスマン朝の財務制度の中で、ルメリのミュセッレムが支払う税は、ハスの徴税権に含まれるようになり、ムカーターを形成するようになっていたのである。

小　結

　本章では、ルメリのユリュクの成立過程を同時代のさまざまな史料から再構成し、オスマン朝のバルカン半島進出をきっかけに、15世紀から16世紀にかけて、ルメリのユリュクという集団がバルカン半島で形成されたこと、ルメリのユリュクは、奉公活動に赴く代わりにヤマクから税を受け取る5人のエシキンジとエシキンジに税を支払う20から25人のヤマクから成るオジャク組織を構成し、兵員や非戦闘員として徴用されることと引き替えにオジャク全体がアヴァールズ税などの免税特権を持つという、通常の軍人／支配層や臣民／被支配層とは異なる奉公集団であったことを示した。

　16世紀を通じて、このルメリのユリュクの担った仕事は、戦時のみならず平時においても、軍事と関係の強いものであった。そしてルメリのユリュクは、オスマン軍の中で、工兵や防衛兵、大砲や砲弾の輸送兵として活用されていた。ルメリのユリュクは、時に中央政府の施策に反発し抵抗し、また自らが保有する特権を主張することで行政官からの不当な扱いをはねのけてもいた。中央政府はこのようなルメリのユリュクの扱いに苦心しつつも、オスマン朝の軍事行動において欠かせない各種の仕事へルメリのユリュクが労働力を提供していたがために、時に一定の譲歩を示すなどルメリのユリュクを保護することで集団の消滅や崩壊を避け、その維持管理につとめていた。

　くわえて、ルメリのユリュクの生産活動や土地利用の一端を、県別租税調査台帳の記録から明らかにすることを試みた。それにより、ヴィゼ、

---

254)　[KKA.TT.d.160: d.no.73]

トゥルハラ県では農耕が盛んにおこなわれていたが、対して、セラニク県では牧畜が中心ではあるなど、「他のスィパーヒーのディルリク地の土地利用」という限られた事例ではあるものの、ルメリのユリュクは、遊牧や牧畜に限らず、居住した地域や土地の地勢や環境に適応した多様な土地利用をおこなう柔軟性を持っていたことが判明した。

また、県別租税調査台帳により、「外からやって来た」という表現に示されるように、ルメリのユリュクという「免税特権と引き替えに奉公活動に従事する」集団により、他のスィパーヒーのディルリク地を継続的に利用することが広範におこなわれていたことも明らかとなった。そもそも、ユリュクという語の原義は、「移動するもの」である。ルメリのユリュクは免税特権と引き替えに、軍役や奉公活動に従事する集団ではあり、生業は遊牧とは限らず、居住地ごとに農耕、牧畜、またはその両方とさまざまな生業に従事していた。このように、遊牧民としての性格よりも奉公集団としての性格が強いルメリのユリュクにおいても、移動性の強い生活形態が共通して一定の程度は保たれており、このことが「ユリュク」の名が長く残された理由である可能性も指摘できよう。

さらに、17世紀に入るとユリュクの人口は減少し、その居住地も縮小するなど、制度の弛緩が見られた。16世紀にドブロジャ地方、すなわち黒海の西北部への人口集中が見られたコジャジュク・ユリュクの場合、17世紀にはその人口や税収は大きく減少した。それに対して、特定の村や地域にユリュクを集めることでオジャクの再編を探る動きが見られた。セラニク・ユリュクについては、17世紀に入って人口や税の減少は見られたが、比較的その人数は維持された。居住地の縮小も、17世紀においてはコジャジュク・ユリュクのそれほどではなかった。また、セラニク・ユリュクの場合はオジャク自体の数は増加したが、その成員の人数は17世紀を通じて減少し、一定数のエシキンジとヤマクから成るというオジャクの基本構成が弛緩し崩れつつあった。そこで、オジャクとは異なる「集団 cemāʻat」を用いた記録方式を導入し、一定の税収の確保につとめていた。

オスマン朝のバルカン半島征服後、ルメリ州と呼ばれることになった

第Ⅰ部　バルカン半島における奉公集団的「遊牧民」

バルカン半島には、アナトリアから「タタール」と呼称される集団が移住していった。このようにして成立したルメリのタタールは、ユリュクとあわせてバルカン半島において、免税特権と引き替えに各種労役に従事するという、軍人／支配層と臣民／被支配層の間に位置する特殊な身分を形成し、オスマン朝の中で一定の役割を果たし続けた。さらに、スィリストレ県のジェベリュのタタールの例に見られるように、土地の防衛と開発を担う「屯田兵」的なタタール集団も存在していた。

ルメリにおける「タタール」集団の歴史を見ていくと、「タタール」という語が持つ多義性があらためて浮き彫りとなった。史料では、同じ「タタール」でも指し示すものが異なることがしばしば見られる。たとえば、スィリストレ県のジェベリュのタタールとヤンボル・タタール、アクタヴ・タタールといったその他のルメリのタタールは、免税特権と引き替えに軍役・労役に従事するという共通点を持つが、その免税特権の内容は大きく異なる。それでも両者は等しく「タタール」と呼ばれていたのである。

さらに、ルメリのタタールは、ともに周囲のテュルク系の遊牧民やルメリのユリュクに呑み込まれ、溶けこんでいることが指摘できる。ルメリのタタールは、ルメリのユリュクと同様の仕事に従事し、同等の扱いを受け、ルメリのユリュクに付記される形で租税調査台帳では言及されていた。勅令や命令においては、ルメリのユリュクとともにまとめて扱われることが多く、その発布数や言及数も、常にタタールよりもユリュクの方が上であった。そのため、すでに16世紀において「ユリュク」と「タタール」の語の混用が生じていた。17世紀に入ると、タタールのオジャクの成員や支払う税を記録した台帳が作られることはなくなり、ユリュクとの混用がますます見られるようになった。ルメリのタタールはルメリのユリュクに包摂されて存在していた。そして、ユリュクが17世紀末まで集団として存続したこととは対照的に、最終的にはユリュクに吸収され、歴史上、その姿を消してしまったといえよう。

これまでの考察により、バルカン半島では、奉公集団の１つであるミュセッレムは16世紀末や17世紀初頭に廃止されてはいなかったことが

明らかとされた。さらに、ルメリのミュセッレムは、17世紀の中頃にはヤマクのみならずミュセッレムも含めて、奉公集団から担税者に変質していたことが判明した。それでは、ルメリのミュセッレムが、17世紀中頃以後、徴税のための単位、単なる臣民／被支配層に変化した理由は何であったのだろうか。

　16世紀末から17世紀、そして18世紀にかけて、オスマン朝では徴税制度と軍事組織が大きく変化した。税制は、ディルリク制からムカーターに基づく徴税請負制へと変化した。また、軍事もスィパーヒーとイェニチェリら常備軍を動員し、君主自らが軍を率いる親征から、軍司令官に任命された大宰相などの官吏が自身の家臣や傭兵を動員するように変化した[255]。徴税と戦争や兵員動員の方式が大きく変化していった中で、オスマン朝の草創期に「必要に応じてさまざまな奉公を担う」集団として誕生したミュセッレムの価値は、オスマン軍やオスマン朝の中で低下していったと推察される。西アナトリアのアナドル州と比べて、対ハプスブルク君主国の戦線に近く、耕地にあてることができる土地も多いトラキア平原一帯に居住していたルメリのミュセッレムについても、ルメリのミュセッレム宛の軍役や労役への参加命令は17世紀以降には見られないことが示すように、その意義や価値が低下していった可能性は高い。そのような軍事や財政状況の変化に符合する形で、17世紀中頃以降のルメリのミュセッレムは、アナトリアのように明白な廃止令こそ確認できないものの、ディルリク制から徴税請負制へというオスマン朝の税制変化の中で、ムカーターを構成するようになり、臣民／被支配層と同様のオスマン朝に税を支払う担税者となった。ディルリク制から徴税請負制へ、スィパーヒーやイェニチェリといった軍人／支配層の職業軍人を兵士として徴用することから私兵や傭兵の運用へというオスマン朝の軍隊、政治や社会の変化とルメリのミュセッレムという一奉公集団の変容とは密接な関わりをもっていたのである。

　対して、ユリュク台帳そのものは、17世紀を通じて定期的に作成さ

---

255)　［Darling 1996; 2006; 2017; Faroqhi (ed.): 2006 44-206; Tezcan 2010 (2012); 林 2008: 171-300; 多田 2017; 2018］

れ続けており、エシキンジやヤマクの名前や人数、ヤマクが支払うヤマク税の額を把握しようという試みは続けられていたことが判明した。戦役や労役への参加命令は発布されなくなったものの、ルメリのユリュクという集団そのものは解体されず、オジャクやヤマクの人数の減少や弛緩に対しては、ヤマク税の増額や担税者の拡大、組織や居住地の再編などの対策が取られ、その維持が図られていた。ゆえに、ルメリのユリュクは、その兵員もしくは非戦闘員としての活動が減少しても、特殊な税制を適用された集団として17世紀を通じて存続することができたのである。

　ユリュクの支払う税は、原則としてある種の人頭税であるヤマク税のみであり、ユリュクのエシキンジやヤマクに割り当てられた特別の耕作地は存在しなかった。このことは、西アナトリア、バルカン半島のヤヤ、ミュセッレムといった耕作地が割り当てられており、そこから耕作税を支払う他の奉公集団との最大の相違であった。16世紀にはルメリのユリュクと並ぶ奉公集団として一大集団を形成していたヤヤおよびミュセッレムが、耕地と結びついた制度であったがために、人口増加による1人あたりの耕地の不足や細分化に対応できず集団維持に失敗し、アナトリアでは1582年にヤヤおよびミュセッレム制度の廃止命令が発布され、バルカン半島では17世紀に農民となり、農耕に関する諸税を支払う担税者としてムカーターに組み込まれたこととは対照的に、ルメリのユリュクは耕地との関係が希薄であり、移動して他人のディルリク地を利用することを許されていたがために、ヤマク税という一種の人頭税を支払う特殊な税制下に置かれた集団として、17世紀末までその存続が可能であったと結論づけられよう。

テッサロニキのアタテュルク博物館とルメリのユリュク

　現在、ギリシア第二の人口を擁し、ギリシア領マケドニアの中心都市となっているテッサロニキは、20世紀初頭の第一次世界大戦勃発時までは、イスタンブルに次ぐギリシア人人口第2位の都市ではなく、ギリシア系のみならず、ユダヤ系、テュルク系、スラヴ系といった、現在の民族や宗教、宗派の分類や範疇に収まりきれないさまざまな人びとが住むオスマン朝の一都市であった。(G. Horton. *The Blight of Asia: An Account of the Systematic Extermination of Christian Populations by Mohammedans and the Culpability of Certain Great Powers; With the True Story of the Burning of Smyrna.* Indianapolis: Bobbs-Meerril Company, 1926, 101-02., K. H. Karpat. *Ottoman Population, 1830-1914: Demographic and Social Characteristics.* London: University of Wisconsin Press 1985., M. Kiel, "Selânik." In: *Türkiye Diyanet Vakfı İslam Ansiklopedisi,* vol. 36, İstanbul: Türkiye Diyanet Vakfı, 2009, 352-57.) オスマン朝という国家が最終的に崩壊し消滅する段階を迎え

テッサロニキのアタテュルク博物館（著者撮影）

た1922年より10年ほど前の1913年に、バルカン戦争の結果、正式にギリシアに併合されたテッサロニキは、トルコ共和国建国の父ムスタファ・ケマル・アタテュルクの生まれ故郷でもある。在テッサロニキ・トルコ共和国総領事館の隣にあるアタテュルクの生家は、現在は博物館として公開されている。博物館の向かい側には、「聖地巡礼」に訪れたトルコ人観光客を対象にした土産屋が数軒並んでおり、アタテュルクの顔がプリントされたコンパクトミラーや栓抜き、名刺入れといった「アタテュルク・グッズ」が売られている。

その博物館には、このような説明パネルがある。「アタテュルクの父、アリー・ルザー・エフェンディは、マナストゥル州 il（現マケドニア旧ユーゴスラヴィア共和国領ビトラ）デブレイバラ県 Debreibala sancağı [sic]（正しくはデブレ・イ・バーラー郡 ḳażā-yı Debre-i Bālā。現在のマケドニア語名はデバル）コジャジュク郷（現在も、同地にはマケドニア語で「コジャジク Коџаџик」と呼ばれる村があり、そこにはアリー・ルザー・エフェンディの生家がトルコ政府の協力により保存されている）で生まれた（中略）この［コジャジュク］郷に住むトルコ人は、「コジャジュク・ユリュク」として知られている。このユリュクはオスマン帝国 Osmanlı İmparatorluğu によってバルカン半島に定住させられたテュルクメンの子孫である。」この展示から「トルコ共和国建国の父は由緒正しいトルコ人である、もしくはそうであるに違いない。」という現代のトルコにおける公的な「正しい」歴史観を読み解くことも可能である（A. Güler, "Mustafa Kemal Atatürk'ün Soyu." *Atatürk Araştırma Merkezi Dergisi*, XV, 45, 1999, 969-1011.）。しかし、本書で述べたように、オスマン朝の時代にユリュクがバルカン半島に渡っていき、コジャジュク・ユリュクと呼ばれた集団が、16世紀から17世紀のバルカン半島に存在していたことは、史料から確かに確認できる。バルカン半島におけるユリュクの歴史は、現在のトルコ共和国の国父や建国の歴史とも、このように僅かながらも関わりを持っているのである。

2章
征服者の子孫たち

ドナウ川の「鉄門」。現在はセルビアとルーマニアの国境地帯となっている。川岸にまで迫る山とドナウ川の間の狭い空間を這うように、今も道が走っている（著者撮影）

2章 征服者の子孫たち

1 ルメリのユリュクから征服者の子孫たちへ

　本節では、17世紀末にルメリのユリュクを基に征服者の子孫たちと呼ばれる集団が成立した[1]理由を、その成立過程の分析を通じて、時代背景の面から考察する。

　17世紀末のオスマン朝は、ハプスブルク君主国すなわちオーストリアとの戦いの渦中にあった。オーストリア側からは「大トルコ戦争」と呼ばれるこの戦いは、オスマン朝にとっては1683年の第二次ウィーン包囲での敗北、1686年のブダ陥落、1688年から90年にかけてはベオグラードをハプスブルク軍に占領されるという軍事的危機の連続であり、1699年にはオスマン朝と西洋諸国とのパワーバランスの転換点とされるカルロヴィッツ条約を結ぶことになった。このような相次ぐ戦争や軍事対立の長期化により、イェニチェリと非正規兵 levendāt に頼った境域防衛や軍事行動の問題点が露呈した。そこで、オスマン朝は増大するヨーロッパ諸国の軍事的脅威に対抗するために、戦費を調達し軍を立て直すための改革に乗り出した。税制に関しては、1691年のジズヤ税徴収方法の集団から個人単位への変更、1695年の終身徴税請負制の導入といった動きがあり、18世紀前半にはオスマン朝の歳入と歳出のバランスは黒字に転ずる。しかし、18世紀にはハプスブルク君主国にくわえてロシア、さらにはサファヴィー朝の崩壊にともなう対イラン戦役の激化により、オスマン朝はさらなる戦争へ突入していった。

　そのような時代背景の中で、1101年ムハッラム月上旬／1689年10月中旬-下旬に、対オーストリア戦争のために、ソフィア一帯へユリュクを出動させ集結させること、動員令に応じないユリュクを強制的に出動させ、そのような者を厳罰に処すことが命じられた[2]。まさにこれは、枢機勅令簿に残る命令の記録としては実に半世紀ぶりの、ルメリのユリュクに対する兵員としての徴用令であった。この命令を皮切りに、1690

---

1) ［Gökbilgin 1957(2008): 255-56; Özcan 2008］
2) ［MHM.d.99; hkm.no.12; Altınay 1930(1989): 79-80］

161

年以降、ルメリのユリュクの戦役への参加命令が枢機勅令簿の中に再び次々と登場し始める[3]。17世紀末に征服者の子孫たちが誕生する直前の時期に、ルメリのユリュクは兵員として再び徴用されるようになっていたのである。

ルメリのユリュクから兵員を徴用するためにはルメリのユリュクの成員の数、名前、居住地を把握することが必要である。必然的に、ルメリのユリュクの徴用令が増加するにつれて、ユリュク台帳の作成命令が次々と発布されるようになった[4]。そのようにして作成された、1095年第一ラビー月朔日／1684年2月17日付ユリュク台帳[5]、1096年第一ラビー月11日／1685年2月15日付ユリュク台帳[6]には「ルメリにいるエシキンジのユリュクの一団は、逃亡し、逃散している。戦争が勃発すると、エシキンジ供出の目的で［ルメリのユリュクの］部族が徴用され aşiret çıkarılmakla、前述の一団（ルメリにいるエシキンジのユリュク）めいめいの名前が台帳に記録されるために（後略）」と書かれている。また1098年サファル月10日／1686年12月26日付ユリュク台帳[7]には、戦役での動員のために台帳が作成されたという旨が記されており、ルメリのユリュクの戦役での動員とユリュク台帳作成が明確に結びつけられている。

この結果、1102年／1690-91年にルメリ州全域を対象とし、ルメリのユリュクの居住地と世帯数、人数を記録したユリュク台帳である［KK.d.2737］が作成された[8]。この台帳では、ルメリのユリュクの人口は計1,116世帯で1万6,582人と記されている。ただし、この台帳には

---

3) ［MHM.d.99: hkm.no.475-76, 536-37, 554, 556; 100: hkm.no.24, 33-35, 52, 223; 101: hkm.no.52; 102: hkm.no.31, 165, 600, 602, 663, 794, 799; 104: hkm.no.798, 886, 1014; 108: hkm.no. 650; Altınay 1930(1989): 91-92, 98］

4) ［MHM.d.100: hkm.no.456; 101: hkm.no.46, 142, 210, pp.67-68; 102: hkm.no.90, 93, 255, 779, 800; 104: hkm.no.2, 139, 892; Altınay 1930(1989): 94, 102-03, 106］

5) ［MAD.d.7979: 27］

6) ［MAD.d.3302: 24］

7) ［MAD.d.4987: 5］

8) 史料のアラビア文字翻刻およびラテン文字転写が［Gökbilgin 1957(2008): 257-74］になる。

ユリュクの総数が記されるのみでエシキンジやヤマクの人数は記されていない。ギョクビルギンは征服者の子孫たちを記録した最初の台帳としてこの［KK.d. 2737］をあげており、以降の研究の多くも［KK.d. 2737］を初の征服者の子孫たちを記録した台帳と考え、この前後に征服者の子孫たちが成立したとみなしている[9]。しかし、［KK.d. 2737］台帳の本文中には「ユリュク」の語が出てくるのみで征服者の子孫たちの語は全く見られない。台帳を開いた本文の頭でも「州のユリュクの簡易帳による［ヒジュラ暦］1102 年付ルメリのユリュクの記録者ハサン・パシャの租税調査台帳 defter-i icmāl-i yörükān-ı vilāyet mūcebince defter-i taḥrīr-i Ḥasan Paşa-yı muḥarrir-i Yörükān-ı Rūméli el-vāḳiʻ fī sene 1102」と「ルメリのユリュク」の語は用いられてはいるが、征服者の子孫たちという語は用いられていない。台帳の表紙には「［ヒジュラ暦］1102 年付ハサン・パシャの記録からの征服者の子孫たちの歩兵台帳 defter-i piyādegān-ı evlād-ı fātiḥān ʻan taḥrīr-i Ḥasan Paşa el-vāḳiʻ fī sene 1102」と書かれているが、この表紙の文字は明らかに本文の文字とは筆跡が異なり、後に台帳を綴じ直した際にこの表紙が付け足された可能性が高い。また、1107 年第二ラビー月下旬／1695 年 11 月下旬-12 月上旬にはモレア遠征に関連して「ユリュクの一団 yörük ṭāyifesi から 2,000 人の兵を供出せよ」という命令が発布されている[10]。さらに、1106 年／1694-95 年の「敗北の道に向かってのイステフェ İstefe[11] 一帯へのモレアの司令官の帰還」という表題が付けられた、『ラーシド史』の中の記述では「ユリュク総督 Yörük Vālīsi のハサン・パシャには司令官を排除するだけの力はなく、彼のもとにいたユリュクの軍勢 yörük ʻaskeri とともに、夜遅くに不信仰者ども küffār へ復讐の襲撃をした際に（後略）」[12] と書かれており、モレ

---

9) ［Gökbilgin 1957（2008）: 255-56; Orhonlu 1987: 3-5; Özcan 2008］ただし、カサバは台帳の名前や典拠を示していないが「1691 年に包括的な遊牧ユリュクの記録がバルカン半島で始められた。」と述べており、この時期に作成された台帳を征服者の子孫たち台帳ではなくユリュク台帳と見なしているようである［Kasaba 2009: 73］。

10) ［MHM.d.106; hkm.no.1301; Altınay 1930（1989）: 110-11］

11) 現ギリシアのティーヴァ。古代名テーバイ。アテネの北西に位置する。

12) ［Râşid: 498-99］

ア遠征にユリュクが動員されていたこと、そして征服者の子孫たちの語はやはりこの時期には使われていないことが、枢機勅令簿以外の史料からも確認できる。これらのことを考慮すると、[KK.d. 2737]が作成された1102年／1690-91年には征服者の子孫たちはまだ設立されていないと考えるのが妥当であろう。

　この時期のルメリのユリュクのエシキンジ、ヤマクの人数を知るためには、1102年第一ジュマーダー月7日／1691年2月6日付で作成されたルメリのユリュク台帳の簡易帳[13)]が参考になる。台帳には、カリナーバード Ḳarinābād[14)]、カザンラク Ḳazanlık、タタルパザル、プロヴディフ、エディルネ、ハスキョイ[15)]一帯に住む「エシキンジ、ヤマクのユリュクの一団 ṭāyife-'i yörükān-ı eşkinci ve yamaḳān と聖地メディナ／マディーナ、ガーズィー・エヴレノス、スルタン・バヤズィト、スルタン・ムラトの臣民[16)] re'āyā-yı Medīne-'i Münevver ve Ġāzī Evrenos ve Sulṭān Bāyezīd ve Sulṭān Murād と油屋 yağcı、軍馬の飼育役 güreci」の数は計3,233人、その中でエシキンジは計452人と記されている。17世紀にはオジャクの構造が崩れていたことを受けて、徴用されるエシキンジの比率は7人中1人になっていること、台帳に記録され徴用の対象にされた集団は必ずしもルメリのユリュクに限らないことがここから分かる。その他、枢機勅令簿に記録されたルメリのユリュクの戦役参加命令の中でも、ルメリのユリュクのエシキンジ、ヤマクを含む人びとが徴用対象とされている[17)]。

---

13) 台帳そのものは確認できないが[MHM.d.101: hkm.no.210, pp.67-68]に台帳の写しが記録されている。本書ではこの写しを用いた。
14) ブルガス近郊。別名カルノバト、カルノヴァ。現ブルガリア領ポルヤノフグラト。
15) いずれもルメリ州の東部、バルカン山脈南麓からトラキア平原一帯と現在のギリシア、ブルガリア、トルコ、マケドニアにまたがる地域にあたり、ルメリのユリュクが多数居住していた[Gökbilgin 1957 (2008)]。これらの地域は17世紀にセラニク・ユリュクが住んでいた地域ともよく一致する。
16) [MHM.d.102: hkm.no.31]では「スルタン・バヤズィト、スルタン・ムラト、ガーズィー・エヴレノスのワクフ evḳāf のユリュク」と書かれている。ワクフの財源に遊牧民の支払う税を割り当てることはオスマン朝ではしばしば見られた[Halaçoğlu 2009 (2011): xix]。

このような徴用命令や台帳登録に対し、ルメリのユリュクは、16世紀と同様に抵抗して命令拒否や逃亡することが幾度と無く見られた。結果、中央政府は命令違反者の処罰令を何度も発布することになった。「ユリュクの子はユリュクである」とユリュクの地位が世襲であることを再び確認し、台帳登録から漏れた人間を登録する目的で台帳の再作成を数度命じている[18]。

 このように、1690年を境にルメリのユリュクは再び兵員として徴用されることになった。しかし、ユリュクの徴用は必ずしも順調に進んだわけではなく、ユリュクの反発や抵抗への対応をオスマン朝政府は余儀なくされていた。また、兵員徴用のためにはルメリのユリュクやその他前述の諸集団を統一的に記録し管理することが必要になっていたのである。

 上記の奉公集団としてのルメリのユリュクの再徴用の流れの中で、1108年第一ラビー年18日／1696年10月15日付の台帳作成命令の中で、初めて明白な形で「征服者の子孫たち」という語が登場する。

> 我が偉大なる父祖——崇高なる神が彼らの確証を照らしますように——の陛下達とともに、昔、神のために聖戦 gazā vu cihād を目的に、諸部族 ḳabā'il ü 'aşāyir とともに、アナトリアからバルカン半島へ Anaṭolı'dan Rūméli'ye 渡り、明白なる［イスラームの］信仰を誇りに奉公に励んだ征服者の子孫たち evlād-ı fātiḥān は戦役へ駆ける軍人／支配層 sefere eşer 'askerī の一団である。ゆえに、以前に出された我が偉大なる（オスマン朝君主の）宸筆 ḫaṭṭ-ı hümāyūn-ı şevket-maḳrūnum に従い、その全員が免税とされていた。しかし、前に一定の人数が台帳に記され、「軍人／支配層」と記録された時に、彼らの父祖は我が偉大なる父祖とともにアナトリアからやって来てこれらのくに il をまた征服したことで父祖代々の軍人／支配層となったにもかかわらず、一時、これらの者は臣民／被支配層 re'āyā と記録され、すぐにこれらの者については臣民／被支配層であるとしてユリュクと名づけられた。また、［臣

---

17)　[MHM.d.99: hkm.no.537, 556; 100: hkm.no.34-35, 223, 456; 102: hkm.no.31, 165; Altınay 1930(1989): 92, 94-95, 98]

18)　[MHM.d.102: hkm.no.255, 779, 800; 104: hkm.no.139]

民／被支配層は］ワクフとゼアメトとティマールとハスの側の内（左記のワクフやディルリクに税を支払う担税者）であるので、耕地保有者の軍人／支配層の一団の不足が生じた。しかし、[そもそも］これらの者は軍人／支配層の一団の一部である。現在、ジュマパザル、サルギョル、エーリ・ブジャク、チャルシャンベ別名サルギョル Çahārşambe nām-ı diğer Şarıgöl[19]、マナストゥル Manastır[20]、ピルレペ Pirlepe[21]、ギュミュルジネ、オズィチェ Öziçe、エーリ・ハスキョイ Eğri Ḫāṣṣköy、イフティマン[22] İḫtimān、フィロリナ Filorina[23]、イェニジェ・イ・ヴァルダル、ドブニチェ Dobniçe、ウスキュプ、スルタンイェリ Sulṭānyer[24]の人びとの大半は征服者［の子孫］の内であり、ユリュクと名づけられており、[台帳に］書かれていないことが我が吉兆なる耳に届いた。前述の者の先祖は偉大なる父祖とともにアナトリアからやって来てバルカン半島征服の奉公に励み、父祖代々、戦役へ駆ける軍人／支配層であったので、今後、ユリュクの名は廃止され、戦士の歩兵 seferber piyādegān と名づけられた。[先に］述べられた聖戦で、これらにくわえてまた、一部の郡にいる征服者の子孫たちがどれだけいようとも、先に［述べて］ある免税の条件で、たとえ1人だけであっても戦士の歩兵として新たに台帳に記録するよう勅令が下された。（後略）[İE. DH.: 18/1705]

　この命令により、ルメリ州に住むユリュクすなわちルメリのユリュクは「アナトリアからルメリへ渡りオスマン朝のバルカン半島征服に従事した征服者の子孫たち」であることを理由に、歩兵として台帳に登録されることが決定された。さらに、この命令ではルメリ州ではユリュクの語は廃止されるとも述べられている。続けて、1163年第一ジュマーダー月17日／1750年4月24日付の命令書には「ルメリ州の25郡に住むユリュクと呼ばれる征服者の子孫たち yörük taʿbīr olunan evlād-ı fātiḫān

---

19) テッサロニキの北西に位置する。現ギリシア領キルキス近郊。
20) 現マケドニア・旧ユーゴスラヴィア共和国領ビトラ。
21) テッサロニキの北西に位置する。現ギリシア領。
22) プロヴディフとソフィアの間に位置する。現ブルガリア領。
23) テッサロニキの西に位置する。現ギリシア領フロリナ。
24) プロヴディフ近郊。現ブルガリア領。

2章　征服者の子孫たち

の一団」と書かれており、征服者の子孫たちの語が用いられていたことが分かる[25]。さらに、この命令においても、ルメリのユリュクが持っていた免税特権と従軍義務を引き継ぐことを正当化するために「父祖の時代にアナトリアからバルカン半島へ渡り征服活動へ従事した」という、14世紀にまでさかのぼるオスマン朝のバルカン半島征服の故事が持ちだされている。

また、エーリ・ブジャク郡には、17世紀から同名の郷にルメリのユリュク、特にセラニク・ユリュクが居住していた記録が残っている。ルメリのユリュクを基に、征服者の子孫たちが作り出されたことがここからも推察できる。一方で、フィロリナ、マナストゥル、ピルレペ、イェニジェ・イ・ヴァルダル郡は、16世紀には同名の郷にユリュクが居住していたが、17世紀にはその記録が見られなくなった地域である。さらに、ギュミュルジネ、ハスキョイは17世紀に多くのタンルダー・ユリュクが住んでいた地域である。

この命令を受け、1年も経たないうちにルメリ州に住む征服者の子孫たちの人数と居住地を記した台帳が作成された。1108年シャアバーン月11日／1697年3月5日に作成された台帳には、本文の頭に「[ヒジュラ暦]1108年付ルメリの一部の郡における征服者の子孫たちについてのハサン・パシャの租税調査台帳に基づく ber mūceb-i defter-i taḥrīr-i Ḥasan Paşa ‘an evlād-ı fātiḥān der cānib-i ba‘żı ḳażā-’i Rūméli el-vāḳi‘ fī sene 1108」と書かれており、文中の他の部分でも征服者の子孫たちの語が用いられている[26]。この台帳にも、征服者の子孫たちの居住地として、上記の歴史的マケドニア、トラキアの地名が多数あげられており、征服者の子孫たちの、セラニク・ユリュク、タンルダー・ユリュクからの居住地の連続性がうかがえる

枢機勅令簿での、征服者の子孫たちに関する初の命令は、1109年第

---

25)　[C.AS.265/11004]
26)　[KK.d. 2782; Gökbilgin 1957(2008): 277-79] この後も征服者の子孫たちを記録した台帳は繰り返し作成された。本書に登場しない征服者の子孫たちに関する台帳については[Gökbilgin 1957(2008): 280-342]を参照されたい。

二ジュマーダー月下旬／1698年1月上旬-中旬に発布された。そこでは、ニーボル、スィリストレ県に住む3,380人の征服者の子孫たちから639人のエシキンジを出動させよと、ハンガリー戦役にともなって征服者の子孫たちを遠征に動員するよう命じている。17世紀のルメリのユリュクが徴用される際のエシキンジの比率は、当初は7人中1人であったが、ここでは5人中1人と、徴用されるエシキンジの比率は16世紀の水準に戻っている。またこの命令の中にも「聖戦の目的で諸氏族諸部族とともにアナトリアからルメリへ渡り、明白なる信仰を誇りに職務に励む征服者の子孫たちは戦役へ掛ける軍人／支配層の一団である」[27]という文言が登場している。かつてのルメリのユリュクは、ユリュクの名前が廃止された後、征服者の子孫たちという名で呼ばれるようになった[28]こと、そして、その名がルメリのユリュク時代には慣習や慣例といった表現に留められ、決して明確にされてはこなかった父祖のバルカン半島征服という故事にちなんだものであったことが、ここから分かる。

　17世紀に入ると、ルメリのユリュクがもはや軍事面で活用されることはほぼなくなり、ヤマク税という一種の人頭税を支払う特殊な税制下に置かれた集団としてその命脈を保っていた。しかし、17世紀末に、相次ぐ戦争にともない、軍の兵員需要を満たすために、再びルメリのユリュクは兵員として徴用されるようになり、戦役への参加命令が次々と発布されるようになった。このようにして、軍の中でルメリのユリュクは17世紀末に「復活」したのである。しかし、兵員として徴用される

---

27)　［MHM.d.110: hkm.no.951; Altınay 1930(1989): 114-16］

28)　1110年シャアバーン月下旬／1699年2月下旬付で発布された命令には「ルメリ州でも［ヒジュラ暦］1102年から台帳への記録 taḥrīr ü ṣebt-i defter がなされた征服者の子孫たち」と書かれている［MHM.d.110: hkm.no.2811; Altınay 1930 (1989): 116-17］。先行研究では先述の［KK.d.2737］と合わせて1102年／1690-91年に征服者の子孫たちが創設されたことを示すと考えられている［Çetintürk 1943: 115-16; Gökbilgin 1957(2008): 255-56; Özcan 2008］。しかし、［KK.d.2737］が実際にはルメリのユリュク台帳であり、ユリュクの名前の廃止と征服者の子孫たちの台帳作成命令が1108年／1696-97年に発布されていることを考えると、この記述は1102年／1690-91年以降に作成されたルメリのユリュク台帳の記録に基づいて、後に征服者の子孫たちが創設されたことを述べていると解釈すべきであろう。

表7 征服者の子孫たち台帳の一覧

フォンド名	番号	台帳作成年		記録対象となる征服者の子孫たちの集団
		ヒジュラ暦	西暦	
KK.d.	2782	1108	1697	ルメリ州の征服者の子孫たち
C.DH.	181/9011	1114	1702	一部地域の征服者の子孫たち
KK.d.	2815	1116-17	1704-06	スィリストレ県、ニーボル県の征服者の子孫たち
D.BŞM.d.	988	1121	1710	ルメリ州の征服者の子孫たち
KK.d.	2858	1128	1716	ルメリ州の征服者の子孫たち
C.DH.	209/10412	1129	1717	一部地域の征服者の子孫たち
İE.MİT.	2/107	1133	1720	征服者の子孫たち
TS.MA.d.	6578	1149	1736	征服者の子孫たち
D.BŞM.d.	2031	1149	1737	征服者の子孫たち
A.{DFE.d.	468	1243	1827	一部地域の征服者の子孫たち

ことにルメリのユリュクは反発し、台帳登録を拒否することも見られ、ルメリのユリュクからの兵員徴集を正当化する必要が生じていた。同時に、ルメリのユリュクのエシキンジ、ヤマク以外に存在していた種々の集団をまとめ、統一的かつ効率的に兵員を徴集することも求められていた。これらの問題を解決する目的で、ルメリのユリュク時代には強調されてこなかったオスマン朝のバルカン半島征服の故事が、戦役への参加義務と免税特権を正当化する根拠として持ちだされ、ルメリのユリュクを核に、征服者の子孫たちという軍団が創設されたのである。

2 征服者の子孫たちの役割とその変容

ルメリのユリュクをもとに、17世紀末に成立した征服者の子孫たちは、遠征に赴いた先やオスマン軍の中で、どのような役割を果たしていたのであろうか。本節では、征服者の子孫たちが成立した後の、彼らが担ったオスマン軍における役割、そしてその18世紀における変容とその経緯、理由を考察する。

1128年／1716年に作成された枢機勅令簿には、オーストリア遠征に際して、征服者の子孫たちに対して出された以下の命令が記録されている[29]。

> （前略）まさにこの祝福された年（1716年）に、我が帝国の遠征 sefer-i hümāyūnum に任じられた930人の征服者の子孫たちの内の400人が、［ドナウの］鉄門 Ṭemür Ḳapı[30] 一帯へ向かい、ニシュ[31]の城 ḳuṣūr-ı Niş からヴィディン Vidin[32] へいたるまでの街道 ṭarīḳ で、物品や重要物の輸送を任じられた車の防衛や、その場に留まるように任じられた。しかし、ヴィディンから［征服者の子孫たちが未だに］出動していない。我が帝国の遠征［のため］に［戦場へ］運んでくる予定の大砲の側で奉公させるために、征服者［の子孫たち］が必要になり、前述の街道にいる530人は、汝こと上述の者とともに、ヴィディンに留まらせ、大砲の仕事で奉公するよう任じるために、我が御前会議 dīvān-ı hümāyūnum により我が聖なる命令が下される件で（後略）

1128年ラジャブ月中旬／1716年6月下旬-7月上旬に出されたこの命令によると、遠征に際して、ヴィディン一帯の征服者の子孫たちへ対して、遠征への参加、街道の管理、軍事物資の輸送が求められていたと分かる。また、徴用令に従わずに遠征に来ていない征服者の子孫たちを新

---

29) [MHM.d.125: hkm.no.7; Altınay 1930(1989): 154]
30) ドナウ川がカルパチア山脈を横断する有名な景勝地。現在はセルビアとルーマニアの国境となっている。
31) ヴィディンの南西に位置する。現セルビア領ニーシュ。
32) ドナウ川中流域の都市。現ブルガリア領。

2章 征服者の子孫たち

たに徴用するよう命じ、主に大砲の砲兵として奉公させるよう指示している。

また、1130年／1718年に作成された征服者の子孫たちの出動を求める命令書[33]には以下の記述が登場する。

> （前略）ルメリにいる征服者の子孫たちの一団だが、ハーカーンの征服以来の遠征で大砲や大砲を運ぶ水牛の奉公やその防衛に雇われてきた。遠征がない時は、代替税が徴収されてきた。（中略）古い法 ḳānūn-ı ḳadīm に従って、帝王の遠征で必要とされる崇高なる奉公に雇われるために（後略）

ここから、ルメリのユリュクが基となった成立した征服者の子孫たちは、水牛を用いた大砲や砲弾の輸送、防衛に用いられてきたというルメリのユリュク時代の慣例と同じく、砲兵や砲車兵として再び活用されていたことが分かる。

修史官ラーシド・メフメト・エフェンディが執筆した1660年から1722年にかけての年代記である『ラーシド史』には、征服者の子孫たちの成立についての直接の記録はないが、征服者の子孫たちの戦場での活躍や働きについて僅かながらも言及が見られる。

例えば、征服者の子孫たちが設立されてから数年後の、1114年／1702-03年に起こったクリミア・ハン国の元君主であるデヴレト・ギレイ2世（r. 1699-1702, 1709-13）の反乱に関して、以下の記述が登場する。

> （前略）イスタンブルにいるイェニチェリの兵営 yeñiçeri otaları から10の兵営のイェニチェリと1,500人のガレオン船の非正規兵とともに、エディルネへ［向かい］、そこから上記のユースフ・パシャ（オズィ Özi[34] 総督のユースフ・パシャ）のもとへ送られた。バルカンの向こう側に Balḳān'ıñ öte yüzünde いる戦闘や戦争［に加わること］ができる民兵 il-erleri の総動員 nefīr-i 'āmm[35] のために、崇高なる宮廷のカプジュラ

---
33) ［C.AS. 78/3656］
34) 黒海の北岸に位置する。現ウクライナ領オチャキウ。
35) 「民兵 il-erleri の総動員 nefīr-i 'āmm」については、イナルジュクの専論を参照されたい［İnalcık 1980］。

ル・ケトヒュダース ḳapıcılar ketẖüdāsı のヴェリ・アアが任じられた。ルメリ・ベイレルベイは、州の兵士とオズィ州のザーイムとティマール保有者と、アヴロンヤ Avlonya[36]、デルヴィネ Delvine[37]、ヤンヤ Yanya[38]、エルバサン Elbasan[39]、イスケンデリイェ İskenderiyye[40]のベイレルベイたちとともに、征服者の子孫たちの軍勢 evlād-ı fātiḥān 'askeri すべてがオズィ総督の上記の宰相［ユースフ・パシャ］のもとへ至り集まるよう勅令がくだされた。（後略）［Râşid: 629］

反乱鎮圧のため、バルカン半島各地から兵士が招集されたが、これら兵士の中に「征服者の子孫たちの軍勢」が含まれている。これが、年代記における征服者の子孫たちの初めての記録である。そして、この記述以後、年代記では基本的に、ユリュクではなく征服者の子孫たちの語[41]が用いられるようになる[42]。

また、1115 年／1703-04 年の、エディルネでの軍の招集に際して、

（前略）偉大なる宰相たちのなかのユリュク総督のハサン・パシャが司令官に任命された。彼のもとには征服者の子孫たちの軍勢 'asker-i evlād-ı fātiḥān がともにおり、ルメリ総督のイブラヒム・パシャは、前述の州（エディルネ）の兵士とともに、マフムトベイオール・ヒュダーヴェルディ・パシャは 1 万人のアルバニア兵とともに、スレイマン・

36) アルバニア南部に位置する。現アルバニア領ヴロラ。
37) アルバニアとギリシアの国境付近に位置する。現アルバニア領デルヴィナ。
38) 現ギリシア領。別名ヤニナまたはヨアニナ。アルバニアとの国境付近に位置する。同地は 18 世紀から 19 世紀にかけて、半独立の地方名士（アーヤーン）としてイピロス地方に君臨したテペデレンリ・アリー・パシャの本拠地としても有名。
39) アルバニアの中部に位置する。現アルバニア領。
40) 別名イシュコダラ。アルバニア北部に位置し、アドリア海に面する。現アルバニア領シュコドラ。
41) ［Râşid: 674］では「ルメリにいる Rūméli'de olan 征服者の子孫たち」と書かれており、征服者の子孫たちがルメリに住んでいたことが示されている。
42) ただし、ユリュクの語が征服者の子孫たちへ完全に置き換えられたわけではない。例えば、『ラーシド史』の追補として書かれた『チェレビザーデ史』には「砲兵 ṭopcu、砲車兵 ṭop 'arabacıları、エジプト人 Mıṣırlı、ユリュク yörük、アルバニア、ボスニアの兵 'askerleri」とユリュクの軍勢に関する記述が登場する。ただし、ここでのユリュクがいわゆるルメリのユリュクにあたるのか、単に遊牧民から徴用した兵を指すのかは定かではない［Râşid: 1574］。

パシャと、アミールたちの内からエディルネの旧モスク[43]の説教師 vā'iẓ の美徳あふれる長たるゲンチ・アリー・エフェンディや［その他］数人もまた、遠征の奉公 hiẓmet へ向かった。（後略）［Râşid: 678-79］

と、征服者の子孫たちの軍勢がユリュクの総督の指揮下にあると述べられている。

1128年／1715-16年の記述には、征服者の子孫たちの戦場での活躍や働きについて重要な記述が登場する。

（前略）帝国の遠征のために、征服者の子孫たちの記録［作成］evlād-ı fātiḥān taḥrīri を命じられたハサン・アアは、ドイラン Ṭoyrān[44]で記録された人びとのもとで［兵を］集めて招集し、1日も早くニシュの荒野へいたるよう急いだ。砲弾や［軍事］物資の輸送 naḳl-i ṭop ve mühimmāt については、近日中にザーイムやティマール保持者たちの充分な首 gerden-i kifāyet と引き換えに（彼らの責任で）運ばれ、そのような選良の軍勢が、戦争や戦いの奉公から解放されることは好ましい命令とはされなかった。他に、古来、起こった遠征で、砲弾の輸送の奉公は征服者の子孫たちの専従 naḳl-i ṭop ḥizmeti evlād-ı fātiḥān'a maḥṣūṣ であり、現在、ニシュへ向かう砲弾や重要物の輸送に、古来の慣例 ḳā'ide-yi ḳadīme 通りに前述の集団（征服者の子孫たち）を使い、必要な物資を1日も早く、ニシュの荒野へ輸送するよう勅令がくだされた。（後略）［Râşid: 1000-03］

コソヴォの北に位置するニシュでの戦闘の準備にあたり、砲弾やその他軍需品の輸送のために征服者の子孫たちが動員されたことは、先に述べた［MHM.d.125: hkm.no.7］に対応するこの『ラーシド史』の記述から確認できる。古来の慣例に従い、征服者の子孫たちは砲弾の輸送に従事するものだと、少なくともこの時代には認識されていたことが、ここから確認できよう。また、セラニク県ドイラン郡で征服者の子孫たちが台帳に登録され、それに基づいて軍事行動に招集されていたことも読み取れる。

---

43) エディルネ旧市街の中心部にある、現存するエディルネ最古のモスク（トルコ語名エスキ・ジャーミー）のことであろう。
44) ルメリ州セラニク県の郡。

■第Ⅰ部　バルカン半島における奉公集団的「遊牧民」

　征服者の子孫たちは、城塞の防衛兵としてもしばしば徴用された。1128年／1716年には、対オーストリア戦争の最前線基地となっていた、ベオグラード城[45]を防衛するために、一年を通じて征服者の子孫たちから、6人につき1人の比率でエシキンジを出動させ、城塞の防衛に従事させることが命じられている[46]。

　上記の記述から分かるように、征服者の子孫たちが軍隊の中で従事していた仕事は、以下の通りに大別できる。

・遠征への参加[47]
・城塞の防衛[48]
・大砲、火薬、その他軍需品の輸送[49]

　これら3つの仕事は、16世紀にルメリのユリュクが命令に従い従事していた仕事の中に含まれている。また、これら上記の仕事はいずれも

---

45)　現在はセルビア共和国の首都であるベオグラードには、トルコ語で「城の広場」を意味する語に名が由来するカレメグダン Kalemegdan 地区に城跡が残っており、町の観光名所の一つとなっている。

46)　[MHM.d.125: hkm.no.61; Altınay 1930(1989): 154-55]

47)　本文であげた以外の、枢機勅令簿における征服者の子孫たちに対する遠征参加命令は以下の通りである[MHM.d.110: hkm.no.975, 977, 1408; 114-1: hkm.no.1200, 1443; 125: hkm.no.7; 136: hkm.no.408, 434; 164: hkm.no.823; 168: hkm.no.481; Altınay 1930(1989): 154, 218-19; Gök 2007: 306-07]。また、枢機勅令簿以外では、以下の文書にもその旨が記されている[C. AS. 57/2688; 60/2822; 66/3120; 257/1113; 430/17899; 740/31082; 808/34328; 811/34472; 872/37425; 874/37500; 914/39453; 996/43553]。18世紀から19世紀前半にかけての年代記の中にも、遠征に際して征服者の子孫たちが出動した記録が多々見られる[Es'ad Efendi: 277-81, 289-90; Subhi: 179-85, 193-95, 208-09; Şanizade: 286, 385-87, 993, 1114-16]。

48)　本文であげた以外の、枢機勅令簿における征服者の子孫たちに対する城塞防衛への参加命令は以下の通りである[MHM.d.127: hkm.no.435-36, 470, 515, 761-62]。また、枢機勅令簿以外では、以下の文書にその旨が記載されている[AE. SAMHM. d. III. 136/15106; 137/15134; C. AS. 110/4958; 124/5542; 172/7505; 339/14057; 543/22778; 821/34908; 834/35588; 902/38870; D.BŞM.d. 2031]。

49)　本文であげた以外の文書や台帳にその旨の記述が見られる[C. AS.57/2688; 60/2822; 66/3120; 257/1113; 430/17899; 676/28382; 1212/54753; İE.ML.87/8236; MHM.d.110: hkm.no.1173, 1282, 1381]。

174

遠征や軍事行動に際して求められる仕事である。ただし、ルメリのユリュクがおこなっていた城塞、船、橋、水道の建造や補修、鉱山での労役や砲弾の製造といった仕事への参加は命令されていない。軍事には関係しているものの、直接、戦争や軍事行動に加わるわけではない仕事は、ルメリのユリュクから征服者の子孫たちには受け継がれてはいないとみなせよう。

　従事していた仕事の面から見ても、征服者の子孫たちは、16世紀のルメリのユリュクが担っていた「平時に労役に従事」という性格を失い、より軍事の面が強くなっていた。17世紀から18世紀の征服者の子孫たちは、台帳に書かれた通り「軍人」であり「戦士」であり、戦争が起こった際に、軍隊の中で兵士、城塞の防衛、砲兵や砲車兵としての役割を果たす集団であった。ただし、ルメリのユリュクの免税特権と引き替えの奉公が「慣例」として正当化されたのと同様に、征服者の子孫たちが「大砲、砲弾の輸送」という仕事をおこなうことは、ルメリのユリュクにさかのぼる「慣例」として正当化されていた。征服者の子孫たちは、より軍事色を強めていたが、あくまでルメリのユリュクの延長線上に位置するものとして、オスマン朝の軍事行動において扱われていたのである。

3　免税特権から見た征服者の子孫たちとその変容

　本節では、17世紀末に成立した征服者の子孫たちが18世紀から19世紀にかけてどのような歴史をたどったのか、主に税制の面からその制度の変容を分析する。

　すでに述べたように、征服者の子孫たちの成立命令において、彼らは軍人／支配層 'askerī であると規定されていた。オスマン朝において、軍人／支配層は軍事力などの特殊技能を国家に提供することと引き替えに免税特権を有していた。ただし、征服者の子孫たちの前身であるルメリのユリュクは、原則としてヤマク税を支払うなど軍人／支配層と臣民

／被支配層の両者にまたがる奉公集団であった。では、ルメリのユリュクから軍人／支配層となった征服者の子孫たちに対しては、税をめぐってどのような措置が適用されていたのであろうか。

既出の1110年／1699年に発布された命令[50]では、古来、遠征へ赴くエシキンジヘ、土地に残るものが一人頭50クルシュ ġurūş[51]を払ってきたと述べ、遠征へ赴くエシキンジヘ支払う免税権代替税 muʻāf bedeli を50クルシュから30クルシュに減額することが決定されている。これは、ルメリのユリュクにおいて、ヤマクが遠征へ赴くエシキンジヘ50アクチェのハルチルクやヤマク税を支払っていたことを連想させる。

征服者の子孫たちの税の支払いに関する記録は、この他にも複数ある。例えば、1112年シャウワール月中旬／1701年3月下旬付の命令[52]では、台帳に登録されたスィリストレ、ニーボル県での征服者の子孫たちをめぐって、征服者の子孫たちは諸税の免税特権を持っていること、征服者の子孫たちを管轄する管理官 żābıṭa、兵団長のみがその管轄権と徴税権を持つことを確認し、スィパーヒーやイェニチェリによる代替税の取り立てを不法なものとして禁止している。また、1112年シャウワール月中旬／1701年3月下旬と1112年ズー・ル＝ヒッジャ月中旬／1701年5月下旬付の別の命令[53]では、ルメリ州の征服者の子孫たちは、アヴァールズ税、糧秣税 nüzl、家畜追いの羊・山羊税 çelep-keşān ağnāmları、その他もろもろの諸税については、その全額が免税免租 muʻāf u müsellem であり、行政官がこれらの税の支払いを求めることをあらためて禁止している。さらに、1116年第一ジュマーダー月上旬／1704年9月上旬付の命令の中では、慣習の諸税 tekālīf-i ʻörfiyye については全額が免税免租であること、耕作をおこなった場合、その耕地のディルリク保有者へウシュル税を支払うこと、その他の行政官による税の支払いの要求や強制は禁止される旨が書かれている。前身のルメリのユリュクと同様に、

---

50)　［MHM.d.110: hkm.no.2811; Altınay 1930（1989）: 116-17］
51)　ヨーロッパのグロシュ銀貨に由来する銀貨。後にはアクチェに換わるオスマン朝の事実上の公式貨幣単位として用いられた［Pamuk: 2002 458-59］。
52)　［MHM.d.111: hkm.no.1855-57; Altınay 1930（1989）: 122-23］
53)　［MHM.d.111: hkm.no.1956］

征服者の子孫たちが耕作をおこなった場合は、その土地の徴税権保有者へウシュル税を支払うよう定められていることは注目に値する[54]。

しかし、この規定は遵守されず、一部の兵団長がさらに過剰に税を徴収しようとする動きがあった。これに対して、1117年ズー・ル=ヒッジャ月中旬／1706年5月下旬－6月上旬付の命令では、征服者の子孫たちの免税権代替税 bedel-i muʻāfiyyet の不当かつ過剰な取り立てを禁止し、翌年からの取り立て額の訂正と適正化を命じている[55]。

1704年に作成された征服者の子孫たちに関する台帳に収録された、1119年ラジャブ月6日／1707年10月3日付の征服者の子孫たちの支払う税や免税特権に関する命令書には、彼らの支払う税に関して以下のような文言が登場する。

（前略）1102年／1690-91年以来、ユリュクが［台帳に］記録され、彼らに任じられた兵団長は5［クルシュの］国税代替税 mīrī bedeli にくわえて、歩兵1人につき2クルシュも余分に徴収し、傭兵 sekbān[56]とともに彼らに［糧食等の供出］を割り当てた。しかし、蓄えや糧食 meʼūnet を調査した後、その多くが違法［な取り立て］とされた。民や民衆に対して聖なるシャリーアに反する度々の不正や攻撃にさらされ taḥammül étmekle、耐えるだけの力をなくし、［人びとの］逃散が引き起こされた。ユリュク台帳から除外 iḫrāç し、以前のように免税であるアヴァールズ［税］と代替［税］bedel の世帯 ḫāne が、家畜追いの羊・山羊税、羊・山羊税とその他の諸税を郡へさらに支払うために慈悲を求め「国庫で保管されているハスのムカーター Ḫaṣṣlar Muḳāṭaʻası 台帳、前述の郡の調査 yoḳlama 台帳と新台帳に従い、3,000人に対して、歩兵1人につき5クルシュの国税の免税権代替税 mīrī muʻāf bedeli が徴収されてきたと定められ、「［我々］自身も精査され、歩兵2人に対して1世帯、家畜追いの羊・山羊税［のみ］の支払いに我々は同意していました。」と［税の支払いを］約束した。前述の郡の調査と新台帳に従い、歩兵5人につき5クルシュで、5,015クルシュが国税と自身の生計の糧のために、そして過剰に徴収してきた2クルシュずつを合わせて計

---

54) ［MHM.d.114-1: hkm.no.1598］
55) ［MHM.d.114-1: hkm.no.1360］
56) ［Tezcan 2010（2012）: 140-52］などを参照されたい。

7,021 クルシュとなった。前述の一団の同意より歩兵2人につき1世帯で計上され、501と2分の1世帯とアヴァールズ［税］と糧秣代替税 bedel-i nüzl[57]と、家畜追いの羊・山羊税の代替税 çelep-keşān ağnāmları bedeli もまた、上で台帳に記して記録した通りに、6,615と3分の1クルシュとし、国税のために［支払の義務が］生じてきた免税権代替税の他に、年に1,600と3分の1クルシュが国庫の努力（余剰）sa'y-ı ḫazīne となった。この他、羊や、糧秣調達代替税やその他遠征の諸税にも［支払い分に］含まれてきたが、これらは過剰［な税の取り立て］である。［先に］述べられた一団は遠征へ駆ける軍人 sefere eşer 'askerī の類であるが、己の土地では自ら［戦場へは］行かず、また兵団長の手でさらに代替税が徴収され、そのおかげで、傭兵［の俸給］が確保されてきた。よって、崇高なる神が望み給うたならば、遠征が起こり［その出動が］必要となれば、国によりこの類の傭兵が、その代わりに俸給の支払いで［人員が］確保されてきたのであり、［征服者の子孫たちが］求める通りに、この［上述の］ように、諸税について［支払い義務が］生じる金はなくなり、遠征の諸税、国庫の努力（余剰）［分の支払い義務］や彼ら自身も兵団長の不正から解放され、彼らについては慈悲深くユリュク台帳から除外し、その他の諸税を郡ごとに徴収されるよう、1120年／1708-09年に追加と追補、彼らの［いる］場所への記録と写しが、御前会議 dīvān-ı hümāyūn により、その［住む］場所の取消と、さらには兵団長による介入をさせないために、聖なる命令が与えられることが、上申書で上奏 'arż-ı telḫīṣ された。（後略）［KK.d. 2815: 29; Gökbilgin 1957 (2008): 286-89］

　この記録によると、1102年／1690-91年から、台帳へのユリュクの記録がおこなわれていたと述べ「征服者の子孫たちが軍人／支配層である」ことを再び確認した上で、征服者の子孫たちの成員の数が死亡や逃散により減少し、税の徴収が困難になったことを受けて、征服者の子孫たちの欠員の補充を命じている。

　征服者の子孫たちの中で奉公への参加ができない者が増えていたことは、［KK.d.2815］に収録された1113年／1701-02年の調査結果からも確認できる。スィリストレ、ニーボル県に住む総数2,045人の征服者の

---

57)　［Kazıcı 2005 (1977): 202-04］

2章 征服者の子孫たち

子孫たちの中で、労役不能者が931人とその半数近くを占めている。さらに、死亡者484人、困窮者116人、逃散者635人と台帳には記されており、逃散者が死亡者や困窮者の総数より多い。特にヘザルグラトHezārgrād[58]とトゥルノヴァ Tırnova[59]郡では逃散者が100人を越えており、マルカルイェ Ma'lķarye[60]、バルチュク Balçıķ[61]、カラス、ピレヴァディ Pirevadi[62]郡では死亡や逃散や困窮により奉公が可能な征服者の子孫たち［の成員］が1人もいなくなってしまっている。そのため、17世紀末の1108年／1696-97年に作成された［KK.d. 2771］から［KK.d. 2815］の1117年／1705-06年作成の記録まで、台帳に一貫して登場する郷は、アラキリセ別名オスマンパザル Alā Kilise nām-ı diğer 'Oṣmān Pāzārı[63]、ババダー Baba Ṭaği[64]、チャルタク Çartāķ[65]、ハジュオスマンパザル Ḥācı Oṣmān Pāzārı、ヘザルグラト、ルスチュク Rusçuķ[66]、シュムヌ、トゥルノヴァ、イェニパザル Yeñi Pāzār[67]に限られている。ニーボル、スィリストレ県で、1113年／1701-02年、1114-16年／1702-05

---

58) 現ブルガリア領ラズグラト。バルカン山脈の北に位置する。
59) 現ブルガリア領ヴェリコ・タルノヴォ。バルカン山脈の北に位置する。
60) 別名マルカラ。テキルダーの西に位置する。
61) 現ブルガリア領バルチク。ヴァルナの北、黒海北西岸、ドブロジャ地方の南に位置する港町。
62) 別名プレヴァディ。現ブルガリア領プロヴァディヤ。ヴァルナの西に位置する。
63) 現ブルガリア領オムルタク。バルカン山脈の北に位置する。
64) 現ルーマニア領ババタグ。黒海北西岸、コンスタンツァの北、ドブロジャ地方に位置し、有名なスーフィー聖者のサル・サルトゥクの墓廟がある［家島 2017: 275-91］。家島は、現在もババタグの町に残るガーズィー・アリー・パシャ・モスク Geamia Gazi Ali Paşa (rom.) の入口付近には「1538年、ルーマニア遠征の途中、この地を訪れたオスマン朝のスルタン＝スレイマン2世［sic］による花押 (ṭughrā, tuğra) を刻んだ石版が現在もなお残されている。」と述べているが、家島が示す写真によれば、このモスクに残るトゥーラは、スレイマン2世 (r. 1687-89) ではなくアブドゥルアズィズ (r. 1861-76) のものであり、おそらく現存する石版はアブドゥルアズィズの時代にこのモスクが再建もしくは修繕されたことを記念したものであろう［家島 2017: 284-87］。
65) ルメリ州ニーボル県。現ブルガリア領。
66) 現ブルガリア領ルセ。ドナウ川に面し、現在はブルガリアとルーマニアの国境の町となっている。
67) バルカン山脈の北に位置する現ブルガリア領のノヴィパザルもしくは現セルビア南部のサンジャク地方に位置するノヴィーパザールを指しているのであろう。

179

年、1118年／1706-07年の3度に渡って、征服者の子孫たちの人数調査をおこない、死亡した者、老齢の者、奉公不能者、行方不明者を除外して、台帳を再作成させた旨を記した1117年／1705年の命令も、征服者の子孫たちの中で奉公に参加できない者が増加していたことを裏づけている[68]。

　そして、過去、国税の代替税として歩兵1人につき2クルシュや、アヴァールズ税、糧秣代替税、家畜追いの羊・山羊税の代替金、羊・山羊税、糧秣調達税といった諸税が徴収されてきたが、これは不当な税であると徴収を禁止し、上記の税を免税対象にくわえたことが、先の記録には明記されている。征服者の子孫たちという集団や制度を維持するためには、再度、免税特権の内容を確認し、過剰な税を取り立てることを禁止することで逃散者や困窮者の減少と労役可能な者の確保と維持を図る必要があったのである。その上で、歩兵1人につき5クルシュの国税mīrīの免税権代替税を徴収することが命じられた[69]。さらに、ユリュク台帳から征服者の子孫たちは完全に分離され、ユリュク身分の免税特権は完全に廃止され、征服者の子孫たちに含まれなかった元ユリュクを臣民／被支配層として扱うよう命じられた。征服者の子孫たちはやはり軍人／支配層ではあるが、免税特権はすべての税が対象ではなく、一部の税は徴税されていたことが、ここから確認できる。征服者の子孫たちに対しても、一部の税は課税されており、完全な免税特権を有していたわけではなかった。

　この台帳作成命令を受けて、1121年ズー・ル＝ヒッジャ月1日／1710年2月1日にはルメリ州の征服者の子孫たちの奉公の免除税を支払った者の名前と人数を記した台帳[70]が作成された。その他、征服者の子孫たちの人数と支払う税を確定させ、不当な税の徴収や税の過剰な取り立てを禁止することや、死亡者、老齢者、労役不能者、さらには、征

---

68)　[MHM.d.114-1: hkm.no.2857]
69)　征服者の子孫たちからの免税権代替税の徴収に関するその他の命令については、以下を参照されたい[MHM.d.110: hkm.no.2811; 111: hkm.no.831, 1007, 1468, 112: hkm.no.223, 227, 802; 114: hkm.no.134-35]。
70)　[D.BŞM.d. 988]

服者の子孫たちを記録した台帳に間違って登録された通常の臣民／被支配層を台帳から除外することを命じる命令が幾度となく発布された[71]。

しかし、上記の免税特権に反する事例も、史料には見られる。1116年第一ジュマーダー月上旬／1704年9月上旬付の命令[72]では、スィリストレ、ニーボル県での征服者の子孫たち台帳の再作成と、征服者の子孫たちの免税特権、他の行政官による不当な税の支払要求や処罰、介入を禁止することとともに、前身のルメリのユリュクと同様に、征服者の子孫たちが耕作をおこなった場合はその耕地のディルリク保有者へウシュル税を支払う旨が記されている。また、1121年第一ラビー月25日／1709年6月4日付の命令書[73]では、カンディイェ Ḳandiye[74]、リムニ Limni[75]城防衛の任務にあたるイェニチェリの補給に、征服者の子孫たちが支払うアヴァールズ税と糧秣調達税を充てることが命じられている。先の命令で廃止されたはずの税が、実際には徴収され、活用すらされていたことがここから分かる。免税特権と税収のせめぎあいの中で、この時点では征服者の子孫たちの免税特権の範囲は確定しておらず、不安定な状態が続いていた。

征服者の子孫たちが支払う税の種類と免税特権の範囲が最終的に確定したのは、1716年に作成された征服者の子孫たちに関する台帳［KK.d.2858］になる。この台帳は、先行する［KK.d.2782］と同様に、居住する征服者の子孫たちの歩兵とエシキンジの人数を記している。居住している郷の数は1697年作成の［KK.d.2782］から減少しており、その居住地は縮小傾向にあった。ただし、ルメリのユリュク台帳である［KK.d.2737］から18世紀に作成された征服者の子孫たちを記録した台帳である［KK.d.2858］、［C.DH.209/10412］にいたるまで、アヴレトヒサル、ラヴィシュテ、スィロズ、ティクヴェシュ Ṭikveş[76]郡はすべての台帳に登

---

71) ［MHM.d.114-1: hkm.no.1066-67, 1097, 1573, 1598, 1840, 2857, 2892, 3064-65］
72) ［MHM.d.114-1: hkm.no.1598］
73) ［İE.AS.61/5594; Gökbilgin 1957(2008): 316-17］
74) クレタ島最大の都市であるイラクリオのトルコ語名。同市のイタリア語名カンディアに由来する。
75) エーゲ海の北部に位置する現ギリシア領リムノス島のトルコ語名。

場している。特にアヴレトヒサルは16世紀および17世紀にセラニク・ユリュクが居住していた郷である。このように、これら歴史的マケドニアからトラキア平原にいたる地域には、ルメリのユリュクから征服者の子孫たちへ至る連続性が確認できる。そして、[KK.d.2858]の端書には征服者の子孫たちに対する税の規定に関して以下のように記されている。

> （前略）ルメリにいる征服者の子孫たちの一団は、古来、勃発した帝王の遠征で大砲と大砲輸送の奉公に雇われるよう定められ、歩兵6人につき武装し準備万端の若くて力のある1人のエシキンジが、毎年順番で出動し、帝王の遠征で起こる崇高なる奉行で雇われてきた。ゆえに、これに対応して、アヴァールズ税と糧秣調達税 'avārız [ve] nüzl に家畜追いの羊・山羊税、その他もろもろの諸税は免税であった。しかし、遠征がどこであろうと、歩兵2人つき1世帯と家畜追いの羊・山羊税を課すようになり、臣民／被支配層 re'āyā と記録され、免税［特権］は廃止されてしまった。前述の者達は、帝王の遠征で大砲と大砲移送の仕事に雇われ、必要な際には防衛と籠城に任じられ、また、管理官と兵団長とともに任じられた場所に留まり、雇われてきたが、［免税の］代わりに徴用される歩兵は、非正規兵や峠守 beldār[77]に対して、国 mīrī により与えられる金 akçe にくわえ、皆もまた［税を支払い］助けてくれているにもかかわらず、また必要なだけ雇われず、時に任じられた場所にもいなかった。このようにして問題が国や郡の人びとへあらわとなった。また以前、定められた通りに免税［特権］は保たれ、古来、ユリュクの息子のユリュク（ユリュク身分の世襲者）である者は、新たに台帳に記録されるために、詳細に諸条件をともなって発布された崇高なる栄誉の命令に従って、元会計監査長 baş bākī ḳulı のハサン・アアという僕が記録官 muḥarrir に、財務局の次席たち māliyye ḫulefā からキャースィー・アフメト・ハリーフェが書記に任命された。［彼らを］台帳に記録し、封をして［イスタンブルに］送られた台帳の簡易帳 icmāl［の記録］に基いて、世帯と家畜追いの羊・山羊税と［通常の］羊・山羊税、遠征がない seferler olmadığı 年に支払う代替税 bedel

---

76) ルメリ州セラニク県。現マケドニア領。
77) 峠や山地の隘路などの交通の要所を警備する役職［Osmanlı tarih deyimleri: berdaran］。

が見積もられ、まとめられた。(後略) [KK.d.2858: 4-6; Gökbilgin 1957 (2008): 307-08]

征服者の子孫たちは、アヴァールズ税、糧秣調達税、家畜追いの羊・山羊税、その他諸税は免税であること、支配層に属し大砲の運搬の仕事を担っていたこと、また、遠征の代替税も課税されていたことが記されている。ただし、現場ではこの規定がきちんと遵守されておらず、征服者の子孫たちが臣民／被支配層として扱われ、違法にも徴税されてしまう問題や、徴兵が必ずしも順調に進まないといった問題が生じていた。そこで、あらためて征服者の子孫たちは、原則として免税特権を持つ支配層であり、その免税特権の内容を確認し確証する必要があった。そのため、続く箇所では、

(前略) 台帳に記録され、また実子 ṣulbī ṣābī evlādları が、神が望み給うたならば inşallāh、[代わりに奉公へ] 至り、戦争や戦いで奉公をすることは可能であり、彼の子供 veledeş とみなされ、管理官が嘆願し知らせて台帳 [の記録] に含めることとする。この他に「我々は征服者 [の子孫] たちの親類であると記録されており、台帳に [その記録が] 残っている。」といったり、その他の言い訳をして免税 [権] を [不当に] 主張したりする者へ、配慮はなされない。管理官と兵団長もまた保有を主張せず ṣāḥip çıkmayup、台帳に名前が記録されている者本人と、その実子のみが軍人／支配層 ʻaskerī に準じており、大砲や大砲輸送の仕事に雇われ、奉公と引き替えに、アヴァールズ税、糧秣調達税、家畜追いの羊・山羊税、羊・山羊税、糧秣調達代替税 bedel-i sürṣāt[78]、その他もろもろの諸税は免税である。スィパーヒーやイェニチェリや従士 cebeci や砲兵や砲車兵や楽隊や門番 ḳapucı や勅許状の民 (特権保持者) ehl-i berāt、ワクフから給金を受け取る者 ehl-i cihāt、ティマール保持者の徴税権 dirlik へくわえられ [彼らの徴税対象者として扱われ] ることは法に反している。(後略) [KK.d.2858: 4-6; Gökbilgin 1957(2008): 307-08]

とあらためて征服者の子孫たちの免税特権を確認し、免税の対象として、

---

78) [Kazıcı 2005(1977): 204-05]

アヴァールズ税、家畜追いの羊・山羊税、羊・山羊税、糧秣調達代替税、その他諸税が明記されている。そして、徴税や免税特権をめぐる混乱を避けるため、征服者の子孫たちの成員と支払う税を記録した台帳が他の台帳から分けられ、定期的に人員の増減を記録して整理し、構成員を確定させるよう命じられた。この決定を受けて作成された［C.DH. 209/10412］では、1129 年サファル月 24 日／1717 年 2 月 7 日付の命令書で、征服者の子孫たちが遠征時には大砲の輸送に従事しており、6 人中 1 人のエシキンジを供出してきたことをあげ、アヴァールズ税、家畜追いの羊・山羊税や羊・山羊税の免税をあらためて宣言し、これらの税の徴収は不当であると禁止し、遠征での奉公を命じている[79]。この後も、幾度と無く征服者の子孫たちの台帳作成や訂正命令は出されていった[80]。

　征服者の子孫たちを記録した台帳の作成は、主に征服者の子孫たちを管理する管理官や台帳作成官の嘆願を受けて発布されている。例えば、1116 年ムハッラム月上旬／1704 年 5 月上旬 - 中旬付の命令[81]では、征服者の子孫たちが、台帳に一般の臣民として誤って登録されており、本来ならば免税であるはずの税の支払いを強要されたと訴え出て、あらためて中央政府から税の取り立ての禁止と台帳の再作成命令を、上記の管理官や台帳作成官を通じて引き出させている。また、1117 年第二ジュマーダー月中旬／1705 年 9 月下旬 - 10 月上旬付の命令[82]では、セラニク、フィリベ、エディルネ県で、征服者の子孫たちに属する村人から、不当な税の取り立てがおこなわれており、そのために征服者の子孫たちが困窮し、居住地から逃散しているとの訴えが届けられた。この事態に

79） この台帳のアラビア文字による翻刻が［Gökbilgin 1957(2008): 318-33］である。
80） 本文で言及しなかった征服者の子孫たちの台帳作成に関する命令は以下の通りである［MHM.d.110: hkm.no.359, 951, 953, 2898; 111: hkm.no.1956; 112: hkm.no. 466, 1551; 114: hkm.no.962, 1033; 114-1: hkm.no.853, 1097, 1443, 1548, 1597; 116: hkm. no. 1342, 118: hkm. no. 1411; 119: hkm. no. 1033; 127: hkm. no. 1617; C. DH. 181/9011; C. ML. 600/24750; İE. AS. 46/4146; 47/4313; İE. DH. 7/634; 14/1284; 15/1419; 16/1456; 18/1705; 24/2165; 32/2802; İE. MİT. 2/104; 2/107; 2/126; 2/128; İE.ML.63/5918; 64/6017; Altınay 1930(1989): 158-61; Gökbilgin 1957(2008): 313-16］。
81） ［MHM.d.114-1: hkm.no.1097］
82） ［MHM.d.114-1: hkm.no.2892］

対して、オスマン朝中央政府は、遠征参加と引き替えの諸税の免税、死亡者や逃散者の台帳から除外と台帳の再作成を命じた。

17世紀末に成立した征服者の子孫たちは、軍人／支配層であったために、本来ならば完全な免税特権を有する立場にあった。しかし、18世紀初頭にかけてその免税の内容や範囲はたびたび変更され、最終的に、遠征へ行かない場合の遠征の代替税の支払い義務は残された[83]。税制においては、征服者の子孫たちは、完全な免税特権を有する軍人／支配層とはいえず、「先祖」のルメリのユリュクと同じく、遠征参加と引き替えに一部税の免税特権を認められてはいるが、免税対象外の税の支払い義務は負う奉公集団であったといえよう[84]。

18世紀初頭に確定した征服者の子孫たちの免税特権の範囲と支払う税の税目は、しばらくは守られ続けたことが、台帳の記録や各種徴税に関する命令書の記録といった史料から確認できる。一例をあげると、18世紀後半の1200年ラジャブ月11日／1786年5月10日に発行された[C.ML.743/30300]では、ルメリ州マナストゥル、ピルレペ郡にいる征服者の子孫たちは、遠征時に軍務に従事することと引き替えに、諸税は免税であり、免税権代替税のみを支払うことや、他の行政官からの税の取り立ては禁止される旨が書かれている。

しかし、19世紀に入ると、この征服者の子孫たちの免税特権の内容に変化が見られ始める。1243年サファル月27日／1827年9月19日に作成された[C.ML.358/14668]では、モレア遠征に参加するために、エーリ・ブジャク郡で徴用される征服者の子孫たちについて、兵役代替税

---

83) 例えば、1145年／1732-33年の対サファヴィー朝戦役に際して、セラニクの征服者の子孫たちから非正規兵を徴用し、「エシキンジの［遠征参加が］容赦される［ことと引き換えの］定額の免税権代替税 eşkinciyānıñ 'afv olunan bedel-i mu'āfiyye-yi maķṭū'ları」を徴収することが命じられている［Subhi: 185］。

84) このような制度のいわば先祖返りの例として、ルメリ州の非ムスリム住民を対象としたヴォイヌク制の廃止と再復活があげられよう。ルメリ州の非ムスリムを対象に、一定の封土を割り当て、労役や軍役を課す代わりに免税特権を認めるというヴォイヌク制は、一部の非ムスリムを特権的に扱うことが問題視され、1691年に廃止された。しかし、ヴォイヌクの担ってきた役割を果たす適当な者がいないことを理由に、ヴォイヌクにもジズヤ、ウシュル税の支払い義務を課すことを新たに定め、1693年にヴォイヌク制は復活した［Ercan 1986; Ak 2011］。

'asker bedeliyyesi、［糧秣の］蓄えと羊・山羊の代替税 ẓaḫā'ir ve ağnām bedelleri の免税を征服者の子孫たちが主張したが、征服者の子孫たちの免税特権の中には上記の税が入っていないことを確認したと記し、上記の税を取り立てることを命じている。征服者の子孫たちの免税特権の内容が、19世紀に入ると徐々に狭められ、征服者の子孫たちが一般の臣民／被支配層に近づけられていることが、ここからうかがえよう。

19世紀中頃に始まったタンズィマート改革は、オスマン朝の政治制度のみならず社会、経済、文化を大きく変えていった。雑多な諸集団や諸制度が統合され画一化されていく流れの中で、1845年に征服者の子孫たちの持つ戦役への参加義務と免税特権は廃止され、今後は他の臣民／被支配層と同等に扱われることが決定された[85]。16世紀から続いてきた、奉公への参加義務と引き替えに免税特権を持つという奉公集団の歴史はこうして終焉を迎えたのである。

小　結

17世紀に入り、兵員や非戦闘員として徴用されることがなくなっても、通常の臣民／被支配層とは異なる税制を適用された集団としてルメリのユリュクは存続していた。17世紀末からは、対オーストリア、ロシア、イランといった戦争の増加・激化とその中での火器・火砲の重要性が増すにつれ、常備軍が崩壊しつつあったオスマン軍の再生と、税制の立て直し、税収の増加の両方が必要とされた。そのため、ルメリのユリュクに対する戦役への参加命令が再び出されるようになった。

しかし、実に1世紀ぶりに徴用が再開されたことは、ルメリのユリュクから反発を招き、ユリュクの命令拒否や逃散につながった。また、1世紀の間にユリュクのオジャク組織の解体は進み、他の身分とユリュクの間の境界が曖昧になりつつあるなど身分や役職をめぐる混乱が起こり、円滑な徴用に困難を引き起こしていた。そこで、徴用令に対するルメリ

---

85)　[C.DH. 5/210; C.DH.37/1811; Çevik 1971: 84-85; Arslan 2002: 42-46; Özcan 2008]

のユリュクの反発を抑え、全体像を把握することが困難になっていたルメリのユリュクを統一的に管理し兵員を供出するために「アナトリアからバルカン半島へ征服のために渡ってきた」という征服の伝承が戦役参加義務と免税特権の根拠として新たに持ちだされ、ルメリのユリュクをもとに征服者の子孫たちという統一的な奉公集団が生み出されるにいたった。

　従事していた奉公活動の内容を見ると、17世紀から18世紀の征服者の子孫たちは、軍隊の中で兵士、城塞の防衛、砲兵や砲車兵として働いていた。これらの仕事はルメリのユリュクの延長線上に位置するものであったが、征服者の子孫たちは16世紀のルメリのユリュクよりも軍人／支配層としての性格を強く持っていた。税制の面では、17世紀末に成立した征服者の子孫たちは、当初は軍人／支配層として税の支払いを免除されていたが、18世紀初頭にかけてその免税の内容は変更され、最終的には遠征へ行かない場合の代替税の支払いが確定した。税制においては、征服者の子孫たちは、ルメリのユリュクと同様、遠征参加と引き替えの免税特権と一部税の支払い義務を負う奉公集団であった。

　相次ぐ戦争により兵員の需要が増大した17世紀末に、征服者の子孫たちは、城塞の防衛兵、砲兵や砲車兵を確保するためにルメリのユリュクが「復活」する形で成立したが、税収の減少との兼ね合いの中、従軍と引き替えの免税特権や遠征がない時の代替税の支払いというルメリのユリュクへの「先祖返り」を経て、オスマン軍の中でその位置付けを確定させたのである。税収の減少と軍人／支配層としての奉公の兼ね合いの中で、ルメリのユリュクから征服者の子孫たちへ改組されたことで、その軍役については変化が見られたが、免税特権についてはたびたびの変更の結果、ルメリのユリュクと変わらないものへ落ち着いた。そのような漸進的な変化を経て、奉公集団である征服者の子孫たちは、19世紀のタンズィマート改革で最終的に廃止されるまで、その命脈を保ったのである。

コラム3

オスマン朝はまだ生きている？——2012年の路上の嘆願書書き

　オスマン朝時代の行財政文書・帳簿の中には、官吏や臣民が上位の官吏や中央政府に宛てた「嘆願書 'arż-ı ḥāl」が多数存在する。これら嘆願書は所定の書式、定型文で書かれ、そこには嘆願したい内容と嘆願をするにいたったあらましが記された。近代以前の識字率が低い社会で、単に文字が書けるのみならず、所定の書式に基づき、しかも嘆願先の役所組織を理解した上で的確な宛先に宛てて嘆願書を書き上げることは、一般の人びとにとって容易なことではなかった。そのため、オスマン朝時代にはこの嘆願書の代筆をおこなう嘆願書書きがおり、時には路上で嘆願書の代筆を請け負っていた（G. Sarıyıldız. *Solak Yazıcıları: Osmanlılarda Arzhaller ve Arzuhalciler*. İstanbul: Derlem Yayınları, 2010.）。

　このような歴史の一コマとして嘆願書と嘆願書書きを理解していた著者は、2010年から2年間、トルコに留学した際に、史料調査の申請や外国人の滞在許可証発行申請にあたって、現代トルコ語では「ディレクチェ dilekçe」と呼ばれる、所定の書式と定型文で嘆願の内容と嘆願をするにいたったあらましを記す書類をさんざん書くことになった。オスマン時代の嘆願書ほどに典雅な文章を書くことこそ要求されないものの、閲覧したい史料の所蔵先や案件を担当する部局を調べ、適切な宛先に宛てて己の乏しいトルコ語作文力を駆使して嘆願書を書かねばならないことに飽き飽きとし、いっそ嘆願書書きに頼もうかとイスタンブルの路上で嘆願書書きを探し回ろうとしたこともある。

　PCやプリンタの普及で、路上の嘆願書書きはイスタンブルのような大都会では駆逐されてしまったようだが、思わぬところで、オスマン時代の伝統が生き残っていることを目にした。2012年にトルコ有数の都市であるアダナ市を訪れた際に、アダナ市の中央警察署の向かいの路上に人が集まっているのを遠巻きに目にし、野次馬根性を発揮して人だかりに近づいていくと、思わず息を呑んだ。そこに集まった人びとの輪の中心には、公道に堂々と机とタイプライター（！）を置いて、お客の依頼に応じて嘆願書を次々と書き上げている、まさに路上の嘆願書書きの

姿がそこにあった。葦のペンで書かれたアラビア文字からタイプライターで打ち出されたラテン文字へと時代の流れにより変わったものもあるが、路上の嘆願書書きという伝統はアダナではしっかり生き残っていたのである。「国滅んでも伝統は死なず」と妙な感動を覚えた光景であった。

第Ⅱ部　遊牧民の定住化

3章
16世紀における遊牧民の定住化

夏のアナトリア高原では、地平線の果てまで枯草が広がり、ところどころに小麦の作付けを待つ耕地が見られる。かつてのボゾク県に相当するヨズガト県にて（著者撮影）

1 遊牧民から農民へ？——ボゾク県における遊牧民の定住化をめぐる考察

遊牧民は征服により大帝国を打ち立てるのみならず、しばしば遊牧生活をやめて特定の地域に住み着くことで、その地域の歴史に大きな影響を及ぼしてきた。現在、トルコ共和国領であるアナトリアにおいても、同地のテュルク化、イスラーム化の要因の1つに遊牧民の定住化があげられてきた。

近年、大量に残されたオスマン朝の行財政文書・帳簿を用いて、アナトリアにおける遊牧民諸部族の名前とその構成、居住地を明らかにしたいくつもの論考が生み出されている。しかしながら、行財政文書・帳簿を用いた遊牧民研究の多くは依然として遊牧民の部族名や居住地といった個々の情報の提示、行財政文書・帳簿より明らかにされる人口や担税額の変遷の列挙に主眼を置く傾向が強い。結果、膨大な量の研究が蓄積されてきたにもかかわらず、夏営地・冬営地間の移動生活から村への定住生活への変化という遊牧民の定住化や、遊牧から農耕への生業の変化といった遊牧民の農民化と、史料上の人口や担税額の推移を単線的に結びつける傾向が強い。そのため、定住化や農民化という現象自体もしくはその要因をあらためて問う研究は、管見の及ぶ限り乏しいといえよう。

本節では、アナトリアの中部地域、ルーム州南部に位置する「ボゾク県 Bozok Sancağı」と呼ばれる一地方を対象に、遊牧民の定住化、農民化の様態とその要因を論じる。

ボゾク県は、中央アナトリアを流れるクズル川東岸から内陸の高原地帯へ広がる地域の呼称であり、現在のヨズガト県 Yozgat İli にほぼ相当する[1]。同地は、1515年のオスマン朝によるデュルカディル・ベイリク

---

1) ヨズガト県の大半は標高700メートルから1,500メートルの高原地帯であり、その中を東部のアクダー山地を水源とするデリジェ（・ウルマク）川 Delice Irmak やカナク（・スユ）川 Kanak Suyu 、チェケレク（・スユ）川 Çekerek Suyu などといった河川が流れている。年平均気温は9℃前後、年平均降水量は500ミリメートル前後であり、これは小麦の天水農業が可能な降水量（300-400ミリメート

▍第Ⅱ部　遊牧民の定住化

地図3　16世紀のアナトリアとボゾク県
　　　　［TT.d.998: 172］より作成

　Dülkādir/Ẓü'l-Kādir Beğliği[2]征服以後、オスマン朝の支配体系に組み込まれ、租税調査台帳が数冊作成された。これらの租税調査台帳を用いてボゾク地域の遊牧民に関するいくつかの研究があらわされ、ボゾク県では、16世紀前半は、町どころか村すら存在せず遊牧生活を送る諸部族が住み着いているだけであったにもかかわらず、16世紀中頃には村が形成され農耕がおこなわれるようになるという急速な遊牧民の定住化、農民化が生じたとされてきた[3]。

　　ル）を上回る。現在、同地では冬と春に降る雪や雨を利用して、牧畜や農耕が行われている［Yurt Ansiklopedisi: Yozgat; Koç 1989: 6-9; 原 1989: 36-37; 平岡 1989: 5-11］。16世紀のボゾク県の郡、郷の区分の変遷については以下の論考を参照されたい［Gökbilgin 1965: 51-61; Sümer 1967 (1999); 1974; Koç 1989: 16-21; 2000a: 490-92; Usul 1990; Öz 1997］。なお、［TT.d.155］ではボゾク県にはボゾク郡しかなかったが、［TT.d.315］ではボゾク郡とアクダー Aḳ Ṭaġ 郡の2つに分かれている。

2）　1337年から1522年にかけて、マラシュ、マラティヤ、エルビスタンといった南東アナトリアを支配した地方政権。このベイリクの名には様々な表記があり、名称は統一されていない。本書では代表的な先行研究に準拠し、「デュルカディル」の表記を用いる［Yinanç 1989］。オスマン朝のアナトリア中部および南東部征服と統治制度の同地への適用の過程について、最新の研究としては、［Muslu 2017］がある。

196

しかしながら、それらの研究の大半は遊牧民諸部族の名や担税額の推移といったボゾク県に関する個々の情報を提示することに終始している。そのために、オスマン朝の支配に組み入れられたボゾク県において遊牧民の定住化、農民化が急速に進んだ理由は依然として未解明のままである。

無論、租税調査台帳から読み解くことができる遊牧民の姿は、「オスマン朝政府が認識している遊牧民の姿」に過ぎず、必ずしも地域に居住する全遊牧民の実際の姿を反映しているわけではない。ただし、租税調査台帳が租税徴収のために「オスマン朝政府が認識している地域の住民」を把握する目的で作成されたものである以上、租税調査台帳から「オスマン朝政府の遊牧民認識」を抽出することは可能であろう。したがって、本書では16世紀前半から中頃のボゾク県を対象に、財政文書等の各種文書・帳簿類を用いて税制や担税額の変化から、上記のボゾク県における急速な定住化、農民化の理由を明らかにする。

1 法令集におけるボゾク県住民の認識の変化

まずは、ボゾク県を対象とする法令集を用いて、ボゾク県における税目、税制の変化を基に、行財政文書・帳簿を作成したオスマン朝政府がボゾク県の住民、特に同地の部族集団[4]をどのように認識していたのかを明らかにする。

なお、本書では、耕地そのものや耕地から取れる作物に対して課せら

---

3) 例えば、[TT.d.155]ではボゾク県全体でわずか6村しかなかった村は、[TT.d.315]では702村と大幅に増加している [TT.d.998: 58; 315: 5; Sümer 1974; Koç 1989; 2000b: 195-209; Öz 1999: 787-94]。ボゾク県における遊牧民の定住化については、以下の研究を参照されたい [Sümer 1967(1999); 1974; Koç 1989; 2000a; 2000b; Usul 1990; Öz 1999]。

4) 本書で用いたボゾク県を対象とした行財政文書・帳簿にはカビーレ、ジェマアトの語のみが登場し、その他の部族組織を表す語はほぼ用いられていない [Orhonlu 1987: 14-24, 57; Türkay 2001: 17-23; Şahin 2006; 永田 1984: 183-214]。ボゾク県における各部族集団の名称とその構成については、以下の論考を参照されたい [Sümer 1974: 313-18; Usul 1990: 45-47; Cansız 2000: 220-23]。そもそも、ボゾク県の名は、同地に居住する遊牧民の多くが、オグズ二十四氏族中の十二氏族をまとめたボズ・オク Boz Ok という集団に属していたことに由来する。

第Ⅱ部　遊牧民の定住化

ヨズガト県近郊のチョルム県ハットゥシャ遺跡からの中央アナトリアの眺望（著者撮影）

れる諸税をまとめて「耕地・作物税」と、羊・山羊税などの耕地・作物税以外の諸税を「非耕地・非作物税」と呼んで、以後の議論を進めていく。

ボゾク県を対象に作成された初の法令集である「937年／1530-31年ボゾク県法令集」[5]には、以下の税に関する規定がある。

　　［太陽／農事暦］マユス月（5月）Mayıs に羊が仔羊を産み（出産が）終わった後、オスマン朝の法 ḳānūn に従い、羊と仔羊［の頭数］が数えられ、2匹につき1アクチェが［羊・山羊税として］取られるように。（中略）
　　一部のスィパーヒーはそのティマールに少額のバードゥ・ハヴァー税 bād-ı havā-yı hürde が記載され、彼らの勅許状 berāt に記録がなされた。
　　挽臼税 resm-i āsiyāb は、1年間動いている挽臼 değirmen から1ヶ月につき5アクチェずつ、その［1年分の］勘定に従うと60アクチェ、そ

5)　［Kanuni KN(6): 224-36］

して 6ヶ月動いているものからは 30 アクチェが取られるようにせよ。
［Kanuni KN（6）: 232, 236］

937 年／1530-31 年ボゾク県法令集には、羊・山羊税の規定があり「羊 2 頭につき 1 アクチェ」とその税率や額が定められている。またバードゥ・ハヴァー税、挽臼税に関する規定も見られる。ただし、耕地税などの、オスマン朝において一般的な耕地・作物税の徴収に関する規定は見られない。また、部族集団を含む羊の保有者を対象とした税には、羊・山羊税の他に冬営地税、夏営地税 resm-i yaylaḳ、群れ税などがある。ボゾク県が属するルーム州、デュルカディル州の法令集にはこれらの牧畜関係の諸税に関する規定があるが、ボゾク県法令集では、これらの税に関する規定は全く見られない。さらに、オスマン朝は部族集団が生産する羊毛や皮革、馬やラクダといった家畜そのものを各種税や賦役の中に取り込み積極的に利用したが[6]、ボゾク県の法令集からは、オスマン朝政府が皮革や羊毛や、羊や山羊以外の家畜を税として徴収しようとした試みもまた確認できない。

937 年／1530-31 年ボゾク県法令集では、以下の税目が廃止されている。

> かつて、臣民／被支配層 reʻāyā めいめいが収穫物を脱穀する前に、[収穫の] 残りを取り分ける他に、ヘズィール・アクチェ hezīr akçesi といって一定金額の税が取られた後、5 分の 1 ḫums ［の税率］でその [国の] 取り分を［税として］取った。（中略）今では、脱穀された穀物が計測されるとすぐに 5 分の 1 の収穫が［税として］取られ、ヘズィール・アクチェが取られることはないようにせよ。
> そしてまた各耕地 çift から 12 アクチェずつ耕地税が取られていた。オスマン朝の国土 memālik-i ʻOs̱mānī では遊牧民 yörük から耕地税は取られないので、前述の者（遊牧民）からの耕地税［の徴収］は廃止された。［Kanuni KN（6）: 231, 235］

この中で、耕地税を「遊牧民からは徴収しない」として廃止しているこ

---

6) ［Kanuni KN（6）: 191-224, 264-87; Lindner 1983: 55-66; Orhonlu 1987: 21-28; 三沢 1989: 12-20］

とは注目に値する。この規定から、937 年／1530-31 年ボゾク県法令集の段階で、オスマン朝政府が、「ボゾク県には遊牧民が居住している」と認識していたことが明確に読みとれる。ただし、「収穫の 5 分の 1 を徴収する」との規定は廃止されていない。オスマン朝において収穫物から一定の割合の現物を徴収する税はウシュル税[7]であるので、1530-31 年のボゾク県において、ウシュル税として収穫の 5 分の 1 が徴収されていたことが分かる。

では、937 年／1530-31 年ボゾク県法令集から四半世紀後に作成された「963 年／1556-57 年ボゾク県法令集」では上記の諸税に関する規定はどのようになっていたのであろうか。

　　ザーイム、スィパーヒー、臣民／被支配層そして遊牧民 yörük の中のある者が土地［の用益権］を保有 taṣarrıf していた場合、耕地税が割り当てられ、全チフト tamām çift を持つ者へは 36 ［アクチェのチフト税が］、半チフト nīm çift との記録がある者へは 18 アクチェ［のニーム税が］、そして、土地を持たない既婚者 müzevvec には 12 アクチェずつベンナーク税 resm-i bennāk が、独身 mücerred で働いており耕地を耕すことができる者へは 6 アクチェずつジャバ税 resm-i caba ［の支払い］が［台帳に］記載される。
　　前述の地域（ボゾク県）のウシュル税 'āşār については、古くから［収穫の］5 分の 1 が［ウシュル税として］取られているので、以前の決定に従い、再び［ウシュル税の税率は収穫の 5 分の 1 と］定める[8]。
（中略）
　　農耕をおこなうために、未開墾地や空地から［土地を］求める者には、タプ ṭapu をもって［土地が］与えられ、1 ミュッドの穀物が蒔かれる土地のなかで良質の土地に対しては 30 ［アクチェ］、中程度［の土地］に対しては 20 ［アクチェ］、質の悪い土地に対しては 15 アクチェを［タプ税として］徴収せよ。
　　昔から農耕がおこなわれている耕地が、3 年間連続して耕作されていないことや、その［土地の］保有者が死亡し耕作がなされていない

---

7) ボゾク県の租税調査台帳では、収穫物の量を計量単位であるキーレで示した後に、それをアクチェに換算した額が併記されている。
8) 原文では「ḳayd ḳayd olunmuşdur」と誤記されている。

（耕作放棄地）ことをもって、タプ［税の支払い］と引き換えに［その土地の耕作希望者に用益の］権利を与えよ。富裕な者に対しては50アクチェ、中程度からは40アクチェ、貧者からは25アクチェを［タプ税として］取れ。[Kanuni KN(6): 238-39, 245, 247]

耕地税、ウシュル税に関する規定が初めて登場していることが963年／1556-57年ボゾク県法令集の最大の特徴である。また、タプ税 resm-i ṭapu/resm-i ṭapu ve deştbānī [9]と呼ばれる、耕地の用益権取得と引き替えに支払う税の規定も初めて登場しており、ボゾク県の住民が農耕をおこなうために耕地を新たに獲得していたことが示唆される。それに対して、963年／1556-57年ボゾク県法令集には、羊・山羊税以外の遊牧民を対象とした税に関する規定どころか、羊・山羊税に関する規定すら記されていない[10]。

したがって、法令集から、16世紀中頃までにボゾク県における税制が、耕地を保有し耕作をおこなう村に定住する住民、すなわち農民を対象にしたものに変化した可能性がうかがえる。ただし、937年／1530-31年ボゾク県法令集の段階で遊牧民を対象とした税が羊・山羊税以外にはほぼ見られないことから、オスマン朝政府がボゾク県の部族集団を他の地域の遊牧民と同じように扱ってはいなかったことも、同時に確認できるのである。

2 租税調査台帳におけるボゾク県住民認識の変化
―― 記載方式の観点から

本項では、法令集の各種税に関する規定が、実際にはどのように適用されていたのかという問題を租税調査台帳を用いて明らかにし、ボゾク県の部族集団をオスマン朝政府がどのように認識していたのかを明らかにする。

---

9) 無主地となり国庫に没収された臣民／被支配層の耕地、または新たに開墾された土地の用益権を臣民／被支配層が獲得する際に支払う税。ただし、父から子へ耕地の用益権を相続する場合、タプ税は課税されない[Çagatay 1952]。
10) 牧畜に関する規定は「家畜の耕地侵入に対する罰則」のみである[Kanuni KN(6): 237-47]。

第Ⅱ部　遊牧民の定住化

表8　[TT. d. 155]における「耕地・作物税」と「非耕地・非作物税」の一覧

	「非耕地・非作物税」	「耕地・作物税」
TT.d.155 (1530-31)	羊・山羊税	耕地で栽培される穀物に対するウシュル税
	結婚税	挽白税
	バードゥ・ハヴァー税	

[TT.d.155]より作成

(1) 記載方式の変遷に見る住民認識の変化の変遷

　937年／1530-31年ボゾク県法令集と同時期に作成された[TT.d.155]には、臣民／被支配層から徴収される税目として、羊・山羊税、結婚税、バードゥ・ハヴァー税といった非耕地・非作物税の徴収の記録が見られる。その一方で、法令集に「遊牧民からは徴収しない」と書かれた耕地税などの耕地・作物税に関する記録はない。また、前述の冬営地税などの遊牧民を対象とする各種税の記録も全く見られない。

　ただし、[TT.d.155]では、耕作地 mezra'a ごとに穀物の収穫量と収穫物に対する担税額が簿記用の特殊な数の表記法を用いて記載されている。この税については、「穀物 el-ġallāt」とのみ書かれており、「ウシュル」とは書かれていない。しかし、穀物の量と担税額が記載されていることや、937年／1530-31年ボゾク県法令集ではウシュル税は収穫の5分の1と定められていることから考えて、この記録はウシュル税を指していると推察される。よって、[TT.d.155]では、非耕地・非作物税が税目の中心を成しているものの、ウシュル税のような耕地・作物税も徴収されていたと分かる。

　租税調査台帳の記載形式にも特徴がある。[TT.d.155]では、カビーレ、ジェマアトといった部族集団の名前が最初に記され、続けて、総担税額と税目、税目ごとの担税額が書かれている。また、部族集団が耕作地を持つ場合は、その耕作地の名前と耕作地の収穫物に対するウシュル税の担税額が追記されている。いわば、部族集団ごとに個々の税目と担税額が記載されており、部族集団が分類の基準となっている。ここから、同

3章 16世紀における遊牧民の定住化

租税調査台帳［TT. d. 155］の記載例［TT. d. 155: 27］

① 部族集団名
cemāʻat-i Erkeklü
ʻa[n] ḳabīle-yi Ḳızılḳocalu

② 課税対象者の名前、総数
nefer（担税者総数）: 28
ḫāne（担税戸数）: 25

③ 担税額の総計、税目とその担税額（以下、担税額の単位はアクチェ）
ḫāṣıl: 1,316
resm-i ġanem: 700
resm-i ʻarūs: 196
bād-ı havā: 420

④ 耕作地の名称・担税額
mezraʻa-'i Paşa Yayla
Cemāʻat-i mezbūre zirāʻat éder.
ḫāṣıl
el-ġalle
kīle: 140
700 [aḳçe]

時代のボゾク県において租税調査台帳を作成したオスマン朝政府が、ボゾク県の住人を部族集団に基づいて区分し認識していたことが分かる。ただし、耕地・作物税が徴収されていたことから、ボゾク県の部族集団の生業が遊牧のみであるとは認識されていなかったことには留意する必要があろう。

203

前章ですでに述べたように、法令集においては963年／1556-57年ボゾク県法令集で税の規定は大きく変化し、耕地・作物税の規定が多く登場するようになった。では、963年／1556-57年ボゾク県法令集と同時期に作成された[TT.d.315]ではどのような変化が生じたのであろうか。

[TT.d.315]では、耕地税と小麦 gendum、大麦などの作物ごとのウシュル税とそれらの税額が、簿記用の数字表記法を用いて必ず記されている。くわえて、タプ税、巣箱税、挽臼税、果樹園税 resm-i bāġçe、庭園税 resm-i bostān 等の耕地・作物税が主な税目として登場し、以前から見られた税は羊・山羊税、結婚税、バードゥ・ハヴァー税、耕作地 mezra'a からの収穫物に対する税のみである。ここから、963年／1556-57年ボゾク県法令集と符合して、耕地・作物税の税目が初めて、そして大量に登場していることが、[TT.d.315]における大きな変化として指摘できよう。その一方で、非耕地・非作物税の税目は、牧草地税 resm-i çāyır/resm-i otlaḳ が新しく見られるようになった程度でほとんど変化は見られない[11]。また、耕地用益権の新規取得時に支払うタプ税が[TT.d.315]でも見られることから、税制上のみならず、ボゾク県の住民による耕地の用益権の取得がおこなわれていたと推察される。

さらに、租税調査台帳の記載形式においても大きな変化が見られる。[TT.d.315]では、[TT.d.155]のようにカビーレ、ジェマアトといった部族集団ごとに区分するのではなく、まず村の名前が記され、その後に、担税者の名前と分類、総数、さらに担税額の総計と税目および税目ごとの担税額が記載されている。つまり、部族集団ではなく村名ごとに区分がなされているのである。

さらに、村に耕作地が存在する場合は、その耕作地の名前と耕作地で収穫される穀物に対する担税額が追記されており、部族集団の名前はその村に住む部族集団が明確な場合に、村名の後に付記されるに過ぎない。すなわち、部族集団から村へ分類の基準が大きく変化し、分類上、部族集団とその居住地の主従関係が逆転しているのである。ここから、法令

---

11) [TT.d.315]には、夏営地税と群れ税の項目がごく稀に登場することがあるが、その担税額の総額は羊・山羊税の1パーセントにも満たない。

3章 16世紀における遊牧民の定住化

表9 ［TT. d. 315］における「耕地・作物税」と「非耕地・非作物税」の一覧

	「非耕地・非作物税」	「耕地・作物税」
TT.d.315 (1556-57)	羊・山羊税	耕地税（保有耕地の面積に応じて課せられる税）
	結婚税	チフト税
	バードゥ・ハヴァー税	ニーム税
	牧草地税	ベンナーク税
		ジャバ税
		ウシュル税（作物に対して現物で徴収される税）
		小麦
		大麦
		レンズ豆
		カラスノエンドウ（飼料用作物）burçak ほか
		タプ税
		巣箱税
		亜麻 kettān のウシュル税
		果物 şīra のウシュル税
		果樹園税
		菜園税
		挽臼税
		耕作地 mezra'a で栽培される作物に対するウシュル税

［TT.d.315］より作成

集において税に関する規定が大きく変化したことと符合して、16世紀前半から中頃のボゾク県では、非耕地・非作物税から、農作物から徴収される耕地・作物税へ実際に徴収された税目の中心も移行し、ボゾク県住民の分類基準が部族集団から村へと移行したと結論づけられる。

いわば、生業が実際に遊牧から農耕へ移行したかどうかとは別に、上述の行財政文書・帳簿上の変化は、租税を徴収するオスマン朝政府が、ボゾク県の住民すなわち部族集団を「遊牧民」ではなく「農民」として理解するようになった、すなわちオスマン朝政府の認識の上での「定住化」が起こったことの反映であるといえよう。

205

▎第Ⅱ部　遊牧民の定住化

(2) 担税額の変遷に見る住民認識の変遷

　次に、租税調査台帳を用いて、実際の担税額の変化を基に、部族集団に対するオスマン朝政府の認識の変化を考察する。

　すでに述べたように、[TT.d.155]では部族集団ごとに区分がなされ、部族集団が耕作地を持つ場合のみ、その耕作地の名と税目、担税額が記載されている。したがって、部族集団名が書かれない耕作地は存在しない。また、村そのものも県全体で6村しか見られない。対して、[TT.d.315]では村ごとに区分がなされ、続けてその村に帰属する部族集団の名前が挙げられている。この結果、[TT.d.315]では、[TT.d.155]とは大きく異なり、村の数が702村に増加し、さらに村名のみで部族集団名が記載されない例が非常に多く登場するようになった[12]。

　では、それらの部族集団名が記載された村および耕作地と部族集団名が無記載の村や耕作地を比較すると、どのような特徴が見られるのであろうか[13]。

　ボゾク県全体での担税額において、部族集団名が記載されていない村や耕作地に対する総担税額は、計193万5,499アクチェ[14]中107万1,141アクチェと総担税額の55パーセント、担税者の総数[15]については2万6,642人中1万5,538人とボゾク県全体の担税者人口の58パーセント、村および耕作地の総数、すなわち地片数では1,318中789と全地片

---

12) [TT.d.998: 6]

13) 1530-31年のボゾク県全体の総担税額は145万3,560アクチェ、村の数は6、耕作地総数は884である。1556-57年のボゾク県全体での村の総数は702、耕作地の総数は616と、先述のように村の数が大幅に増加している [TT.d.998: 53; TT.d.315: 5; Sümer 1974: 323; Koç 1989: 58; 2000b: 203-09; Öz 1999: 790-94]。

14) [TT.d.315]には、ボゾク県の総担税額は195万1,813アクチェと記されており、ボゾク、アクダー両郡に対する担税額の総計と1万6,314アクチェの差が存在する。ただし、郡に対する担税額を記した部分と比較して、ボゾク県総担税額を記した部分には担税額の誤記が目立つことや、本書で扱った諸税目は全て郡に対する担税額に含まれていることを考慮して、表9には[TT.d.315]に記載された値そのものではなく、両郡の担税額の合計値をボゾク県に対する総担税額として、本書では記した。[TT.d.315: 9]

15) [TT.d.315]はボゾク県における担税者の総数を2万6,652人と誤って記している。[TT.d.315: 9]

3章 16世紀における遊牧民の定住化

租税調査台帳[TT. d. 315]の記載例[TT. d. 315: 147]

① 村名－村に居住する部族集団名、ディルリク受領者の名を続けて記載

ḳarye-'i Ḳavaḳ vīrān 'a[n] cemā'at-i Turnāḫānlu 'a[n] ḳabīle-'i Ḳızılḳocalu tabi'-i Elma ḥācılu

tīmār-ı Murād v[eled]-i Gümkün

② 課税対象者の名前とその総数

nefer: 8　　　　ḫāne: 4

③ 課税額の総計、税目とその課税額（単位：アクチェ）

ḥāṣıl: 1,300

'a[n] el-ġallāt: 500

　　gendum: 60 kīle　　şa'īr: 50 kīle

'a[n] el-rüsūmāt: 800

　　resm-i çift: 2 'aded nīm fī 18: 36　　resm-i bennāk 4 'aded fī 12: 48

　　resm-i aġnām: 616　　　　　　　　resm-i ḳovān: 102

　　resm-i 'arūs: 20　　　　　　　　　resm-i ṭapu ve deştbānī: 50

　　bād-ı havā 'a[n] mīr-livā

④ 耕作地の名称と課税額（単位：アクチェ）

mezra'a-'i Alıp pınar nezd-i ḳarye-'i Ḳavaḳ vīrān

tīmār-ı Murād v[eled]-i Gümkün

ḥāṣıl: 140

数の60パーセントといずれも全体の半分以上を部族集団名が無記載の村もしくは耕作地が占めている。もちろん、この傾向がボゾク県全体で一律に見られるわけではない。ボゾク郡のみに限った場合、部族集団名が無記載の村および耕作地がボゾク郡に対する総担税額の37パーセント、担税者の総数の38パーセントしか占めておらず、部族集団名が記載された村、耕作地の方がむしろ多い。しかしながら、ボゾク郡の2倍の担税者人口を有するアクダー郡では、担税額の64パーセント、担税者の総数の69パーセント、村、耕作地の地片数の65パーセントを部族集団名が無記載の村、耕作地が占めている。このように地域的な差異はあるものの、わずか25年前に作成された[TT.d.155]では、部族集団ごとに分類が成されていたがために、部族集団名が無記載の村、耕作地が存在しないことを考えると、[TT.d.315]において担税額、担税者、地片数すべてで部族集団名が無記載の村および耕作地が全体の半分以上を占めるほどに、部族集団名が無記載の村・耕作地が増加したことは注目に値しよう。

それでは、この部族集団名が無記載の村および耕作地が増加した理由は何であったのか。[TT.d.155]と[TT.d.315]の間の20年間で、ボゾク県へ特定の部族集団に属していない農民が大量に流入し、村を形成するにいたった可能性も考えられるが、同時期のアナトリアは、1526年から2年間続いたカレンデルオール Kalenderoğlu の乱以降、大きな戦乱が起こっておらず、むしろ農村から都市への人口流入が起こったとされる。このことを考慮すると、同時期の部族集団名が無記載の村および耕作地の大幅な増加が、主として県外からの農民が大量に流入し住民の大半が入れ替わったことで引き起こされたとは考えがたい。むしろ、この時期にオスマン朝政府がボゾク県住民を「農民」として扱うようになっていたことに鑑みると、オスマン朝政府がボゾク県の住民を「遊牧民」ではなく村に住む「農民」と認識するようになり、もはや「遊牧民」とは認識されなくなったボゾク県住民が多数登場したために、[TT.d.315]では、村、耕作地のみで部族集団名が記載されない例が登場した。そして、このことが、部族集団名が記載されない村および耕作地の大幅な増加を引

表10 ボゾク県　部族集団名記載・無記載比較表

		税収	人口		地片		
		課税総額	課税者総数	課税世帯数	村	耕作地	村・耕作地総数
ボゾク郡	総計	628,626	8,826	5,950	255	247	502
	無記載	231,772	3,323	2,556	95	165	260
	記載	396,854	5,503	3,394	160	82	242
アクダー郡	総計	1,306,873	17,816	9,161	447	369	816
	無記載	839,369	12,215	6,004	318	211	529
	記載	467,504	5,601	3,157	129	158	287
ボゾク県	総計	1,935,499	26,642	15,111	702	616	1,318
	無記載	1,071,141	15,538	8,560	413	376	789
	記載	864,358	11,104	6,551	289	240	529

［TT.d. 315］より作成

き起こしたのであろう。いわば、台帳上の部族集団名無記載の村や耕作地の著しい増加も、オスマン朝政府がボゾク県の住民を「遊牧民」ではなく「農民」として認識するようになったことの反映であった[16]。

　まとめると、法令集の各種規定、租税調査台帳の記載様式、税目、税額のいずれの点においても、16世紀のボゾク県では、地域の住民がオスマン朝政府により「遊牧民」として認識されていたが、時代を経るにつれて村に住む「農民」として扱われるようになった。オスマン朝治下のボゾク県においては、租税調査台帳上の変化はオスマン朝政府の住民認識の中で「定住化」が進展したことの反映であった。先行研究においては、実際の生業の変化に即応するものとして、台帳における上記の変化がボゾク県における急速な遊牧民の定住化に結びつけられてきたが、

---

16) ただし、17世紀においてもボゾク県内の郷の一覧に「クズルコジャル」、「セルマン」もしくは「スレイマン」といったボゾク県に居住する部族集団の名に由来する郷の名が書かれており、定住化後も、ボゾク県の住人の間で、部族や氏族の意識は保たれていたと考えられよう［Öz 1999］。また、ボゾク県には東部アナトリアからクルド系のリシュヴァン族などの遊牧民が19世紀に至るまで新たにやって来ており、それらの部族集団により、季節移動をともなう遊牧生活が、17世紀以降も行われていた［Söylemez 2016; Winter 2017］。

前述の急速な定住化の進展には、オスマン朝政府による部族集団の認識の変化という要素もあったのである。

3 租税調査台帳における部族集団ごとの担税額の変遷と部族集団認識の変化

(1) 部族集団別の担税額の変遷

前項では、時代を経るにつれてボゾク県の住民がオスマン朝政府から「遊牧民」から「農民」として扱われるようになり、実際の生業の転換のみならず、オスマン朝政府による部族集団の認識の変化による「定住化」が見られたことを明らかにした。それでは、16世紀中頃にオスマン朝政府がボゾク県住民の認識を遊牧民から農民へ変えた理由は何であったのであろうか。また、ボゾク県では地域の部族集団を「遊牧民」とみなしていた1520年代においても、他地域で見られるような遊牧民を対象とした各種の税がほとんど見られなかったが、この理由はいかなるものだったのだろうか。本節では、租税調査台帳を用いて部族集団ごとの耕地・作物税や非耕地・非作物税の担税額の変化を分析し、上記の問題を考察する。ただし、ボゾク県に住む部族集団の構成や数には変動があり一定ではない。そのために、本書では、ボゾク県における部族集団の変遷を調べるために、16世紀前半から中頃の30年間に渡って、[TT.d.155]、[TT.d.315]両租税調査台帳に一貫して登場する以下の12部族集団のみに限定し、比較と分析をおこなった[17]。

・アリー・ベイリュ 'Alī Beğlü 族 cemā'at[18]
・アージャル Ağcalu 族 ḳabīle
・アージャ・コユンル Ağca Ḳoyunlu 族

---

17) 本書で対象とする12部族集団は、[TT.d.315]では担税者の総数、村または耕作地の地片数、総担税額においては全部族集団の6割から7割を占めている。
18) アリー・ベイリュ族、デリュ・アリーリュ族、ヒサール・ベイリュ族に対しては「ジェマアト」の語のみを用いて史料に記録されており、「カビーレ」の語は上記3部族には用いられていない。その他の部族には「カビーレ」の語が史料では用いられている。

- チジェクリュ Çiceklü 族
- デリュ・アリーリュ Delü 'Alīlü 族
- デミュルジュレル Demürcüler 族
- ヒサール・ベイリュ Ḥiṣār Beğlü 族
- クズルコジャル Ḳızılḳocalu 族
- ソクレン Söklen 族
- シャーム・バヤドゥ Şām Bayadı 族
- テジルリュ Tecirlü 族
- ザーキルリュ Zākirlü 族

　税目の中に、耕地・作物税の項目がウシュル税しか見られない[TT.d. 155]でも、両租税調査台帳に共通して登場する 12 の部族集団全体では、耕地・作物税の担税額の総額が 28 万 7,855 アクチェと、総担税額 66 万 7,163 アクチェの 43 パーセント近くを占めており、この担税額は羊・山羊税のそれの約 2 倍にあたる。耕地・作物税の項目が大幅に増加した[TT.d.315]では、総担税額 58 万 1,745 アクチェ中の 73 パーセントにあたる 42 万 6,510 アクチェが耕地・作物税で占められており、耕地・作物税と非耕地・非作物税の比率は逆転している。部族集団ごとに見た場合でも、耕地・作物税の担税額はアージャル族、アージャ・コユンル族、デミュルジュレル族、ヒサール・ベイリュ族、ソクレン族、シャーム・バヤドゥ族、テジルリュ族、ザーキルリュ族の 8 集団で最大 11 倍、平均で 3 倍、数値のばらつきを考慮した中央値においても 1.8 倍に増加している。[TT.d.155]と[TT.d.315]間で総担税額はデミュルジュレル族、ヒサール・ベイリュ族、ソクレン族、テジルリュ族の 4 集団でしか増加しておらず、その増加量も最大でも 3 倍、平均では 2 倍、中央値でも 1.3 倍程度にしか過ぎないことと比べると、耕地・作物税の増加率は高いといえよう。

　それでは、[TT.d.155]から[TT.d.315]の間での耕地・作物税の担税額の大幅な増加は、同地域における農地の大幅な拡大や農耕の進展を意味するのであろうか。[TT.d.315]においてはオスマン朝政府の部族集団認

第Ⅱ部　遊牧民の定住化

表11　ボソク県　部族集団別の人口、課税額の一覧

租税調査台帳	部族集団名	担税者総数	担税戸総数	部族集団の総数	村総数	耕作地総数	総担税額	耕地・作物税 総担税額	耕地・作物税 ウシェル税	非耕地・非作物税 総担税額	非耕地・非作物税 羊・山羊税
TT.d.155	アージャル	2,088	1,660	34	0	145	170,633	65,385	65,385	105,248	40,554
TT.d.315	アージャル	2,575	1,523	20	73	76	167,102	122,107	85,577	44,995	38,578
TT.d.155	アージャ・ココソル	507	445	6	0	9	30,150	4,480	4,480	25,670	4,465
TT.d.315	アージャ・ココソル	385	234	4	7	3	21,800	14,581	6,577	7,219	4,143
TT.d.155	アリー・ベイリュ	463	344	8	0	31	28,898	9,800	9,800	19,098	7,655
TT.d.315	アリー・ベイリュ	102	73	1	4	5	10,544	7,829	5,993	2,715	2,195
TT.d.155	チジェクリュ	820	572	17	0	68	63,834	29,040	29,040	34,794	15,231
TT.d.315	チジェクリュ	517	243	9	13	7	27,587	18,716	11,811	8,871	7,151
TT.d.155	デリュ・アリーリュ	224	179	2	0	20	23,855	7,300	7,300	16,555	3,050
TT.d.315	デリュ・アリーリュ	40	27	1	1	1	6,800	5,073	4,292	1,727	1,567
TT.d.155	デミルジュレル	429	350	20	0	45	43,799	22,385	22,385	21,414	6,624
TT.d.315	デミルジュレル	627	348	3	16	11	47,236	35,902	26,572	11,334	9,905
TT.d.155	ヒサール・ベイリュ	227	177	3	0	3	16,862	8,950	8,950	7,912	2,470
TT.d.315	ヒサール・ベイリュ	724	420	1	24	19	58,773	43,077	30,038	15,696	13,781
TT.d.155	クズルコジャ	1,515	1,283	23	0	23	124,311	59,095	59,095	65,216	28,040
TT.d.315	クズルコジャ	1,327	798	10	29	17	68,250	52,626	31,113	15,624	13,002

3章　16世紀における遊牧民の定住化

TT.d.155	ソクレン	107	90	22	0	81	25,599	19,910	19,910	5,689	2,200
TT.d.315		302	170	5	13	20	32,674	28,121	22,951	4,553	3,868
TT.d.155	シャーム・バヤドゥ	1,103	891	22	0	81	105,467	50,320	50,320	55,147	17,750
TT.d.315		1,013	608	10	18	21	99,343	64,915	48,869	34,428	19,569
TT.d.155	デジルリュ	154	122	1	0	4	6,570	1,600	1,600	4,970	1,200
TT.d.315		454	256	3	8	3	23,078	17,942	11,302	5,136	4,456
TT.d.155	ザーキルリュ	400	344	14	0	18	27,185	9,590	9,590	17,595	5,303
TT.d.315		199	128	3	5	9	18,558	15,621	12,066	2,937	2,442
TT.d.155	12部族集団総計	8,037	6,457	172	0	528	667,163	287,855	287,855	379,308	134,542
TT.d.315		8,265	4,828	70	211	192	581,745	426,510	297,161	155,235	120,657

課税額の単位：アクチェ
[TT.d.155; 315] より作成

識の変化を反映して、耕地税やタプ税に代表される種々の耕地・作物税が徴税の対象として導入された結果、耕地・作物税の税目の点数は大きく増加した。その一方で、[TT.d.155]と[TT.d.315]の両租税調査台帳に登場する唯一の耕地・作物税であるウシュル税は28万7,855アクチェから29万7,161アクチェに微増したのみである。それにもかかわらず、耕地・作物税の総額では28万7,855アクチェから42万6,510アクチェと1.5倍ほど大幅に増加している。ここから、[TT.d.315]における耕地・作物税の大幅な増加は、[TT.d.315]において、ウシュル税以外の耕地・作物税の項目の登場によるものであることが明らかである。また、部族集団ごとに見た場合でも、ウシュル税の担税額は、アージャル族、アージャ・コユンル族、デミュルジュレル族、ヒサール・ベイリュ族、ソクレン族、テジルリュ族、ザーキルリュ族の7集団で最大7倍、平均で2.4倍、中央値では1.3倍ほど増加している。しかし、この値は、上記の耕地・作物税の担税額の増加率には遠く及ばない。ここから、両租税調査台帳における耕地・作物税の大幅な増加は農民を対象とした税目が多く導入されたという税制の変化によりもたらされた、オスマン朝政府の部族集団認識の変化に起因するものであったといえよう[19]。

　耕地・作物税に関する税目が[TT.d.315]で大幅に増加しているために、耕地・作物税の多寡を単純に比較することはあまり意味をなさない。そこで本書では、[TT.d.155]、[TT.d.315]両租税調査台帳に登場しており、耕地・作物税、非耕地・非作物税の大半を占め、さらに両台帳で税率が変化していない[20]ウシュル税、羊・山羊税の多寡を比較することで担税額の変遷を分析する。

　まず、[TT.d.155]から[TT.d.315]において、12の集団から成る部族集

---

[19]　[TT.d.155]から[TT.d.315]の間の25年間で、村の総数が6から702に増加した理由も、定住化の爆発的な進展というよりも、オスマン朝政府のボゾク県の住民に対する認識の変化により、村として台帳に記録する件数が増えたことを反映していると解釈する方が適当であろう。

[20]　既に述べたように、一貫して16世紀のボゾク県における羊・山羊税の担税額は羊2頭につき1アクチェ、ウシュル税は収穫物の5分の1であり、その税率は変化していない。

団全体では、ウシュル税は 28 万 7,855 アクチェから 29 万 7,161 アクチェ、羊・山羊税は 13 万 4,542 アクチェ[21]から 12 万 657 アクチェと前者が微増、後者が微減しているものの、ほとんど変化は見られない。ただし、すでに述べたようにウシュル税の担税額は 7 つの部族集団で増加していることに対して、羊・山羊税の担税額はデミュルジュレル族、ヒサール・ベイリュ族、ソクレン族、シャーム・バヤドゥ族、テジルリュ族の 5 集団でしか増加していない。再び 12 の部族集団全体に目を向けると、[TT.d.155]では 1 つの部族集団あたりの羊・山羊税の額は 782.22 アクチェであったのが、[TT.d.315]では 1 村あたりの羊・山羊税の額は 571.83 アクチェと減少している[22]。対して、村および耕作地ごとのウシュル税の担税額は 545.18 アクチェから 737.37 アクチェに増加している。

このように、実際にはウシュル税しか「耕地・作物税」が徴収されていなかった[TT.d.155]においても、ウシュル税の担税額が総担税額の 40 パーセント以上をすでに占めていた。少なくとも租税調査台帳に記録された限りでは、[TT.d.155]の段階でもボゾク県内の部族集団が農耕にも従事していたことがオスマン朝政府にも充分認識されていたこと、さらに、[TT.d.315]においてウシュル税が羊・山羊税よりもはるかに高い値を示していることから、ボゾク県内では従来よりも農耕が拡大および進展しているとオスマン朝政府が捉えていたことは確かであろう。

(2) 村および耕作地別の担税額の変遷

続いて、[TT.d.155]、[TT.d.315]両方に一貫して登場しており耕作地から村へ発展したことが確認できる地片を対象に、それらの地片の担税

---

21) [TT.d.155]には欠損部が存在し、その欠損を埋めるために用いた[TT.d.998]には羊・山羊税を含む個々の税目別の担税額が記載されていない。そのために、ヒサール・ベイリュ族を除く 11 の部族集団において、一部の羊・山羊税の担税額は史料の破損により判別できず、羊・山羊税の総額に含めることができなかった。そのために、ヒサール・ベイリュ族を除いて、[TT.d.155]の実際の羊・山羊税の額は上記の値よりさらに高いものとなる。

22) [TT.d.155]ではジェマアトごとに羊・山羊税の担税額が記載されているが、[TT.d.315]では村ごとに羊・山羊税の額が書かれていることを考慮し、ジェマアトあたり、村あたりの値を算出した。

額の変遷を分析する[23]。

　前述の 12 の部族集団全体では、担税者の総数が 1,589 人から 2,834 人と 1.78 倍に、総担税額では 10 万 4,096 アクチェから 19 万 8,887 アクチェと約 2 倍に増加している。また、アージャル族を除く 11 集団で、総担税額は最大で 7 倍、平均して 3 倍近く増加している。

　ウシュル税は 12 の集団すべてで増加傾向にあり、総計では 3 万 2,130 アクチェから 10 万 314 アクチェと 3 倍以上に増えている。このようなウシュル税の大幅な増加に比べると、羊・山羊税は 12 の部族集団全体で 2 万 7,044 アクチェから 3 万 7,842 アクチェと 1.4 倍ほど増加したに過ぎない[24]。また、1 地片あたりのウシュルの担税額は約 487 アクチェから 1,520 アクチェと大幅に増加しているが、1 部族集団あたりの羊・山羊税の担税額は [TT.d.155] においては 795 アクチェだったのが、[TT.d.315] では 1 村につき 574 アクチェに減少している。いずれにしても、耕作地から村へ発展した地片では、ウシュル税の額が大きく上昇していることから、農作物の収穫が増えたことが読み取れる。対して、羊・山羊税の担税額は微増したに過ぎず、地片ごとにはむしろ減少傾向にあった。さらに、[TT.d.155] ではウシュル税と羊・山羊税の担税額に大きな差が見られないが、[TT.d.315] ではウシュル税の担税額は羊・山羊税の担税額の実に 3 倍以上に達している。

　上記の事柄により、租税調査台帳において耕作地から村へ記録が変更されたことが、単に台帳の記載形式が変わったことを含意するのみならず、少なくとも租税調査台帳の担税額から見る限り、村への記録の変更は、耕地・作物税やウシュル税の担税額の上昇と密接に結びついているといえよう。すなわち、耕作地から村への変化が単に耕地・作物税の税目増加のみに起因するものではないことが分かる。

---

23)　前述の 12 の部族集団に限定した場合、耕作地から村へ発展したことが明確に租税調査台帳から確認できるものは 211 地片中 66 地片と全体の約 3 分の 1 に満たない。

24)　上述の通り、[TT.d.155] における羊・山羊税の担税額は、ヒサール・ベイリュ族を除いて記載値よりも実際には高くなる。ただし、羊・山羊税の記録の点数を考えると、ウシュル税の上昇率には遠く及ばないと推察される。

租税調査台帳が「オスマン朝政府の認識に基づき、特定の集団に課税される税制、税目、担税額を記載する」ものである以上、租税調査台帳上の担税額の変化が、対象となった集団の実際の生業の変化と即応しているとは言いがたい。しかし、[TT.d.155]の段階で耕地・作物税が課税総額の半分近くを占めていたにもかかわらず、[Kanuni KN(6)]において「遊牧民からは徴収しない」との理由でボゾク県住民から耕地税が徴収されなかったことに鑑みると、[TT.d.315]においてウシュル税に限っても、その担税額が羊・山羊税のそれを大幅に上回っているという、この耕地・作物税の増加が、耕地税などのウシュル税以外の耕地・作物税を徴収するために、オスマン朝政府がボゾク県の住民を「遊牧民」としてではなく、「農民」として扱うインセンティブとなり得たことは確かであろう。そして、このオスマン朝政府の認識変化こそが、ボゾク県において、租税調査台帳の記録上の遊牧民の「定住化」につながったのである。

4　小結

　オスマン朝征服以後、16世紀前半のボゾク県において、オスマン朝政府は地域の住民を部族集団単位で把握し、「遊牧民」として扱った上で税制を適用していた。しかしながら、小麦の天水農業が可能な植生環境条件を持つボゾク県では、耕地・作物税であるウシュル税の担税額が担税額の総額の実に半分近くを占めており、羊・山羊税以外には遊牧民に対する税はほぼ徴収されていなかった。いわば、ボゾク県に居住する部族集団が農耕に従事していることを認めつつも、オスマン朝政府の認識の中ではボゾク県内の住民は「遊牧民」だったのである。続いて、16世紀中頃には税目や租税調査台帳の記載様式、地域区分の単位が部族集団から村へ変化したことから分かるように、オスマン朝政府の地域住民認識は「遊牧民」から「農民」へと変化し、耕地・作物税が総担税額の大半を占める状態にいたった。

　すなわち、16世紀のボゾク県において史料に現れる遊牧民の急速な定住化、農耕民化とは、実際の生業の転換にくわえて、オスマン朝政府

第Ⅱ部　遊牧民の定住化

の地域住民に対する認識の変化にも起因する「定住化」、「農民化」であったのである。少なくとも、16世紀前半から中頃のボズク地域においては、「定住化」とは遊牧から農耕への生業の転換を指すのみではなく、部族集団に対するオスマン朝政府の認識の変化という面を有していたのである。

2　遊牧民であり続けた農民
　　――アダナ県における農耕の拡大と遊牧民の存続

　前節では、アナトリア中部のボズク県を対象に、ボズク県租税調査台帳の徴税単位が16世紀中頃に、「ジェマアト cemā'at」と呼ばれる部族集団単位から村単位へ変わった事例に着目し、「遊牧民の定住化」と解釈されてきた租税調査台帳の記載方式の変化に、オスマン朝政府の地域に住む担税者に対する認識の変化が関与していたことを論じた。この「ジェマアト」の語は、すでに述べたように町や村に住むキリスト教徒、ユダヤ教徒などの特定の担税者集団や、テュルク、クルド、アラブ系遊牧民などの年間を通して特定の居住地に住みついていない一定の担税者集団を租税調査台帳に記録するために用いられてきた語である。したがって、租税調査台帳では、遊牧民は原則としてどのジェマアトすなわち部族集団に属しているのかが記され、耕作をおこなっている場合はその耕作地の名前が記録された。それらジェマアトが、牧畜と移動生活から農耕と定住生活に生業の比重を移し年間通じて住む村が形成されることで、ジェマアトではなく村ごとに租税調査台帳に記録されるようになるという「遊牧民の定住化」がアナトリアの各地で見られてきた。

　しかし、租税調査台帳には「牧畜をはるかに上回る規模で農耕がおこなわれているにもかかわらず、村ではなく部族集団であるジェマアトごとに記録がなされている」、「一年の大半の期間、もしくは年間通じて耕作がおこなわれている耕作地が存在する」といった例が見られる。このような現象は何故生じたのか、そして、租税調査台帳に登場するジェマ

3章　16世紀における遊牧民の定住化

アダナ市内を流れるセイハン川。ローマ帝国時代の橋が現在も川に架かっている（著者撮影）

アト、村、耕作地の各語はどのような意味を持ち、どのように区別がなされ、用いられていたのであろうか。

　本節では、アナトリア南東部に位置し、現在のトルコ共和国アダナ県 il とオスマニィェ県を合わせた地域に相当するオスマン朝治下のアダナ県 sancaḳ を対象に上記の問題を考察する。アダナ県は、県北部にはトロス山脈、県の南部にはアレクサンドレッタ／イスケンデルン İskenderun 湾沿岸に「チュクロヴァ Çukurova」と呼ばれる平野が広がる地勢に富む地域であった。特にセイフーン Seyḥūn 川（現セイハン Seyhan 川）流域の湿地帯は夏期にはマラリアを媒介する蚊が発生するために長らく年間を通じて人が住むには適さない土地であった。このアダナ県は、15世紀以降、ラマザン・ベイリク Ramażān Beğliği に支配されていたが、16世紀初頭にオスマン朝に併合された。その後、アダナ県ではディルリク制が施行され租税調査台帳が何度も作成されたために、16世紀の県内の住民の構成、生業、土地利用を通時的に検討することが可能である。

このアダナ県一帯の遊牧民を扱った研究は、大別するとアダナ県を含むチュクロヴァ一帯からシリア方面にまで広がっていた遊牧民の大規模な部族や氏族を扱った研究[25]と、租税調査台帳を用いた16世紀アダナ県の地誌的研究に大別される。後者の研究の中で、特にY. クルトはアダナ県租税調査台帳を用いてアダナ県の社会と経済に関する詳細な分析をおこなった。その中で、村がアヤス、クヌク、ベレンディ郷にしか存在しないこと[26]、アダナ県全体の担税額は、牧畜に関する税よりも農耕に関する税の担税額の方がはるかに高かったこと、県の担税者総人口の実に8割がいずれかのジェマアトに属していたこと、冬作物の小麦や大麦と、夏作物の棉花[27]、ジェイフーン Ceyhūn 川（現ジェイハン Ceyhan 川）以東の地域では大規模な灌漑を要する稲すら栽培されていたことを明らかにし[28]、16世紀を通じてアダナ県全体の担税者人口の8割は「ジェマアトに分かれて生活する遊牧民のテュルクメン cemaat halinde yaşayan konar-göçer Türkmen」、「完全な遊牧民ではなく冬営地または夏営地に住むテュルク系の半遊牧民 yarı göçer Türkler」であったと結論づけた[29]。

　これらの先行する研究により16世紀アダナ県の社会経済状況は詳細に解明された。しかしながら、何故、アダナ県では農耕がこれほど盛んであったにもかかわらず、担税者の8割近くを「ジェマアト」を単位に記録される部族集団が占め続け、上記の3郷以外では村が形成されなかったのかという問題は、解明されたとは言いがたい。

　したがって、本節では16世紀に10年から20年毎に作成された5点

25) [Sümer 1963; 1967(1999): 196; Bilgili 1999; Şahin 2006; Gökbel 2007] また、アダナ一帯に居住したスルクントゥ・テュルクメンの研究としては [Yazan 2016] がある。
26) [TT.d.450: xxxiii-xxxvi; 254: xix; 114: lxi-lxii] 例外として[TT.d.450: 21, 160]ではアダナ郡にはエーディル Eğdir 村、ユレイル Yüreğir 郡にケチリュ Keçilü、バシュゲテュレン Başgetüren 村が、[TT.d.177: 44]ではアダナ郡にチャタル Çatal 村が記録されている。
27) 遊牧民による棉花の栽培については以下を参照されたい [İnalcık and Quartaert 1994: 162-64]。
28) [TT.d.450: xix-lv; 254: xv-xxxvii; 114: xii-cvii; Soysal 1988; Kurt 1990]
29) [TT.d.114: cviii]

のアダナ県租税調査台帳[30]を用いて、ラマザン・ベイリク時代の諸制度との関係や他地域との比較を通じて、上記の現象がアダナ県で起きていた理由を考察する。

アダナ県を含むチュクロヴァ一帯は、19世紀以降、沼沢地の開発と土地改良により、棉花栽培がさかんになり、オスマン朝随一の綿花紡績の中心地となった。その一方で、同地域には、多数のテュルク系、アルメニア系、クルド系住民が新たに流入してきたことで、遊牧民諸部族の平定やその定住化を含む、地域社会の激変を経験した[31]。本章で16世紀のアダナ県における土地利用の一端を解明することは、16世紀に留まらず、現代にも及ぶアダナ県およびチュクロヴァ、そしてトルコとシリアの境界地域における諸問題を考察する上でも、一定の意義を有しよう。

1 租税調査台帳の記載形式と部族集団、村、耕作地

まずは、租税調査台帳の記載形式、記載内容の面からアダナ県における部族集団と村、村と耕作地の相違について考察する。

ジェイフーン川西岸および東岸の村または耕作地1地片あたりの作物に対する税、具体的には小麦、大麦、棉花といった、収穫された農作物に対して課せられるウシュル税[32]の担税額[33]の変遷を確認する。まず、

---

30) 租税調査台帳間でアダナ県の地域区分には異同が見られる。1519年作成の [TT.d.69] から1572年に作られた [TT.d.114] まで一貫して記録されている郷は、アダナ、ユレイル、サルチャム Saruçam、カラ・イサル Ḳara 'Īsālu、ハジュル Ḥācılu のみである。デュンダルルおよびブルガルル Dündārlu ve Burġārlu 郷は1525年作成の [TT.d.450] には登場しない。ベレンディ Berendi、クヌク郷が1519年以降にアダナ県に併合された郷であるために、[TT.d.450] 以降にしか登場しない。さらに、アヤス Ayās 郷(現ユムルタルク郡 ilçe)は1536年に作成された [TT.d.177] 以降、クヌク Ḳınıḳ 郷から分離して書かれる郷である [TT.d.114: lxxxiv-xciii]。

31) [Toksöz 2010; 佐原 2014: 77-108] 現代トルコの大財閥の一つであるサバンジュ sabancı 財閥(日本ではしばしば、「サバンチ」と表記されるが、トルコ語では「サバンジュ」と読む)は、アダナの綿業者に端を発する。

32) ウシュル税の税率は地域や時代ごとに異なるが、アダナ県ではウシュル税として収穫された作物の10分の1が現物で徴収された。

33) [TT.d.69] および [TT.d.450] では担税額の表記には「アレッポのアクチェ Ḥalebī

221

第Ⅱ部　遊牧民の定住化

　ジェイフーン川西岸における1耕作地あたりのウシュル税の担税額とジェイフーン川東岸の1村あたりのウシュル税担税額を比較すると、[TT. d.450]ではジェイフーン川西岸の方がその額が高いことが確認できる。また、栽培されている作物は、台帳では「カルイェ ḳarye」と表記される村と「メズラア mezra'a」と記される耕作地の両方で、小麦、大麦、棉花が中心であり大きな違いは見られない[34]。さらに、アダナ県内の耕作地の3割から5割で冬作物の小麦や大麦と夏作物の棉花がともに栽培されており、マラリアを媒介する蚊の問題があったにもかかわらず、アダナ県では耕作地が1年の大半の期間もしくは年間通して耕地として利用されていた可能性すらうかがえる。

　租税調査台帳における村と耕作地の最大の違いとしては、担税者の名前や人数が記されるか否かということがあげられる。租税調査台帳では、地域の担税者を登録するために村名が見出しとして用いられる。具体的には村名を見出しとして最初に書いた後に、その村に住む担税者の名前とその総数、課せられる各種税とその担税額が順に台帳に記録される。いわば村名を分類の基準や単位とした「村名分類」とでもいうべき記載形式が採用されている。アダナ県でも1520年以降にアダナ県に併合されたジェイフーン川東岸の郷では、[TT.d.450]から一貫して村が登場しており、村がある場合はこの村名分類が用いられている。対して、耕作地の場合は担税者の名前、担税者の総数、世帯税の税額が書かれることはない[35]。

　一方、村が存在しない場合は、代わりに部族集団を示す「ジェマア akçe」(以下ハレビー・アクチェ)と呼ばれるシリア、アナトリア南東部などでオスマン朝による併合以前から流通していた銀貨が用いられている。アダナ県法令集によれば、16世紀のアダナ県では1ハレビー・アクチェが0.4アクチェに相当した [Kanuni KN(5): 595, 597, 614, 616; TT.d.450: xxxix]。本書ではハレビー・アクチェで書かれている担税額をアクチェに換算した値を表12に記した。

34)　[TT. d. 450: xlii-lv; 254: xxvii-xxxvii; 114: lxxxiv-cvii; Soysal 1988: 177-78; Kurt 1990; Bilgili 1999: 176-77]

35)　16世紀における耕作地の特徴として「人口(担税者)に関する記録がない」、「作物からの直接税(すなわちウシュル税)の記録がある」、「耕作者にあたるジェマアトの名が書かれる」ことを [Soysal 1988: 175] はあげている。アダナ県の耕作地にも前者2つの特徴はあてはまる。

222

3章　16世紀における遊牧民の定住化

地図4　16世紀のアダナ県一帯
　　　　［TT. d. 988: 168］より作成

ト」の名を見出しにあげた後に、そのジェマアトに属する担税者の名前、人数、税目と担税額を租税調査台帳に記録している。地域の住人を台帳に分類して記録するためにジェマアトの名前を見出しとして採用するこの方式を「ジェマアト名分類」と本書では呼ぶこととする[36]。アダナ県租税調査台帳では村名分類とジェマアト名分類が併用され、村があるジェイフーン川東岸では村名分類、村がない西岸や東岸でも村がない場所

---

36)　［Soysal 1988］は［TT.d.114］を例にあげ、ジェマアト、村、耕作地の記載方式や記載内容の相違に言及している。ただし、担税者を記録するために、ジェマアト名分類と村名分類の双方が、［TT.d.114］以前の租税調査台帳からアダナ県では用いられていることや、その理由については述べていない。

ではジェマアト名分類を用いて県内の担税者が記録されていた。

また、［TT.d.450］と［TT.d.177］の間で部族集団と耕作地の表記に変化が生じていることが確認できる。まず、［TT.d.69］、［TT.d.450］ではジェマアト名を筆頭にその部族集団に属する担税者個々人の名前と人数、徴集される税の税目と額を列挙した後に、その部族集団が保有しており耕作をおこなっている耕作地の名前とそこから徴収されるウシュル税の税目と税額が続けて記録されている。さらに、耕作地名の後には耕作者にあたるジェマアトの名前や「前述の部族集団が耕作している」といった文言が書かれ、その耕作地でどの部族集団が耕作をおこなっているかが明確に示されている。いわば「ジェマアト・耕作地一体型」とでもいうべき記載方式が採用されているのである。

ところが、［TT.d.177］以降の租税調査台帳では、郷ごとにその郷に住むジェマアトの名前を見出しとしてあげ、担税者の名前と人数、徴収される税目とその担税額を記録した後、続けて、別のジェマアトの名前と担税者、担税額が列挙され、その後で同じ郷内に存在する耕作地の名前とそこから徴収されるウシュル税の税目、担税額が記録されている。また、耕作者にあたる部族集団の名前が書かれず耕作者がはっきりしない耕作地が多数登場するようになっている。つまり、部族集団と耕作地を別々に記録するという「ジェマアト・耕作地分離型」とでも呼べる記載方式に変化しているのである。

この結果、ジェマアト・耕作地分離型が始めて採用された［TT.d.177］では、耕作地と結びつけられて記録されていない、すなわち租税調査台帳では耕地未保有とされているジェマアトの記載数が［TT.d.69］、［TT.d.450］から一転して[37)]全ジェマアトの7-8割を占めるまで増加した。例えば、ユレイル郡のサザクル Sazaklu 耕作地では［TT.d.450］までは耕作者としてサザクル Sazaklu 族 cemā'at の名前が上がっていたが、［TT.d.

---

37) ただし［TT.d.450］ではクヌク郷でのみジェマアト・耕作地分離型の分類が用いられている。その結果、クヌク郷では37ジェマアト中29ジェマアトが耕作地を保有しておらず、耕作者にあたるジェマアトの名前が書かれていない耕作地が数多く見られる。

3章 16世紀における遊牧民の定住化

ジェイフーン川西岸の租税調査台帳の記載例 ［TT. d. 450: 300, 612］

cemā'at-i Ürgüd Işık-oğlı tābi'-i Kara 'Īsālu

（部族集団に属する担税者を列挙）

ḫāne: 22 [sic]　resm [-i ḫāne]: 2,750

mücerred: 5

bād-ı havā ve 'arūsāne: 300

resm-i ġanem: 300

yekūn: 3,350

Mekūrlar Şarı Pınarı'nda kışlayup zirā'at éderler.

mezra'a-yı Gürmenlik

Mekūr cemā'atiñ ekinliğidür.

'öşür-i ḫınṭa: 10 kīle

ḳıymet: 200

'öşür-i şa'īr: 10 kīle

ḳıymet: 100

'öşür-i bāğāt: 300

yekūn 500 [sic]

※徴税額の単位は全てアクチェ。

表12 ジェイフーン川西岸・東岸の村または耕作地の記載数と村または耕作地1地片あたりのウシュル税担税額、小麦と大麦と綿花が栽培されている耕作地の地片数の変遷（担税額単位：アクチェ）

租税調査台帳	ジェイフーン川西岸			ジェイフーン川東岸			小麦と大麦と綿花が栽培されている耕作地の地片数
	村記載数	耕作地記載数	耕作地一地片あたりのウシュル税担税額	村記載数	村一地片あたりのウシュル税担税額	耕作地記載数	
TT.d.69	0	316	799				103
TT.d.450	3	433	2,890	84	1,091	221	328
TT.d.177	1	419	1,690	55	2,673	149	287
TT.d.254	0	494	1,830	49	3,834	160	221
TT.d.114	0	511	1,661	55	3,603	151	223

[TT.d.69; 450; 177; 254; 114] より作成

ジェイフーン川東岸：アダナ、ユレイル、サルチャム、デュンダルルおよびブルガルル、ハジュル、カラ・イサル郷
ジェイフーン川東岸：ベレンディ、アヤス、クスン郷
* [TT.d.69]ではジェイフーン川東岸の3郷はアダナ県には属していなかったので、その値は含んでいない。

3章　16世紀における遊牧民の定住化

表13　アダナ県全ジェマアトの記載数、耕作地または家畜保有ジェマアトの記載数と
羊・山羊保有ジェマアトの担税者1人あたり羊保有頭数の変遷

租税調査台帳	ジェマアト記載数	耕作地保有ジェマアト記載数	家畜保有ジェマアト記載数	羊・山羊保有ジェマアトの1人あたり羊保有頭数
TT.d.69	464	420		
TT.d.450	425	308		10.89
TT.d.177	466	85	191	5.19
TT.d.254	633	503	264	4.77
TT.d.114	586	214	260	10.88

[TT.d.69; 450; 177; 254; 114] より作成

* 耕作地の保有の有無は租税調査台帳でその耕作地が特定のジェマアトに属する旨が書かれているか否か、家畜保有の有無は羊・山羊、水牛税 resm-i cāmūs の記録の有無で判断した。
* [TT.d.69]ではジェマアトごとではなく、台帳の末尾にアダナ県内の羊・山羊税の担税額の総計が書かれているために「家畜保有ジェマアト記載数」、「羊保有ジェマアトの1人あたり羊保有頭数」の値は記していない。
* [TT.d.450]では、水牛税などの羊・山羊税以外の家畜諸税の担税額はジェマアトごとではなく台帳の末尾に総額のみが書かれている。そのために「家畜保有ジェマアト記載数」の値は記していない。

177]以降は、耕作するジェマアトの名前が一切あげられなくなる[38]。1547年に作成された[TT.d.254]では耕作地の名前の後に耕作者にあたるジェマアト名が書かれる例が再度増加し、耕地を保有している部族集団の比率は部族集団の8割にまで回復したが、[TT.d.114]では再び耕地を保有している部族集団の比率は下落し、すべての部族集団の半数以上が耕地未保有とされている。

16世紀アダナ県では担税者を登録するためには村名分類の代わりにジェマアト名分類が用いられていたこと、また、ジェマアト名分類がジェマアト・耕作地一体型からジェマアト・耕作地分離型へ変化したことが確認できた。それでは、村・耕作地双方で農耕の規模、内容に大差がないにもかかわらず、アダナ県では村名分類ではなくジェマアト名分類

---

[38]　[TT.d.69: 25-26; 450: 112-13, 533; 177: 99; 254: 135, 717; 114: fol.45b, 115] [TT.d.69: 26]では、「サザク Sazak 耕作地」と書かれている。

が用いられ、さらに部族集団と耕作地の記載方式が一体型から分離型に変化した理由は、何であったのだろうか。

2 税制とジェマアト名分類の存続

本項では、アダナ県で村名分類ではなくジェマアト名分類が用いられてきた理由を、アダナ県に適用された税制の面から考察する。

そもそも、16世紀のオスマン朝でディルリク制が施行された地域では、一般に耕地を持つ担税者からは保有する耕地の面積に応じて定額の耕地税が徴収された。耕地を保有しない遊牧民に対しては、保有する羊や山羊の頭数に応じて徴収される羊・山羊税が主に課せられ、また遊牧民が農耕をおこなうと、ウシュル税や土地の利用税などが徴収された[39]。

アダナ県の住人の多数は部族集団に属している。しかし、[TT.d.177]、[TT.d.254]、[TT.d.114]の3点の租税調査台帳で部族集団の4割から5割でしか家畜税の記録を確認できない。また、担税額から算出した担税者1人あたりの家畜の保有頭数については、その数が最も多い羊や山羊ですら5から10頭程度に過ぎない。つまり、アダナ県の部族集団の半数以上はジェマアト名ごとに租税調査台帳に記録されながらも「家畜を持たない」ものとして扱われており、家畜を保有する部族集団によりおこなわれている牧畜の規模も大規模なものではなかった。このような部族集団からも耕地を保有して耕作をおこなっていればウシュル税を徴収することが可能であるが、前章で述べたように県内には耕地の保有記録がない部族集団も多数存在した。では、アダナ県の担税者の大半を占める部族集団に対しては羊・山羊税や耕地税の代わりにどのような税制が適用され、彼らから徴税がおこなわれていたのだろうか。

アダナ県初の法令集には、耕地税の代わりに以下の規定が登場する。

> アダナ県では、この [台帳] より前に帝王の命令により記録がなされ[40]、[以前に] 台帳が作られた際には、[マムルーク朝スルターン]

---

39) [Kanuni KN (4): 310-16, 340-45, 397-98, 427-28; Halaçoğlu 2009 (2011): xx-xxiii] ただし、羊・山羊税は羊を保有していれば定住農民からも徴収された。

40) [TT.d.69] を指すと推察される。なお、[TT.d.69] に収録されたタルスス、スィ

カーイトバーイの法 ḳānūn に従って、既婚者めいめいより 140 ハレビー・アクチェが取られ、独身と記録された臣民／被支配層 re'āyā から税が取られることはなかった（後略）

　現在、帝王の命令により上述の地域 vilāyet（アダナ県）について新たに台帳が作られた際に、その地域の人びとが［陳情に］やって来て「前述の税は我々には多すぎて、［税の負担を］支えきれず、支払えない」といった。一部の者はイスタンブルにもやって来て、嘆願をし［支払いは］不可能だと述べた。よって、前述の件が至高の玉座の足（オスマン朝中央）へ上奏され「既婚者めいめいより 50 アクチェ、すなわちハレビー［・アクチェ］に換算すると 125［ハレビー・］アクチェを徴収せよ。前述の税の半分をノウルーズ nevrūz-ı sulṭānī に徴収し、もう半分を晩秋の月 şoñ güz ayı に徴収せよ」と権勢偉大なる栄誉の命令が発布された。[Kanuni KN(5): 595, 597]

　ここから、耕地税のような保有する耕地の有無や量に応じて課せられる税の代わりに、アダナ県では世帯主1人につき 50 アクチェの税が課せられていたと確認できる。この規定は、アダナ県の以後の法令集にも登場し[41]、[TT.d.69]から[TT.d.114]にいたるまで、16 世紀のアダナ県租税調査台帳では世帯税という名前で1世帯につき 50 アクチェが徴収されている。このように、アダナ県では耕地や家畜の有無とは無関係に担税者から定額を徴収できる税として世帯税が活用されていた。

　耕地税を徴収するために担税者1人1人が保有する耕地の面積を記録

ス県法令集には、テュルクの臣民／被支配層 re'āyā-yı etrāk から、ノウルーズ nevrūz-ı sulṭānī に定額の世帯税を徴収するという旨の規定がある [Yavuz KN; 488-91, 493-95; Kurt 1991: 151]。928 年／1521-22 年付ウゼイル県租税調査台帳の冒頭に収録されたアヤス、ベレンディ、クヌク郷法令集では、オスマン朝に併合される前には地域の支配者により既婚者のみを対象に 132 ハレビー・アクチェがノウルーズと初秋の月 ilk güz ayı に半額ずつ徴収されたと述べられている [Kanuni KN(5): 619, 622-23]。

41) [Kanuni KN(5): 594-623] アダナ県の近隣に位置するウゼイル、タルスス、スィス県でも世帯税が徴収されている。ただし、タルススとスィス県ではアダナ県やウゼイル県とは異なり、未婚者からも定額の税が徴収されている [Kanuni KN(5): 613-16; Kurt 1991]。耕地税が徴収されず、世帯税のみが徴収されていた地域はチュクロヴァ一帯のみである。

229

する必要がなく、担税者の名前と人数を記録するだけであれば、村を基準にしようとジェマアト名を基準にしようと担税者を台帳に記録する上で大差はない。さらに、耕地税が徴収されないアダナ県では村と耕作地の違いは担税者の記録の有無でしかない。村にはその村に住む担税者の名前を記録せねばならないが、耕作地であれ担税者の名前や人数を記す必要はないために[42]、耕作地の名前とそこで収穫された作物のウシュル税を台帳に記録しておけば、徴税の用には充分に事足りることになる。

村が存在しない場合は担税者を登録するためにはジェマアト名分類を用いるほかなく、アダナ県では耕地や家畜を保持していない部族集団からも税を徴収するために世帯税が活用されていたがために、村名分類でもジェマアト名分類でも台帳への担税者登録と税の徴収には大きな問題はなかった。このために、アダナ県では実に担税者の8割が部族集団に属することになったのである。

3 住民の流動性とジェマアト・耕作地

［TT.d.69］、［TT.d.450］、［TT.d.177］、［TT.d.254］、［TT.d.114］の5点の租税調査台帳に共通して登場する部族集団、耕作地に着目し、アダナ県では農耕が盛んであり、耕地を保有している部族集団も存在したにもかかわらず、これらの部族集団と耕地を結びつけて村として台帳に登録せず、ジェマアト・耕作地分離型の記載方式が続けられた理由を考察し、耕地を保有する担税者に向けて耕地税の導入がおこなわれなかった原因を明らかとする。

上記の5つの租税調査台帳に連続して記録されている耕作地の地片数はジェイフーン川西岸では86地片になる。この値は、表12で示したジェイフーン川西岸の全耕作地記載数の2割から3割に過ぎない。記録形式がジェマアト・耕作地分離型に変化した［TT.d.177］、［TT.d.254］、［TT.d.114］の3点の租税調査台帳に共通して登場するジェイフーン川西岸の耕作地の数は244だが、これでも西岸の全耕作地記載数の5割から6割である。さらに5点の租税調査台帳に共通して登場する耕作地の中

---

42) ［Çakar 2003］

で、耕作者にあたるジェマアトの名前が変わった、もしくは耕作している ジェマアト名の記録がなくなった耕作地の数は 69 である。5 点の租税調査台帳に連続して登場する耕作地のほぼすべてで、耕作者が入れ替わっているか、耕作者の記録が消滅していることになる。例えば、ユレイル郷のブルドゥシャル耕作地 mezra'a については、[TT.d.69]、[TT.d.450]では耕作者としてコユンジュ族 cemā'at の名が記されているが、[TT.d.177]ではどのジェマアトの名前も耕作者としてあげられていない。[TT.d.254]、[TT.d.114]ではうってかわって、デュルカディルリュ族 cemā'at が耕作者としてあげられている[43]。また、郷別に見ると、サルチャム、ハジュル、ユレイル郷では上述の 5 点の租税調査台帳に共通して登場する耕作地すべてで、アダナ郷では 9 割、カラ・イサル郷では 8 割の耕作地で、デュンダルルおよびブルガルル郷でも半分以上の耕作地で耕作者にあたる部族集団が入れ替わっているか、もしくは部族集団の記録が消滅している。実に 5 つの租税調査台帳に共通して登場する全耕作地の 8 割で耕作者が変わっているのである。

　租税調査台帳間では、耕作地だけではなく部族集団も変化が激しい。そもそも、アダナ県が位置するチュクロヴァ地域はシリアとアナトリア高原をつなぐ交通の要所にあたり、古来、さまざまな集団が行き来していた。アダナ県初の租税調査台帳である[TT.d.69]でも、アダナ、サルチャム郷に属する一部の部族集団が近隣のスィス、タルスス県に県をまたいで耕作地を持っている旨が記されている[44]。また、[TT.d.177]に付された初のアダナ県法令集では、アダナ県に属する住民の一部がスィス県にオスマン朝政府の許可無く移動していると述べられており[45]、県境を越えて人びとが行き来していたことが分かる。このようなこともあり、上記の 5 点の租税調査台帳に一貫して登場するジェマアトの数は 136 と、全ジェマアト記載数の 2-3 割程度に過ぎない。[TT.d.177]、[TT.d.254]、[TT.d.114]の 3 台帳に共通して登場するジェマアトに限った場合でも、

---

43) [TT.d.69: 36; 450: 129-30, 539; 177: 102; 254: 135, 717; 114: fol.45b, 114]
44) [TT.d.69: 76-80, 149-71]
45) [Kanuni KN(5): 596-97]

その数は 238 と全ジェマアトの 4-6 割である。一例をあげると、ユレイル郡に属するイキズジェリュ İkizcelü 族 cemā'at には、[TT.d.69] では 57 世帯と 42 人の独身成人男性の担税者が属しており、イキズジェリュ耕作地で農耕をおこなっていた。[TT.d.450] から [TT.d.254] にかけて、租税調査台帳ではその名前が一切見られなくなり、[TT.d.114] で 35 世帯と 28 人の独身成人男性を有するジェマアトとしてアダナ県租税調査台帳にその記録が再度登場する[46]。アダナ県では [TT.d.69] から [TT.d.114] の間の 50 年足らずで大半のジェマアトが県内に転入もしくは県外へ転出していることになる。16 世紀のアダナ県はジェマアトが頻繁に入れ替わっており住民の流動性は高かったといえよう。

このようにジェマアトの流動性が高いのであれば、村として耕地に担税者を結びつけ、耕地と担税者めいめいが保有する耕地面積を台帳に記して耕地税を徴収することは難しい。むしろ、県内の担税者が移動することを前提にジェマアトという人間の集団ごとに単位で台帳に記録し、ジェマアトに属する担税者の人数に応じて世帯税を徴集する方が容易である。さらに、耕作地の継続性が低く、5 点の租税調査台帳すべてに登場する耕作地でも耕作者がしばしば入れ替わるのであれば、租税調査台帳にはその耕作地を利用している耕作者の名前や属するジェマアト名を記すことで、転変の激しい耕作者と耕作地を結びつけるよりも、ジェマアトと耕作地という形で両者を分けて記す方が容易であった。

アダナ県では担税者の大半が家畜を保有しておらず農耕が盛んであっても、耕地と担税者を結びつけて村と記録せずに、ジェマアトと耕作地ごとに台帳に記録され続けた理由は、住民と耕地の流動性が高いという地域の事情にジェマアト名分類、ジェマアト・耕作地分離型という租税調査台帳の記録方式が適当であったからであった。

4 小結

16 世紀のアダナ県では、保有する耕地の面積によって課せられる耕

---

46) [TT.d.69: 47-49; 114: fol. 41b-42a, 105-06] にはイキズジェリュという名の耕作地の記録があるが、そこで耕作をしているジェマアトの記録はない。

地税の代わりに、世帯主の人数に応じて課せられる世帯税が徴収されていたために、村ではなくジェマアトごとに担税者と担税額を記録する方式でも、徴税に大きな問題が生じなかった。さらに、16世紀を通じてアダナ県では住民と耕地の流動性が高く、土地を基準にして村ごとに担税者を台帳に記録するよりも村の代用として人間の集団であるジェマアトごとに担税者を台帳に記録する方が都合が良かった。また、耕地からウシュル税を徴収するためには、個々の耕地を頻繁に変わる耕作者に結びつけて村とするよりも、耕作地として耕作者とは独立した形で台帳に登録し、耕作地ごとにウシュル税を徴収すれば問題はなかった。県全体では農耕が牧畜よりも盛んであり、一見すると「遊牧民」とは言いがたい状態にあったにもかかわらず、アダナ県では担税者の8割近くが「ジェマアト」という名目で部族集団を基準に分類され続け、最初から村が存在したアヤス、クヌク、ベレンディ郷以外で、村より大規模で年間通じて利用されている耕作地すら存在したにもかかわらず村が形成されなかった理由は、住民や耕地の流動性に対応した税制や台帳の記載方式が適用されていたことであった。

　16世紀のアダナ県では、世帯税という特殊な税制と住民や耕地の流動性の高さのために、県内の担税者や耕地を台帳へ記録して、徴税には村よりも有用であったジェマアトやメズラアといった記録単位が租税調査台帳で用いられ続けた。租税調査台帳における部族集団、村、耕作地の語は、担税者の記録の有無、担税者を分類する基準を土地に置くか、または集団に置くかという違いを持ち、地域の税制や土地利用といった諸事情に応じて選択される徴税単位として機能していたのである。

見やすい史料、見にくい史料──史料調査の悲喜こもごも

　本書で用いた主要な史料の多くは、オスマン朝史研究者の多くが一度は足を踏み入れたであろうイスタンブルのオスマン文書館に所蔵されている。著者はかれこれ10年近く、トルコを訪れる度にほぼ必ずオスマン文書館に足を運んでいるが、10年の間に、オスマン文書館は、アヤソフィア博物館やブルーモスク（スルタン・アフメト・モスク）、トプカプ宮殿などのイスタンブル観光の目玉が位置するスルタンアフメト地区からイスタンブル市街の中心から離れたキャウトハーネ地区に移転し、建物や制度、閲覧できる史料の点数も、訪れる度にめまぐるしく変化してきた。日本からイスタンブルに到着したその日のうちに、外国人研究者であってもオスマン文書館で史料の電子データが自由に閲覧できるという環境は非常にありがたいが、閲覧室の片隅に「ご自由にお取り下さい」と山積みにされていた *Armenian Violence and Massacre in the Caucasus and Anatolia Based on Archives* (Ankara: T. C. Başbakanlık Devlet Arşivleri Genel Müdürlüğü Osmanlı Arşivi Daire

聖キリル・聖メトディ・ブルガリア国立図書館（著者撮影）

Başkanlığı, 1995.）や、アンカラの共和国文書館にあった「アルメニア問題記念コーナー」の展示（2016 年のクーデター未遂以後、このコーナーの内容は刷新され、アルメニア問題やトルコ共和国関係の展示は脇に寄せられ、オスマン朝時代の勅令や勅許状が展示されるようになった）を見ると、いわゆるトルコにおける「歴史戦」の一端がこの大盤振る舞いに関与しているということに、複雑な感情を覚えなくもない。

　PC のカタログ検索でヒットした文書や台帳のデジタルデータがすぐに見られることは確かに便利だが、オゼル博士が指摘するように、アクセスが容易な「見やすい」史料ばかりから歴史を導き出してしまう危険がそこにはつきまとう。(O. Özel. "Arşivler Meselemiz: Siyaset Kurumunun Tarihçiyle Tehlikeli Dansı ve Meşrutiyet Kaybı." *Toplumsal Tarih Dergisi*, 217, 2012, pp. 24-33)「他の研究者も見ている史料ばかり見ても面白くない。オスマン文書館以外の史料も使って他の研究とは違うアプローチができないか。そして未発見の貴重な史料を見つけて一発逆転できないか。」と不埒な動機で著者は様々な図書館や文書館に足を踏み入れ始めた。半世紀以上前に発表された論考で紹介されていた「イスタンブル市立中央図書館」所蔵の興味深い史料を見たいと、しばしば足を運んでいたタクスィム広場の側にある「アタテュルク図書館」の旧名が「イスタンブル市立中央図書館」であることに気付かずに、「イスタンブル市立中央図書館」を現代のイスタンブルで探し回ったこともある。今や、オスマン文書館では整理・カタログ化済みの史料の現物を見ることはできず、モノクロもしくはカラー写真の電子データを備え付けの PC で見ることしかできないが、他の文書館や図書館では、500 年以上前の台帳の現物がそのまま出てくることもあった。モニタごしではなく、現物の質感を感じながらページをめくり史料を読み進めた経験は忘れがたい。聖キリル・聖メトディ・ブルガリア国立図書館では、未だ正面に「人民図書館（Народна Библиотека）」と旧称がかかげられていることに象徴される（？）社会主義時代の息吹を感じながら、オス

マン語で書かれた勅令よりはるかに判読が困難な手書きのキリル文字（あくまで個人の感想です）で書かれたカタログを前に四苦八苦したことや、地券・地籍簿総局文書館の利用申請にあたって「外国人滞在許可証」の提出が求められ、外国人滞在許可証の取得にはトルコ政府指定の民間健康保険に入らねばならないために、保険会社のオフィスで己の身長、体重と病歴を申告する羽目になったこともあった。台帳の複写を申請すると、複写係が奥からデジタルカメラ片手にあらわれ「手が空いているのだから、この台帳のページの端を押さえていてよ。」といわれ、著者の指先が映り込んだ台帳の複写データをその場で作成したこともあった。この他に、文書館の閲覧室で史料を調査していると、仕事に飽きた職員が閲覧室備え付けのPCで映画を大音量で見始めたことも、いきなりたくさんの人ががやがやと入ってきて、史料閲覧中の著者の存在を無視して閲覧室改装の記念式典が始まったことや、「空きがあるから食べていいよ。料金？お前はお客だからそんなの払わなくていいよ。」と職員用食堂で昼食に預かったこと、「お前は日本人だからお前と結婚すると俺も日本ですぐ働けて金持ちになれるんだろ？俺が日本で働くとだいたいトルコの何倍ほどすぐに稼げるんだ？」と、どこから正してよいのかもはや分からない質問をされて途方にくれた（結局、この質問者はトルコ―日本間の移動には直行便でも10時間以上かかることを知ると「10時間も飛行機に乗るのか……10時間も煙草が吸えないのなら俺は日本には一生行けないな。」と煙草をふかしながら日本渡航の夢を諦めてくれた）こともあった。

　今では、史料の電子複写データを、インターネットを通じて無料でDLできることも増えた。本書の執筆中にも、地券・地籍簿総局文書館所蔵の租税調査台帳の電子データがオスマン文書館でも利用できるようになることが発表された。(https://www.aa.com.tr/tr/turkiye/osmanlinin-tapu-defterleri-devlet-arsivlerine-devredildi/1162512 (2018年6月9日閲覧)) 史料へのアクセス環境は今後もどんどん変わっていくのであろうが、古き良き（？）時代の記憶を語り継いでいくことも、研究者の使命かもしれない。

4章
シリア北部への遊牧民定住化政策

ウルファから南に 50 キロメートル、ラッカより北に 110 キロメートルの位置にある現トルコ領ハッラーンにて。放牧されている羊が道路際まで出てきてのんびりと草を食んでいた（著者撮影）

4章　シリア北部への遊牧民定住化政策

　17世紀末からおこなわれたシリア北部、特に現在のシリア共和国北部に位置するラッカ一帯への遊牧民定住化政策は、オスマン朝における初の本格的な遊牧民定住化政策とされている。この定住化政策をめぐっては、これまでに、いくつもの研究がなされてきた。

　ラッカへの定住化政策に関する初の本格的な研究としては、オルホンルが1976年に発表した「オスマン朝における部族の定住化 Osmanlı İmparatorluğunda Aşiretlerin İskânı」[1)]と、それを増補、改訂して1987年に出版した『オスマン朝における部族の定住化 *Osmanlı İmparatorluğu'nda Aşiretlerin İskânı*』[2)]があげられる。この研究の中で、オルホンルは枢機勅令簿や［MAD.d. 8458］、［MAD.d.9484］といった財務省移管台帳フォンドに属する遊牧民の定住化に関する台帳[3)]を用いて、1691年から1699年の期間における、ラッカを中心とした遊牧民への定住化命令の豊富な事例を示し、当時の定住化を「土地開発・治安維持」、「叛徒の処罰」、「逃散者の旧居住地への帰還」、「自発的定住化」とその性格別に類型化した。続けて、ハラチュオールは『18世紀オスマン朝の定住化と政策、および部族の定住化 *XVIII. Yüzyılda Osmanlı İmparatorluğu' nun İskân ve Siyaseti ve Aşiretlerin Yerleştirilmesi*』[4)]で、研究対象とする時代を17世紀末から18世紀に、対象とする地域をラッカ一帯からキプロス島や西アナトリアにまで拡大し、［MAD.d. 8458］、［MAD.d. 9956］といった定住化命令を専門に記録した台帳を主要な史料として用いて、特に、デルベンドジ制再興[5)]との関係に着目して、遊牧民定住化政策と定住化

---

1)　［Orhonlu 1976］
2)　［Orhonlu 1987］
3)　1690-96年に作成され、各部族の定住先、定住にともなう免税措置や補償金の割り当てを記した台帳。オルホンルやハラチュオールはオスマン文書館所蔵の財務省移管台帳フォンドに見られる定住台帳の一覧を示している。しかしながら、オスマン文書館以外にも、アタテュルク図書館所蔵1104年/1692-93年付台帳［MC.Evr. 17］のようにこの種の台帳が所蔵されている可能性はあろう。
4)　［Halaçoğu 1988（2006）］
5)　デルベンドジ制は、17世紀を通じて長く機能不全に陥っていたが、17世紀末から18世紀にかけて立て直しに向けた施策がとられた［Orhonlu 1967（1990）; Halaçoğlu 1988（2006）: 71-77, 94-108; 1994; Kasaba 2009: 71-72］。またウネルは、17世紀にデルベンドジ制を再興するために、ウルファーアレッポ間の交通の要

239

の事例を分析し整理した[6]。ダマスカスの公文書館に収蔵されるハレプ州シャリーア法廷台帳から、ラッカへの定住化政策を分析したR. マーフィーの研究もある[7]。この他、遊牧民の定住化のパターンを類型化して考察した研究としては、İ. ウチャクジュの研究がある[8]。17世紀末にシリア北部、ラッカへの遊牧民定住化政策と連動しておこなわれたデニズリ県のラーズキイェ郡への遊牧民の定住化政策については、T. ギョクチェの研究がある[9]。また、近年の研究では、リシュヴァン族の叛徒化とその処罰としてのラッカへの定住化令を扱っている[Söylemez 2007]がある。

近年では、M. チェリクデミルがラッカへの遊牧民定住化政策を、枢機勅令簿と定住化命令集成台帳を主な史料として、一連の研究成果をあらわしている[10]。また、16世紀から20世紀にいたるオスマン朝の遊牧民に対する政策を考察し、17世紀末を「定住化の波 wave of sedentarization」と表現し、オスマン朝の領土喪失や対外情勢の変化を遠因として、17世紀末の「定住局 İskān Dāiresi」設置に見られるように、遊牧民を定住化させる政策へオスマン朝が大きく舵を取ったことが、先行研究により明らかとされてきた[11]。カサバも前掲のオルホンル、ハラチュオールの研究に依拠して、ラッカへの定住化政策を考察している[12]。S. ヴィンターは、ラッカへの定住化政策を、オスマン文書館所蔵文書・帳簿にくわえて、シャリーア法廷台帳などの様々な史料を活用して、部族と叛徒の管理と処罰に関連する事項についてはラッカ州知事に広範な権限が移管されたこと、一部のリシュヴァン・クルドのように、オスマン朝政府と良好な関係を保った集団も存在したことを実証した[13]。さら

  所へ遊牧民の定住化が政策的に進められたことを解明した [Üner: 2005]。
6) この他、ラッカ地域への遊牧民の定住化については、ホワイト、ウチャクジュの研究がある [White 2011(2013): 229-48; Uçakcı 2013: 449-63]。
7) [Murphey 1984]
8) [Uçakcı 2008: 253-308]
9) [Gökçe 2000a: 304-06]
10) [Çelikdemir 2002; 2003; 2004; 2007]
11) [Orhonlu 1987 52-54; Kasaba 2009: 53-83]
12) [Kasaba 2013]

に、ヴィンターは、17世紀と18世紀の間に、ラッカに移住させられたイェニイル・テュルクメン、リシュヴァン・クルド、キリス Kilis[14]・クルドは、帝国の主要なワクフの1つである、イスタンブルのアジア側に位置するウスキュダル地区に現存する旧母后のモスク／アティク・ヴァーリデ・スルタン・モスク 'Atīk Vālide Sulṭān Cāmi'i に設定されたワクフに、本来ならば国に支払う各種の税を支払う遊牧民であったことを示し、この背景には、ハレムの有力者である母后 vālide sulṭān と中央の財務関係の部局が、ワクフの収入を増やそうと試みていたことがあると指摘し、宮廷のハレムによる政治への介入と権力争いの影響がこの時期に増していたことと関係していると述べている[15]。

　ラッカ地方への定住化を促すために、定住化した遊牧民に対して、土地の分配や灌漑の提供、さらには耕作への従事を条件としたウシュル税の免税などの措置が取られており、この定住化政策は荒蕪地を耕地として利用することを目指した一種の土地の活用・開発政策であったことが、上記の先行する諸研究により解明された。また、多数の遊牧民をシリア北部へ定住させ、その地で農耕に従事させることで、シリア砂漠一帯の開発と、18世紀中頃から発生した第一次ワッハーブ運動で最高潮に達するアラビア半島、イラク、シリア方面から生じるアラブ系遊牧民による騒乱やイラク方面へと「オスマン－イラン国境」を越えて進出してくるシーア派勢力の動きに連動して[16]、シリア砂漠から北上してくるアラブ系遊牧民に対するある種の「防波堤」もしくは「人間の盾」を作ろうとしていたなど、同時期のデルベンドジ制の復活に見られるようなオスマン朝支配の復活・強化を狙った政策であったことも明らかとされた[17]。

13）［Winter: 2003; 2004; 2009; 2017］
14）アレッポの北に位置する。現トルコ領。
15）［Winter 2009: 253-68］
16）［Perry 1987; 守川 2007］
17）［Orhonlu 1987; Halaçoğlu 1991; Üner 2005; Winter: 2017］定住化の目的が、遊牧民を農耕に従事させ、地域の安定と叛徒化したアラブ諸部族に対するある種の「防波堤」もしくは「人間の盾」を構築することであったことは、1109年第二ラビー月上旬／1697年10月中旬から下旬付のラッカ州へのクルド、テュルクメンの定住化令などの枢機勅令簿の記録からも確認できる［MHM.d.102: hkm.no.1142;

ラッカへの定住化政策は、定住化した部族へ一時金が支払われるなど積極的に進められたが、多くは何らかの事態が生じるたびに命令を発布することで対応しており、体系的かつまとまった定住化政策に関する法令が制定されたことはなかった。さらに、定住民の耕地へ損害を与えた遊牧民を定住化させることや、定住先から逃散した遊牧民を逮捕し定住先に戻すこと、叛徒と化した遊牧民を捕らえ、彼らをラッカへ追放して定住化させることを指示する命令が数度にわたって発布された。それにより、遊牧民の度重なる逃散、叛徒化、それにともなう再追放・再定住化令が多数出されることになった。ここから、オルホンル、ハラチュオールともに、長年の戦乱によるアナトリアの秩序回復や土地再生を狙っておこなわれたシリア北部への遊牧民定住化政策は、定住化を命じられた部族の逃散や抵抗をもたらし、失敗に終わったと結論づけた[18]。

しかし、先行研究により17世紀末から18世紀にかけてシリア北部への遊牧民の定住化の姿は解明されたものの、これらの研究は遊牧民各集団に対する中央政府の対応や政策といった個々の事例を個別に検討しているがために、同時期のルメリのユリュクなどの、別の遊牧民の集団と比較しつつ、遊牧民を取り巻く時代背景といった面から考察する視座に欠けるきらいがある。また、オルホンル、ハラチュオールともに、シリア北部すなわちラッカ一帯以外の地域への定住化政策に関する分析は充分ではない[19]。ゆえに、逃散が続いたにもかかわらず遊牧民の定住化政

108: hkm.no.125; 110: hkm.no.587］。この点で、遊牧民の集団を国境地帯に移住させ、彼らを軍事力として活用し、国境防衛にあたらせるという従来のオスマン朝や他の諸王朝で見られた政策と、本政策の性格はやや異なるといえよう。このようなラッカ一帯での農地の拡大と定住化政策等を通じた遊牧民の国家支配への取り込みを狙った政策は、オスマン朝の崩壊後も、フランス委任統治期からシリア共和国期、そして近年に至るまで同地域で続けられていた。その内実と政策の帰結については、［Lewis 1987（2009）］を参照されたい。

18）　日本語では永田がこのラッカ地方への遊牧民の定住化政策に触れている［永田 1984: 210-11］。

19）　［Orhonlu 1987: 71-88］でラッカ以外の地域への定住化の事例についていくつか触れているが、オルホンルはそのような全命令を網羅しておらず、また、実際にはラッカへの定住化の事例も誤って含まれている。ハラチュオールは、デルベンドジ制の再興政策分析の文脈で、オルホンルの研究よりも多くのラッカ以外への

策はどうして続けられたのか、また、同時期に、ルメリのユリュクは征服者の子孫たちに改組され、積極的に兵士としてユリュクおよび征服者の子孫たちを活用する政策がおこなわれた一方で、クルド、テュルクメンの諸部族の多くは一般の臣民／被支配層として定住化の対象とされたのか、先行研究で詳細に解明されたシリア北部、ラッカ地方以外の地域での、定住化の状況はどのようなものであったのか、時期ごとの政策の変遷や定住先の変化、定住化政策の対象とされた遊牧民諸部族間の相違や類似点、といった問題は未解明のままである。

そこで、本章では、17世紀末から18世紀中頃にかけて作成された枢機勅令簿を網羅的に検討し、それ以外の各種行政文書も用いて、オスマン朝の対遊牧民政策の転換点である遊牧民の定住化政策の始まりとその経過、帰結を、個別の具体事例を通じて明らかにする。そこから、シリア北部への遊牧民定住化政策が、主要な定住先とされたシリア北部地域に留まらず、オスマン朝の社会にどのような影響を与えたのかまでを研究の射程とする。

1 定住化政策の発端——等閑視から問題視へ

1683年の第二次ウィーン包囲での敗北に代表される、戦争や軍事的対立の長期化により、オスマン朝はヨーロッパ諸国の増大する軍事的脅威に対抗する必要にかられ、軍や疲弊した制度の立て直しに乗り出した。このような時代背景の中で取られたルメリとアナトリアにおける対遊牧民政策を比較し、この時期において何故このような政策の違いが生じたのか、そして、その後の遊牧民定住化政策との関係について考察する。

16世紀において、命令に従ってさまざまな軍役や労役に従事していたルメリのユリュクに対しては、うってかわって17世紀にはほとんど徴用令が発布されなくなった。ただし、ユリュク台帳の記録からは、ルメリのユリュクという集団が人口の減少や居住地の変化などをこうむり

定住化の事例をあげている［Halaçoğlu 1988(2016): 125-36, 141-43］。

つつも、17世紀においても存続していたことが確認できる。ルメリのユリュクに対しては、1101年／1689年以降、戦役への参加命令が再び下されるようになった。2章で述べたように、16世紀における戦役での運用の経験を持つルメリのユリュクは、より軍役の色を強めつつ17世紀末に徴用が再開され、後には征服者の子孫たちへ改組されたのである。

それに対して、後に定住化政策の対象となるアナトリアのクルド、テュルクメンの諸部族をめぐる同時期の状況はどのようなものであったのであろうか。

相次ぐハプスブルク君主国すなわちオーストリアとの戦争の中で、17世紀末には、オスマン朝がベオグラードをオーストリアから取り戻すために、大勢の兵士が必要とされた。兵士の徴用の動きは、アナトリア東部、南東部のテュルクメンやクルド諸部族にも及んだ。1101年／1689-90年には、アナトリア東部、南東部のテュルクメンやクルド諸部族へ戦役への参加を命じる命令[20]が発布された。対オーストリア戦役のためにテュルクメン、クルドの諸部族の名前をあげて、1人あたり50クルシュの徴集と、キリス・ムカーター所属クルド諸部族、イェニイル・テュルクメン、ハレプ・テュルクメン・ムカーター所属テュルクメン諸部族、リシュヴァン・ムカーター所属クルド諸部族、イフラーズ・ズー・ル＝カドリイェ（デュルカディル）İfrāz-ı Zü'l-Kadriyye・ムカーター所属テュルクメン、ダニシュメンドリュ・テュルクメン、ママル Mamalu・テュルクメン、レクヴァニク Rekvanik・ムカーター所属クルド諸部族、ボズウルス・ムカーター所属テュルクメン、ルハー Ruḥā[21]県に居住するクルド諸部族、マラシュ州居住テュルクメン、アダナ州またはデュルカディル州のカルス Kars に住むテュルクメン、アダナ州パヤス Payas[22]、ベレン Belen[23]の諸部族、マルディンのヴォイヴォダ voyvoda[24]に属するクルド諸部族から、総計4,800人を兵士として出動

---

20) ［MHM.d. 99: hkm.no.186; Altınay 1930(1989): 81-89; Söylemez 2007: 145］
21) 現トルコ共和国領のウルファの旧名。別名エデッサ。
22) アダナの東に位置し、アレクサンドレッタ湾に面する地名。
23) アレクサンドレッタの南に位置する地名。
24) ここでは、徴税業務および地域の管理を委託された者を指す。

させることを命じている。この命令は、各部族の部族長の名前をあげ、その部族長のもとで戦役のために徴用される部族の総数をあげた長大なものであり、オスマン朝のテュルクメン、クルドを積極的に徴用しようという意図をうかがわせる。

続けて、1101年第一ジュマーダー月中旬／1690年2月下旬には、対オーストリア戦役のために、1人あたり50クルシュの徴集とダニシュメンドリュ・テュルクメンからの兵士の供出命令[25]が発布された。また、1101年ラジャブ月中旬／1690年4月下旬の命令[26]では、テュルクメン、クルドに宛てて、エディルネへの集合と遠征への参加を命じている。さらに、1101年シャアバーン月中旬／1690年5月下旬の命令では、再度、テュルクメン、クルドに宛てて、エディルネへの集合と遠征参加を命じている[27]。

このようなテュルクメン、クルドの部族からの兵士徴用は、はなばなしい結果をもたらさなかった。1103年ムハッラム月上旬／1691年9月下旬－10月上旬付の命令では、戦役への参加を命じられたクルド、テュルクメン諸部族が命令に従わずガリポリ半島に逃げこんだことに触れ、この逃亡した部族の処罰を命じている[28]。そもそも、対オーストリア戦争の主な舞台となったドナウ戦線は、クルドやテュルクメン諸部族の勢力圏であるアナトリア東部や南東部からは遠く、オーストリアの軍勢を撃破することが、自らの経済的地盤の確保につながるようなことはまず期待できなかった。この点で、クルドやテュルクメンと比較すると、その勢力圏がまだドナウ戦線に近いバルカン半島を拠点としたルメリのユリュクへの遠征参加命令が、1692年以降も幾度と無く発布され、征服者の子孫たちへ改組された後も遠征への動員が続いたこととは対照的に、クルド、テュルクメンの諸部族へのバルカン半島における戦役への参加令は、枢機勅令簿から確認できる限り、1689年からは、わずか数度、

---

25) [MHM.d.99: hkm.no.319; Altınay 1930(1989): 89-90]
26) [MHM.d.99: hkm.no.469]
27) [MHM.d.100: hkm.no.24; Altınay 1930(1989): 90-91]
28) [MHM.d.102: hkm.no.202; Altınay 1930(1989): 99]

発布されたのみである[29]。

　クルド、テュルクメンについては、最初はルメリのユリュクと同様に、大規模な動員令が発布され、何度かその動員がおこなわれたものの、その政策は早くに放棄され、定住化政策へと一転している。16世紀から砲兵や砲車兵として遠征へ参加し、遠征参戦と引き替えの免税特権という具体的な利益を得ていたルメリのユリュクとは対照的に、クルド、テュルクメンは、15世紀から16世紀にかけて見られたような各部族長に従って騎兵として戦役に加わるという、ある種古典的な形でオスマン軍の中で活用された。さらに、クルド、テュルクメン系の遊牧民諸部族は、オスマン軍の中で、大砲の輸送などの後方支援役に従事した経験がルメリのユリュクと比べればはるかに少なく、ガリポリへの逃亡事件に見られるように、オスマン朝中央政府にとって統率が困難な集団でもあった[30]。遠征参加と引き替えの免税特権といった具体的な利益はテュルクメンやクルドには提示されておらず、クルドやテュルクメン諸部族にとって、アナトリアからはるかに遠いドナウ戦役に参加することの積極的な意義づけや利益は乏しかった。そのようなこともあり、アナトリアのテュルクメン、クルド諸部族に対する戦役への参加命令は1691年以後には、ほぼ見られなくなったのであろう。

2　定住化政策の内実

　本節では、17世紀末にオスマン朝が対遊牧民政策を転換し、遊牧民

---

[29]　1109年／1697年にマラティヤ一帯の部族に対して、エディルネへの出動と軍への参加命令が発布されるなど、クルドやテュルクメン諸部族への動員命令はその後も見られたが、その頻度はルメリのユリュクや征服者の子孫たちには遠く及ばない［MHM.d.110: hkm.no.952, 1734］。

[30]　16世紀において、対イラン戦役などへのクルド諸部族からの兵士の供出命令は存在する。しかし、オスマン朝およびその命令を受諾した部族長の命令に従って兵士を供出することをクルドの諸部族はしばしば拒み抵抗し、オスマン朝政府はその対応に追われた［MHM.d.12: hkm.no. 528; MHM.d.12-1(trn.): 334-35; Çiftçi 2018: 271-73］。

の大規模かつ組織的、そして長期に渡る定住化政策をおこなうにいたった経緯とその理由、そして影響を明らかにする。

17世紀において、ラッカへの定住化政策が本格化する［MHM.d.99］までの枢機勅令簿における遊牧民に対する命令を見ていくと、いくつかの特徴が指摘できる。

オスマン朝では16世紀のキプロス島征服後、地中海を挟んでキプロス島の対岸に位置するイチイル県などに住む遊牧民を対象に、キプロス島の開発を目的とした移住・定住化政策が実施された[31]。

17世紀にはキリスのクルド、テュルクメンが叛徒化することがしばしば見られた。その都度、これら叛徒となったクルドやテュルクメンの諸部族の討伐令が発布された。この討伐令は、1690年代までは基本的に叛徒の首謀者を城へ投獄する、もしくは逮捕してイスタンブルに連行するといった首謀者に対する処罰止まりであり、叛徒の活動に加わった部族の成員の全員に対して、定住の強制や遊牧の禁止といった処罰や措置がとられることはまずなかった。定住民の耕地と遊牧民の放牧地をめぐる土地の利用権の衝突を、オスマン朝政府は両者に配慮しつつ、バランスをとって取り扱っていたといえよう[32]。

このような遊牧民に対する政策は、17世紀末に大きな転換を迎える。1102年ラジャブ月中旬／1691年4月中旬付の命令[33]では、ハレプ・テュルクメン、イェニイル・テュルクメンに属するエミル Emīr 族に宛てて、中央アナトリアのクルシェヒル県のヌスレトリュ Nuṣretlü 村へ定住することが命じられている。

また、同じ1102年ラジャブ月中旬／1691年4月中旬付で以下のような命令が発布された[34]。西アナトリアで遊牧生活を送っていたダニシュメンドリュ・テュルクメンが夏営地への移動時に、村や耕地を荒らしたことが問題視され、今後、問題を引き起こしたダニシュメンドリュ・テ

---

31) キプロス島への定住化政策について、詳しくは序章の研究動向を参照されたい。
32) ［MHM.d.98: hkm.no.546; White 2011（2013）: 20-51, 227-43］
33) ［MHM.d.101: hkm.no.147; Altınay 1930（1989）: 95-96］
34) ［MHM.d.101: hkm. no.146］

ュルクメンが遊牧のために移動することを禁止し、西アナトリアのムーラ Muğla、バルケスィル Balkesir の荒蕪地へ定住させ農耕に従事させること、それらのテュルクメンの一部を、免税特権と引き換えにデルベンドジとして奉公させることが命令された。この命令からは、17世紀末のこの時期から、遊牧民の季節移動が農地へ害を与えるものとして、一方的に禁止され始めていたことがうかがえる。

　枢機勅令簿に残るラッカへの定住化命令の初出は、管見の限り、1102年ラマダーン月中旬／1691年6月上旬−中旬に出された命令である[35]。すでにこの命令の時点で、その後に繰り返されるラッカへの定住命令と命令の拒否や反発による逃散と叛徒化、それに対する叛徒討伐とラッカへの再定住化令という一連のパターンが登場していたことは興味深い。そして、先の命令と同じく、遊牧民に季節ごとの移動を止めさせて、ラッカへの定住を強制するという、事実上の遊牧禁止令にあたる内容がこの命令には含まれている。この時期には、夏営地へ向かうという例年の行為が、時には「反逆」、「農地への損害」とまでみなされるようになりつつあったのである。

　1690年以降、クルド、テュルクメン諸部族への定住化政策が本格化してからの枢機勅令簿に見える事例を、定住先として命令された地域ごとにまとめると、以下のような傾向が見て取れる。

1　同一地域内での定住化令

　枢機勅令簿を見ると、17世紀末から18世紀初頭にかけてのクルド、テュルクメン諸部族への定住化令の多くが、元々、その部族が居住していた地域内もしくはその近隣地域への定住を命じている。その中で、最も定住化が命じられた事例が多いのは、南東アナトリアやシリア北部からラッカへのそれであり、実に定住化令の大半をラッカへの定住化令が占めている[36]。その中には、1698年7月下旬から8月上旬に発布され

---

35)　[MHM.d.101: p.81]
36)　[MHM.d.100: hkm.no.456; 102: hkm.no.342, 431-33, 441, 662; 104: hkm.no.41-42, 151, 160-62, 521, 530, 636-37; 106: hkm.no.93, 1383; 108: hkm.no.120, 124-25, 183,

4 章　シリア北部への遊牧民定住化政策

たバグダード総督 vālī に宛てて、ラッカ一帯へのクルド、テュルクメンの定住化に協力するように指示する命令も存在する[37]。また、時代が下るにつれ、他地域への定住化令が見られなくなっていったことに対して、ラッカへの定住化令は減少しなかったために、18 世紀の中頃にはラッカへの定住化令ばかりが枢機勅令簿に登場するという事態となった。このようなことから考えて、17 世紀末から 18 世紀初頭の定住化政策は、ほぼラッカへの定住化を目的にしたものであったといえよう。

ただし、このことはラッカ以外の地域への定住化が全くなかったことを意味しているわけではない。ラッカ以外では、キプロス島の対岸に位

222-28, 387, 488, 534-37, 610, 894, 981-82; 110: hkm.no.587, 960-62, 1953, 2123, 2125, 2958-59; 111: hkm.no.84-87, 189-97, 338, 416, 584, 586, 749-52, 763-65, 901, 908, 1042, 1177, 1308, 1310-11, 1388, 1425, 1874, 1938, 2132-33, 2423, 2433; 112: hkm.no.59, 81, 222, 316-17, 325-26, 577, 913, 1029, 1337; 114: hkm.no.63-64, 178, 470; 114-1: hkm.no.559, 799, 816, 819-25, 982-988, 1056-57, 1349, 1522-29, 1726, 1937, 2019, 2068, 2303, 2457, 2502, 2528, 2711-26, 3241, 3269, 3271; 115: hkm.no. 133, 147, 2138, 2141-42, 2536, 2696, 2735, 2740; 116: hkm.no.168, 348, 410, 515, 517-20, 1030, 1154; 117: hkm.no.284, 464, 1025; 118: hkm.no.82, 473; 119: hkm.no. 239, 259, 264-68, 446, 543, 576, 585-86, 803-10, 830, 1071, 1111-17, 1415, 1559-74, 1576, 1685, 1727, 1733, 1769-71, 1990-91, 2034; 120: hkm.no.19, 314-15, 324, 326-27, 392-99, 423, 427, 437, 654-55, 879, 908; 121: hkm.no.179; 122: hkm.no. 257, 259-63, 272, 276, 367-69, 448, 486; 124: hkm.no.165, 167; 125: hkm.no.97, 690; 129: hkm.no.6-12, 144, 152-54, 451-52, 597, 617, 715, 721-23, 731, 810, 915-21, 940, 1015, 1159, 1337; 130: hkm.no.39-40, 173-74, 176, 505, 801-03, 852, 1040, 1251; 131: hkm.no.124-26, 130, 219, 231, 366, 446, 455, 604-05, 642, 709; 132: hkm. no.138-39, 1148-50, 1464-66; 133: hkm.no.41-44, 92, 338, 512,634, 636, 640, 801, 805-06, 1044-47; 134: hkm.no.309, 316-17, 375, 393, 576-77, 591, 660, 802, 1026, 1125-27, 1151, 1161-64, 1166-68, 1225, 1290-93; 135: hkm.no.108, 120, 122, 215, 277, 314, 354, 439, 549, 559, 606, 630, 635, 676, 682-84, 688, 752, 791, 814, 821-22, 834, 840, 855, 911-19, 949, 962, 980, 1007, 1020, 1023, 1025, 1031-32, 1043-45, 1047, 1049, 1058-59, 1091, 1211, 1217-19, 1366, 1404-07, 1646, 1648; 136: hkm.no. 82, 120-22, 163, 173, 460, 619, 1214, 1649; 138: hkm.no.39, 136, 171, 225, 228, 330, 781, 965, 978, 1053, 1119, 1200, 1203, 1214, 1216, 1312, 1314-15, 1328; 139: hkm. no.43, 82-83, 173, 349-51, 359, 380, 852, 1319, 1389, 1494-98, 1727; 140: hkm.no. 24-30, 71-78, 319, 631, 658-64, 874, 933-934, 1191-99, 1412, 1421, 1456-57; 142: hkm.no.354, 357-61, 363; 145: hkm.no.60-61, 1015, 1022-23, 1478; 158: hkm.no.3; Altınay 1930 (1989): 111-12; Orhonlu 1987: 39, 52-53, 66, 75-76, 80, 82-83, 97; Çelikdemir 2002: 251-52; 2004: 347-54; Halaçoğlu 1988 (2016): 69]

37)　[MHM.d.110: hkm.no.2123]

249

置する地中海沿岸域の南西アナトリア、地名としてはイチイル県[38]への定住化の例がいくつか見られる。しかし、これらは、同県内に住むイチイル・ユリュクを対象にしたイチイル県内での定住化を命じるものが大半であり、遠く離れた他地域からイチイル県への定住化を命じた事例は見られない。

この他、同一地域内では、チュクロヴァすなわちアダナ県一帯[39]、クルシェヒル、ネヴシェヒル、ボゾク県といった中央アナトリアに対する定住化令[40]が枢機勅令簿には見られる。

2　他地域からの定住化令

同一地域内での定住化の事例と比べると、その数は少ないものの、他地域からの定住化の事例もいくつか枢機勅令簿で確認できる。その中でも、定住先としてやはり多く登場するのはラッカを含めたシリア北部地域であり、中央アナトリアからラッカへの定住化の事例[41]が特に多い。

また、クルディスタンからラッカへの事例の中には、テントではなく石造の家を建造させるなど強力に定住させようとするもの、さらに農耕に従事させ、ウシュル税の支払いを命令したものがあるなど、遊牧民の定住化を強力に推進しようという意図がうかがえる。例えば、1120年ムハッラム月下旬／1708年4月中旬から下旬に発布された命令[42]では、エルビスタンのアフセンデレ Aḥsendere への定住化を命じられたクルドのクルチュル Kılıçlu 族が逃散し、叛徒と化したことを受けて、ハマー、キプロス島への定住化令が出されるものの、再び部族が命令を拒否して暴れ、エルビスタン一帯の定住民へ被害を与えたことを受けて、ラッカ

---

38) ［MHM.d.111: hkm.no.749-52, 760-63, 947, 980, 1119; 114-1: hkm.no.1449, 2033, 2193; 115: hkm.no.1659; 116: hkm.no.264, 323-24, 328; 117: hkm.no.229; 130: hkm.no.255; 138: hkm.no.1262; Halaçoğlu 1988(2016): 82, 109, 114］

39) ［MHM.d.134: hkm.no.478］

40) ［MHM.d.101: hkm.no.146; 134: hkm.no.669; 136: hkm.no.1201; Orhonlu 1987: 50, 71, 87-88］

41) ［MHM.d.101: hkm.no.147; 124: hkm.no.165, 243; 130: hkm.no.61-62, 622; 131: hkm.no.846; 133: hkm.no.867; 135: hkm.no.810; Orhonlu 1987: 94］

42) ［MHM.d.115: hkm.no.2441］

4章　シリア北部への遊牧民定住化政策

へ定住させ、石造の家を作らせ、農耕に従事させ、彼らからウシュル税を取り立てることを命令している[43]。

　この他、点数としては多くないものの、遠隔地である西アナトリアからラッカへの定住化の事例[44]や南西アナトリア、イチイル県からラッカ[45]への定住化の事例も存在する。その中には、1174年シャウワール月下旬／1761年5月下旬から6月上旬に発布された命令のように、クルド諸部族にラッカへの定住化を命じたが、中央アナトリアのニーデ一帯へ逃散し、彼らが叛徒と化したことを受けて、キプロス島への再定住化を命じたにもかかわらず、当該諸部族がこの命令にすら従わなかったために、アンティオキア Antakya からハレプ州内の適当な土地に定住先を変更し、命令を発布し直した事例も存在する[46]。

　他地域からの定住化が見られた地域としては、ラッカに続いて、キプロス島[47]があげられる。その中で、枢機勅令簿で明確に元の居住地が確認できる事例に限ると、西アナトリアからキプロス島への定住化令[48]、南西アナトリアからキプロス島[49]、中央アナトリアからキプロス島[50]への定住化令の3つのパターンが見られる。一例をあげると、アラーイイェ[51]県を中心に西アナトリアの各地でユリュクが叛徒化したことを受け

43) この他のクルディスタンからラッカへの定住化の事例としては、[MHM.d.119: hkm.no.593, 120: hkm.no.457; 132: hkm.no.137] がある。また[MHM.d.111: hkm.no.1310; 116: hkm.no.963-67; 120: hkm.no.425-27]などでも定住する部族に石造の家を作らせるよう命じている。

44) [MHM.d.114: hkm.no.464; 136: hkm.no.841; 145: hkm.no.1115, 1738-39; Orhonlu 1987: 31]

45) [MHM.d.116: hkm.no.257]

46) [MHM.d.114: hkm.no.210]

47) [MHM.d.117: hkm.no.1142; 121: hkm.no.412; 122: him.no.250; 130: hkm.no.63-65; 131: hkm.no.405; 134: hkm.no.223; 135: hkm.no.463, 623, 626; 136: hkm.no.84; 146: hkm.no.260-62; 147: hkm.no.564-65, 859, 1306; 148: hkm.no.1046, 1059; 149: hkm.no.56, 204, 239, 467, 567] 定住台帳の記録を分析したハラチュオールも、ラッカに次ぐ遊牧民の定住化先としてキプロス島をあげている [Halaçoğlu 1988(2006): 141]。

48) [MHM.d.115: hkm.no.485; 122: hkm.no.259-60]

49) [MHM.d.119: hkm.no.1069, 1330, 1497, 1675; 147: hkm.no.302, 1068; Halaçoğlu 1988(2016): 121]

50) [MHM.d.114-1: hkm.no.2069; 146: hkm.no.260-62]

て、キプロス島への追放と定住化令が出された。しかし、この定住を命じられた部族は、キプロス島から逃亡し、イチイル県を中心に西アナトリアの各地へ逃散し、逃亡先で再び叛徒となった。イェニシェヒル[52]一帯でこの部族が隊商を襲い交易を妨害するなどの損害が生じていることに対して、1153年第二ジュマーダー月／1740年6月から7月に叛徒化した部族の逮捕と処罰、キプロス島への再定住化を命令している[53]。

ラッカ、そしてラッカほどではないがキプロス島についても、遠隔地からも遊牧民を連行し彼らを定住化させる対象として活用されていたと結論づけられよう。

3 何が両者を分けたのか？
――定住化政策を強制された部族と免除された部族

オスマン朝は、17世紀から18世紀にかけて、遊牧民の季節移動を否定的にみなすようになり、遊牧民に特定の土地へ定住するよう命じていただけではない。アンカラのワクフ総局中央図書室附属文書室（VGM）に収蔵される史料を参照すると、オスマン朝がこの時代においても、遊牧民に対して定住化一辺倒の政策をとっていたわけではなかったことが見てとれる。VGMに収蔵される一部の台帳からは、特定の遊牧民が国庫ではなくワクフに対して税金に相当する金を支払っており、支払われた「税」はワクフ物件の運用のための財源として充てられていた[54]と分

---

51)　現在の地名はアランヤ。アンタルヤの南東に位置する港町。

52)　同名の地名はアナトリアの各所にあるが、ここではアダナの西、メルスィンの北に位置し、アナトリア中央部との交易路上にあった町を指しているのであろう。

53)　［MHM.d.147: hkm.no.1068］。類似の事例は［MHM.d.116: hkm.no.1359, 1466］などでも確認できる。

54)　イスタンブルのウスキュダル地区に建つ旧母后のモスクのワクフに属し、国庫ではなくワクフ管財人に税金に相当する金を払っていることを意味する。ハレムに住むオスマン朝君主の妻や王女といった女性親族には「パシュマクルク paşmaklık（原義は履き物代）」という名目で、一定の徴税権が与えられていた。当初はスレイマン1世の娘である皇女ミフリマ・スルタン（d.1578）へ、後にオスマン朝君主ムラト3世の母である、母后のヌールバーヌー・スルタン（d.

かる。特に、イスタンブルのアジア側に位置するウスキュダル地区の旧母后のモスクのワクフに属している遊牧民について、17世紀末から18世紀中頃にいたる時期の台帳、所蔵番号 321[55]、322[56]、323[57]、341[58]、342[59]、344[60]、355[61]番の台帳を、本書では史料として利用した。これらの台帳は、先行研究において、管見の限り、長らく等閑に付されてきた。本台帳を初めて研究に本格的に利用したヴィンター[62]は、ラッカへの定住化政策の対象とされたリシュヴァン・クルド、キリス・クルドやイェニイル・テュルクメンは、上述のウスキュダルの旧母后のモスクのワクフに属しており、その定住化政策の背景には、ワクフの収益を増やそうとするハレムの有力者の意向が働いていたと結論づけた。しかしながら、ヴィンターは、VGM に収蔵される命令台帳の概要に触れるのみであり、あくまでそれらを枢機勅令簿における定住化令分析の補足史料としてしか用いていない。そのため、ワクフの遊牧民に関する個々の命令や事例の分析は不足している。したがって、本研究では、VGM 所蔵命令台帳の分析を通じて、ワクフに属する遊牧民の分析をおこない、ヴィンターとは異なった観点からのアプローチを試みる。

1583）へ、「イェニイル・ハス」として、スィヴァス一帯の遊牧生活を送るテュルクメンに対する徴税権が割り当てられ、母后のモスクのモスク複合施設 külliye の運営費にあてるため、上述のイェニイル・ハスがワクフとされた。後に、同じくウスキュダルに設立された、アフメト 3 世 (r.1703-30) の母后であるギュルニュジュ・エメトゥッラー・スルタン (d.1715) のモスクと区別するために、ヌールバーヌー・スルタンのモスクは「古い／旧 'atīk」と呼ばれることになった。後代の「イェニイル・テュルクメンのワクフ」は、この 16 世紀末の「イェニイル・ハス」のワクフ化に由来するのであろう [İpşirli 2007; Şahin 2016]。

55) VGM ではこの台帳は「Defter-i kuyudat-i evamir-i ve berevat-i alişan tabi' [sic] Kalem-i Muhasebe-i Haremeyn」と呼ばれている。
56) この台帳は、VGM では「Defter-i evamir」と呼ばれている。
57) この台帳は、VGM では「Defter-i kuyudat-i evamir-i Şerife tabi' [sic] [Kalem-i Muhasebe-i Haremüş-Şerifeyn」とされている。
58) この台帳は、VGM では「Keşfi Osman Efendi vakfiyesi」と呼ばれている。
59) この台帳は、VGM では「Haremeyn ahkamı」と呼ばれている。
60) この台帳の名称は、VGM では「Kuyudat-i evamir-i ve berevat-i alişan Haremüş-şerifeyn」とされている。
61) この台帳は、VGM では「Defter-i emir-i alişan」と呼ばれている。
62) [Winter 2009: 253-68]

VGM 所蔵の 321 番台帳に記録された、1118 年ラジャブ月 22 日／1706 年 10 月 30 日付の命令[63]は以下の内容を伝えている。ウスキュダルの旧母后のモスクのワクフに所属するレイハンル族は、ワクフに属することを理由に、本来はラッカへの定住化対象から除外されていたにもかかわらず、数名の官吏が、ワクフに属するレイハンル族に「季節移動と遊牧生活をやめて、ラッカに向かえ。」とラッカへの定住化を強制した。オスマン朝政府は、ウスキュダルの旧母后のモスクのワクフの台帳を確認し、上記のレイハンル族は確かにワクフに属する遊牧民であり、他のレイハンル族とは異なり、定住化政策の対象にはされていないことを確認した。そこで、オスマン朝政府は、レイハンル族はワクフに属しているため、ラッカへの定住化を不当に強制されることはないとあらためて命令を発布した。このように、ワクフに「税」を納めてきた遊牧民には、遊牧生活を続けることが許されていたのである。別の事例では、オスマン朝政府は、定住先のラッカを勝手に離れ、ハマーとホムスで叛徒と化したにもかかわらず、ワクフに属しているハレプ・テュルクメン、イェニイル・テュルクメンは本件での処罰の対象にしないよう、1118 年／ 1706 年に命令[64]を発布している。

1120 年／ 1709 年に発布された別の命令[65]では、トラブルス・シャーム Ṭrāblus-ı Şām[66]のカーディーと総督に、イェニイル・テュルクメンの中の同じくウスキュダルの旧母后のモスクのワクフに税を払っている遊牧民を、トラブルス・シャームから元の居住地に戻すように指示がなされた。しかし、これらのワクフ所属の遊牧民は、自発的に遊牧生活をやめてトラブルス・シャームに 3 年から 4 年ほど住み着いており、その間、それらの部族からワクフの収入は得られなくなっていた。この問題を解決するために、オスマン朝政府は、トラブルス・シャームの行政官にそれらのワクフ所属の遊牧民を現在の居住地から追い出し、かつて遊牧生

---

63)　［VGM.d.321: 136］
64)　［VGM.d.321: 186］
65)　［VGM.d.321: 316］類似の事例は以下の命令からも確認できる［VGM.d.322: 4; 355: 175］。
66)　現レバノン領トリポリ。アラビア語名はタラーブルス Ṭarāblus。

4章　シリア北部への遊牧民定住化政策

ウスキュダルの丘の上に建つ旧母后のモスク（著者撮影）

活を送っていた元の居住地に戻すよう命じている。

　このように、オスマン朝は、17世紀から18世紀においても、他の遊牧民とは異なり、ワクフ所属の遊牧民をラッカ一帯への定住化政策の対象とはしていなかった。ヴィンターの見解とは異なり、VGM所蔵台帳からは、多くの旧母后のモスクのワクフに「税」を支払うテュルクメンやクルド系の遊牧民は、オスマン朝の遊牧民定住化政策からは除外されていたことが読み解ける[67]。ワクフに属する遊牧民の事例からは、オスマン朝にとっては、定住化させて農耕に従事させるよりも、それまでの生活を続けさせて充分なワクフの収入を確保することの方が必要であり、また有益とみなされていたのであろう。そこには、実態はともかく、イスラーム法上は永代寄進であるワクフの不可侵および不変性が、ワクフに属する遊牧民が遊牧生活を送ることを保護し、保証することにもつな

---

67)　[VGM. d. 321: 18, 53, 75, 84-85, 94, 100, 197, 228, 288; 323: 82, 279; 341: 447; 342: 45, 57, 64, 110, 179, 212, 266; 344: 94, 96, 246, 248, 272; 355: 167, 169, 171; Winter 2003: 68; 2004: 65; 2009: 262]

がっていた。オスマン朝の遊牧民に対する厳しい姿勢に反して、直接、ワクフに「税」を支払うことで収益をワクフに提供する遊牧民は、オスマン朝の中で遊牧民として存続することができたのである。

　枢機勅令簿に見られる事例の中にも、ワクフに所属する遊牧民をめぐっては、オスマン朝が遊牧民にラッカ一帯への定住を免除した例が確認できる。1120年ラジャブ月上旬／1708年9月中旬から下旬には、ウスキュダルの旧母后のモスクのワクフに属しており、遊牧生活を送るイェニイル・テュルクメンへ宛てて、ラッカへの定住化令が発布された。しかし、イェニイル・テュルクメンはラッカから逃散し、西アナトリアのアイドゥン県、サルハン県そしてカラヒサル・サーヒプ県サンドゥクル郡[68]に住み着いた。また、その一部は西アナトリア各地でも遊牧生活を続け、夏営地で叛徒となり、夏営地周辺の定住民の耕地へ損害を与えた。この事態を受けて、オスマン朝政府は、叛徒への処罰としてラッカへの再度の定住化を命じた[69]。しかし、この逃散し、再定住化を命じられたイェニイル・テュルクメンの中で、両聖地すなわちメッカ／マッカとメディナのワクフの臣民 re'āyā[70] である41人については、ラッカへの定住化を免除し、彼らが逃散した先で住み着いたカラヒサル・サーヒプ県の村の住人として扱い、台帳にも村民として登録することを命令している[71]。

　類似の事例は、定住化政策の対象とされたワクフには属していない遊牧民についても確認できる。1142年第一ジュマーダー月上旬／1729年11月下旬付の命令では、ラッカへの定住化を命じられた部族の一部が、ラッカから逃げ出してクルシェヒル一帯の村に住み着き、家を建て農耕

68)　アナドル州カラヒサル・サーヒプ県の南西に位置する郡。
69)　この他の叛徒化したワクフに属する遊牧民に関する命令は、以下の通りである［MHM.d.104: hkm.no.192; 110: hkm.no.815, 963; 111: hkm.no.2133, 116: hkm.no.87, 239, 1151; 117: hkm.no.195; 119: hkm.no.883, 917, 1119, 1329, 1562, 120: hkm.no.22, 33, 853, 964, 121: hkm.no.15, 119; Winter 2009: 263; 2017］。叛徒に加わったワクフに属する遊牧民に定住を命じた場合でも、同じ部族に属しながら叛徒に加わらなかった者については、定住命令の対象とはしないよう、しばしば指示されている。
70)　支払う税が両聖地のワクフ物件の会計に組み入れられることを意味している。
71)　［MHM.d.115: hkm.no.2955］

をおこなっていたことを考慮して、ラッカからクルシェヒルへ遊牧民の定住先を変更し、クルシェヒル県内の村にそのまま住み続けることを認めている[72]。この他、先述のキプロス島からラッカへの定住化先変更の事例[73]のように、遊牧民への定住化令が、事情によっては取り消されたり変更されたりすることもあったという点で、この事例は非常に重要である。

　これらの事案により、遊牧民に下された定住化令はしばしば、状況や事情に応じて変更や取消がなされていたことが分かる。そしてその背景にも、オスマン朝政府が遊牧民の季節移動や遊牧を、村へ住み着き農耕をおこなうことよりも問題があり、望ましくないものとみなすようになりつつあったことが読み解ける。すなわち、オスマン朝は遊牧民の季節移動を最大の問題と見なしていたために、定住化令に従う遊牧民は、定住する限りはたとえ多少の命令違反があったとしても、大目に見つつ受け入れていたといえよう。遊牧民への定住化政策は、とにかく遊牧民を連行して命令を執行することのみを目指したものではなく、遊牧民にも一定の配慮を示すこともあったこと、そして、遊牧をやめて村に住み着いた者をそのまま村に住まわせたことから分かるように、遊牧を問題視し村への定住や農耕を是とする視座がここから見て取れるのである[74]。

4 逃散する遊牧民とオスマン朝
──定住化政策のもたらしたものとは

　定住化を命じられた部族は、唯々諾々と定住化令を受け入れ、農耕に

---

72) ［MHM.d.136: hkm.no.35］
73) ［MHM.d.139: hkm.no.1342-51; Söylemez 2007: 157］類似の例としては［MHM.d.112: hkm.no.556-57; 119: hkm.no.940, 1330］などがあげられる。
74) 同様の事例は、枢機勅令簿以外の史料にも見いだせる。アレッポ州のシャリーア法廷台帳には、1195年／1781年にアンティオキアからラッカへの定住化を命じられたレイハンル族へ、ラッカからアンティオキアへ帰還することを認めるが、帰還先のアンティオキアで遊牧を行うことを禁止した事例が見られる［Murphey 1984: 196］。

第Ⅱ部　遊牧民の定住化

従事していたわけではない。すでに述べたように、定住化を命じられた部族が定住化先から逃散し、叛徒となって地域の治安を悪化させた事例は、枢機勅令簿からも多数確認できる。このような事態に対して、オスマン朝政府は逃散、叛徒化した部族を逮捕し、再定住化を命じることが17世紀初頭において非常に多く見られた[75]。本節では、このような枢機勅令簿に見える再定住化の事例を抽出し、考察をおこなっていく。

　再定住化を命じる場合、先の命令で定住を命じられた土地と同じ場所に再度、定住させることが多数であった。その中で特に再定住化先として選ばれることが多かったのは、ラッカを含むシリア北部地域である。実に、逃散から再定住を命じられた事例の大半がラッカへの定住に関するものである[76]。これはラッカへの定住を命じた事例の数がそもそも多いことや、定住先となったラッカが遊牧民にとっては降水量や気候、植生等の面で満足できる土地ではなく、逃散につながることが多かったためであろう。その中には数度に渡るラッカからの逃散を繰り返し、その都度、ラッカへの再定住化命令が発布された事例も存在する。逃散し、

75)　ラッカへの定住化と逃散・叛徒化にともない、部族長のみの処罰を命じて再定住化に言及していない例もいくつかある。たとえば、1109年ズー・ル＝カァダ月下旬／1698年6月下旬－7月上旬に発布された命令では、ラッカへの定住化を命じられたテュルクメンのアフシャールAfşār族とジェリドCerid族の部族長boy beği が部族を叛乱へ扇動したことに対して、別の部族長を任命し旧部族長を城へ拘禁して処罰することを命令している［MHM.d.110: hkm.no.1953］。1137年ズー・ル＝ヒッジャ月下旬／1725年9月上旬には、ラッカ、キリス一帯へイルディクリュ・テュルクメンが住み着いたことで、ベイディクリ・テュルクメン、カラシェイフリュ族、イルディクリュ族が同地から中央アナトリアのルーム地方へ逃げこんだことを受けて、その解決を命令している。ただし、この命令では、定住先から逃散した部族を、元の定住地に再度、定住させるようには明確に記されていない［MHM.d.132: hkm.no.1315］。

76)　［MHM.d.101: hkm.no.26; 102: hkm.no.744; 108: hkm.no.937-38; 109: hkm.no.1070, 110: hkm.no.97, 110; 112: hkm.no.59, 328-29, 659, 913; 111: hkm.no.1388, 2132; 114-1: hkm.no.1414, 1418; 131: hkm.no.545, 548; 132: hkm.no.373; 133: hkm.no.557, 712; 134: hkm.no.1166-68; 135: hkm.no.809, 814; MHM.d.136: hkm.no.335, 499; MHM.d.140: hkm.no.658-64; MHM.d.142: hkm.no.939; Orhonlu 1987: 58, 96-97; Altınay 1930(1989): 97-98, 169-70; Söylemez 2007: 157］1121年／1709年には、ビレジク県で略奪を行ったクルドおよびヤズィーディー教徒の叛徒Ekrād ve Yezīdī eşkıyaları の処罰と、ラッカへの再定住が命じられている［MHM.d.116: hkm.no.908］。

叛徒と化した部族に対するある種の懲罰として、ラッカへの定住化を命じていたことがここからうかがえよう。

その他、キプロス島[77]、西アナトリア[78]、南西アナトリア[79]、中央アナトリア[80]、東部アナトリア[81]へも、一度逃散した部族に対する再定住化令が発布されている。再定住化の命令はラッカへの追放に近い処罰ではなく、他の地域に対してもおこなわれていたとここから分かる。

これら上記の再定住化令は、その大半が先の命令で命じられた場所と同じ場所に定住することを命じたものである[82]。ここから、定住化政策は先の命令の執行、一度命令した先に定住させることに固執する傾向が強かったことが読み取れる。

定住先で定住を命じられた部族同士が土地をめぐって争うことも見られた。カラマン県のコヌル Koñur 郡とケスキン小城 Kalʻacık-ı Keskin 郡一帯に住むタバンル族 Ṭabanlı Aşīreti、シェイフリュ族 Şeyḫlü Cemāʻati、チムリ・アラブ・テュルクメン Çimli ʻArab Türkmānı が、8 年近く、トゥズル・ブルン Tuzlu Burun という場所に定住していたが、シェイフリュ族がコヌル郡のハイダル・デデ Ḥaydar [sic] Dede のワクフ地に新たに住み着いたことをきっかけに、上記の部族間で土地をめぐる争いが発生したことを受けて、この係争に介入し解決するよう命令が出された[83]。また、アナトリア中部、クズル川西岸のクズル・オズ Ḳızıl Öz という土地への遊牧民の定住化と、定住した遊牧民への土地の割り当てを命令しつつ、定住化に反対して同地にすでに入り込んで住み着いていた他の部

---

77) [MHM.d.117: hkm.no.969; 120: hkm.no.731; 145: hkm.no.1115, 1738]
78) [MHM.d.102: hkm. no.419; 114 hkm.no.63-64; 129: hkm.no 220; 135: hkm.no.1705; 140: hkm.no.498; Orhonlu 1989: 37-38; Altınay 1930 (1989): 161]
79) [MHM.d.102: hkm.no.400; 111: hkm.no.768; 116: hkm.no.365, 989]
80) [MHM.d.135: hkm.no.314; 140: hkm.no.799-800; Altınay 1930 (1989): 200-01]
81) [MHM.d.136: hkm.no.163; Orhonlu 1987: 96]
82) 例外として、キプロス島への定住化を命じられた部族がキプロス島から逃散し、シリア北部からクルディスタンにかけて叛徒として暴れまわったことを受けて、叛徒の討伐と定住先をラッカに変更した上での再度の定住化を命じた事例がある [MHM.d.112: hkm.no.314, 316-17, 325-26, 1029; 139: hkm.no.1342-51; Söylemez 2007: 157]。
83) [MHM.d.140: hkm.no.549; Altınay 1930 (1989):197-98]

族と、新たに定住化のために同地にやってきた部族との間で生じていた係争の解決を指示した事例も存在する[84]。

遊牧民や叛徒による定住民の農耕への被害が生じた際に、遊牧民の季節移動を禁止して処罰した事例としては以下があげられる。1141年/1728-29年にカイセリ近郊のザマントゥ Zamantı 郡の農民として新たに台帳に記録された部族が、夏営地・冬営地間の季節移動をやめず、一部が叛徒と化してことを受けて、定住の徹底と部族の処罰命令を発布している。また、マラシュ県と上述のザマントゥ Zamantı 郡に居住するアフシャール Afşār 族の一部が叛徒と化し、ペフリヴァンル・テュルクメン Pehlivānlu Türkmānı の耕地に家畜を放し、冬営地への季節移動を継続し、定住化が困難になった。この遊牧民による農耕民への耕作妨害に対して、その叛徒となった遊牧民の処罰を命じている[85]。

定住化を命じられたクルドやテュルクメンの諸部族が、定住化先から逃散し、元の居住地ではなく西アナトリアへ逃げ込むことは、このようにしばしば見られた[86]。西アナトリアに逃げ込んだテュルクメンは地域の治安を悪化させ、17世紀末から18世紀にかけては、西アナトリアでも遊牧民の叛徒化、それにともなう叛徒の処罰命令、そして西アナトリア各地の遊牧民に対して定住化を命じることも、たびたび見られることとなった。

17世紀末から18世紀にかけて相次いだ遊牧民の定住化令は、遊牧民の逃散や叛徒化による治安の悪化に対する有効な手立てではなく、むしろ、逃散や叛徒の固定化につながる側面を持っていた。オスマン朝は、このような逃散や叛徒を、逐一、勅令や命令で鎮圧する以外に有効な手を打たず、場当たり的な対応を繰り返していた。その結果、遊牧民の逃散と叛徒化により、遊牧民の各地への流入と流入先での治安悪化、それによる定住民の逃散という悪循環すら生み出していたのである。この点

---

84) ［MHM.d.137: hkm.no.45］
85) ［MHM.d.135: hkm.no.1380-81］
86) ［MHM.d.102: hkm.no.744; 111: hkm.no.189-91; 117: hkm.no.969; 119: hkm.no.1685, 1733; 135: hkm.no.1628; 136: hkm.no.9, 157, 335; 145: hkm.no.1115; Winter 2017］

で、遊牧民定住化政策はやはり失敗に終わったと結論づけられよう。

　しかし、この定住化政策がもたらしたものは秩序の崩壊、社会の混乱というマイナス面のみではない。西アナトリアへの流入の事例や、逃散して逃げ込んだ先のカラヒサル・サーヒプ県への恒常的な居住を認めた先の事例に見られるように、オスマン朝による逮捕、再定住化を免れたテュルクメンは、アナトリアの各地に留まり、その地域の人口や社会構成に影響を与えたことが推察できる。ハラチュオールは、デルベンドジ制の再興の成功事例をあげて、この時期の遊牧民の定住化政策は必ずしも失敗ばかりではなく、遊牧民の定住化と農耕民化に貢献にした例もあり、このことは後世のアナトリアの社会へ影響を与えたと述べている[87]。このようなデルベンドジ制での成功事例のみならず、定住化令によって引き起こされた逃散は、アナトリアの東に多く居住していたテュルクメンやクルドの遊牧民諸部族の西への移動、さらに、遊牧民に留まらないオスマン朝各地での玉突き的な人びとの移動を引き起こし、オスマン朝社会の変化へとつながっていった可能性もまた充分に指摘できるのである[88]。

小　結

　17世紀末から18世紀のラッカを中心とした遊牧民の大規模定住化政策については、以下のことが結論として述べられよう。

---

87)　[Halaçoğu 1988（2006）: 125-44]
88)　ソイレメズは、特に18世紀から19世紀に至るまで、中央アナトリアへ東部アナトリアからリシュヴァン族が流入し、中央アナトリアの各地に住み着いていったと述べている。ソイレメズの研究では明記されていないが、リシュヴァン族はラッカへの定住化政策の対象とされた東部アナトリアのテュルクメンもしくはクルド系遊牧民であり、少なくとも18世紀以降のリシュヴァン族の中央アナトリアへの流入が、17世紀末以降のラッカへの強制定住化政策に対する抵抗や逃散に由来する可能性は充分にあろう［Söylemez 2007; Winter 2017］。また、19世紀を中心に16世紀から現状に至る西アナトリアの現アフィヨン・カラヒサルへの遊牧民の東方からの移住と、同地への定住についての研究としては［Şirin 2018］がある。

オスマン軍の中で、統制された奉公集団として利用され、砲兵や防衛兵としても活用されていたルメリのユリュクに対して、クルド、テュルクメン系の諸部族は、そもそも、しばしば叛徒にもなりうる、オスマン朝にとって統率が困難なやっかいな存在であった。また、命令に応じて大砲の輸送などの奉公集団としての仕事に従事することは、ルメリのユリュクなどと比べるとはるかに少なく、遠征参加と引き替えの免税特権のような利益は、テュルクメンやクルド系諸部族には乏しかった。17世紀末に数度、遠征への参加命令が発布されたものの、その後、遠征への参加を命じることはなくなり、シリア北部などへの強制定住化政策の対象とされるようになった。クルド、テュルクメン系の遊牧生活を送っていた諸部族を、オスマン朝の軍隊に組み込んで補助戦力などとして活用するよりも、北進するアラブ諸部族に対するある種の防波堤、およびシリア北部地域の農地開発のために活用しようという、オスマン朝政府の意図がそこにはうかがえる。そして、その背景には、遊牧民の夏営地・冬営地間の季節移動そのものを問題視し、農耕民として定住化させることを是とする、当時のオスマン朝政府の遊牧民に対する認識の変化があったのである。

　ラッカへの定住化には、最初はラッカ以外への定住化を命じたとしても、定住先から逃散し、叛徒となった諸部族をラッカへ定住化させる、数度にわたって逃散や叛徒化を繰り返した部族に定住を命じるなど、処罰としての定住化令という面が見られた。ただし、これはラッカのみならず、他の地域に対しても、命令に従わず問題を起こした部族に対する処罰として、定住させるといった事例は見られた。しかし、諸部族への定住化政策は処罰としてラッカへ定住化を命じるのみではなく、当初の命令でラッカ以外の地域に定住するように命じた場合は、その後も当初の定住化先に定住を命じる事例も多く存在した。この傾向は、一度逃散した部族を再定住化させる場合も、元々、定住を命じた土地と同じ場所へ再度、定住することを命令するなど、元の命令を実行することに固執することになり、逃散と再定住化というパターンの固定化へとつながっていった。また、ラッカへの定住化の事例の多くはハマーやホムス、ア

ダナなど近隣地域居住の部族が対象であったが、時代が下るにつれて、他の地域は定住化先としてあげられなくなり、ラッカへの定住を命じることが増加していった。しかしながら、ワクフに諸税を支払う遊牧民が定住化政策から除外され、むしろ遊牧生活を続けることが奨励されていた例も存在した。

　17世紀末から18世紀にかけて相次いだ遊牧民の定住化令は、遊牧民の逃散や叛徒化による治安の悪化に対する有効な手立てではなく、むしろ、逃散や叛徒の固定化につながる側面を持っていた。このような遊牧民の各地への流入は、流入先での治安悪化につながり、住民の逃散の原因にもなっていった。その中には、定住化を命じられた諸部族が、元の居住地ではなく西アナトリアへ逃げ込む事例も多数見られた。この東アナトリアから西アナトリアへの遊牧民の流入が、人口や社会の再編を促した可能性も示唆されるのである。

終章

オスマン朝にとって遊牧民とは何か、遊牧民にとってオスマン朝とは何であったのか

トルコ南東部（クルディスタン地方）のハサンケイフにて。岩場の洞穴住居の一部は家畜小屋として今も用いられている。写真の左に仔山羊の群れが見える。ハサンケイフの町とこの洞穴住居は、現在建造中のウルス・ダムが完成した際に、水没する運命にある（著者撮影）

終章　オスマン朝にとって遊牧民とは何か、遊牧民にとってオスマン朝とは何であったのか

　前章までで、オスマン朝における遊牧民が果たした役割や意義、遊牧民の各集団がオスマン朝の中で異なった歴史をたどっていった理由を考察してきた。本章では、これまでの各章での議論を整理し、序章でたてた問いである「オスマン朝にとって遊牧民とは何か、遊牧民にとってオスマン朝とは何であったのか。」に一定の回答を提示する。そこから、独自の生業や文化を持つ人びとを、近世の帝国はどのように支配したのか、その支配に人びとはどのように対応してきたかという問題へ、オスマン朝における遊牧民の事例から一定の回答を示したい。

　第1章では、ルメリのユリュクに代表される、奉公集団となった遊牧民を分析した。遊牧民の軍事的優位性が崩れていくこととなった火器の出現とその普及以後の時代に、オスマン朝支配下のバルカン半島において、元々は「遊牧民」を意味したユリュクが、免税特権と引き換えに、オスマン朝や軍に奉公する集団として存続した。ユリュクは軍の中でいわゆる後方支援役をつとめ、火器の輸送や砲弾の製造といった仕事にも従事していた。ルメリのユリュクは、時にオスマン朝政府の施策に反発や抵抗をし、また自らの免税特権を主張して行政官による不当な徴税を拒否することを試みるなど、オスマン朝の中央政府とさまざまな関係を取り結んできた。オスマン朝政府の側も、ルメリのユリュクがオスマン朝の軍事行動に欠かせない各種の仕事へ労働力を提供していたがゆえに、ユリュクの維持や管理につとめていた。火器の登場によって遊牧民の軍事的プレゼンスが低下した後も、大砲の輸送や砲弾の製造といった形で対応し、後方支援という新たに求められた役割を果たすことで、ルメリのユリュクは火器出現以後の時代においても、まとまった集団として存続することに成功していたのである。そして、国や軍の要求や必要に応じてさまざまな仕事に従事させる、ある種の補助戦力やバッファーとして、ルメリのユリュクを存続させる意義を見いだし、ルメリのユリュクをオスマン朝は活用し続けていた。

　ルメリのユリュクの生業は遊牧とは限らず、居住した地域やその土地の地勢、水利、環境に合わせて、居住地ごとに農耕、牧畜、またはその両方とさまざまな生業に従事していた。ただし、遊牧民としての性格よ

りも奉公集団としての性格が強いルメリのユリュクにおいても、他の土地から移動してきて農耕や牧畜をおこなうという、移動性の高い遊牧民としての性格は残され、オスマン朝もそのようなユリュクの移動と土地の利用を認めていた。ゆえに、彼らは、免税特権と引き替えに軍役や各種の労役に従事する奉公集団と化した後もなお、遊牧民を意味するユリュクという語で呼ばれ続けていたのである。また、ユリュクの支払う税は、原則としてある種の人頭税であるヤマク税のみであり、ユリュクに割り当てられた特別の耕地は存在しなかった。ルメリのユリュクは耕地の割り当ての代わりに、「移動して他のディルリク地を利用する」ことを許されていたがために、他の奉公集団のように耕地の分配やその多寡をめぐる問題には巻き込まれにくく、一定の税収や組織を保つことができた。そのために、ルメリのユリュクは、軍役や労役への参加命令が減少しても、特殊な税制を適用された集団として17世紀を通じて存続できた。この点で、ルメリのユリュクとほぼ同じような奉公集団として成立しながらも、ユリュクとは異なり耕地の割り当てを受けていたヤヤやミュセッレムが、割り当てられる耕地の不足や税制、軍、政治システムの変化に呼応して、個々の軍人／支配層に徴税権を分配するディルリク制から、徴税請負制へ税制の中核が移り、大規模かつまとめて徴税をおこなうように変化したことにより廃止され、徴税請負制に組み込まれた担税者にされてしまったこととは対照的であった。

　ルメリのユリュクと同じくバルカン半島に渡った遊牧民の諸集団を祖とするルメリのタタールについては、ルメリのユリュクとともに、バルカン半島において、免税特権と引き替えに各種労役に従事する奉公集団として一定の役割を果たしていた。ただし、ルメリのタタールの場合は、同じくタタールと呼ばれ軍役や労役に従事するという共通点があっても、その免税特権の内容は異なるさまざまな集団が、その中に含まれていた。さらに、ルメリのタタールは、ルメリのユリュクと同じ仕事に従事し、同等の扱いを受け、ルメリのユリュクに付記される形で史料に記録されていた。このように、ルメリのタタールは、ルメリのユリュクに包摂されて存在していたがゆえに、同じような集団であっても17世紀末まで

終章　オスマン朝にとって遊牧民とは何か、遊牧民にとってオスマン朝とは何であったのか

存続したルメリのユリュクとは異なり、最終的にはユリュクに吸収されていく運命をたどったのである。

　第2章では、征服者の子孫たちについて分析した。オスマン朝の中で、ある種のバッファーとして軍人／支配層と臣民／被支配層の特徴をあわせ持つ集団として存続していたルメリのユリュクは、第二次ウィーン包囲の失敗や長期に渡る周辺諸国との戦いにより、オスマン朝の軍や税制そして国家の諸制度に改革が求められ始めた17世紀末に、弛緩していた諸制度の再開と立て直しの動きの中で、再びオスマン軍の中でその奉公や活動が求められるようになった。そこで、ルメリのユリュクを今まで以上に命令に応じてさまざまな軍役や労役を担う専門集団とし、有効に機能させるために、ルメリのユリュクは征服者の子孫たちという集団に改組された。征服者の子孫たちは、ルメリのユリュクと共通する点を多々持っていたが、当時の状況を反映してか、軍隊の中で兵士、城塞の防衛、砲兵や砲車兵といったより軍事色の強い各種の労役や軍役に従事していた。征服者の子孫たちは、当初は軍人／支配層として税の支払いを免除されていたが、18世紀初頭においては、その免税特権の内容や範囲は明確には定まらず、しばしば、行政官により、本来は徴収されるはずがない税の取り立てや徴収にさらされていた。このような事態に対して、ルメリのユリュクと同様に、征服者の子孫たちは、しばしば逃亡や職務放棄といった手段で対抗した。また、征服者の子孫たちを管轄する行政官も、他の官吏による不当な税の取り立てが征服者の子孫たちの職務履行を妨げているとオスマン朝中央に訴え、征服者の子孫たちを保護するよう求めた。オスマン朝も、征服者の子孫たちの上記のような後方支援役としての重要性を認め、免税特権の確認と不当な税の取り立ての禁止をたびたび表明した。そのような徴税と免税特権の保護という2つの相反する狙いが求められた中で、征服者の子孫たちの免税特権と徴収される税の内容はたびたび変更された。最終的に、征服者の子孫たちが戦争や各種の奉公へ赴かない場合は、一定額の税を支払うことになった。このように税制において、征服者の子孫たちは、ルメリのユリュクと同様の、遠征参加と引き替えの免税特権と一部税の支払い義務を負う

奉公集団であった。征服者の子孫たちは、オスマン朝の草創期からタンズィマート改革まで続く、奉公集団としての遊牧民の最後の存在であったのである。

　遊牧民の定住化については、第3章および第4章で考察した。第3章では、16世紀において、従来の研究では「遊牧民の急速な定住化」と解釈されていたボゾク県における急速な遊牧民の減少と農耕民、村の増加が、ボゾク県の住人から徴収される税額を最大化するために適用された税制の変化から説明できることを示した。つまり、16世紀のボゾク県ではすでに農耕が広範に県内の住人によりおこなわれていたにもかかわらず、当初はオスマン朝中央政府がボゾク県の住人を遊牧民として管理しており、遊牧民に向けた税制を同地に適用していたために、同地では多数の遊牧民が未だに遊牧生活を続けていたかのように従来の研究では解釈されてきた。しかし、16世紀中頃にはボゾク県に適用する税制を農民向けのものに切り替えたことで、史料の上では遊牧民が農民となり、生業が遊牧から農耕へ転換したように見えたのであった。また、同時期のアダナ県においては、広範に農耕がおこなわれていたにもかかわらず、地勢や気候の問題上、長期にわたって、一定の土地を特定の人々が利用するという、定住民による土地利用が盛んではなかった。そのために、村という一定の土地区分単位ではなく、部族や氏族といったアダナ県居住者の集団を徴税の上での基本単位とし、県内の住人により生産された農作物が存在する場合は、「耕作地」という、「村」とは異なり、土地に住人を登録する必要のない租税調査台帳への記録単位を活用して、そこで生産された農作物に対する税を課すことができるしくみがアダナ県では採用された。この結果、アダナ県では農耕が生業の主体となりながらも、遊牧民が存在し続けていたかのように見える記録が残されることになった。このように、従来は「遊牧民の自発的な定住化」と解釈されてきたさまざまな現象の背後には、オスマン朝政府による認識の変化や得られる税を最大化し、効率的に徴税をおこなうための徴税制度の工夫という要素が複雑に絡み合っていたのである。

　第4章で考察した17世紀初頭のクルド、テュルク系遊牧民定住化政

終章　オスマン朝にとって遊牧民とは何か、遊牧民にとってオスマン朝とは何であったのか

策については、以下のようにまとめられる。ルメリのユリュクとは異なり、クルド、テュルクメンの遊牧民の諸集団は、オスマン朝にとっては、しばしば叛徒にもなりうる存在であった。テュルクメンやクルドの諸部族には、ルメリのユリュクやタタールのように遠征参加と引き替えに免税特権を認められるといったこともほぼなく、オスマン朝とテュルクメンやクルドの諸部族双方にとって、ルメリのユリュクのような奉公集団になることは、意義のあるものにはなりえなかった。さらに、17世紀末に、国際情勢の変化が軍隊や制度の改革への動きにつながる中で、オスマン朝の対遊牧民政策は、遊牧民の季節移動とそれにともなう農耕民の耕地への被害や治安の紊乱を問題視し、問題を起こした遊牧民の首領を逮捕し処罰することから、問題を起こした遊牧民の集団そのものを一定の土地に定住化させ、農耕に従事させるようにするという、部族長から部族単位での処罰へという大きな変化を迎えていた。

　クルド、テュルクメンの諸部族への遠征への参加命令は、17世紀末に数度発布されたものの、その後は定住化政策へ転換した。後方支援役や奉公集団としての働きを果たすことでその存在を認められたルメリのユリュクや征服者の子孫たちとは対称的に、クルド、テュルクメンは、軍に組み込んで戦力や後方支援役として使うよりも、地域の治安維持や新たな農地開発のために活用される存在であった。しかしながら、ワクフに属する遊牧民については、他の遊牧民が定住化の対象とされていった中でも、従来通りの遊牧生活を送ることが認められ、保護すらされていた。遊牧民が、それまで保持していたオスマン朝政府にとって益となるだけの意義や特性を失っていく中でも、新たな役割を担うなどして、オスマン朝にとって集団を存続させるだけの意義を生み出すことができたか否かということが、遊牧民の各集団がその後にたどる歴史の違いへとつながっていったことを、この事実が示している。

　このようにして17世紀末から本格化したクルド、テュルクメンの遊牧民に対する定住化政策は、定住先から逃散し叛徒となった部族がその対象とされることが多く、処罰としての定住化令という性格を持ち、定住を以前に命じられた地域から逃散した場合でも、元の定住先と同じ地

271

域に再度の定住を命じる傾向が強かった。この定住化政策は、遊牧民の逃散や叛徒化による治安の悪化に対する有効な手立てではなく、むしろ、逃散や叛徒の発生を引き起こすことにつながり、遊牧民の各地への流入と流入先での治安悪化、それによる定住民の逃散すら生み出していた。ただし、ワクフに属する遊牧民の事例に見られるように、一定の徴税額の確保やその最大化のためには、定住を一律に命じるのみではなく、むしろ遊牧民が遊牧生活を続けることを奨励することもあるなど、依然として、オスマン朝の対遊牧民政策には、多様性や遊牧民への譲歩が見られたことも確かであった。

　オスマン朝の草創期から王朝の中に存在していた遊牧民は、オスマン朝とさまざまな関わりを取り結び、ある集団は存続し、ある集団は解体し別の役割を果たすようになった。遊牧民はその社会の中での役割を変化させつつ、オスマン朝の中で実に14世紀から19世紀にいたるまで存在し続けていた。そして、19世紀に始まるタンズィマート改革の前の、オスマン朝が「近代」に突入していく直前の時代である17から18世紀にかけて、オスマン朝における対遊牧民政策も大きく変化していった。遊牧民も、ある集団はその変化に対応し、また別の集団は対応できず解体していった。しかし、オスマン朝の草創期からオスマン朝の中で存在し続けてきた遊牧民の中で、ルメリのユリュクそして征服者の子孫たちは、軍人／支配層と臣民／被支配層の中間に位置し、命令に応じてさまざまな仕事に労力を提供できる奉公集団であることで、オスマン朝によってその価値を認められ、近世期のオスマン朝の中で存在し続けることができた。このように、遊牧民は、たとえ遊牧をやめた後でも、その姿や役割を変えてオスマン朝の中で集団として存在し続けていたのである。そこには、「周縁化」の中でただ消え去るのみではなく新たな姿をまとい、役割を果たすことで、生業や役割を変えてしまっても所与の環境に対応し存在し続けた、近世のオスマン朝における遊牧民のある種の「したたかさ」が表れている。そして、ルメリのユリュクがキプロス戦役やレパントの海戦にも関係していた事実が示すように、そのような遊牧民は、オスマン朝のみならず世界の歴史とも一定の関わりやつながりを持

終章　オスマン朝にとって遊牧民とは何か、遊牧民にとってオスマン朝とは何であったのか

っていたのである。

　すなわち、オスマン朝にとって遊牧民とは、火砲以後の時代においては、定住民とは異なる移動性の高さや独自の集団意識を利用することで、特定の地域を開発して多額の税収を得るために定住化政策の対象とする、もしくは奉公集団としてオスマン朝の軍事行動に必要な人材を提供するための資源として活用することを可能にする、オスマン朝の統治や支配にとっての利益を提供しうる存在であった。そして、オスマン朝による遊牧民の扱いには、遊牧民の移動性の高さを徐々に問題視する方向へ向かっていったにもかかわらず、適用された税制の工夫や改変、ワクフに属する遊牧民の定住化免除の事例に見られるように、徴税額の最大化や、国の求める役割のためにその人的資源を最大限活用するといった目的のためには、遊牧民の移動性を一律に否定するのではなく、むしろそれを活かすという、国家の要求に合致する限りはその多様性を許容するだけの「柔軟性」があったことも確かであった。そして、遊牧民にとってオスマン朝とは、オスマン朝が遊牧民を有益かつ便利な存在として活用できる限りはその存在を許容していたことを受けて、軍事力におけるプレゼンスが低下した後も、オスマン朝の求める役割に応じることで集団としての存続を図り、その中で自身の利益の最大化をはかるなど、利害が一致する限りは有益な庇護者になりえる存在であった。また、オスマン朝により求められた役割に反発し抵抗する場合は、逃散という形で、遊牧民の持つ移動性の高さを活用してオスマン朝の支配に対抗することも可能であった。オスマン朝における遊牧民の例からは、さまざまな臣民の諸集団を一律支配のもとに置いて管理するのではなく、むしろ多様な支配のもとで取り込み、自身の目的の最大化のために活用するという性格をオスマン朝が有しており、それがゆえに、遊牧民は近世のオスマン朝の中で存続できたことが読み取れる。そして、遊牧民の定住化政策に見られるように、遊牧民の移動性の高さを問題視するように変化するという、まさに多様性を一定の基準の範囲内であれば許容する支配から、一律かつ一元的な支配を目指すという、近世から近代にかけてのオスマン朝の支配の方策、諸制度の過渡期の姿が、オスマン朝と遊牧民の関係

の中にあらわれているのである[1]。

　そして、遊牧民が、帝国の多様な支配が一律や一元的な支配へと変わっていく過程で、その移動性の高さや周縁性が問題視され、定住や居住地の固定といった強固な支配へと取り込まれていくという現象は、ロシア帝国の支配下に入った中央ユーラシアの草原地域でも進み、そして、ソ連統治下での農業や牧畜の集団化で決定的なものとなっていった[2]。同じような現象は、清朝の支配から中華民国、中華人民共和国の支配に置かれた新疆／東トルキスタンや、人民共和国期のモンゴルでも広く見られた現象である。社会主義のイデオロギーに基づかなくとも、移動性が高く国民管理が容易ではない遊牧民が、近代国家の中で問題視され、特定の地域への強制もしくは半強制的な定住へと追い込まれていく現象は、植民地期から独立以降のアフリカや中東の諸国や諸地域でも未だに見られる。また、この一律・一元的な支配への志向は、多民族・多宗教・多文化の集団を包摂する帝国を、民族自決権に基づく民族国家へと作り替え、解体していくことにもつながっていった。その結果、本書の冒頭で述べたシリア内戦やクルド人問題、ブルガリアやギリシアの例のように、オスマン朝の分割の中で「取り残された」集団が現在においても存在し、そのような種々の集団の現状に対する異議申し立ての動きは、現代の世界情勢にもつながっているのである。さらに、オスマン朝の遊牧民がよりよい生存環境を求めて、逃散という形で国家によって定められた境界を越えていったことと、その逃散に対するオスマン朝の強硬な対応の失敗には、時代、地域、状況は大きく異なるものの、序章で触れた現代の移民や難民問題にある種通じる要素を見いだせよう。本書では、

---

1)　サファヴィー朝によるクルド系遊牧民に対する強制移住や支配への取り込みについては、日本語では［山口 2017］の研究がある。また、［近藤 1996］は、テュルク系遊牧民のアフシャール族が、サファヴィー朝の中央集権化政策により、現イラン領アーザルバーイジャーン地方に位置するオルーミーイェ湖一帯に移住させられ、オスマン－サファヴィー国境の防衛の任務にあたっていたことや、サファヴィー朝の崩壊以後に、オルーミーイェ湖一帯に住むアフシャール族が、部族の有力者は都市の名士となって農村の土地を集積し、農村への部族の定住化が進むなど、地方社会の中でその性格を変えていったことを解明している。

2)　［秋山 2016］

終章　オスマン朝にとって遊牧民とは何か、遊牧民にとってオスマン朝とは何であったのか

近代以前のオスマン朝支配下の遊牧民における歴史的な変化を見ていったが、このような近代以降の各地で共通して見られた遊牧民の周縁化の前段階・準備期として、オスマン朝の遊牧民を研究することは、比較研究の上でも重要性を有しうるのである。

　本書では、近世期に対象時期を限定したために、対遊牧民政策が遊牧の禁止とその定住化、そして近代的な軍隊制度の確率と運営のための徴兵の対象へと大きく舵をきっていくタンズィマート改革以降の時期については議論の俎上に上げることができなかった。トルコ共和国のみならず現代のユーラシア諸国の対遊牧民政策や現在の遊牧民、さらには同地の住人の姿にも大きくつながっていく近代の遊牧民とオスマン朝の関係を考察していくことが、今後の大きな課題となろう。また、遊牧民に限らず、「境界をまたぐ人間の移動」という範囲まで広げると、19世紀以降の戦争や国境の変化にともなう難民や移民、「住民交換」といったように、トルコやシリア、バルカン半島という旧オスマン朝領の諸国は、いずれも「19世紀末から20世紀初頭の人口の大移動」を経験しており、そのようなまさに近代に起こった出来事や変化こそが、現代のバルカン半島や、中東の民族問題に大きく関与している[3]わけであるが、これらの問題についても、今後の研究課題としたい。さらに、ルメリのユリュクやタタール、征服者の子孫たち、ミュセッレムやヤヤ以外にも存在した多くの奉公集団を、本書では考察の対象に充分に含むことができなかった。また、ルメリのユリュク、タタールや征服者の子孫たち、テュルクメン、クルドの遊牧民の生業や土地利用といった自然環境との関わり、中央政府の要求に対して、ルメリのユリュク、タタール、征服者の子孫たちの個々の成員がどのような対応を示したのかといった問題は、史料の制約もあり充分な形で考察しきることができなかった。アラビア語、クルド諸語、ギリシア語、アルメニア語やスラヴ諸語といったオスマン語以外の言語史料を用いて、当時のバルカン半島やアナトリア、シリアの社会の中でのユリュクやタタール、征服者の子孫たちの姿を解明することが未検討の課題として残されている。これら残された課題に取り組

3) ［Kasaba 2009: 123-39］

275

みそれらを解明することで、人類が所与の環境にどのように対応してきたのか、それらを通してどのようにして現代の多種多様な世界が形成されてきたのかという地域や時代をこえた普遍性を持つ歴史学の大きな問いの1つを探究し、答えを示すことに、微力ながら貢献できよう。これらの課題を今後のオスマン朝の遊牧民研究の目標として据えつつ、上記の残された課題、その他の本書では言及、考察できなかったさまざまな検討を要する問題や課題については、稿をあらためて論じることとしたい。

あとがき

　高校の図書館でふと手に取った井筒俊彦の『イスラーム文化』をきっかけにイスラームに関心を持ち、イスラーム世界の歴史を勉強しようと思った、と書くとあまりの優等生的な理由に我ながら居心地の悪さを覚えるが、正直にいうと、『イスラーム文化』を手に取った理由は、当時の私がハマっていた「新世紀エヴァンゲリオン」や『天使禁猟区』といったアニメや漫画から「イスラム教にも天使がいるのか。」と知って驚き、イスラームや中東の歴史に関心を持ち始めたというのが本当のところである。もっとも、「エヴァ」はテレビ版の最終回で主人公が救われたのだか何だかよく分からない展開を迎えたことで「まあ、これでよかったんかいな。」とわりと満足してしまい、『天使禁猟区』にいたっては、「名前の最後にエルがつくキラキラしたキャラがいっぱいでてきたから誰が誰かよう分からん。」と途中で読むのをやめてしまい、未だに作品の結末をよく知らないという体たらくである。しかし、イスラームや中東地域の歴史に対する関心や疑問は、幸か不幸か、飽きることも満足しきることもなく今にいたっている。

　ともかく、ある種「不埒な」動機から、京都大学文学部西南アジア史学専修の門を叩き、「獅子は我が子を千尋の谷に突き落とし、突き落とした子のことは特に省みない。」（あくまで個人の感想です）という自己責任に基づく「よくいえば自由、悪くいえば放任もしくは放置」という恵まれた環境下で、気づけば現在にいたるまで、「学界」なるものの端っこにしがみついては振り落とされそうになりながらも、必死で足掻きながら、ここまで、幸か不幸かとりあえず生き延びてはいるというのが正直なところである。

　オスマン朝における遊牧民に関心を持ったきっかけは、当時、京都大学に非常勤講師として講義に来ていた江川ひかり先生の授業を受講し、オスマン朝では大量の行財政文書が近代以前から作成され、それらが現

存していることを知ったことであった。そのような文書を活用すれば、歴史上の大帝国を築きあげるなど輝かしく華々しく活躍したわけではない、すなわち、(己と同じように) 地味で活躍していない遊牧民の研究が可能なのではないかという期待を抱き——今もって思えば、この見立ては浅薄かつ大間違いであったのだが——チーズと牛乳と汗をかく運動が何よりも嫌いな私が、およそ己の性分とは逆である遊牧民の研究を始めた。日本におけるオスマン史研究の中心は圧倒的に東に寄っているにもかかわらず、地方自宅民の悲哀にギリギリと脂汗を流しながら、人生の選択に失敗したという思い、語学力、史料の読解力、先行研究の分析能力など万事において己は無能だという劣等感を抱きつつ過ごしていたが、2 年間のトルコ留学では、トルコ人からは「ジャポン」としか当然ながら見られないという事実に救われた。「もっとアナトリアを見て回る必要がある。」という指導教員の言葉を——その真意はもっと深く、表面の字面以外の所にあったのではないかと今では思うが——当時の私は文字通りに受け取り、留学中にはトルコのみならずギリシアやブルガリアにまで足を伸ばし、留学終了後もあちこちを歩き回った。本書に掲載された下手な写真はその際に著者自ら撮影したものである。本書で言及したすべての地域を見て回ることが密かな目標であったが、未だにそれは積み残した今後の課題のままである。何より、2011 年に始まったシリア内戦のため、シリア北部そしてラッカを直接見て回ることができなかったことは、痛恨の極みである。彼の地での内戦の終結は今もなかなか見えないが、勝手ながら、いつかラッカの地を訪れることを夢見て、彼の地の安定と平和を祈りたい。

　本書で用いた史料の多くは、2010 年度平和中島財団日本人留学生奨学生としてトルコ共和国のイスタンブル大学文学部に 2010 年から 2012 年にかけて留学した際、そして、2008 年度松下幸之助記念財団研究助成 (人文科学・社会科学領域)、平成 25 年度三島海雲学術研究奨励金、平成 26・27 年度りそなアジア・オセアニア財団国際交流活動助成 (助成番号 2509、2606)、JSPS 科研費 (15J03916、17K13547) を得て 2008 年から 2018 年にかけて、トルコ共和国、ブルガリア共和国などで史料調査を

おこなった際に蒐集・閲覧した史料である。ここに記して謝意を示したい。

　本書の構想は、2014年に京都大学大学院文学研究科に提出した博士論文「前近代オスマン朝における遊牧民の研究――ルメリのユリュク、タタール、征服者の子孫たち、定住化政策の事例から」に始まる。本書の各章の礎となった既発論文をあげるなら、以下の通りとなる。ただし、大幅に加筆訂正をくわえ、書き改めたために、本書において大半は原型を留めていない。

1章および2章

　「ルメリのユリュクから征服者の子孫たちへ――オスマン朝における「準軍人」身分の「遊牧民」の成立と展開」『東洋史研究』LXXI, 3, 2012, 130-56.

　「オスマン帝国の中の「タタール」――15から16世紀のアナトリアとバルカン半島におけるタタールと呼ばれた集団についての一考察」『続・ユーラシアの東西を眺める』杉山正明（編）京都大学大学院文学研究科, 2014, 75-117.

　「免税者から担税者へ――16-17世紀のバルカン半島におけるミュセッレム集団の存続と変容」『オリエント』LIX, 2, 2016, 200-11.

3章

　「「遊牧民」から「農民」へ――オスマン朝支配下のアナトリア中部における遊牧民認識の変遷」『史林』XCIII, 2, 2010, 282-309.

　「ジェマアト・村・メズラア――16世紀のアダナ県における「部族の存続」の一考察」『西南アジア研究』78, 2013, 76-88.

4章

　A Study on the Turning Point of the Ottoman Policy toward Nomads: The Settlement Policy of Turkish and Kurdish Nomads in the Seventeenth end Eighteenth Centuries"『日本中東学会年報』XXXII, 2, 2016, 69-95.

　本書の刊行にあたっては、日本学術振興会平成30年度科学研究費助

成事業(研究成果公開促進費・課題番号18HP5105)の交付を得た。

　本書のもととなった博士論文の審査および本書の執筆のみならず、歴史研究をおこなうにあたってさまざまなことを指導いただいた濱田正美先生、井谷鋼造先生、稲葉穣先生、故久保一之先生、江川ひかり先生、髙松洋一先生へ、ここに記して感謝の意をあらわしたい。イスタンブル大学文学部への留学においては、フェリドゥン M. エメジェン先生、マフムト・アク先生に、アンカラでの調査にあたっては、エヴゲニー・ラドシェフ先生、オクタイ・オゼル先生に大変お世話になった。東長靖先生、黒木英充先生、三沢伸生先生、谷口淳一先生、近藤信彰先生、秋葉淳先生、野村親義先生、二宮文子先生には、留学から帰ってきた後、博士論文を書き上げるまでの苦しい時期や、博士論文を書き上げてからのポストを求めての苦しい時期(こちらは未だに苦しいままである)に、科研費等で調査や研究を続ける機会を賜った。また、多田守氏、清水保尚氏、齋藤久美子氏、今野毅氏、小笠原弘幸氏、上野雅由樹氏、川本智史氏、石田友梨氏、佐治奈通子氏には、本書の基となった論考や研究などに関してさまざまな有益かつ的確なアドバイスや指摘を頂戴した。オスマン文書館、地券・地籍薄総局文書館をはじめとする各種史料館および研究施設や博物館スタッフの方々からは、本書で用いた史料の閲覧および図版としての使用を快諾いただいた。本書の刊行にあたっては、京都大学学術出版会を杉山正明先生、宮紀子氏に紹介いただいた。そして、國方栄二氏には本書の編集の労を、森華氏には装丁、デザインの労を執っていただいた。そのほか、ここに書き切れないほどの多くの方々からの厚意と支援のもと、本書を上梓することができた。すべての方にここに記して大いに謝意を示したい。いうまでもなく、本書に誤りがある場合、それらはすべて著者の責任に帰するものである。

　私事にわたり恐縮であるが、「そんな危ない中東やトルコに行くなんて……。」という「世間」の声を受け流して、調査に研究だというある種「ヤクザ」な道を邁進することを許し、支えてくれた家族に、この場を借りて感謝の意を伝えたい。

　そして最後に、祖父の故角谷宗一に御礼の意を伝えたい。知人に「マ

あとがき

イナス思考を通り越してお前にはマイナスしかない。」と評された、「研究者に最も必要な能力は、自分の将来に対して楽観的であり続けること」という指導教員の言葉に根本から反している、およそ研究者に（それどころか人生に）不向きである私と血がつながっているとは思えないほどに楽天的かつプラス思考の持ち主であった祖父は、私がイスタンブルで初めて文献調査の真似事をするという蛮勇からなる蛮行をやらかした際の渡航費を「出世払いや。」と貸してくれた。未だに出世どころか生存すらあやうい愚鈍な私は、借金の返済どころか本書の刊行すら祖父の生前には間に合わなかったが、せめてもの償いとして、勝手ながら本書を祖父の墓前に捧げたい。

2019 年 1 月 1 日
東京、府中にて
岩 本 佳 子

参考文献

一次文献（史料略号併記）
未公刊史料

[A.{DFE.d.]　COA, Bâb-ı Âsafî, Defterhâne-i Âmire（Tapu Tahrir）no.468.

[AE.SAMHM.d.III.]　COA, Ali Emiri Sultan Ahmed III no.136/15106, 137/15134.

[C. AS.]：COA, Cevdet Askeriye no.57/2688, 60/2822, 66/3120, 78/3656, 110/4958, 124/5542, 172/7505, 821/34908, 257/1113, 265/11004, 339/14057, 430/17899, 543/22778, 676/28382, 740/31082, 808/34328, 811/34472, 821/34908, 834/35588, 872/37425, 874/37500, 902/38870, 914/39453, 996/43553, 1212/54354.

[C.DH.]：COA, Cevdet Dahiliye no.5/210, 37/1811, 181/9011, 209/10412.

[C.ML.]：COA, Cevdet Maliye no.600/24750, 743/30300.

[D.BŞM.d.]：COA, Divan-ı Hümayun, Bâb-ı Defterleri, Baş Muhâsebe Kalemi Defterleri no.988, 2031.

[İE.AS.]：COA, İbnülemin Askeriye no.14/1329, 46/4146, 47/4313, 64/5594.

[İE. DH.]：COA, İbnülemin Dahiliye no.7/634, 14/1284, 15/1419, 16/1456, 18/1705, 24/2165, 32/2802.

[İE.MİT.]：COA, İbnülemin Muafiyet no.2/104, 2/107, 2/126, 2/128.

[İE.ML.]：COA, İbnülemin Maliye no.63/5918, 64/6017, 87/8236.

[KK.d.]：COA, Kâmil Kepeci Tasnifi Defterleri no.2737, 2782, 2815, 2858.

[MAD.d.]：COA, Maliyeden Müdevver Defterler no.35, 251, 338, 549, 620, 3302, 3619, 4807, 4961, 4987, 4995, 5114, 5809, 6247, 6641, 6678, 7979, 18319, 22249.

[MHM.d.]：COA, Mühimme Defterleri（Bâb-ı Âsafî, Divan-ı Hümâyûn Sicilleri Mühimme Defterleri/A.{DVNSMHM.d.}）no.3, 5-7, 9, 12, 14, 16, 19, 22-24, 26-27, 29-30, 32-36, 39-40, 42, 44, 46-48, 52-53, 55, 58, 60-62, 70, 72, 78-79, 83, 85, 98-102, 104, 106, 108, 110-12, 114, 114-1, 115-22, 124-25, 127, 129-40, 142, 145-49, 158, 164, 168.

[TT.d.]：COA, Tapu Tahrir Defterleri no.1M, 7, 36, 69, 75, 77, 105, 155, 167, 170, 177, 185, 191, 206, 222-26, 230, 274, 286, 299, 303, 315, 354, 357, 370, 374, 403, 434, 483, 597, 614-16, 618, 620, 629, 631, 678, 682-83, 685, 700, 705, 707, 721, 723, 729, 770, 774, 835, 1001, 1008.

[KKA.TT.d.]：Tapu ve Kadastro Genel Müdürlüğü Kuyûd-ı Kadime Arşivi, Tapu Tahrir Defterleri no.65, 78, 83, 103, 147-48, 158, 160, 165, 186, 1006.

[VGM.d.]：Vakıflar Genel Müdürlüğü Vakıflar Kayıtlar Arşivi, defter no.321, 323, 341-42, 344, 355.

[TSMK.K.]：Topkapı Sarayı Müzesi Kütüphanesi, Koğuşlar no.888.

[TS.MA.d.]: Topkapı Sarayı Müzesi Arşivi, defter no.6578.

[MC.Evr.] Atatürk Kitaplığı, Muallim Cevdet, evrak no.17.

公刊史料

[Barkan 1943]: Barkan, Ö. L. *XV ve XVIıncı Asırlarda Osmanlı İmparatorluğunda Ziraî Ekonominin Hukukî ve Malî Esasları: 1. Cilt Kanunlar.* İstanbul: Bürhaneddin Matbaası, 1943.

[Bayezid II KN]: Akgündüz, A. *Osmanlı Kanunnâmeleri ve Hukukî Tahlilleri: 2. Kitap II. Bâyezid Devri Kanunnâmeleri.* İstanbul: FEY Vakfı Yayınları, 1990.

[Fatih KN]: Akgündüz, A. *Osmanlı Kanunnâmeleri ve Hukukî Tahlilleri: 1. Kitap Osmanlı Hukukuna Giriş ve Fatih Devri Kanunnâmeleri.* İstanbul: FEY Vakfı Yayınları, 1990.

[Kanuni KN(4)]: Akgündüz, A. *Osmanlı Kanunnâmeleri ve Hukukî Tahlilleri: 4. Kitap Kanunî Devri Kanunnâmeleri, I. Kısım Merkezî ve Umumî Kanunnâmeleri.* İstanbul: FEY Vakfı Yayınları, 1992.

[Kanuni KN(5)]: Akgündüz, A. *Osmanlı Kanunnâmeleri ve Hukukî Tahlilleri: 5. Kitap Kanunî Devri Kanunnâmeleri, II. Kısım Eyâlet Kanunnâmeleri I.* İstanbul: FEY Vakfı Yayınları, 1992.

[Kanuni KN(6)]: Akgündüz, A. *Osmanlı Kanunnâmeleri ve Hukukî Tahlilleri: 6. Kitap Kanunî Devri Kanunnâmeleri, II. Kısım, Kanunî Devri Eyâlet Kanunnâmeleri II.* İstanbul: FEY Vakfı Yayınları, 1993.

[Murad III KN]: Akgündüz, A. *Osmanlı Kanunnâmeleri ve Hukukî Tahlilleri: 8/I. Kitap III. Murad Devri Kanunnâmeleri, 8/II. Kitap III. Mehmed Devri Kanunnâmeleri.* İstanbul: Osmanlı Araştırmaları Vakfı Yayınları, 1994.

[Selim II KN]: Akgündüz, A. *Osmanlı Kanunnâmeleri ve Hukukî Tahlilleri: 7/I. Kitap Kanunî Devri Kanunnâmeleri (IV), 7/II. Kitap II. Selim Devri Kanunnâmeleri.* İstanbul: Osmanlı Araştırmaları Vakfı Yayınları, 1994.

[Yavuz KN]: Akgündüz, A. *Osmanlı Kanunnâmeleri ve Hukukî Tahlilleri: Cilt 3. Yavuz Sultan Selim Devri Kanunnâmeleri.* İstanbul: FEY Vakfı Yayınları, 1991.

[Altınay 1930(1989)]: [Altınay], Ahmed Refik. *Anadolu'da Türk Aşiretleri: 966-1200.* 2nd ed., İstanbul: Enderun Kitabevi, 1989. (Org. pub.: İstanbul: Devlet Matbaası, 1930.)

[Bayezid II Ahkam.d.]: Şahin, İ. and F. Emecen. *Osmanlılarda Divân-Bürokrasi-Ahkâm: II. Bayezid Dönemine Ait 906/1501 Tarihli Ahkâm Defteri.* İstanbul: Türk Dünyası Araştırmaları Vakfı, 1994.

[Gök 2007]: Gök, İ. (ed.) *Başbakanlık Osmanlı Arşivi 168 Numaralı Mühimme Defteri (s. 1-200) (1183-1185/1769-1771): Transkripsiyonu, Değerlendirme.*

Master's thesis, T.C. Marmara Üniversitesi Türkiyat Araştırmaları Enstitüsü Tarihi Anabilim Dalı Yeniçağ Tarihi Bilim Dalı, 2007.

[MHM.d.3(trn.)]: *3 Numaralı Mühimme Defteri (966-968/1558-1560): Özet ve Transkripsiyon.* Ankara: T.C. Başbakanlık Devlet Arşivleri Genel Müdürlüğü Osmanlı Arşivi Daire Başkanlığı, 1993.

[MHM.d.5(trn.)]: *5 Numaralı Mühimme Defteri (973/1565-1566): Özet ve İndeks.* Ankara: T.C. Başbakanlık Devlet Arşivleri Genel Müdürlüğü Osmanlı Arşivi Daire Başkanlığı, 1994.

[MHM.d.6-2 (trn.)]: *6 Numaralı Mühimme Defteri (972/1564-1565): Özet ve Transkripsiyon ve İndeks.* Vol. 2, Ankara: T.C. Başbakanlık Devlet Arşivleri Genel Müdürlüğü Osmanlı Arşivi Daire Başkanlığı, 1995.

[MHM.d.7-1 (trn.)]: *7 Numaralı Mühimme Defteri (975-976/1567-1569): Özet-Transkripsiyon-İndeks.* Vol. 1, Ankara: T.C. Başbakanlık Devlet Arşivleri Genel Müdürlüğü Osmanlı Arşivi Daire Başkanlığı, 1998.

[MHM.d.7-2 (trn.)]: *7 Numaralı Mühimme Defteri (975-976/1567-1569): Özet-Transkripsiyon-İndeks.* Vol. 2, Ankara: T.C. Başbakanlık Devlet Arşivleri Genel Müdürlüğü Osmanlı Arşivi Daire Başkanlığı, 1998.

[MHM.d.7-3 (trn.)]: *7 Numaralı Mühimme Defteri (975-976/1567-1569): Özet-Transkripsiyon-İndeks.* Vol. 3, Ankara: T.C. Başbakanlık Devlet Arşivleri Genel Müdürlüğü Osmanlı Arşivi Daire Başkanlığı, 1999.

[MHM.d.12-1 (trn.)]: *12 Numaralı Mühimme Defteri (978/1570-1572): Özet-Transkripsiyon ve İndeks.* Vol. 1, Ankara: T.C. Başbakanlık Devlet Arşivleri Genel Müdürlüğü Osmanlı Arşivi Daire Başkanlığı, 1996.

[MHM.d.12-2 (trn.)]: *12 Numaralı Mühimme Defteri (978/1570-1572): Özet-Transkripsiyon ve İndeks.* Vol. 2, Ankara: T.C. Başbakanlık Devlet Arşivleri Genel Müdürlüğü Osmanlı Arşivi Daire Başkanlığı, 1996.

[MHM.d.44(Ünal)]: Ünal, M. A. *Mühimme Defteri 44.* İzmir: Akademi Kitabevi, 1995.

[MHM.d.85(trn.)]: *85 Numaralı Mühimme Defteri (1040-1041(1042)/1630-1631 (1632)): Özet-Transkripsiyon-İndeks.* Ankara: T.C. Başbakanlık Devlet Arşivleri Genel Müdürlüğü Osmanlı Arşivi Daire Bakanlığı, 2002.

[MHM.d.91]: *91 Numaralı Mühimme Defteri (H. 1056/M. 1646-1647): Özet, Çeviri Yazı, Tıpkıbasım.* İstanbul: T.C. Başbakanlık Devlet Arşivleri Genel Müdürlüğü Osmanlı Arşivi Daire Bakanlığı, 2015.

[TSMA E.12321]: Sahillioğlu, H. (ed.) *Topkapı Sarayı Arşivi H.951-952 Tarihli ve E-12321 Numaralı Mühimme Defteri.* İstanbul: Research Centre for Islamic History, Art and Culture (IRCICA), 2002.

[Yaşaroğlu 1995]: Yaşaroğlu, A. (ed.) *Topkapı Sarayı Müzesi Kütüphanesi Koğuşlar 888 Numaralı Mühimme Defteri: 1a-260a Tahlil ve Transkripsiyon.*

Master's thesis, T.C. İstanbul Üniversitesi Sosyal Bilimler Enstitüsü Yeniçağ Tarihi Anabilim Dalı, 1995.

[TT.d.75]: *75 Numaralı Gelibolu Livâsı Mufassal Tahrîr Defteri (925/1519)*. 2 vols., Ankara: T.C. Başbakanlık Devlet Arşivleri Genel Müdürlüğü Osmanlı Arşivi Daire Başkanlığı, 2009.

[TT.d.111]: *111 Numaralı Kerkük Livâsı Mufassal Tahrîr Defteri (Kanûnî Devri): Dizin, Transkripsiyon ve Tıpkıbasım.* Ankara: T.C. Başbakanlık Devlet Arşivleri Genel Müdürlüğü Osmanlı Arşivi Daire Başkanlığı, 2003.

[TT.d.114]: Kurt, Y. *Çukurova Tarihinin Kaynakları III: 1572 Tarihli Adana Sancağı Mufassal Tahrir Defteri.* Ankara: Türk Tarih Kurumu, 2005.

[TT.d.167]: *167 Numaralı Muhâsebe-i Vilâyet-i Rûm-ili Defteri (937/1530) I: Paşa Livâsı Solkol Kazâları (Gümülcine, Yenice-i Kara-su, Drama, Zihne, Nevrekop, Timur-hisârı, Siroz, Selanik, Sidre-kapsi* [sic], *Avrat-hisârı, Yenice-i Vardar, Kara-verye, Serfiçe, İştin, Kestorya, Bihişte, Görice, Florina) ve Köstendil Livâsı; Dizin ve Tıpkıbasım.* Ankara: T.C. Başbakanlık Devlet Arşivleri Genel Müdürlüğü Osmanlı Arşivi Daire Başkanlığı, 2003.

[TT.d.254]: Kurt, Y. *Çukurova Tarihinin Kaynakları II: 1547 Tarihli Adana Sancağı Mufassal Tahrir Defteri.* Ankara: Türk Tarih Kurumu, 2005.

[TT.d.370]: *370 Numaralı Muhâsebe-i Vilâyet-i Rûm-ili Defteri (937/1530) II: Çirmen, Müsellem-i Çingâne, Müsellem-i Kızılca, Silistre, Kefe, Niğbolu ve Vidin Livâları, Çirmen ve Vize Müsellemleri, Yörük ve Tatar Cemaâtleri ile Voynugân-ı Istabl-ı Âmire ve Kıbtiyân-ı Vilâyet-i Rûm-ili; Dizin ve Tıpkıbasım.* Ankara: T.C. Başbakanlık Devlet Arşivleri Genel Müdürlüğü Osmanlı Arşivi Daire Başkanlığı, 2002.

[TT.d.387]: Yediyıldız, B. and M. Öz, and Ü. Üstün. *Ordu Yöresi Tarihinin Kaynakları III: 387 Numaralı Defter-i Karaman ve Rum'un Canik Livâsı'na Âit Bölümü (1520).* Ankara: Türk Tarih Kurumu, 2002.

[TT.d.397]: *397 Numaralı Haleb Livâsı Mufassal Defteri (943/1536).* 2 vols., Ankara: T.C. Başbakanlık Devlet Arşivleri Genel Müdürlüğü Osmanlı Arşivi Daire Başkanlığı, 2010.

[TT.d.401]: *401 Numaralı Şâm Livâsı Mufassal Tahrîr Defteri (942/1535).* 2 vols., Ankara: T.C. Başbakanlık Devlet Arşivleri Genel Müdürlüğü Osmanlı Arşivi Daire Başkanlığı, 2011.

[TT.d.450]: Kurt, Y. *Çukurova Tarihinin Kaynakları I: 1525 Tarihli Adana Sancağı Mufassal Tahrir Defteri.* Ankara: Türk Tarih Kurumu, 2004.

[TT.d.998]: *998. Numaralı Muhâsebe-i Vilâyet-i Diyâr-i Bekr ve 'Arab ve Zü'l-Kâdriyye Defteri (937/1530) I: Şam, Gazze, Salt-'Aclûn, Haleb, Hama-Humus,*

Trablus, 'Ayntâb, Birecik, Adana, 'Üzeyr, Tarsus, Sis, Mar'aş ve Boz-ok Livâları. Ankara: T.C. Başbakanlık Devlet Arşivleri Genel Müdürlüğü Osmanlı Arşivi Daire Başkanlığı, 1999.

[TT.d.450]: Kurt, Y. *Çukurova Tarihinin Kaynakları I: 1525 Tarihli Adana Sancağı Mufassal Tahrir Defteri.* Ankara: Türk Tarih Kurumu, 2004.

[TT. d. 254]: Kurt, Y. *Çukurova Tarihinin Kaynakları II: 1547 Tarihli Adana Sancağı Mufassal Tahrir Defteri.* Ankara: Türk Tarih Kurumu, 2005.

[TT. d. 114]: Kurt, Y. *Çukurova Tarihinin Kaynakları III: 1572 Tarihli Adana Sancağı Mufassal Tahrir Defteri.* Ankara: Türk Tarih Kurumu, 2005.

[Canik 1642]: Öz, M. *Orta Karadeniz Tarihinin Kaynakları VIII: Canik Sancağı Avârız Defterleri (1642).* Ankara: Türk Tarih Kurumu, 2008.

[İnalcık 1954(1987)]: İnalcık, H. *Hicrî 835 Tarihli Sûret-i Sancak-ı Arvanid.* 2nd ed., Ankara: Türk Tarih Kurumu, 1987. (Org. pub.: 1954.)

[Ordu 1455]: Yediyıldız, B. and M. Öz. and Ü. Üstün. *Ordu Yöresi Tarihinin Kaynakları I: 1455 Tarihli Tahrir Defteri.* Ankara: Türk Tarih Kurumu, 1992.

[MAD.d.167]: Delilbaşı, M. and M. Arıkan. *Hicrî 859 Tarihli Sûret-i Defter-i Sancak-ı Tırhala.* 2 vols., Ankara: Türk Tarih Kurumu, 2001.

[Anonim]: *Anonim Osmanlı Kroniği (1299-1512).* N. Öztürk (ed.), İstanbul: Türk Dünyası Araştırmaları Vakfı, 2000.

[Aşıkpaşazade]: [Aşıkpaşazade.] *Âşıkpaşazâde Tarihi: Osmanlı Tarihi (1285-1502); Giriş, Çevri Metin, Kronoloji, Dizin, Tıpkıbasım.* N. Öztürk (ed.), İstanbul: Bilge Kültür Sanat, 2013.

[Ayn-ı Ali]: Ayn-ı Ali Efendi. *Kavanin-i Âl-i Osman der Hülâsa-i Mezâmin-i Defter-i Dîvân.* İstanbul: Enderun Kitabevi, 1979.

[Es'ad Efendi]: Sahhâflar Şeyh-Zâde Seyyid Mehmed Es'ad Efendi. *Vak'a-Nüvis Es'ad Efendi Tarihi: Bâhir Efendi'nin Zeyl ve İlâveleriyle 1237-1241/1821-1826.* Z. Yılmazer (ed.), İstanbul: Osmanlı Araştırmaları Vakfı, 2000.

[Evliya Çelebi]: Evliya Çelebi b. Derviş Muhammed Zıllî. *Evliyâ Çelebi Seyahatnâmesi.* 2 vols., S. A. Kahraman and Y. Dağlı and R. Dankoff (eds.), İstanbul: Yapı Kredi Yayınları, 2011.

[Koçi Bey]: [Koçi Bey.] *Koçi Bey Risalesi.* Kostantiniye: Matbaa-i Ebüzziya, 1303 [1885-86].

[Neşri]: [Neşri.] *Cihânnümâ 6. Kısım: Osmanlı Tarihi (687-890/1288-1485) Giriş, Metin, Kronoloji, Dizin, Tıpkıbasım; Cihânnümâ'nın Fransız Taeschner Tarafından Yayınlanan Theodor Menzel Nüshası (Mz) / Leipzig 1951.* N. Öztürk (ed.), İstanbul: Çamlıca, 2008.

[Oruç Beğ]: [Oruç Beğ.] *Oruç Beğ Tarihi: Osmanlı Tarihi 1288-1502; Giriş, Metin, Kronojisi, Dizin, Tıpkıbasım.* N. Öztürk (ed.), İstanbul: Çamlıca,

2007.

[Râşid]: Râşid Mehmed Efendi. *Târîh-i Râşid ve Zeyli*. 3 vols., A. Özcan and B. Çakır and Y. Uğur et al. (eds.), İstanbul: Klasik, 2013.

[Subhi]: Vak'anüvis Subhî Mehmed Efendi. *Subhî Târihi: Sâmi, Şâkir Tarihleri ile Birlikte 1730-1744 İnceleme ve Karşılaştırmalı Metin*. M. Aydıner (ed.), İstanbul: Kitabevi, 2007.

[Şanizade]: Şânî-zâde Mehmed 'Atâ'ullah Efendi. *Şânî-Zâde Târîhi: 1223-1237/1808-1821*. 2 vols., Z. Yılmazer (ed.), İstanbul: Çamlıca, 2008.

[Yazcızade Ali]: Yazcızāde 'Ali. *Selçuk-nāma: İndeksli Tıpkıbasım*. A. Bakır (ed.), Ankara: Türk Tarih Kurumu, 2014.

[Yazcızade Ali (trn.)]: [Yazcızade Ali.] *Tevârih-i Âl-i Selçuk, Oğuznâme-Selçuklu Târihi: Giriş-Metin-Dizin*. A. Bakır (ed.), İstanbul: Çamlıca, 2009.

[ZNŠ]: Nizāmuddīn Šāmī. *Texte persan du Zafarnāma: Avec des additions empruntées au Zubdatu-t-Tawārīh-i Bāysungurī de Hāfiz-i Abrū*. Vol. 1, F. Tauer (ed.), Praha: Oriental Institute, 1937.

[ZNY]: Sharaf al-Dīn 'Alī Yazdī. *Zafarnāmah: Tārīkh-i 'Umūmī-i Mufaşşal-i Īrān dar Dawrah-'i Tīmūriyān*. M. 'Abbāsī (ed.), Tehran: Mu'assaseh-yi Maṭbū'ātī-yi Amīr Kabīr, 1336 [1957-58].

二次文献

Acun, F. "15. ve 16. Yüzyıllarda Şebinkarahisar ve Civarında Yerleşim Modelleri." In: *Giresun Tarihi Sempozyumu: 24-25 Mayıs 1996: Bildiriler*, İstanbul: Giresun Belediyesi, 1997, 137-61.

Afyoncu, E. "Osmanlı Devleti'nde Tahrir Sistemi." In: *Osmanlı*, vol. 6. Ankara: Yeni Türkiye Yayınları, 1999, 311-14.

—. *Osmanlı Devlet Teşkilâtına Defterhâne-i Âmire (XVI-XVIII. Yüzyıllar)*. Ankara: Türk Tarih Kurumu, 2014.

Ak, M. "Yörük ve Voynuklara Dair Önemli Bir Kaynak: Yörük ve Voynuk Ahkâm Defteri: 16 Zilka'de 1116/12 Mart 1705-3 Cemâziyelevvel 1147/1 Ekim 1734; 18 Belge ile Birlikte." *Belgeler: Türk Tarih Belgeleri Dergisi*, XXXII, 36, 2011, 1-56.

—. "19. Yüzyılın İlk Yarısında Gülnar Yörükleri." *Ankara Üniversitesi Osmanlı Tarihi Araştırma ve Uygulama Merkezi Dergisi*, 34, 2013, 1-18.

—. *Teke Yörükleri: 1800-1900*. Ankara: Türk Tarih Kurumu, 2015.

Akbaş, B. *Kayseri'de Yörükler ve Türkmenler*. Kayseri: Kayseri Büyükşehir Belediyesi Kültür Yayınları, 2005.

Akgündüz, A. and S. Öztürk. *Darende Tarihi*. İstanbul: Es-Seyyid Osmanlı Hulûsi Efendi Vakfı, 2002.

Aköz, A. "XVI. Asrın İlk Yarısında Aladağ Kazası (1501-1540)." *Osmanlı*

Araştırmaları, 16, 1996, 67-84.

——. *Sürü Peşinde Saban İzinde: Osmanlı Devleti'nde Konargöçerler ve Köylüler*. Konya: Palet Yayınları, 2014.

Aksoy, E. *Yörük ve Türkmenlerin Sosyo-Kültürel Yapısı: Kırıkkale Karakeçili Aşireti Örneği*. Ph.D. Dissertation, Hacettepe Üniversitesi Sosyal Bilimler Enstitüsü, 2001.

Aktepe, M. M. "XIV-XV. Asırlarda Rumeli'nin Türkler Tarafından İskânına Dair." *Türkiyat Mecmuası*, X, 1951-53, 299-312.

Altınay, E. "1540 (H. 947) Tarihli Tahrir Defterine Göre Bitlis Sancağı'nda Yerleşme Nüfus." *Süleyman Demirel Üniversitesi Fen-Edebiyat Fakültesi Sosyal Bilimler Dergisi*, 2, 1996, 1-10.

Altınöz, İ. "XVI. Yüzyılda Osmanlı Devleti Yönetimi İçerisinde Çingeneler." In: *Yeryüzünün Yabancılar Çingeneler*, S. Kolukırık (ed.), İstanbul: Simurg Kitapçılık Yayıncılık ve Dağıtım, 2007, 13-32.

——. "XVI. Yüzyılda Çingene Sancağı." In: *XV. Türk Tarih Kongresi (Ankara 11-15 Eylül 2006): IV. Cilt I. Kısım Osmanlı Tarihi*, Ankara: Türk Tarih Kurumu, 2010, 997-1008.

——. *Osmanlı Toplumunda Çingeneler*. Ankara: Türk Tarih Kurumu, 2013.

Altunan, S. *XVI. ve XVII. Yüzyıllarda Rumeli Yürükleri ve Naldöken Yürük Grubu*. Ph.D. Dissertation, Anadolu Üniversitesi Sosyal Bilimler Enstitüsü Tarih Anabilim Dalı, 1999.

——. "XVI Yüzyılda Balkanlar'da Naldöken Yürükleri: İdari Yapıları, Nüfusları, Askeri Görevleri ve Sosyal Statüleri." In: *Balkanlar' da İslâm Medeniyeti Milletlerarası Sempozyumu Tebliğleri Sofya 21-23 Nisan 2000*. A. Çaksu (ed.), İstanbul: IRCICA, 2002, 39-46.

——. "XVI-XVII. Yüzyıllarda Rumeli'de Tanrıdağı Yörüklerinin Askeri Organizasyonu." In: *Uluslararası Osmanlı ve Cumhuriyet Dönemi Türk-Bulgar İlişkileri Sempozyumu 11-13 Mayıs 2005: Bildiriler Kitabı*. Eskişehir: Osmangazi Üniversitesi Fen Edebiyat Fakültesi Tarih Bölümü, 2005, 189-200.

Antoche, E. C. "Du tábor de Jan Žižka et de Jean Hunyadi au *tabur çengi* des armeées ottomanes: L'art militaire hussite en Europe orientale, au Proche et au Moyen Orient (XVe-XVIIe siècles)." *Turcica: Revue d'études turques*, XXXVI, 2004, 91-124.

Arıcanlı, İ. "Osmanlı İmparatorluğu'nda Yörük ve Aşiret Ayrımı." *Boğaziçi Üniversitesi Dergisi*, 7, 1979, 27-34.

Arıkan, M. "Yaya ve Müsellemlerde Toprak Tasarrufu." In: *Atatürk Konferansları VIII 1975-1976*, Ankara: Türk Tarih Kurumu, 1983, 175-202.

Armağan, A. L. "XVI. Yüzyılda Teke Sancağı'ndaki Konar-Göçerlerin Demografik Durumu Üzerine Bir Araştırma." *Tarih Araştırmaları Dergisi*, XIX, 30, 1998,

1-37.

—. "Osmanlı Devleti'nde Konar-Göçerler." In: *Osmanlı,* vol. 4, Ankara: Yeni Türkiye Yayınları, 1999, 142-50.

Arslan, A. "Evlâd-ı Fâtihân Teşkilâtı'nın Kaldırılması." In: *Balkanlar'da İslâm Medeniyeti Milletlerarası Sempozyumu Tebliğleri Sofya 21-23 Nisan 2000,* A. Çaksu (ed.), İstanbul: IRCICA, 2002, 39-46.

Arslan, H. *Osmanlı'da Nüfus Hareketleri (XVI. Yüzyıl): Yönetim, Nüfus, Göçler, İskânlar, Sürgünler.* İstanbul: Kaknüs Yayınları, 2001.

Aydın, D. *Erzurum Beylerbeyliği ve Teşkilatı: Kuruluş ve Genişleme Devri 1535- 1566.* Ankara: Türk Tarih Kurumu, 1998.

Aydın, S. and K. Eminoğlu and O. Özel et al. *Mardin: Aşiret, Cemaat, Devlet.* İstanbul: Türkiye Ekonomi ve Toplumsal Tarih Vakfı, 2000.

Ayhan, A. *Balıkesir ve Civarında Yörükler, Çepniler ve Muhacirlar.* Balıkesir: Zağanos Kültür ve Eğitim Vakfı, 1999.

Bakhit, M. A. *The Ottoman Province of Damascus in the Sixteenth Century.* Beirut: Librairie du Liban, 1982.

Barfield, T. J. *The Nomadic Alternative.* Englewood Cliffs, NJ: Prentice Hall, 1993.

Barkan, Ö. L. "Osmanlı İmparatorluğunda Bir İskân ve Kolonizasyon Metodu Olarak Vakıflar ve Temlikler I: İstilâ Devirlerinin Kolonizatör Türk Dervişleri ve Zâviyeler." *Vakıflar Dergisi,* II, 1942, 279-386.

—. "Osmanlı İmparatorluğunda Bir İskân ve Kolonizasyon Metodu Olarak Sürgünler." *İstanbul Üniversitesi İktisat Fakültesi Mecmuası,* XIII, 1-4, 1951-52, 56-78.

—. "Research on the Ottoman Fiscal Surveys." In: *Studies in the Economic History of the Middle East: From the Rise of Islam to the Present Day,* M. A. Cook (ed.), London: University of London School of Oriental and African Studies, 1970, 163-71.

—. *Osmanlı Devleti'nin Sosyal ve Ekonomik Tarihi: Osmanlı Devlet Arşivleri Üzerinde Tetkikler-Makaleler Cilt 1 Tıpkıbasım.* İstanbul: İstanbul Üniversitesi Rektörlüğü Yayınları, 2000.

Barkey, K. *Empire of Difference: The Ottoman in Comparative Perspective.* New York: Cambridge University Press, 2008.

Bates, D. B. *Nomads and Farmers: A Study of the Yörük of Southeastern Turkey.* Ann Arbor: University of Michigan, 1973.

Bayar, M. "Arşiv Vesikalarına Göre: Bolvadin ve Civarında İskân Edilmiş Türk Aşiretlerinden Karabağlı Aşireti'nin İskânı." In: *I. Akdeniz Yöresi Türk Toplulukları Sosyo-Kültürel Yapısı Yörükler Sempozyumu Bildirileri 25-26 Nisan 1994 Antalya,* Ankara: Kültür Bakanlığı Halk Kültürlerini Araştırma ve Geliştirme Genel Müdürlüğü Yayınları, 1996, 63-126.

Bayat, F. (ed.) *Osmanlı Belgelerinde Arap Vilayetleri: XVI. Yüzyılın İlk Yapısı*. Vol. 1, İstanbul: IRCICA, 2010.

Bayatlı, N. (ed.) *XVI. Yüzyılda Musul Eyâleti*. Ankara: Türk Tarih Kurumu, 1999.

Bayrak, Ş. "18. ve 19. Yüzyıllarda Niğde ve Çevresinde Aşiretler, Eşkıyalık Hareketleri ve Diğer Önemli Olayları." In: *Niğde Tarihi Üzerine*, M. Şaşmaz (ed.), İstanbul: Kitabevi, 2005.

Bayraktaroğlu (Akcan), G. "Türklerin Rumeliye Geçmeleri." In: *Vize II. Tarih ve Kültür Sempozyumu (Vize 10 Haziran 2005)*, İstanbul: Vize Kaymakamlığı ve Belediye Başkanlığı, [2005], 45-80.

Bent, T. "The Youruks of Asia Minor." *The Journal of the Anthropological Institute of Great Britain and Ireland*, XX, 1891, 269-76.

Berktay, H. "The Search for the Peasant in Western and Turkish History/Historiography." In: *New Approach to State and Peasant in Ottoman History*, H. Berktay and S. Faroqhi (eds.), London: Frank Cass, 1992, 109-84.

Beşirli, H. and İ. Erdal (eds.) *Anadolu'da Yörükler: Tarihî ve Sosyolojik İncelemeler*. Ankara: Phoenix Yayınevi, 2007.

Bilgili, A. S. "Osmanlı Karşı Bir Türkmen Boyu Tarsus Varsakları." In: *Osmanlı*, vol. 4, Ankara: Yeni Türkiye Yayınları, 1999, 170-79.

—. *Osmanlı Döneminde Tarsus Sancağı ve Tarsus Türkmenleri: Sosyo-Ekonomik Tarih*. Ankara: T.C. Kültür Bakanlığı Yayınları, 2001.

Bilgin, M. "Giresun Bölgesinde Türkmen Beylikleri ve İskân Hareketleri." In: *Giresun Tarihi Sempozyumu 24-25 Mayıs 1996 Bildiriler*, İstanbul: Giresun Belediyesi, 1997, 77-110.

Bilsel, S. M. C. " 'Our Anatolia': Organicism and the Making of Humanist Culture in Turkey." *Muqarnas: An Annual of the Visual Culture of the Islamic World*, XXIV, 2007, 223-41.

Bıyık, Ö. *Fatih Mehmed Devri Anadolu Vilâyeti Müsellem ve Piyâde Defterleri: I. 1457 Tarihli Kütahya Müsellemleri Defteri, II. 1462 Tarihli Anadolu Vilâyeti Canbazları ile Karahisar-ı Sâhib Müsellemleri Defteri, III. Fatih Devri Aydın Sancağı Piyâdegân Defteri*. İzmir: Ege Üniversitesi Yayınları, 2016

Bizbirlik, A. and Y. Çiçek. "XV. Yüzyıl Sonlarında Saruhan Sancağı'nda Piyâde Teşkilatı, Yaya Çiftlikleri ve Demografik Yapı." *Türkiyat Mecmuası*, XXIII, 2013, 1-25.

Bostan, H. *XV-XVI. Asırlarda Trabzon Sancağında Sosyal ve İktisadî Hayat*. Ankara: Türk Tarih Kurumu, 2002.

Bostan, İ. *Osmanlı Bahriye Teşkilâtı: XVII. Yüzyılda Tersâne-i Âmire*. 2nd ed., Ankara: Türk Tarih Kurumu, 2003. (Org. pub.: 1992.)

Boykov, G. and M. Kiel. "Tatarpazarcığı." In: *Türkiye Diyanet Vakfı İslam Ansiklopedisi (DİA)*, vol. 40, İstanbul: Türkiye Diyanet Vakfı, 2007, 170-72.

Braudel, F. *La Méditerranée et le monde méditerranéen à l'époque de Philippe II*. 2 vols., 2nd ed., Paris: Armand Colin, 1966. (Org. pub.: 1944.)

van Bruinessen, M. *Agha, Sheikh and State: The Social and Political Structures of Kurdistan*. London: Zed, 1992.

Bulduk, Ü. "Bozdoğan Yörükleri ve Yaylak-Kışlak Sahaları." In: *Anadolu'da ve Rumeli'de Yörükler ve Türkmenler Sempozyumu Bildirileri (Tarsus/14 Mayıs 2000)*, Ankara: Yör-Türk Vakfı, 2000, 71-82.

Büyükcan-Sayılır, Ş. "Göçebelik Konar-Göçerlik Meselesi ve Coğrafî Bakımdan Konar-Göçerlerin Farklılaşması." *Türk Dünyası İncelemeleri Dergisi*. XII, 1, 2012, 563-80.

Buzpınar, Ş. T. "Osmanlı Hilafeti Meselesi: Bir Literatür Değerlendirmesi." *Türkiye Araştırmaları Literatür Dergisi*, II, 1, 2004, 113-31.

Cansız, İ. "Osmanlı Döneminde Yozgat'ta Sosyal ve Kültürel Hayat." In: *Osmanlı Devleti ve Bozok Sancağı*, Yozgat: Türk Ocakları Yozgat Şubesi, 2000, 220-51.

Chase, K. *Firearms: A Global History to 1700*. Cambridge and New York: Cambridge University Press, 2003.

Cihan, C. "Türk-Moğol Münasebetleri Açısından Tatarlar." In: *60. Yılında İlim ve Fikir Adamı Prof. Dr. Kâzım Yaşar Kopraman'a Armağan*, E. S. Yalçın (ed.), Ankara: Berikan Yayınları, 2003, 211-20.

Cook, M. A. *Population Pressure in Rural Anatolia: 1450-1600*. London and New York and Toronto: Oxford University Press, 1972.

Cribb, R. *Nomads in Archaeology*. Cambridge and New York and Melbourne: Cambridge University Press, 1991.

Çağatay, N. "Osmanlı İmparatorluğunda Reayadan Alınan Vergi ve Resimler." *Ankara Üniversitesi Dil ve Tarih Coğrafya Fakültesi Dergisi*, V, 1947, 483-511.

—. "Osmanlı İmparatorluğunda Reâyânın Mîrî Arazide Toprak Tasarrufu ve İntikal Tarzları." In: *IV. Türk Tarihi Kongresi Ankara 10-14 Kasım 1948 Kongreye Sunulan Tebliğler*, Ankara: Türk Tarih Kurumu, 1952, 426-33.

Çakar, E. *XVI. Yüzyılda Haleb Sancağı: 1516-1566*. Elâzığ: Fırat Üniversitesi Orta-Doğu Araştırmaları Merkezi Yayınları, 2003.

Çakır, B. *Osmanlı Mukataa Sistemi (XVI-XVIII. Yüzyıl)*. İstanbul: Kitabevi, 2003.

Çalık, S. *Çirmen Sancağı Örneğinde Balkanlar'da Osmanlı Düzeni: 15-16. Yüzyıllar*. Ankara: Bosna Hersek Dostları Vakfı, 2005.

Çelik, Ş. "XVI. Yüzyılda İçel Yörükleri Hakkında Bazı Değerlendirmeleri." In: *Anadolu'da ve Rumeli'de Yörükler ve Türkmenler Sempozyumu Bildirileri (Tarsus/14 Mayıs 2000)*, Ankara: Yör-Türk Vakfı, 2000, 83-102.

Çelikdemir, M. "Rakka Mukavelesi (19 Aralık 1692)." *Gaziantep Üniversitesi*

Sosyal Bilimler Dergisi, V, 1, 2002, 245-58.

—. "Osmanlı Devleti'nin Aşiretleri Rakka'ya İskân Etmek İstemesindeki Sebepler." *Türk Dünyası Araştırmaları*, 143, 2003, 141-54.

—. "Osmanlı Devletinin Rakka İskan Politikasında Önemli Bir Kaynak: Mühimme Defteri." In: *Birinci Orta Doğu Semineri Bildirileri Elazığ 29-31 Mayıs 2003*, Elazığ: T.C. Fırat Üniversitesi Orta Doğu Araştırmaları Merkezi, 2004, 345-56.

—. "Osmanlı Devletinin Aşiretleri Rakka'ya İskân Faaliyetleri." In: *II. Kayseri ve Yöresi Kültür, Sanat ve Edebiyat Bilgi Şöleni (10-12 Nisan 2006) Bildiriler*, Kayseri: Erciyes Üniversitesi Matbaası, 2007, 279-89.

Çetinkaya, N. *Kızılbaş Türkler: Tarihi, Oluşumu ve Gelişimi*. 2nd ed., İstanbul: Kum Saati Yayınları, 2004. (Org. pub.: 2003)

Çetintürk, S. "Osmanlı İmparatorluğunda Yürük Sınıfı ve Hukuki Statüleri." *Ankara Üniversitesi Dil ve Tarih Coğrafya Fakültesi Dergisi*, II, 1, 1943, 107-16.

Çevik, H. *Tekirdağ Yürükleri: Tekirdağ Tarihi Araştırmaları*. İstanbul: Eko Matbaası, 1971.

Çiçek, K. "Kıbrıs (Osmanlı Dönemi)." In: *DİA*, vol. 25, Ankara [sic]: Türkiye Diyanet Vakfı, 2005, 370-80.

Çiftçi, E. "Migration, Memory and Mythtification: Relocation of Sulaymani Tribes on the Northern Ottoman-Iranian Frontier." *Middle Eastern Studies*, LIV, 2, 2018, 270-88.

Çulpan, C. *Türk Taş Köprüleri: Ortaçağdan Osmanlı Devri Sonuna Kadar*. Ankara: Türk Tarih Kurumu, 1975.

Dankoff, R. *An Ottoman Mentality: The World of Evliya Çelebi*. Leiden and Boston: E. J. Brill, 2004.

Darling, L. T. *Revenue-raising and Legitimacy: Tax Collection and Finance Administration in the Ottoman Empire 1560-1660*. Leiden: E. J. Brill, 1996.

—. "Public Finances: The Role of the Ottoman Centre." In: *The Cambridge History of Turkey Vol. 3: The Later Ottoman Empire 1603-1839*, S. Faroqhi (ed.), Cambridge: Cambridge University Press, 2006, 118-26.

—. "Historicizing the Ottoman Timar System: Identities of Timar-Holders, Fourteenth to Seventeenth." *Turkish Historical Review*, VIII, 2017, 145-73.

Demir, A. "Bozdoğan Yörükleri ve Tarihî Gelişimi." In: *Anadolu'da ve Rumeli'de Yörükler ve Türkmenler Sempozyumu Bildirileri (Tarsus/14 Mayıs 2000)*, Ankara: Yör-Türk Vakfı, 2000, 103-12.

—. *XVIII. Yüzyılın Çeyreğinde Anadolu'da Bozdoğan Yörükleri*. Ankara: Berikan Yayınevi, 2012.

Demirtaş F. "Osmanlı Devrinde Anadolu'da Kayılar." *Belleten/Türk Tarih Kurumu*, XII, 47, 1948, 575-616.

—. "Bozulus Hakkında." *Ankara Üniversitesi Dil ve Tarih Coğrafya Fakültesi Dergisi*, VII, 1, 1949, 29-60.

Димитров, В. За юрюшката организация и ролята и ветноасимилаторските процеси. // Страшимир, 1-2, 1982, 33-43.

Димитров, С., Н. Жечев, В. Тонев. История на Добруджа. Vol. 3, София: Изд ателство на Българска академия на науките, 1988.

Deringil, S. "They Live in a State of Nomadism and Savagery: The Late Ottoman Empire and the Post-Colonial Debate." *Comparative Studies in Society and History*, XLV, 2, 2003, 311-42.

Dingeç, E. "XVI. Yüzyılda Osmanlı Ordusunda Çingeneler." *Süleyman Demirel Üniversitesi Fen-Edebiyat Fakültesi Sosyal Bilimler Dergisi*, 20, 33-46, 2009.

Doğru, H. *Osmanlı İmparatorluğu'nda Yaya-Müsellem-Taycı Teşkilatı: XV. ve XVI. Yüzyılda Sultanönü Sancağı.* İstanbul: Eren Yayıncılık ve Kitapçılık, 1990.

—. *XVI. Yüzyılda Eskişehir ve Sultanönü Sancağı.* İstanbul: AFA Yayınları, 1992.

—. *XV. ve XVI. Yüzyıllarda Sivrihisar Nahiyesi.* Ankara: Türk Tarih Kurumu, 1997.

Doğru, H. K. *1844 Nüfus Sayımına Göre Deliorman ve Dobruca'nın Demografik, Sosyal ve Ekonomik Durumu.* Ankara: Türk Tarih Kurumu, 2011.

Döğüş, S. "Osmanlı Döneminde Sivas'ta Türkmen İsyanları: Klasik Çağ." *Türk Dünyası Araştırmaları*, 172, 2008, 145-74.

Egawa, H. and İ Şahin. *Bir Yörük Grubu ve Hayat Tarzı: Yağcı Bedir Yörükleri.* İstanbul: Eren Yayıncılık. 2007.

—. "From Bazaar to Town: The Emergence of Düzce." 『イスラーム世界研究』 III, 1, 2009, 293-309.

Ekinci, İ. "1518 ve 1523 Tarihli Tapu Tahrir Defterlerine Göre Siverek Sancağı'nın Sosyal ve İktisadi Durumu." *Süleyman Demirel Üniversitesi Fen-Edebiyat Fakültesi Sosyal Bilimler Dergisi*, 4, 1999, 105-44.

Emecen, F. M. *XVI. Asırda Manisa Kazâsı.* Ankara: Türk Tarih Kurumu, 1989.

—. "XVI. Asır Başlarında Bir Göçün Tarihçesi: Gelibolu'da Sirem Sürgünleri." *Osmanlı Araştırmaları*, 10, 1990, 161-79.

—. "Cebelü." In: *DİA*, vol. 7, İstanbul: Türkiye Diyanet Vakfı, 1993, 188-89.

—. "Çift Resmi." In: *DİA*, vol. 8, İstanbul: Türkiye Diyanet Vakfı, 1993, 309-10.

—. *İlk Osmanlılar ve Batı Anadolu Beylik Dünyası.* 2nd ed., İstanbul: Kitabevi, 2003. (Org. pub.: 2001.)

—. *Tarih İçinde Manisa.* Manisa: Manisa Belediyesi, 2007.

—. "Saruhanoğulları." In: *DİA*, vol. 36, İstanbul: Türkiye Diyanet Vakfı, 2009, 170-73.

—. *Osmanlı Klasik Çağında Hanedan, Devlet ve Toplum.* İstanbul: Timaş Yayınları, 2011.

—. "Yaya ve Müsellem." In: *DİA*, vol. 43, İstanbul: Türkiye Diyanet Vakfı, 2013,

354-56.

Ercan, Y. *Osmanlı İmparatorluğunda Bulgarlar ve Voynuklar*. Ankara: Türk Tarih Kurumu, 1986.

Erdal, İ. "Cumhuriyet Döneminde Yörükleri İskanı Konusu." In: *Osmanlıdan Cumhuriyete Yörükler ve Türkmenler*, H. Beşirli and İ. Erdal (eds.), Ankara: Phoenix Yayınevi, 2008, 1-14.

Erdoğan, E., "Ankara Yörükleri: 1463, 1523/30 ve 1571 Tahrirlerine Göre." *Ankara Üniversitesi Osmanlı Tarihi Araştırma ve Uygulama Merkezi Dergisi*, 18, 2005, 119-35.

Erdoğru, M. "Beyşehir ve Seydişehir Kazalarından Kıbrıs Adasına Sürülmüş Aileler." *Tarih İncelemeleri Dergisi*, XI, 1996, 9-66.

Erdoğan-Özünlü, E. And A. Kayapınar. *Mihaloğulları'na Ait 1586 Tarihi Akıncı Defteri*. Ankara: Türk Tarih Kurumu, 2015.

—. *1472 ve 1560 Tarihli Akıncı Defterleri*. Ankara: Türk Tarih Kurumu, 2017.

Erkal, M. "Beytülmâl." In: *DİA*, vol. 6, İstanbul: Türkiye Diyanet Vakfı, 1992, 90-94.

Erol, M. *Halep Türkmenleri: Halk Kültürü Araştırmaları*. Ankara: Grafikler Yayınları, 2012.

Eröz, M. *Türk Köy Sosyolojisi Meseleleri ve Yörük-Türkmen Köyleri*. İstanbul: Fakülteleri Matbaası, 1966.

Faroqhi, S. "Rural Society in Anatolia and the Balkans during the Sixteenth Century, I." *Turcica: Revue d'études turques*. IX, 1, 1977, 161-95.

—. "Rural Society in Anatolia and the Balkans during the Sixteenth Century II." *Turcica: Rrevue d'études turques*, XI, 1979, 103-53.

—. "Taḥrīr." In: *The Encyclopaedia of Islam*, 2nd ed. (EI^2), vol. 10, Leiden: E. J. Brill, 2000, 112-13.

Faroqhi, S. (ed.) *The Cambridge History of Turkey Vol. 3: The Later Ottoman Empire 1603-1839*. Cambridge: Cambridge University Press, 2006.

Finke, D. "Towards a Classification of the Ottoman Fiscal Surveys: Tapu Tahrir Defterleri, Defatir-i Hakaniye, 15th and 16th Centuries." In: *Essays on Ottoman Civilization: Proceedings of the XIIth Congress of the Comité international d'études pré-ottomanes et ottomanes, Praha 1996*, Praha: Academy of Science of the Czech Republic Oriental Institute, 1998, 129-36.

Gazioğlu, A. C. *Kıbrıs'ta Türkler (1570-1878): 308 Yıllık Türk Dönemine Yeni Bir Bakış*. Lefkoşa: CYREP, 1994.

Ginio, E. 2004: "Neither Muslims nor Zimmis: The Gypsies (Roma) in the Ottoman State." *Romani Studies*, XIV, 2, 117-44.

Göçebakan, G. *XVI. Yüzyılda Malatya Kazası 1516-1560*. Malatya: Malatya Belediyesi Kültür Yayınları, 2002.

Göçek, F. M. "Müsellem." In: EI^2, vol. 7, Leiden: E. J. Brill, 1993, 665.

Gökbel, A. "Kayseri ve Yöresinde Varsak Türkmenleri." In: *III. Kayseri ve Yöresi Tarih Sempozyumu Bildirileri (06-07. Nisan. 2000)*, A. Aktay and R. Tosun and A. Öztürk (eds.), Kayseri: Gök Erciyes Üniversitesi Kayseri ve Yöresi Tarih Araştırmaları Merkezi, 2000, 173-82.

—. *Anadolu'da Varsak Türkmenleri*. Ankara: Atatürk Kültür Merkezi Başkanlığı, 2007.

Gökbilgin, M. T. "Çingeneler." In: *İslam Ansiklopedisi*, vol. 3, Ankara: Millî Eğitim Basımevi, 1945, 420-46.

—. "15. ve 16. Asırlarda Eyâlet-i Rûm." *Vakıfları Dergisi*, VI, 1965, 51-61.

—. *Rumeli'de Yürükler, Tatarlar ve Evlâd-ı Fâtihân*. 2nd ed., İstanbul: İşaret Yayınları, 2008. (Org. pub.: [İstanbul Üniversitesi Edebiyat Fakültesi], 1957).

Gökçe, T. "1572 Yılında İç-il Sancağından Sürülüp Kıbrıs'ta İskân Edilen Âileler." *Türk Dünyası İncelemeleri Dergisi*, 2, 1997, 1-78.

—. "Tahrir Defterine Göre XVI. Yüzyılda Nif (Kemalpaşa) Kazâsı Nüfusu." In: *Kemalpaşa Kültür ve Çevre Sempozyumu (3-5 Haziran 1999, Kemalpaşa-İzmir) Bildirileri*, İzmir: Kemalpaşa Kaymakamlığı, 1999, 261-76.

—. *XVI. ve XVII. Yüzyıllarda Lâzıkıyye (Denizli) Kazâsı*. Ankara: Türk Tarih Kurumu, 2000a.

—. "XV-XVI. Yüzyıllarda Uşak Kazâsı Piyâde ve Müsellem Teşkilâtı." *Türk Dünyası İncelemeleri Dergisi*, 4, 2000b, 91-157.

—. "Tahrir Defterlerine Göre XVI. Yüzyılda Uşak Kazası: Kır İskân Yerleri ve Nüfus." In: *XIII. Türk Tarih Kongresi (Ankara 4-8 Ekim 1999) Kongreye Sunulan Bildiriler III. Cilt III. Kısım*, Ankara: Türk Tarih Kurumu, 2002, 1365-88.

Gökçen, İ. *16. ve 17. Asır Sicillerine Göre Saruhan'da Yürük ve Türkmenler*. İstanbul: Marifet Basımevi, 1946.

Göyünç, N. *XVI. Yüzyılda Mardin Sancağı*. Ankara: Türk Tarih Kurumu, 1991.

Gülsoy, E. "XVI. Yüzyılda Trablus-Şam, Hama ve Humus Türkmenleri." In: *Anadolu'da ve Rumeli'de Yörükler ve Türkmenler Sempozyumu Bildirileri (Tarsus/14 Mayıs 2000)*, Ankara: Yör-Türk Vakfı, 2000, 121-24.

Gülten, S. *XVI. Yüzyılda Batı Anadolu'da Yörükler*. Ph.D. Dissertation, Gazi Üniversitesi Sosyal Bilimler Enstitüsü Tarih Bölümü Tarih Anabilim Dalı Yeniçağ Tarihi Bilim Dalı, 2008.

—. "XVI. Yüzyılda Söğüt Yörükleri." *Türk Kültürü ve Hacı Bektaş Velî Araştırma Dergisi*, 50, 2009a, 235-42.

—. "Batı Anadolu'da Bir Yörük Gurubu: XVI. Yüzyılda Karaca Koyunlular." *Balıkesir Üniversitesi Sosyal Bilimler Enstitüsü Dergisi*, XII, 22, 2009b,

192-215.

Gümüşçü, O. *XVI. Yüzyıl Larende (Karaman) Kazasında Yerleşme ve Nüfus.* Ankara: Türk Tarih Kurumu, 2001.

Gündoğdu, A. "Çorum'da Bir Türk Aşiretli: Dedesli." *Ankara Üniversitesi Osmanlı Tarihi Araştırma ve Uygulama Merkezi Dergisi,* III, 1992, 211-22.

Gündüz, T. *Anadolu'da Türkmen Aşiretleri: Bozulus Türkmenleri 1540-1640.* İstanbul: Yeditepe Yayınevi, 2002.

—. *XVII. ve XVIII. Yüzyıllarda Danişmendli Türkmenleri.* İstanbul: Yeditepe Yayınevi, 2005.

Güngör, K. *Cenubî Anadolu Yörüklerinin Etno-antropolojik Tetkiki.* Ankara: İdeal Basımevi, 1941.

Günşen, A. *Anadolu'nun Türkleşmesi Sürecinde Türk Soy, Boy, Oymak ve Cemâatleri ile Kırşehir.* İstanbul: Ahilik Araştırma ve Kültür Vakfı Yayınları, 1997.

Gürboğa, N. "Türk-Yunan Nüfus Mübadelesi ve Devletin Mübadil Romanlara İlişkin Söylem ve Politikaları." *Yakın Doğu Üniversitesi Sosyal Bilimler Dergisi,* IX, 1, 2016, 109-40.

Гълъбов, Г. Д. (ed.), Турски извори за историята на правото вбългарските земи. Vol. 1, София: Издателство на Българската академия нанауките, 1961.

Gürbüz, A. *XV-XVI. Yüzyıl Osmanlı Sancak Çalışmaları: Değerlendirme ve Bibliyografik Bir Deneme.* İstanbul: Dergâh Yayınları, 2001.

Hacıgökmen, M. A. "Kadı Burhaneddin Devletinde Ahilerin Faaliyetleri." *Selçuk Üniversitesi Fen-Edebiyat Fakültesi Edebiyat Dergisi,* 16, 2006, 215-24.

Halaçoğlu, Y. "Tapu-Tahrîr Defterlerine Göre XVI. Yüzyılın İlk Yarısında Sis (=Kozan) Sancağı." *İstanbul Üniversitesi Edebiyat Fakültesi Tarih Dergisi,* 32, 1979, 819-92.

—. *XVIII. Yüzyılda Osmanlı İmparatorluğu'nun İskân ve Siyaseti ve Aşiretlerin Yerleştirilmesi.* 4th ed., Ankara: Türk Tarih Kurumu, 2006. (Org. pub.: 1988.)

—. "Derbend." In: *DİA,* vol. 9, İstanbul: Türkiye Diyanet Vakfı, 1994, 162-64.

—. "Evlâd-ı Fâtihân." In: *DİA,* vol. 11, İstanbul: Türkiye Diyanet Vakfı, 1995, 524-25.

—. "Osmanlı Belgelerine Göre Türk-Etrâk, Kürd-Ekrâd Kelimeleri Üzerine Bir Değerlendirme." *Belleten/Türk Tarih Kurumu,* LX, 227, 1996, 139-54.

—. *Türkiye'nin Derin Kökleri Osmanlı Kimliği ve Aşiretler.* İstanbul: Babial Kültür Yayıncılığı, 2010.

—. *Anadolu'da Aşiretler, Cemaatler, Oymaklar: 1453-1650.* 6 vols., İstanbul: Togan Yayıncılık, 2011. (Org. pub.: Ankara: Türk Tarih Kurumu, 2009.)

Hasluck, F. W. *Christianity and Islam Under the Sultans.* M. M. Hasluck (ed.), vol.

1, Istanbul: Isis Press, 2000.(Org. pub.: Oxford: Clarendon Press, 1929.)

Heyd, U. *Ottoman Documents on Palestine 1552-1615: A Study of the Firman according to the Mühimme Defteri*. London: Oxford University Press, 1960.

Howard, D. A. "Why Timars? Why Now? Ottoman Timars in the Light of Recent Historiography." *Turkish Historical Review*, VIII, 2017, 119-44.

İlhan, M. M. "Some Notes on the Settlements and Population of the Sancak of Amid according to the 1518 Ottoman Cadastral Survey." *Tarih Araştırmaları Dergisi*, XIV, 25, 1981-82, 415-36.

—. *Amid (Diyarbakır): 1518 Tarihli Defter-i Mufassal*. Ankara: Türk Tarih Kurumu, 2000.

—. "Osmanlı Su Yollarının Sevk ve İdaresi." *Tarih Araştırmaları Dergisi*, XXVII, 44, 2008, 41-66.

Imber, C. *Ebu's-su'ud: The Islamic Legal Tradition*. Paperback ed., Stanford, California: Stanford University Press, 2009. (Org. pub.: Edinburgh: Edinburgh University Press, 1997.)

İnalcık, H. "Osmanlılar'da Raiyyet Rüsûmu." *Belleten/Türk Tarih Kurum,* XXI, 92, 1959, 575-610.

—. "Suleiman the Lawgiver and Ottoman Law." *Archivum Ottomanicum*, I, 1969, 105-38.

—. *The Ottoman Empire: The Classical Age 1300-1600*. N. Itzkowitz and C. Imber (trs.), paperback ed., London: Phoenix, 2000. (Org. pub.: Weidenfeld and Nicolson, 1973.)

—. "Military and Fiscal Transformation in the Ottoman Empire, 1600-1700." *Archivum Ottomanicum*, VI, 1980, 283-338.

—. "Introduction to Ottoman Metrology." *Turcica: Revue d'études turques*, XV, 1983, 311-48.

—. "Girāy." In: EI^2, vol. 2, Leiden: E. J. Brill, 1991, 1112-14.

—. "Osmanlıların Trakya'ya Yerleşmesi." *Doğu Batı: Düşünce Dergisi*, XIII, 52, 2010, 1-24.

İnalcık, H. and D. Quataert. *An Economic and Social History of the Ottoman Empire 1300-1914*. Cambridge: Cambridge University Press, 1994.

İnan, K. "Giresun ve Havalisinde Türkmenler (XIII. ve XV. Yüzyıllar)." In: *Giresun Tarihi Sempozyumu 24-25 Mayıs 1996 Bildirileri,* İstanbul: Giresun Belediyesi Kültür Yayınları, 1997, 59-76.

İnbaşı, M. "XVI. Yüzyılda Kayseri ve Civarında Yörük Türkmen Cemaatleri." In: *II. Kayseri ve Yöresi Tarih Sempozyumu Bildirileri (16-17 Nisan 1998)*, Kayseri: Erciyes Üniversitesi Kayseri ve Yöresi Tarih Araştırma Merkezi, 1998, 219-37.

—. "Yeni Belgelerin Işığında Rumeli Yörükleri." In: *Osmanlı*, vol. 4, Ankara: Yeni

Türkiye Yayınları, 1999, 151-69.

—. "XVI-XVII. Yüzyıllarda Bulgaristan'daki Yörük Yerleşmeleri." In: *Uluslararası Osmanlı ve Cumhuriyet Dönemi Türk-Bulgar İlişikleri Sempozyumu 11-13 Mayıs 2005 Bildiriler Kitabı*, Eskişehir: Osmangazi Üniversitesi Fen Edebiyat Fakültesi Tarih Bölümü, 2005, 171-88.

İpşirli, M. "Paşmaklık." In: *DİA*, vol 34, İstanbul: Türkiye Diyanet Vakfı, 2007, 167-68.

Johansen, U. *50 Yıl Önce Türkiye'de Yörüklerin Yayla Hayatı*. M. Poyraz (tr.), Ankara: T.C. Kültür ve Turizm Bakanlığı Yayınları, 2005.

Johnson, D. L., *The Nature of Nomadism: A Comparative Study of Pastoral Migrations in Southwestern Asia and Northern Africa*. Chicago: University of Chicago, 1969.

Kafadar, C. *Between Two Worlds: The Construction of the Ottoman State*. Berkeley and Los Angeles and London: University of California Press, 1996.

—. "A Rome of One's Own: Reflections on Cultural Geography and Identity in the Land of Rum." *Muqarnas: An Annual of the Visual Culture of the Islamic World*, XXIV, 2007, 7-25.

Káldy-Nagy, Gy. "The Conscription of the Müsellem and Yaya Corps in 1540." In: *Hungaro-Turcica: Studies in Honour of Julius Németh*, Gy. Káldy-Nagy (ed.), Budapest: Lorándo Eötvös University, 1976, 275-81.

—. "The First Centuries of the Ottoman Military Organization." *Acta Orientalia: Academiae Scientiarum Hungaricae*, XXXI, 2, 1977, 147-84.

—. "1540'da Müsellem ve Yaya Ocaklarına Yazılma." İ. Mehdi (tr.), In: *Prof. Dr. Şerafettin Turan Armağanı*, Y. Ercan and M. Öztürk and R. Özdemir (eds.), Antakya: [s.n.], 1996, 95-103.

Kankal, A. *XVI. Yüzyılda Çankırı*. Çankırı: Çankırı Belediyesi Kültür Yayınları, 2009.

Karaca, T. N. "Kayseri Yöresinde Aşiretlerin İskân Hakkında." In: *I. Kayseri ve Yöresi Tarih Sempozyumu Bildirileri (11-12. Nisan. 1996)*, Kayseri: Erciyes Üniversitesi, 1997, 193-205

Karadeniz, H. B. "XVI. Yüzyılın Başlarında Ergani Sancağında Yerleşme ve Nüfus." *Türk Dünyası Araştırmaları*, XCIII, 1994, 45-77.

—. "Atçekenlik ve Atçeken Yörükleri." In: *Anadolu'da ve Rumeli'de Yörükler ve Türkmenler Sempozyumu Bildirileri (Tarsus/14 Mayıs 2000)*, Ankara: Yör-Türk Vakfı, 2000, 183-94.

Karateke, H. T. "Legitimizing the Ottoman Sultanate: A Framework for Historical Analysis." In: *Legitimizing the Order: The Ottoman Rhetoric of State Power*. H. T. Karateke and M. Reinkowski (eds.), Leiden and Boston: E. J. Brill, 2005, 13-54.

Кальонски, А., Юруците. София: Просвета, 2007.

Kasaba, R. *A Moveable Empire: Ottoman Nomads, Migrants, and Refugees.* Seattle and London: University of Washington Press, 2009.

—. "Nomads and Tribes in the Ottoman Empire." In: *The Ottoman World,* C. Woodhead (ed.), paperbeck ed., London and New York: Routledge, 2013. (Org. pub.: 2012.)

Kazıcı, Z. *Osmanlı Vergi Sistemi.* İstanbul: Bilge Yayıncılık, 2005. (Org. pub.: Şamil Yayınevi, 1977.)

Khazanov, A. M. *Nomads and Outside World.* J. Crookenden (tr.), 2nd ed., Wisconsin: University of Wisconsin Press, 1994. (Org. pub.: Cambridge: Cambridge University Press, 1983.)

Khoury, P. S. and J. Kostiner (eds.), *Tribes and State Foundation in the Middle East.* Berkeley and Los Angeles and Oxford: University of California Press, 1990.

Kılıç, Y. "1597 Tarihli Mufassal Yörük Defterine Göre Haleb Türkmenleri." *Türk Dünyası Araştırmaları,* 105, 1996, 59-78.

Kırzıoğlu, F. "Osmanlı Tapu Tahrir ve Mühimme Defterlerinde Gümüşhane Bölgesi Türk Boy/Oymak Hatıralar ve Maden Üzerine 'Hükümler'den Örnekler." In: *Geçmişten Günümüze Gümüşhane Sempozyumu 13-17 Haziran 1990,* Ankara: Gümüşhane Valiliği, 1991, 69-77.

Kiel, M. "Selânik." In: *DİA,* vol. 36, İstanbul: Türkiye Diyanet Vakfı, 2009, 352-57.

—. "Yenice-i Karasu." In: *DİA,* vol. 43, İstanbul: Türkiye Diyanet Vakfı, 2013, 443-45.

Klein, J. "Çatışma ve İşbirliği: Abdülhamid Dönemi Kürt-Ermeni İlişkilerini Yeniden Değerlendirmek; 1876-1909." In: *Osmanlı Dünyasında Kimlik ve Kimlik Oluşumu: Norman Itzkowitz Armağanı,* B. Tezcan and K. Barbir (eds.), Z. N. Yelçe (tr.), İstanbul: İstanbul Bilgi Üniversitesi Yayınları, 2012, 181-96.

Koç, Y. *XVI. Yüzyılda Bir Osmanlı Sancağının İskân ve Nüfus Yapısı.* Ankara: Kültür Bakanlığı, 1989.

—. "Dülkadirli'den Osmanlı'ya Bozok." *Osmanlı Devleti ve Bozok Sancağı.* [Yozgat]: Türk Ocakları Yozgat Şubesi, 2000a, 483-97.

—. "Bozok Türkmenleri." In: *Anadolu'da ve Rumeli'de Yörükler ve Türkmenler Sempozyumu Bildirileri (Tarsus/14 Mayıs 2000).* Ankara: T.C. Kültür. Bakanlığı Yayınları, 2000b, 195-209.

—. "XVI. Yüzyılın İlk Yarısında Kiği Sancağı'nda İskan ve Toplumsal Yapı." *Türkiyat Araştırmaları Dergisi,* 15, 2004, 129-56.

Kodaman, B. "Aşiret Mekteb-i Hümâyunu." In: *DİA,* vol. 4, İstanbul: Türkiye Diyanet Vakfı, 1991, 9-11.

Köksal, O. "Osmanlı Hukukunda Bir Ceza Olarak Sürgün ve İki Osmanlı Sultanının Sürgünle İlgili Hatt-ı Hümayunları." *Ankara Üniversitesi Osmanlı Tarihi Araştırma ve Uygulama Merkezi Dergisi,* 19, 2006, 283-341.

Köksal, Y. "Coercion and Mediation: Centralization and Sedentarization of Tribes in the Ottoman Empire." *Middle Eastern Studies,* XLII, 3, 2006, 469-91.

Kołodziejczyk, D. "Khan, Caliph, Tsar and Imperator: The Multiple Identities of the Ottoman Sultan." In: *Universal Empire: A Comparative Approach to Imperial Culture and Reperesentation in Eurasian History,* P. F. Bang and D. Kołodziejczyk (eds.), Cambridge: Cambridge University Press, 2012, 175-93.

Köprülü, M. F. "Kay Kabilesi Hakkında Yeni Notlar." *Belleten/Türk Tarih Kurumu,* VIII, 31, 1944, 421-52.

Kurt, Y. "1572 Tarihli Adana Mufassıl Tahrir Defterine Göre Adana'nın Sosyo-Ekonomik Tarihi Üzerine Bir Araştırma." *Belleten/Türk Tarih Kurumu,* LIV, 209, 1990, 179-212.

—. "Sis Sancağı (Kozan-Feke) Mufassal Tahrir Defteri Tanıtımı ve Değerlendirilmesi II." *Osmanlı Tarih Araştırma ve Uygulama Merkezi Dergisi,* 2, 1991, 151-200.

—. "Ramazanoğulları Çarşısı." *Tarih İncelemeleri Dergisi,* XI, 1996, 67-76.

Kurt, Y. and M. A. Erdoğru. *Çukurova Tarihinin Kaynakları IV: Adana Evkâf Defteri.* Ankara: Türk Tarih Kurumu, 2000.

Kushner, D. "The Turcomans in Palestine during the Ottoman Period." *International Journal of Turkish Studies,* II, 1-2, 2005, 81-94.

Kütüklü, F. and K. Tunoğlu. *Osmanlı Arşivi Belgelerinde Kastamonu.* İstanbul: Ceren Matbaacılık Yayın, 2012.

Kütükoğlu, M. S. "XVI. Yüzyıl İzmir Kazasında Cemaat Adı Taşıyan Köyler." In: *V. Milletlerarası Türkiye Sosyal ve İktisat Tarih Kongresi Tebliğler Marmara Üniversitesi Türkiyat Araştırma ve Uygulama Merkezi İstanbul 21-15 Ağustos 1989,* Ankara: Türk Tarih Kurumu, 1990, 497-504.

—. *XV. ve XVI. Asırlarda İzmir Kazasının Sosyal ve İktisâdî Yapısı.* İzmir: İzmir Büyükşehir Belediyesi Kültür Yayını, 2000.

—. *XVI. Asırda Çeşme Kazasının Sosyal ve İktisâdî Yapısı.* Ankara: Türk Tarih Kurumu, 2010.

—. *Osmanlı Belgelerinin Dili (Diplomatik).* 3rd ed., Ankara: Türk Tarih Kurumu, 2013. (Org. pub.: İstanbul: Kubbealtı Neşriyatı, 1994.)

Lewis, B. "Studies in the Ottoman Archives I." *Bulletin of the School of Oriental and African Studies University of London,* XVI, 3, 1954, 469-501.

Lewis, N. N., *Nomads and Settlers in Syria and Jordan 1800-1980.* Paperback ed., Cambridge: Cambridge University Press, 2009. (Org. pub.: 1987.)

Lindner, R. P. *Nomads and Ottomans in Medieval Anatolia.* Bloomington: Indiana

University Research Institute for Inner Asian Studies, 1983.

—. *Explorations in Ottoman Prehistory.* Ann Arbor: University of Michigan Press, 2007.

Lory, B. "Tatar Pazarcik." In: *EI²*, vol. 10, Leiden: E. J. Brill, 2000, 371-72.

Lowry, H. W. *Studies in Defterology: Ottoman Society in the Fifteenth and Sixteenth Centuries.* Istanbul: Isis Press, 1992.

Marushiakova, E. and V. Popov. *Gypsies in the Ottoman Empire: A Contribution of the History of the Balkans.* D. Kenrick (ed.), O. Apostolova (tr.), Hertfordshire: Centre de reserches tsiganes and University of Hertfordshire Press, 2001.

Masters, B. "Arap Vilayetlerinde Yarı Özerk Güçler." In: *Türkiye Tarihi,* vol. 3, S. Faroqhi (ed.), İstanbul: Kitap Yayınevi, 2011, 229-54.

Mazower, M. *The Balkans: A Short History.* Paperback ed., New York: Modern Library, 2002. (Org. pub.: 2000.)

Moğol, H. "Yörükler ve Alaiye." In: *Alanya Tarih ve Kültür Seminerleri 1992-1993-1994-1995,* Alanya: ALSAV, 1996, 431-36.

Murphey, R. "Some Features of Nomadism in the Ottoman Empire: A Survey Based on Tribal Census and Judicial Appeal Documentation from Archives in Istanbul and Damascus." *Journal of Turkish Studies,* VIII, 1984, 189-97.

Muslu, C. Y., " "Nomadic" Borders of Ottoman Provinces during the Mamluk-Ottoman Imperial Transition." In: *The Mamluk-Ottoman Transition: Continuity and Change in Egypt and Bilād al-Shām in the Sixteenth Century,* S. Cornermann and G. Şen (eds.), Göttingen: V&R Unipress and Bonn University Press, 2017, 295-325.

Nagata, Y. et al. (eds.). *Tax Farm Register of Damascus Province in the Seventeenth Century: Archival and Historical Studies.* Tokyo: Toyo Bunko, 2006.

Ocak, A. Y. "Emirci Sultan ve Zaviyesi: XIII. Yüzyılın İlk Yarısında Anadolu (Bozok) da Bir Babâî Şeyhi: Şerefü'd-Din İsmail b. Muhammad." *İstanbul Üniversitesi Edebiyat Fakültesi Tarih Enstitüsü Dergisi,* IX, 1978, 129-208.

Okumuş, O. "Anadolu Coğrafyasında Ticari Hareketlik: Osmanlı Devleti'nde Türkmen ve Yörüklerin İktisadi Hayatları." *Sosyal ve Beşeri Bilimler Dergisi.* V, 2, 2013, 379-92.

Orhonlu, C. *Osmanlı İmparatorluğunda Aşiretleri İskân Teşebbüsü: 1691-1696.* İstanbul: İstanbul Üniversitesi Edebiyat Fakültesi Basımevi, 1963.

—. "Osmanlı Türklerinin Kıbrıs Adasına Yerleşmesi: 1570-1580." In: *Milletararası Birinci Kıbrıs Tetkikleri Kongresi 14-19 Nisan 1969 Türk Heyeti Tebliğleri,* Ankara: Türk Kültürünü Araştırma Enstitüsü, 1971, 91-98.

—. "Osmanlı İmparatorluğunda Aşiretlerin İskânı." *Türk Kültürü Araştırmaları,*

XV, 1-2, 1976, 269-88.
—. *Osmanlı İmparatorluğu'nda Aşiretlerin İskânı*. İstanbul: Eren Yayıncılık ve Kitapçılık, 1987.
—. *Osmanlı İmparatorluğunda Derbend Teşkilâtı*. 2nd ed., İstanbul: Eren Yayıncılık ve Kitapçılık, 1990. (Org. pub.: İstanbul Üniversitesi Edebiyat Fakültesi, 1967.)
Öz, M. "XVI. Yüzyıl Anadolunda Köylülerin Vergi Yükü ve Geçim Durumu Hakkında Bir Araştırma." *Osmanlı Araştırmaları*, XVII, 1997, 77-90.
—. "Bozok Sancağında İskân ve Nüfus (1539-1642)." In: *XII. Türk Tarih Kongresi Ankara (12-16 Eylül 1994): Kongreye Sunulan Bildiriler*, vol. 3, Ankara: Türk Tarih Kurumu, 1999, 787-94.
—. "Ottoman Provincial Administraion in Eastern and Southeastern Anatolia: The Case of Bidlis in the Sixteenth Century." *International Journal of Turkich Studies*, IX, 1-2, 2003, 145-56.
—. "Tahrir." In: *DİA*, vol. 39, İstanbul: Türkiye Diyanet Vakfı, 2010, 425-29.
Özcan, A. "Aşıkpaşazâde." In: *DİA*, vol. 4, İstanbul: Türkiye Diyanet Vakfı, 1991, 6-7.
—. "Eşkinci." In: *DİA*, vol. 11, İstanbul: Türkiye Diyanet Vakfı, 1995, 469-71.
—. "Oruç b. Âdil." In: *DİA*, vol. 33, İstanbul: Türkiye Diyanet Vakfı, 2007, 425-26.
—. "Evlâd-ı Fâtihân'ın Asâkir-i Mansûre-i Muhammadiyye Ordusuna İlhakı İçin Yapılan Çalışmalar." *Türklük Araştırmaları Dergisi*, 19, 2008, 235-46.
Özdeğer, H. "Halep Belgesi Türkmenleri." *İstanbul Üniversitesi İktisat Fakültesi Türk İktisat ve İçtimâiyât Tarihi Araştırmaları Merkezi Türk İktisat Tarihi Yıllığı*, 1, 1987, 177-224.
Özdeğer, M. *15-16. Yüzyıl Arşiv Kaynaklarına Göre Uşak Kazasının Sosyal ve Ekonomik Tarihi*. İstanbul: Filiz Kitabevi, 2001.
Özel, O. *Türkiye 1643: Goşa'nın Gözleri*. İstanbul: İleştim Yayınları, 2013.
—. *The Collapse of Rural Order in Ottoman Anatolia: Amasya 1570-1643*. Leiden and Boston: E. J. Brill, [2016].
Özkaya, Y. *18. Yüzyılda Osmanlı Toplumu*. 2nd ed., İstanbul: Yapı Kredi Yayınları, 2010. (Org. pub.: 2008.)
Öztürk, M. *16. Yüzyılda Kilis, Urfa, Adıyaman ve Çevresinde Cemaatler-Oymaklar*. Elazığ: Fırat Üniversitesi Basımevi, 2004.
Öztürk, N. "Osmanlı Akıncı Teşkilâtında Toycalar." *Türklük Araştırmaları Dergisi*, 19, 2008, 77-87.
Özvar, E. *Osmanlı Maliyesinde Malikâne Uygulaması*. İstanbul: Kitabevi, 2003.
Pacey, A. *Technology in the World Civilization: A Thousand-year History*. Paperback ed., Cambridge, MA: MIT Press, 1991. (Org. pub.: 1990.)

Pamuk, Ş. "Kuruş." In: *DİA*, vol. 26, İstanbul: Türkiye Diyanet Vakfı, 2002, 458-59.

Parry, V. J. "Bārūd (Ottoman Empire)." *EI²*, vol. 1, Leiden: E. J. Brill, 1986a, 1061-66.

—. "Ḥiṣār (Ottoman Empire)." *EI²*, vol. 3, Leiden: E. J. Brill, 1986b, 476-81.

Peachy, W. S. "Registers of Copies or Collection of Drafts?: The Case of Four Mühimme Defrers from the Archives of the Prime Ministry in Istanbul." *The Turkish Studies Association Bulletin*, X, 2, 1986, 79-85.

Perry, J. R. "The Mamlûk Pashalik of Baghdad and Ottoman-Iranian Relations in the Late Eighteen Century." In: *Studies on Ottoman Diplomatic History*, vol. 1, S. Kuneralp (ed.), Istanbul: Isis Press, 1987 59-70.

de Planhol, X. "Geography, Politics and Nomadism in Anatolia." *International Social Science Journal*, XI, 4, 1959, 525-31.

Potts, D. T. *Nomadism in Iran: From Antiquity to the Modern Era.* New York: Oxford Univeristy Press, 2014.

Sahillioğlu, H. "Akçe." In: *DİA*, vol. 2, İstanbul: Türkiye Diyanet Vakfı, 1989, 224-27.

—. "Avârız." In: *DİA*, vol. 4, İstanbul: Türkiye Diyanet Vakfı, 1991, 108-09.

Sakin, O. *Anadolu'da Türkmenler ve Yörükler.* İstanbul: Toplumsal Dönüşüm Yayınları, 2006.

Sarı, S. *XV-XVI. Yüzyıllarda Menteşe, Hamid ve Teke Sancağı Yörükleri.* Ph.D. Dissertation, T.C. Süleyman Demirel Üniversitesi Sosyal Bilimler Enstitüsü Tarih Anabilim Dalı, 2008.

Savaş, S. *XVI. Asırda Anadolu'da Alevîlik.* Ankara: Vadi Yayınları, 2002.

Selçuk, H. "Kayseri ve Çeviresinde Bulunan Türkmen Oymaklarının Yerleşik Halkla Münasebetleri." In: *Osmanlıdan Cumhuriyete Yörükler ve Türkmenler*, H. Beşirli and İ. Erdel (eds.), Ankara: Phoenix Yayınevi, 2008a, 27-70.

—. "Osmanlı Devletinde Merkez-Taşra İlişki Bağlamında Avarız, Nüzül ve Sürsat Vergileri (Şer'iyye Sicillerine Göre XVII. Yüzyılda Kayseri Sancağı)." *Sosyal Bilimler Enstitüsü Dergisi*, 24, 2008b, 159-201.

Shimizu, Y. 2006: "Practices of Tax Farming under the Ottoman Empire in Damascus Province." In: *Tax Farm Register of Damascus Province in the Seventeenth Century: Archival and Historical Studies.* Y. Nagata et al. (eds.), Tokyo: Toyo Bunko, 23-52.

Sinclair, T. "The Ottoman Arrangements for the Tribal Principalities of the Lake Van Region of the Sixteenth Century." *International Journal of Turkish Studies*, IX, 1-2, 2003, 119-44.

Şirin İ. "Bolvadin'de Mukim Karabağ Aşiretinin İskânı, İktisadî ve Sosyal Tarihi." *Alevilik-Bektaşilik Araştırmaları Dergisi*, 17, 2018, 3-28.

Solak, İ. "XVI. Yüzyılda Maraş ve Çevresinde Dulkadirli Türkmenleri." *Türkiyat Araştırmaları Dergisi*, 12, 2002, 109-54.

—. "XVI. Yüzyılın İkinci Yarısında Zamantu Kazâsı'nın Nüfus Yapısı ve Yerleşim Yerleri." In: *IV. Kayseri ve Yöresi Tarih Sempozyumu Bildirileri (10-11.Nisan. 2003)*, A. Aktay and A. Öztürk and H. A. Şahin (eds.), Kayseri: Erciyes Üniversitesi, 2003, 473-81.

—. "XVI. Yüzyılda Güvercinlik Kazâsı." *Ankara Üniversitesi Osmanlı Tarihi Araştırma ve Uygulama Merkezi Dergisi*, 18, 2005, 359-77.

—. "XVI. Yüzyılda Göksun (1527-1563)." *Selçuk Üniversitesi Fen-Edebiyat Fakültesi Edebiyat Dergisi*, 16, 2006, 91-102.

Solmaz, S. "Türkiye Selçukluları Devrinin Ünlü Gazisi Mübarizü'd-din Halîfet Gazi." *Selçuk Üniversitesi Fen-Edebiyat Fakültesi Edebiyat Dergisi*, 16, 2006, 237-48.

Sourdel, D. "Khalifa: The Institution of the Caliphate after 658/1258." In: *EI²*, vol. 4, Leiden: E. J. Brill, 1997, 944-47.

Soysal, M. "Onaltıncı Yüzyılda Adana İlinin Mufassal Defterine Göre Sosyal ve Ekonomik Yapısı Üzerine Bir Araştırma." *Belleten/Türk Tarih Kurumu*, LII, 202, 1988, 169-82.

Söylemez, F. *Osmanlı Devletinde Aşiret Yönetimi: Rişvan Aşiret Örneği*. İstanbul: Kitabevi, 2007.

—. "Osmanlılarda Konargöçer Yerleşik Münasebetleri Üzerine Bir Değerlendirme." *Türk Dünyası Araştırmaları*, 204, 2013, 201-14.

—. "Bozok Sancağı'nda Rişvan Oymakları." In: *I. Uluslararası Bozok Sempozyumu 05-07 Mayıs 2016 Bildiri I. Cilt: Yozgat ve Çevresindeki Arkeolojik Alanlar, Höyükler ve Kazılar, Yozgat'ın Siyasî, İçtimaî ve İktisadî Tarihi*, K. Özköse (ed.), Yozgat: Bozok Üniversitesi, 2016, 140-49.

Söylemez, M. M. and A. Demir. *1550 Tarihli Defterine Göre Çapakçur Livası Nüfus ve İskân*. 2nd ed., Bingöl: Bingöl Belediyesi Kültür Yayınları, 2010.

Su, K. *Balıkesir ve Civarında Yürük ve Türkmenler*. İstanbul: Realmli Ay Matbaası, 1938.

Sümer, F. "XVI. Asırda Anadolu, Suriye ve Irak'ta Yaşayan Türk Aşîretlerine Umumî Bir Bakış." *İstanbul Üniversitesi İktisat Fakültesi Mecmuası*, XI, 1-4, 1949-50, 509-23.

—. "Yıva Oğuz Boyuna Dâir." *Türkiyat Mecmuası*, IX, 1951, 151-66.

—. "Bozoklu Oğuz Boylarına Dair." *Ankara Üniversitesi Dil ve Tarih Coğrafya Fakültesi Dergisi*, XI, 1, 1953, 65-103.

—. "Çukur-Ova Tarihine Dâir Araştırmalar: Fetihten Yüzyılın İkinci Yarısına Kadar." *Ankara Üniversitesi Dil ve Tarih-Coğrafya Fakültesi Tarih Araştırmaları Dergisi*, 1, 1963, 1-113.

—. "Anadolu'da Moğollar." *Selçuklu Araştırmaları Dergisi*, I, 1969, 1-147.
—. "Bozok Tarihine Dair Araştırmalar I." In: *Cumhuriyetin 50. Yıldönümünü Anma Kitabı*, Ankara: Türk Tarih Kurumu, 1974, 309-81.
—. "XIX. Yüzyılda Çukurova'da İçtimaî Hayat." *Türk Dünyası Araştırmaları*, 48, 1987, 9-12.
—. *Safevî Devleti'nin Kuruluşu ve Gelişmesinde Anadolu Türklerinin Rolü*. İstanbul: Türk Tarih Kurumu, 1992.
—. *Oğuzlar (Türkmenler)*. 5th ed., İstanbul: Türk Dünya Araştırma Vakfı, 1999. (Org. pub.: Ankara: Ankara Üniversitesi Dil ve Tarih Coğrafya Fakültesi, 1967.)
—. "Oğuzlar." In: *DİA*, vol. 33, İstanbul: Türkiye Diyanet Vakfı, 2007, 325-30.
—. "Tatarlar." In: *DİA*, vol. 40, İstanbul: Türkiye Diyanet Vakfı, 2011, 168-70.
Şahin, İ. "Osmanlı Devrinde Konar-Göçer Aşiretlerin İsim Almalarına Dâir Bazı Mülâhazalar." *İstanbul Üniversitesi Edebiyat Fakültesi Tarih Enstitüsü Dergisi*, XIII, 1987, 195-208.
—. "1638 Bağdat Seferinde Zahire Nakline Memur Edilen Yeni-İl ve Halep Türkmenleri." *İstanbul Üniversitesi Edebiyat Fakültesi Tarih Dergisi*, XXXIII, 1982, 227-36.
—. "Osmanlı Döneminde Giresun Bölgesinde Konar-Göçerlerin İzleri." In: *Giresun Tarihi Sempozyumu 24-25 Mayıs 1996 Bildiriler*, İstanbul: Giresun Belediyesi, 1997, 111-18.
—. *Osmanlı Döneminde Konar-Göçerler: İncelemeler-Araştırmalar*. İstanbul: Eren Yayıncılık, 2006.
—. *Tarih İçinde Kırşehir: Araştırmalar-İncelemeler*. İstanbul: Eren Yayıncılık, 2011.
—. "Üsküdar ve Türkmenler. " In: *Osmanlı İstanbulu IV.: IV. Uluslararası Osmanlı İstanbulu Sempozyumu Bildirileri 20-22 Mayıs 2016 İstanbul 26 Mayıs Üniversitesi*, F. M. Emecen and A. Akyılclız and E. S. Gurkan (eds.), İstanbul: 29 Mayıs İstanbul Üniversitesi, 2016, 277-88.
Şahin, İ. and F. M. Emecen. "XV. ve XVI. Yüzyıllarda Sofya-Filibe-Eski Zağara ve Tatar Pazarı'nın Nüfus ve İskân Durumu." *Türk Dünyası Araştırmaları*, 48, 1987, 249-56.
Şerefgil, E. M. "XVI. Yüzyıl'da Rumeli Eyaletindeki Çingeneler." *Türk Dünyası Araştırmaları*, 15, 1981a, 117-44.
—. "Rumeli'de Eşkinci Yürükler." *Türk Dünyası Araştırmaları*, 12, 1981b, 64-80.
—. "Rumeli'de İstâbl-ı Âmire Voynukları." *Türk Dünyası Araştırmaları*, 14, 1981c, 137-47.
Şimşirgil, A. "XV. ve XVI. Asırlarda Turhal." *Türklük Araştırmalar Dergisi*, 8, 1997.

Tabakoğlu, A. "Resim." In: *DİA*, vol. 34, İstanbul: Türkiye Diyanet Vakfı, 2007, 582-84.
Tamdoğan, I. "Nezir ya da XVIII. Yüzyıl Çukurova'sında Eşkıya, Göçebe ve Devlet Arasındaki İlişkiler." *Kebikeç: İnsan Bilimleri İçin Kaynak Araştırmaları Dergisi*, 21, 2006, 135-46.
Taş, K. Z. "1760-1817 Yılları Arasında Eğin (Kemaliye) Kazası." *Tarih İncelemeleri Dergisi*, XI, 1996, 137-46.
Taştemir, M. *XVI. Yüzyılda Adıyaman (Behisni, Hısn-ı Mansur, Gerger, Kâhta): Sosyal ve İktisadî Tarihi*. Ankara: Türk Tarih Kurumu, 1999.
de Tapla, S. "Le lexique anatolien de la mobilitè et de la migration: göçebe, yörük, yaylacı, muhacir, göçmen, gurbetçi." *Turcica: Revue d'études turques*, XLII, 2010, 89-140.
Terzibaşıoğlu, Y. "Landlords, Refugees, and Nomads: Struggles for Land around Late-Nineteenth-Century Ayvalık." *New Perspectives on Turkey*, 24, 2001, 51-82.
Tezcan, B., *The Second Ottoman Empire: Political and Social Transformation in the Early Modern World.* Paperback ed., Cambridge: Cambridge University Press, 2012. (Org. pub.: 2010.)
Tızlak, F. "Teke Sancağı Türkmenlerinde Osmanlı Bakış Açısı." In: *XIV. Türk Tarih Kongresi (Ankara 9-13 Eylül 2002): II. Cilt 1. Kısım*, Ankara: Türk Tarih Kurumu, 2005, 481-99.
Toksöz, M. *Nomads, Migrations and Cotton in the Eastern Meditteranean: The Making of the Adana-Mersin Region 1850-1908.* E. J. Brill: Leiden and Boston, 2010.
de Tott, F. *Mémoires du baron de Tott sur les Turcs et les Tartares*. Vol. 4, Amsterdam: [s.n.] 1784.
Truhelka, Ć. "Über die Balkan Yürüken." *Revue internationale des études balkaniques*, I, 1934, 89-99.
—. "Balkan Yürükleri Hakkında." A. Temir (tr.), *Türk Kültürü Araştırmaları*, XXX, 1-2, 1993, 263-73.
Tunçdilek, N. "Eskişehir Bölgesinde Yerleşme Tarihine Bir Bakış." *İstanbul Üniversitesi İktisat Fakültesi Mecmuası*, XV, 1-4, 1953-54, 189-208.
Turan, A. N. "XVI. Asırda Doğu ve Güneydoğu Anadolu'da Kurulan Aşiret Köyleri: Ruha (Urfa) Örneği." *Türkiye Günlüğü*, XXV, 1993, 114-26.
—. *XVI. Yüzyılda Ruha (Urfa) Sancağı*. Ankara: Türk Tarih Kurumu, 2012.
Tuztaş-Horzumlu, A. H. *Günümüzde Isparta'da Yaşayan Yörüklerin Siyasi ve Kültür Tarihleri.* Master's thesis, T.C. İstanbul Üniversitesi Sosyal Bilimler Enstitüsü Tarih Anabilim Dalı, 2005.
—. "Yörük Kültürlü Tanıtmak: Derneklşme Faaliyetleri ve Yörük Şenlikleri."

Türkay, C. *Başbakanlık Arşivi Belgeleri'ne Göre Osmanlı İmparatorluğu'nda Oymak, Aşiret ve Cemaatlar*. İstanbul: Tercüman Müessesesi, 2001.

Türker, M. Z. *Tarihi Sosyolojik Yönüyle Çumra Yörük Köyleri*. Konya: Uğur Ofset Matbaası, 1997.

Uçakcı, İ. *Kara Hisâr-ı Demürlü Yöresinde Oğuz Boyları: Sungurlu, Boğazkale, Alaca, Yerköy, Akçament, Çiçekdağı, Balışeyh, Delice, Sultanyurt, Kızırırmak, Bayat, İsikilip, Uğurludağ Yöresi*. Ankara: [s. n.], 2008.

—. *Çorum, Yozgat, Kırşehir, Kırıkkale Çankırı Yöresi'nde Oğuz Boyları: Aşiret, Oymak, Cemaatler*. İstanbul: Bilgeoğuz, 2013.

Ulçay, M. Ç. *XVII. Asırda Saruhan'da Eşkıyalık ve Halk Hareketleri*. İstanbul: Resim Ay Matbaası, 1944.

Usta, O. and O. Özel. "Sedentarization of the Turcomans in 16th Century Cappadocia: Kayseri, 1480-1584." In: *Between Religion and Language: Turkish-Speaking Chiristians, Jews and Greek-Speaking Muslims and Catholics in the Ottoman Empire*, E. Balta and M. Ölmez (eds.), Istanbul: Eren, 2011, 153-84.

Usul, M. "Anayurt'tan Yozgat'a Bozoklar." *Millî Kültür*, LXX, 1990, 43-49.

Uzunçarşılı, İ. H. *Osmanlı Devleti Teşkilâtından Kapukulu Ocakları I: Acemi Ocağı ve Yeniçeri Ocağı*. 3rd ed., Ankara: Türk Tarih Kurumu, 1988. (Org. pub.: 1943.)

Ülküsal, M. *Dobruca ve Türkler*. Ankara: Türk Kültürünü Araştırma Enstitüsü, 1966.

Ünal, M. A. *XVI. Yüzyılda Harput Sancağı (1518-1566)*. Ankara: Türk Tarih Kurumu, 1989.

—. "XVI. Yüzyılda Çemişgezek Sancağı'nda Aşiretler ve Cemaatler." *Ondokuz Mayıs Üniversitesi Eğitim Fakültesi Dergisi*, 6, 1991, 303-19.

—. "XV. ve XVI. Yüzyılda Teke Sancağında Cema'at ve Aşiretler." *Süleyman Demirel Üniversitesi Fen-Edebiyat Fakültesi Sosyal Bilimler Dergisi*, 2, 1996, 221-38.

—. *XVI. Yüzyılda Çemişgezek Sancağı*. Ankara: Türk Tarih Kurum, 1999.

—. "XV-XVI. Yüzyıllarda Sinop Kazasında Yerleşme ve Nüfus." *Türklük Araştırmaları Dergisi*, 20, 2008, 163-208.

Üner, M. E. "Urfa-Halep Kervan Yolu Üzerinde Bir Derbend: Çarmelik Derbendi." In: *Anadolu'da Tarihî Yollar ve Şehirler Semineri 21 Mayıs 2001 Bildirileri*, İstanbul: Tarih Araştırma Merkezi, 2002, 73-78.

—. "XVII. Yüzyılda Osmanlı İskân Politikasının Bir Örneği: Urfa Yöresine Yerleştirilen Aşiretler." *Türk Dünyası Araştırmaları*. 159, 2005, 125-44.

Varlık M. Ç. "XVI. Yüzyıl Osmanlı İdârî Teşkîlâtında Kütahya." *Türklük*

Araştırmalar Dergisi, 2, 1987, 201-39.
White, S. *The Climate of Rebellion in the Early Modern Ottoman Empire*. Paperback ed., New York: Cambridge University Press, 2013. (Org. pub.: 2011.)
Winter, S. "Osmanische Sozialdisziplinierung am Beispiel der Nomadenstämme Nordsyriens im 17.-18. Jahrhundert." *Periplus: Jahrbuch für außereuropäische Geschichte*, XIII, 2003, 51-70.
—. "17-18. Yüzyılda Kuzey Suriye'nin Göçebe Aşiretleri Örneğinde Osmanlı Sosyal Disiplin Çabaları." N. Ateş (tr.), *Bîrnebûn*, XXIV, 2004, 61-66.
—. "The Province of Raqqa under Ottoman Rule, 1535-1800: A Preliminary Study." *Journal of Near Eastern Studies*, LXVIII, 4, 2009, 253-68.
—. "The Reşwan Kurds and Ottoman Tribal Settlement in Syria, 1683-1741." *Oriente Moderno*, XCVII, 2017, 256-69.
Wittek, P. "The Earliest References to the Use of Firearms by the Ottomans." In: *Gunpowder and Firearms in the Mamluk Kingdom: A Challenge to a Mediaeval Society*. D. Ayalon (ed.), rep., Oxon and New York: Frank Cass, 2006, 153-56. (Org. pub.: London: Valentine Mitchell, 1956.)
Woodhead, C. "Les levées de troupes de yaya et de müsellem dans l'organisation militaire ottomane aux XIVe-XVIe siècles." In: *Ciépo, Comité international d' études pré-ottomanes et ottomanes: VIIe symposium actes, Pècs, 7-11 septembre 1986*, J.-L. Bacqué-Grammont, and İ. Ortayalı, and E. van Donzel (eds.), Ankara: Société turque d'histoire, 1994, 493-500.
Yalman (Yalgın), A. R. *Cenupta Türkmen Oymakları*. 2 vols., S. Emir (ed.), 3rd ed., Ankara: Kültür Bakanlığı, 2000. (Org. pub.: İstanbul: Burhaneddin Matbaası ve Kitap Yazanlar Kooperatifi, 1931-33.)
Yaşa, R. *Bitlis'te Türk İskânı: XII.-XIII. Yüzyıl*. Ankara: Atatürk Kültür Vakfı Yayınları, 1992.
Yaşar, S. *XV. Yüzyılda Kırşehir Varsaklar Büğüz Köyü*. Ankara: Kırşehirliler Federasyonu Yayınları, 2005.
Yazan, Ş. *Sırkıntı Türkmenleri*. İstanbul: Ark Kitapları, 2016.
Yediyıldız, B. *Ordu Kazası Sosyal Tarihi: 1455-1613*. Ankara: Kültür ve Turizm Bakanlığı Yayınları, 1985.
Yeni, H. "Hangi Yörük?: 16. Yüzyıl Batı Trakya'sında Yörüklüğün Halleri Üzerine Batı Notlar." *Kebikeç: İnsan Bilimleri İçin Kaynak Araştırmaları Dergisi*, 35, 2013a, 143-49.
—. "The Utilization of Mobile Groups in the Ottoman Balkans: A Revision of General Perception." *Archiv Orientální*, 81, 2013b, 183-205.
—. *The Yörüks of Ottoman Western Thrace in the Sixteenth Century*. Ph.D. Dissertation, İhsan Doğramacı Bilkent University The Department of History, 2013c.

—. "Osmanlı Rumelisi'nde Yörük Teşkilatı, Kökeni ve Nitelikleri." *Osmanlı Araştırmaları*, 42, 2017, 187-205.

Yılmaz, A. *413 Numaralı Mufassal Tapu Tahrir Defterlerine Göre Bitlis Sancağı: 1555-1556*. Master's thesis, T.C. Selçuk Üniversitesi Sosyal Bilimler Enstitüsü Tarih Anabilim Dalı Yeniçağ Tarihi Bilim Dalı, 2010.

Yılmaz, F. "Karaca Koyunlu Yörükleri Kanunu."*Tarih İncelemeleri Dergisi*, IX, 1994, 349-356.

—. "Edremit Yayaları ve Yaya Teşkilâtının Kaldırılması Hakkında Bilgiler." *Osmanlı Araştırmaları*, 19, 1999, 149-80.

Yılmaz, H. *Caliphate Redefined: The Mystical Turn in Ottoman Political Thought*. Princton and Oxford: Princeton University Press, 2018.

Yinanç, R. *Dulkadir Beyliği*. Ankara: Türk Tarih Kurumu, 1989.

Yinanç, R. and M. Elibüyük. *Maraş Tahrir Defteri: 1563*. 2 vols., Ankara: Ankara Üniversitesi Basımevi, 1988.

Yörükân, Y. Z. *Anadolu'da Alevîler ve Tahtacılar*. T. Yörükân (ed.), 2nd ed., Ankara: T.C. Kültür Bakanlığı Yayınları Yayımlar Dairesi Başkanlığı, 2002. (Org. pub.: 1998.)

Yücel, Y. *XIII-XV. Yüzyıllar Kuzey-Batı Anadolu Tarihi Çoban-Oğulları, Candar-Oğulları Beylikleri*. Ankara: Türk Tarih Kurumu, 1980.

—. *Anadolu Beylikleri Hakkında Araştırmaları II: Eretna Devleti, Kadı Burhaneddin Ahmed ve Devleti, Mutahharten ve Erzincan Emirliği*. Ankara: Türk Tarih Kurumu, 1989.

—. "Candaroğulları." In: *DİA*, vol. 7, İstanbul: Türkiye Diyanet Vakfı, 1993, 146-49.

Zarinebaf-Shahr, F. "Qizilbash "Heresy" and Rebellion in Ottoman Anatolia during the Sixteenth Century."*Anatolia Moderna*, VII, 1997, 1-15.

Zeuner, F. E., *A History of Domestecated Animals*. New York and Evanston: Harpor & Row, 1963.

[BOA rehberi]: *Başbakanlık Osmanlı Arşivi Rehberi*. 4th ed., T.C. Başbakanlık Devlet Arşivleri Genel Müdürlüğü Osmanlı Arşivi Daire Başkanlığı: İstanbul, 2017.

[Osmanlı tarih deyimleri]: Pakalın, M. Z. *Osmanlı Tarih Deyimleri ve Terimleri Sözlüğü*. 3 vols., İstanbul: Milli Eğitim Bakanlığı ve Yayınları, 1993.

[Osmanlı tarih lügatı]: Sertoğlu, M. *Osmanlı Tarih Lügatı*. 2nd ed., İstanbul: Enderun Kitabevi, 1986.

[Sicill-i Osmani]: Mehmed Süreyya. *Sicill-i Osmanî*. N. Akbayar (ed.), S. A. Kahraman (tr.), 6 vols., İstanbul: Tarih Vakfı Yurt Yayınları, 1996. (Org.

pub.: Mehmed Süreyya. *Sicill-i Osmanî*. İstanbul: Matbaa-yı Âmire, 1308-1316 [1891-1899].)

[Yurt Ansiklopedisi]: *Yurt Ansiklopedisi: Türkiye, İl İl; Dünü, Bugünü, Yarını*. Vol. 10. İstanbul: Ankara Yayıncılık, 1984.

Acaroğlu, M. T. *Bulgaristan'da Türkçe Yer Adları Kılavuzu*. Ankara: Türk Tarih Kurumu, 2006.

Güvenç, S. (ed.). *Mübadele Öncesi ve Sonrası Eski ve Yeni Adları ile Kuzey Yunanistan Yer Adları Atlası*. İstanbul: Lozan Mübadilleri Vakfı, 2010.

Ergüzel, M. M. (ed.) *Kitab-ı Bâz-Name-i Padişahi: İnceleme, Metin, Dizin*. Ankara: Türk Dil Kurumu Yayınları, 2009.

[SOED]: *Shorter Oxford English Dictionary*. 6th ed., Oxford: Oxford University Press, 2007.

Türkçe Sözlük. 10th ed., Türk Dil Kurumu, Ankara, 2005.

アルジャンル, İ.「オスマン朝におけるアシレトとユリュクとの区別」永田雄三（訳）『東洋学報』LXII, 3-4, 1981, 452-69.

クロー, A.『スレイマン大帝とその時代』濱田正美（訳）法政大学出版局, 2000.（初版：1992.）

ゾイナー, F. E.『家畜の歴史』国分直一・木村伸義（訳）法政大学出版局, 1983.

パーシー, A.『世界文明における技術の千年史──「生存の技術」との対話に向けて』林武（監訳）東玲子（訳）新評論, 2001.

ファン・ブライネセン, M.「『アーガー・シャイフ・国家──クルディスタンの社会・政治構造』1」山口昭彦・齋藤久美子・武田歩・能勢美紀（共訳）『聖心女子大学論叢』127, 2016, 89-116.

──「『アーガー・シャイフ・国家──クルディスタンの社会・政治構造』2」山口昭彦・齋藤久美子・武田歩・能勢美紀（共訳）『聖心女子大学論叢』128, 2017, 126-62.

ブローデル, F.『地中海』浜名優美（訳）全5巻, 普及版, 藤原書店, 2004.（初版：1991-95.）

マゾワー, M.『バルカン──「ヨーロッパの火薬庫」の歴史』井上廣美（訳）中央公論新社, 2017.

秋山徹『遊牧英雄とロシア帝国──あるクルグズ首領の軌跡』東京大学出版会, 2016.

安達千鶴・渡邉研司「トルコ・アタチュルク廟の意匠的特徴について」『東海大学紀要（工学部）』L, 2, 2010, 87-94.

井谷鋼造・岩本佳子「トルコ共和国イスタンブル西郊ブユク・チェクメジェ石造橋についての覚書」『西南アジア研究』82, 2015, 56-69.

稲村哲也『遊牧・移牧・定牧——モンゴル、チベット、ヒマラヤ、アンデスのフィールドから』ナカニシヤ出版, 2014.

今澤浩二「イドリース・ビドリスィー著『八天国』の2系統の写本の関係について——第5部の記述内容の検討から」『国際文化論集』44, 2011, 1-25.

——「二人のティムルタシュ——オスマン朝初期の有力者に関する一考察」『近世イスラーム国家史研究の現在』近藤信彰（編）東京外国語大学アジア・アフリカ言語文化研究所, 2015, 57-72.

岩本佳子「「遊牧民」から「農民」へ——オスマン朝支配下のアナトリア中部における遊牧民認識の変遷」『史林』XCIII, 2, 2010, 282-309.

——「ルメリのユリュクから征服者の子孫たちへ——オスマン朝における「準軍人」身分の「遊牧民」の成立と展開」『東洋史研究』LXXI, 3, 2012, 130-56.

——「ジェマアト・村・メズラア——16世紀のアダナ県における「部族の存続」の一考察」『西南アジア研究』78, 2013, 76-88.

——「オスマン帝国の中の「タタール」——15から16世紀のアナトリアとバルカン半島におけるタタールと呼ばれた集団についての一考察」『続・ユーラシアの東西を眺める』杉山正明（編）京都大学大学院文学研究科, 2014, 75-117.

——「租税台帳」ウェブサイト「NIHUプログラム　イスラーム地域研究　公益財団法人東洋文庫研究部イスラーム地域研究資料室」2016年作成. http://tbias.jp/ottomansources/ tahrir_defteri（2017年4月18日閲覧）

——「免税者から担税者へ——16-17世紀のバルカン半島におけるミュセッレム集団の存続と変容」『オリエント』LIX, 2, 2016, 200-11.

—— "A Study on the Turning Point of the Ottoman Policy toward Nomads: The Settlement Policy of Turkish and Kurdish Nomads in the Seventeenth end Eighteenth Centuries"『日本中東学会年報』XXXII, 2, 2016, 69-95.

——「「スルタン」から「パーディシャー」へ——オスマン朝公文書における君主呼称の変遷をめぐる一考察」『イスラム世界』89, 2017, 29-56.

大津忠彦・常木晃・西秋良宏『世界の考古学5——西アジアの考古学』同成社, 1997.

大藤修・安藤正人『史料保存と文書館学』吉川弘文館, 1986.

岡田英弘『モンゴル帝国の興亡』筑摩書房, 2001.

小笠原弘幸『イスラーム世界における王朝起源論の生成と変容——古典期オスマン帝国の系譜伝承をめぐって』刀水書房, 2014.

——「オスマン／トルコにおける「イスタンブル征服」の記録——1453-2016年」『歴史学研究』958, 2017, 47-58.

小沼孝博『清と中央アジア草原――遊牧民の世界から帝国の辺境へ』東京大学出版会, 2014.
川名隆史「越境するムスリム――リトアニア・タタールの系譜とその世界」『「越境」世界の諸相――歴史と現在』鈴木建夫（編）早稲田大学出版部, 2013, 83-107.
川本正知『モンゴル帝国の軍隊と戦争』山川出版社, 2013.
木畑洋一・南塚信吾・加納格『帝国と帝国主義』有志舎, 2012.
国文学研究資料館史料館（編）『史料の整理と管理』岩波書店, 1988.
小松久夫（編）『テュルクを知るための61章』明石書店, 2016.
近藤信彰「キジルバシュのその後――17-19世紀オルーミーエ地方のアフシャール部」『東洋文化研究所紀要』CXXIX, 1996, 121-76.
今野毅「オスマン朝における検地帳の作成過程に関する考察――1520年代アルバニア中部・南部に関わる史料群の分析から」『北大史学』47, 2007, 1-34.
齋藤久美子「16-17世紀オスマン朝下の東部アナトリアにおける「ユルトルク＝オジャクルク」と「ヒュクーメト」の成立」『オリエント』XLVIII, 2, 2005, 47-65.
――「16-17世紀東部アナトリアにおけるオスマン支配――2つの地方行政組織を例に」『日本中東学界年報』XXII, 1, 2006, 63-86.
――「16-17世紀のアナトリア南東部のクルド系諸県におけるディルリク制」『アジア・アフリカ言語文化研究』LXXVIII, 2009, 79-112.
――「オスマン朝のティマール政策――ビトリス県へのディルリク制導入をめぐって」『東洋史研究』LXXI, 2, 2012a, 1-34.
――「部族から県へ――オスマン朝アナトリア辺境地域におけるサンジャク形成の一事例」『オスマン帝国史の諸相』鈴木董（編）山川出版社, 2012b, 246-66.
――「オスマン朝の対クズルバシュ政策」『近世イスラーム国家史研究の現在』近藤信彰（編）東京外国語大学アジア・アフリカ言語文化研究所, 2015, 107-20.
齋藤俊輔「火薬帝国史論―オスマン帝国の火器」『大東アジア論集』II, 2002, 150-62.
斉藤淑子「スルタン＝カリフ制の一解釈」『オリエント』XIII, 1-2, 1970, 43-74.
佐原徹哉『中東民族問題の起源――オスマン帝国とアルメニア人』白水社, 2014.
澤井一彰「トルコ共和国総理府オスマン文書館における「枢機勅令簿 Mühimme Defteri」の記述内容についての諸問題――16世紀後半に属する諸台帳を事例として」『オリエント』XLIX, 1, 2006, 165-84.
――「枢機勅令簿」ウェブサイト「NIHUプログラム　イスラーム地域研究

公益財団法人東洋文庫研究部イスラーム地域研究資料室」2012年作成. http://tbias.jp/ottomansources/muhimme-defteri（2017年4月18日閲覧）

清水保尚「オスマン朝の財務記録」『記録と表象——史料が語るイスラーム世界』林佳世子・桝屋友子（編）東京大学出版会, 2005, 223-41.

——「オスマン朝の財政機構——十六-十七世紀を中心に」『オスマン帝国史の諸相』鈴木董（編）山川出版社, 2012, 226-45.

杉山正明『モンゴル帝国と長いその後』講談社, 2008.

鈴木瑛子「トルコ共和国における遊牧民の社会集団に関する一考察——冬営地と夏営地の事例から」『日本中東学会年報』54, 2000, 81-93.

鈴木董『オスマン帝国——イスラム世界の「柔らかい専制」』講談社, 1992.

——『オスマン帝国の解体——文化世界と国民国家』筑摩書房, 2000.

——『ナショナリズムとイスラム的共存』千倉書房, 2007.（初版：『イスラムの家からバベルの塔へ——オスマン帝国における諸民族の統合と共存』リブロポート, 1993.）

髙尾賢一郎「シリア・ユーフラテス川中流域の事例に見る「部族」ガバナンスの様態と「遊牧民」概念の変容」『セム系部族社会の形成——ユーフラテス河中流域ビシュリ山系の総合研究』領域代表者大沼克彦 若手研究者成果論集 平成17-21年度文部科学省科学研究費補助金特定領域研究, 2010, 14-35.

髙松洋一「梗概（ḫulāṣa）考——18世紀後半のオスマン朝の文書行政」『東洋学報』LXXXI, 2, 1999, 1-33.

——「オスマン朝における文書・帳簿の作成と保存——18世紀から19世紀初頭を中心に」『史資料・ハブ——地域文化研究』4, 2004, 106-26.

——「オスマン朝の文書・帳簿と官僚機構」『記録と表象——史料が語るイスラーム世界』林佳世子・桝屋友子（編）東京大学出版会, 2005, 193-221.

——「18世紀末オスマン朝官僚機構における文書処理の一実例」『明大アジア史論集』XIII, 2009, 51-76.

——「オスマン朝のハットゥ・ヒュマーユーンについての一考察——切り取られたハットゥ・ヒュマーユーンの検討を中心に」『東洋文化——特集オスマン帝国史の諸問題』91, 2010, 101-46.

——「十八世紀オスマン朝の官僚機構における情報共有——勅令テキストの『通知（'ilmühaber）』についての一考察」『オスマン帝国史の諸相』鈴木董（編）山川出版社, 2012, 201-25.

多田守「15-16世紀のGöynük郡」『西南アジア研究』62, 2005, 24-49.

——「オスマン朝期の検地帳に記されたbad-ı havaの額を巡って——1500年前後のGöynük郡を始めとするHüdavendigār県の事例を通して」『西南アジア研究』71, 2009, 44-68.

―「オスマン朝期の検地帳に記された bad-ı hava の額を巡って――16 世紀後半における Göynük 郡を始めとする Hüdavendigār 県の事例を通して」『アジア史学論集』5, 2012, 41-66.
―「17 世紀におけるオスマン朝の avarızhane を巡って――Hüdavendigār 県内の諸郡、特に Göynük 郡に関する事例分析を通して」『近世イスラーム国家史研究の現在』近藤信彰（編）東京外国語大学アジア・アフリカ言語文化研究所, 2015, 233-58.
―「ディルリク制度の限界とその対応策を巡って―17 世紀末におけるオスマン朝の模索と近世ヨーロッパ諸国」『西南アジア研究』87, 2017, 23-46.
―「ディルリク制度からディルリク・カザー制度へ―18 世紀のオスマン朝およびヨーロッパ諸国における近世国家体制をめぐって」『アジア・アフリカ言語文化研究』96, 2018, 103-43.
月原敬博「移動牧畜の類型と遷移に関する考察」『人文研究―大阪市立大学文学部紀要』LII, 8, 2000, 47-71.
永田雄三「16 世紀トルコの農村社会――1531 年付サルハン県「検地帳」分析の試み」『東洋学報』LVIII, 3-4, 1977, 41-71.
―「歴史上の遊牧民――トルコの場合」『イスラム世界の人々 3 ――牧畜民』松原正毅（編）東洋経済新報社, 1984, 183-214.
―「西アジア封建社会論」『封建社会論』木村尚三郎他（編）学生社, 1985, 138-164.
永田雄三・羽田正『成熟のイスラーム社会』中央公論社, 1998.
長谷部史彦『オスマン帝国治下のアラブ社会』山川出版社, 2017.
濱本真実『「聖なるロシア」のイスラーム――17-18 世紀タタール人の正教改宗』東京大学出版会, 2009.
―「ポーランド・リトアニア・タタール人のイスラームの記憶」『ユーラシア世界 3 ――記憶とユートピア』塩川伸明・小松久男・沼野充義（編）東京大学出版会, 2012, 189-216.
林佳世子『オスマン帝国 500 年の平和』講談社, 2008.
林俊雄『スキタイと匈奴――遊牧の文明』講談社, 2007.
原隆一「灌漑化による農業・農村の変貌」『トルコの水と社会』末尾至行（編）大明堂, 1989, 1-18.
福井勝義「牧畜社会の生活」『社会科のための文化人類学（下）』祖父江孝男（監修）東京法令出版, 1982, 806-27.
―「牧畜社会へのアプローチと課題」『牧畜文化の原像――生態・社会・歴史』福井勝義・谷泰（編著）日本放送出版協会, 1987, 3-60.
平岡昭利「トルコの農業と土地利用」『トルコの水と社会』末尾至行（編）大明堂, 1989, 35-55.
本田實信・小山皓一郎「オグズ=カガン説話 I」『北方文化研究』VII, 1973,

1-17.

前田弘毅『イスラーム世界の奴隷軍人とその実像——17世紀サファヴィー朝イランとコーカサス』明石書店, 2009.

松井健『遊牧という文化——移動の生活戦略』吉川弘文館, 2001.

松原正毅『遊牧の世界——トルコ系遊牧民ユルックの民族誌から』平凡社, 2004.（初版：中央公論社, 1983.）

三沢伸生「オスマン朝の検地帳に見える部族集団——1560年付マラティヤ県明細帳の分析」『アジア・アフリカ言語文化研究』38, 1989, 1-30.

宮澤栄司「トルコ辺境における両義的経験としてのディアスポラ——ウズンヤイラ高地のチェルケスの事例から」『現代の中東』47, 2009, 18-32.

湊邦生『遊牧の経済学——モンゴル国遊牧地域に見るもうひとつの「農村部門」』晃洋書房, 2017.

守川知子『シーア派聖地参詣の研究』京都大学学術出版会, 2007.

家島彦一『海域から見た世界史—インド洋と地中海を結ぶ交流史』名古屋大学出版会, 2006.

——『イブン・バットゥータと境域への旅——『大旅行記』をめぐる新研究』名古屋大学出版会, 2017.

山口昭彦「オスマン検地帳に見る十八世紀初頭イランの地方社会1——イラン西部アルダラーン地方の農村と遊牧民社会」『東洋文化研究所紀要』CXL, 2000, 208-64.

——「「イランのクルド」とサファヴィー朝の「強制」移住政策」『アジア・アフリカ言語文化研究』93, 2017, 65-90.

山本有造（編）『帝国の研究——原理・類型・関係』名古屋大学出版会, 2003.

雪嶋宏一『スキタイ——騎馬遊牧民国家の歴史と考古』雄山閣, 2008.

米林仁「オスマン・オルハン時代の軍事集団——オスマン朝初期年代記を中心に」『史朋』7, 1977, 1-24.

大塚和夫他（編）『岩波イスラーム辞典』岩波書店, 2002.

松村明（編）『大辞林』第3版, 三省堂, 2006.

索　引

人名索引

ア行
アイヌ・アリー　48, 141
アクギュンドゥズ（A. Akügündz）　47, 70-71
アーシュクパシャザーデ　48, 63-64, 67-68
アルカン（M. Arıkan）　136
アルトゥナン（S. Altunan）　55, 110
アルトゥンオズ（İ. Altınöz）　140
イェニ（H. Yeni）　25, 34, 55-56, 71, 77, 81, 99, 102-104, 109
イスフェンディヤールオール・イスマイル・ベイ　63
稲村哲也　24
イナルジュク（H. İnalcık）　13
イブラヒム・パシャ（ルメリ総督）　172
インバシュ（M. İnbaşı）　54-55, 99, 110
ヴィンター（S. Winter）　40, 240-241, 253, 255
ヴェリ・アア（カプジュラル・ケトヒュダー）　172
ウスタ（O. Usta）　24
ウチャクジュ（İ Uçakcı）　240
エヴリヤ・チェレビ　2, 48, 84
エサト・エフェンディ　48
エメジェン（F. M. Emecen）　136
エルトゥールル（王子）　63
オゼル（O. Özel）　24, 235
オルチ・ベイ　48, 64, 68
オルハン　84
オルホンル（C. Orhonlu）　39, 239-240, 242

カ行
カーイトバーイ　229
カサバ（R. Kasaba）　32, 39, 163, 240
ガーズィー・エヴレノス・ベイ　9, 84
カリョンスキ（А. Кальонски）　56
キヤースィー・アフメト・ハリーフェ　182
ギュルニュジュ・エメトゥッラー・スルタン　253
ギョクチェ（T. Gökçe）　240
ギョクビルギン（M. T. Gökbilgin）　34, 53-54, 62, 70, 85, 99, 110, 141-143, 163
キョプリュリュ（M. F. Köprülü）　29
クック（M. A. Cook）　17
クルト（Y. Kurt）　220
グルボフ（Г. Д. Гълъбов）　56
コチ・ベイ　48, 141, 143-144, 150

サ行
齋藤久美子　40
サーキン（O. Sakin）　30
サマカヴオール（タタール）　67
シャーニーザーデ・エフェンディ　48
シュメル（F. Sümer）　30-31
ジョンソン（D. L. Johnson）　22
スブヒー・エフェンディ　48
スレイマノフ／スレイマンオール（ナイム・）　9
スレイマン1世　43, 70-72, 75, 79, 84-85, 96, 138, 141, 252
セリム2世　91, 96

タ行
ダーリング（L. T. Darling）　13
チェリクデミル（M. Çelikdemir）　240
ティムール　67-68, 95

317

索　引

デヴレト・ギレイ2世　171
テズジャン（B. Tezcan）　13
ド・トット（フランソワ）（男爵）　24

ナ行

永田雄三　37
ヌールバーヌー・スルタン　252-253
ネシュリー　2, 48, 64, 68

ハ行

ハザーノフ（A. M. Khazanov）　23-25
ハサン・アア　173, 182
ハサン・パシャ（ユリュク台帳記録者）　163, 167
ハサン・パシャ（ユリュク総督）　163, 172
パシャ・イイト・ベイ　64
ハディジェ・スルタン　151
バヤズィト1世　63-64
バヤズィト2世　43, 63-64, 70-72, 77
ハラチュオール（Y. Halaçoğlu）　12, 31, 239-240, 242, 251, 261
パカルン（M. Z. Pakalın）　141-142
バルカン（Ö. L. Barkan）　35, 39, 47
ファン・ブラインセン（M. van Bruinessen）　24, 40

ブローデル（F. Braudel）　24
ホジャ・ケマル　130
ホワイト（S. White）　37, 240

マ行

松井健　21, 25
マーフィー（R. Murphey）　240
三沢伸生　37
ミフリマ・スルタン　252
ミンネト・ベイ　67
ムラト1世　64, 84, 138
ムラト2世　65, 68-69, 83-84
ムラト3世　72, 79, 252
メフメト1世　67-68
メフメト2世　46-47, 63, 70-71, 75, 77

ヤ行

ヤズジュザーデ・アリー　26, 48
ヤズディー　48
山口昭彦　38
ユースフ・パシャ（オズィ総督）　171-172

ラ行

ラーシド・エフェンディ　48
リンナー（R. P. Lindner）　36-37
ローリー（H. W. Lowry）　31

地名索引

ア行

アイドゥン（県）　66, 87, 256
アヴレトヒサル（郷）　118, 181-182
アヴロンヤ（ヴロヤ）　172
アクダー（郡）　94-95, 195-196, 206, 208
アクチャカザンルク　123, 141　→カザンルク
アダナ（県）　33, 36, 188-189, 218-223, 227-233, 244, 250, 252, 262, 270
アッケルマン（ビルホロド・ドニストロフシキ）　110-111
アドゥヤマン　33
アナトリア西部　11, 26, 35, 137　→西アナトリア
アナトリア中部　26, 36-37, 196, 218, 259　→中央アナトリア
アナトリア東部　26, 244-245　→東アナトリア、東部アナトリア
アナトリア南東部　33, 219, 222　→南東アナトリア
アナドル（州）　11, 66, 136, 140, 142-143, 155, 256
アブル（郡、郷）　101
アヤス（ユムルタルク）（郷）　220-221, 229, 233
アヤズメンド（アルトゥンオヴァ）　95

索 引

アラーイイェ（アランヤ）251
アラキリセ別名オスマンパザル（オムルタグ）（郷）179
アラダー（郡）137
アラビア半島 24, 241
アルダラーン 38
アルバニア（県）8, 44, 65, 69, 172
アレクサンドレッタ（イスケンデルン）219, 244
アンカラ（エンギュル）11, 33, 44-46, 65, 67, 109, 136, 142, 235, 252
アンタルヤ（県）34, 252
アンティオキア（アンタクヤ）251, 257
イェニジェ・イ・ヴァルダル（ヴァルダル・イェニジェスィ、ヤニツァ）（郡）9, 166-167
イェニジェ・イ・カラス（カラス、イェニスィア）（郡）77, 102, 118, 122
イェニジェ・イ・ザーラ（イェニ・ザーラ、ザーラ・ユ・ジェディード、ノヴァ・ザゴラ）（郷）123, 141
イェニシェヒル（郷）66, 252
イェニパザル 179
イキズジェリュ（耕作地）232
イスキリプ 67-68
イスタンブル 9, 18, 24, 39, 42, 45-46, 73, 94, 96, 109, 127, 139, 157, 171, 182, 188, 229, 234-235, 241, 247, 252-253
イステフェ（ティーヴァ、テーバイ）163
イズミル（郡）32, 34-35, 37, 63, 66, 137
イチイル（イチェル）（県）32, 247, 250-252
イネバフトゥ（ナフパクトス、レパント）（城塞）95
イプサラ 91
イフティマン 166
ヴァルナ 90, 131, 179
ヴァン 40
ヴィゼ（県）5, 73, 77, 91, 94, 101, 103-106, 125-126, 128, 132, 136, 152
ヴィディン 170
ヴェズィルキョプリュ 33

ウシャク（郡）35, 137
ウスキュダル 241, 252-254, 256
ウスキュプ 64, 166 →スコピエ
ウストゥルゴン（エステルゴム）86
ウストゥルムジャ（郷）118
ウスパルタ（県）32
ウゼイル 229
エーディル（村）220
エディルネ（県、郷）55, 81, 88, 101, 106, 108, 110, 112-113, 123, 132, 135, 139, 147, 164, 171-173, 184, 245-246
エーリ・ハスキョイ 166
エーリ・ブジャク（郡、郷）118, 166-167, 185
エルガニ（県）33
エルズルム 33, 82
エルバサン 172
エルビスタン 196, 250
オズィ（州）171-172
オズィチェ 166
オスマニィェ（県）219
オフタボル（アフトポル）96
オルーミーイェ 38, 274

カ行

カイセリ 33-35, 37, 260
カザンルク（カザンラク）123 →アクチャカザンルク
カスタモヌ（県）33, 62
カメングラト（鉱山）86
カラ・イサル（郷）221, 231
カラヒサル・サーヒブ（アフィヨンカラヒサル）142, 256, 261
カラマン（県）36, 259
カリナーバード 164
ガリボリ（ゲリボル）（県）36, 91, 101, 245-246
カレスィ 95, 142
カンディイェ（イラクリオ、カンディア）181
キウ（県）35
キプロス（島）8, 38, 88-91, 95, 239, 247,

索　引

249-252, 257, 259, 272
ギュヴェルジンリク（郡）　35
キュタヒヤ（県）　32, 35, 137, 142
ギュミュルジネ（コモティニ）（郡）　55, 81, 102, 104, 118, 166-167
ギョイヌク（郡）　150
ギョクスン（郡）　35
キリ（キリヤ）（城）　96
キリス　33, 241, 247, 258
キルキス　118, 166
ギレスン　33
クズル・オズ　259
クズル（・ウルマク）川　27, 33, 195, 259
クヌク（郷）　220-221, 224, 229, 233
クリミア半島　95
クルクカレ（県）　33
クルクキリセ（クルクラレリ）（郷）　113, 136
クルシェヒル（県）　33, 247, 250, 256-257
クルディスタン　11, 14, 33, 39-40, 250-251, 259, 265
クレタ島　181
ケシャン（郡）　101, 147, 151
ケシュヴェルリク（村）　113
ケスキン小城（郡）　259
ケチリュ（村）　220
ゲルメリイェ（ケレメリイェ、カラマリア）（郷）　103
コジャエリ（地方）　65
黒海（沿岸）　33, 35, 62, 90, 96, 111, 113, 130-131, 137, 153, 171, 179
コヌシュ・ヒサル（コヌシュ）　67-68
コヌル（郡）　259
コンスタンツァ　179
コンヤ　71

サ行

サザクル（サザク）（耕作地）　224
ザマントゥ（郡）　33, 35, 260
サムスン　33, 67-68
ザーラ・イ・エスキヒサル（エスキサール）（エスキヒサル・ザーラ、エスキ

ザーラ、ザーラ・ユ・アティーク、スタラ・ザゴラ）（郷）　123
サルギョル　83, 166
サルチャ（村）　101
サルチャム（郷）　221, 231
サルハン（県）　34, 63-66, 137, 142, 256
　→サルハンのくに、サルハン地方
サルハン地方、サルハンのくに　63-64, 66　→サルハン（県）
サンドゥクル（郡）　256
ジェイフーン（ジェイハン）川　220-223, 230
シャーム（州）　39
ジュマパザル（ジュマ、セルフィジェ、セルフィジェ・ジュマ）（郷）　118, 166
シュムヌ（シュメン）（郷）　111, 179
シリア北部　12, 18-19, 22, 39, 239-243, 248, 250, 258-259, 262
スィヴァス　26, 33, 35, 253
スィヴェレク（県）　33
スィヴリヒサル（郡）　32, 137
スィス（県）　33, 229, 231
スィノプ　35, 62, 76
スィリストレ（県）　73, 97, 123, 126, 128, 130, 133, 154, 168, 176, 178-179, 181
スィロズ（郡）（セレズ、セレス）　64-65, 181
スコピエ　56, 64, 123　→ウスキュプ
スゼボル　90, 96
スルタンイェリ　166
スルタンオニュ（県）　137, 142
セラニク（県）　77, 83-85, 101-103, 105-106, 153, 173, 182, 184-185　→テッサロニキ（市、城）
セイフーン（セイハン）川　219
ソフィア　7, 11, 67, 161, 166

タ行

タタルパザル（ジュウ）（パザルジク）　68, 123, 164
ダニシュメンドリュ（村）　40, 127, 244-245, 247

ダマスカス 39, 240
タルスス（タルソス）（県） 28, 33, 228-229, 231
ダーレンデ（郡） 35
チェシュメ（郡） 32, 137
チェミシュゲゼク（県） 33
チャタル（村） 70-71, 220
チャパクチュル（県） 33
チャルシャンベ別名サルギョル 166
チャルタク（郷） 179
チャルディラーン 15
チャンクル（郡） 33
中央アナトリア 35, 40, 137, 195, 247, 250-251, 258-259, 261 →アナトリア中部
チュクロヴァ 36, 219-221, 229, 231, 250
チョケ 110-111
チョルム（県） 33, 67, 199
チョルル（郷） 91
チルメン（オルメニオ）（県） 32, 123, 132, 136, 151
ティクヴェシュ（郡） 181
ディナル・アルプス（山脈） 102
ディヤルバクル 33
テキルダー 55, 73, 179
テクフルギョリュ（テキルギオル）（湖） 111, 113, 118, 128, 131
テケ（県） 32, 34, 41, 142
テッサリア（地方、平原） 105-106, 132
テッサロニキ（市、城） 64, 83-84, 102-103, 105, 118, 157-158, 166 →セラニク（県）
鉄門（ドナウ） 159, 170
デニズリ（県） 240
デミュルヒサル（郡） 102
デュズジェ（県） 32
デュルカディル（州、地方） 11, 39, 195-196, 199, 231, 244
デュンダルルおよびブルガル（郷） 221, 231
デルヴィネ 172
ドイラン（郷） 118, 173

トゥザネ（村） 126
トゥズル・ブルン 259
東部アナトリア 33, 35, 209, 259, 261 →アナトリア東部
トゥルノヴァ（ヴェリコ・タルノヴォ）（郡） 179
トゥルハラ（トリカラ）（県） 95, 97, 101, 105-106, 129, 132, 153
トゥルハル（郡） 35
ドナウ（川）（河口域） 9, 86, 94, 96-97, 111, 123, 126, 128, 131, 159, 170, 179, 245-246
ドブニチェ 166
ドブロジャ（ドブルジャ） 94, 97, 111, 118, 128, 130-131, 153, 179
トラキア（平原） 5, 8-9, 55, 59, 101-104, 106, 113, 123, 126, 131-132, 135-136, 155, 164, 167, 182
トラキア平原西部 101 →西トラキア（地方）
トラブルス・シャーム 39, 254
ドラマ（郡） 55, 102, 104, 123
トロス山脈 219

ナ行
南東アナトリア 196, 248 →アナトリア南東部
ニーデ 40, 251
ニーボル（県） 123, 168, 176, 178-179, 181
ニコシア（レフコシャ） 88
西アナトリア 14, 23, 32, 35, 37, 41, 63, 65, 68, 95, 127, 136-137, 150, 155-156, 239, 247-248, 250-252, 256, 259-261, 263 →アナトリア西部
西トラキア（地方） 9, 55, 102-103 →トラキア平原西部
ニシュ 170, 173
ニフ（郡） 35
ヌスレトリュ（村） 247
ネヴシェヒル（県） 250
ネヴルーズ・アイドゥンル（城） 87

321

索　引

ネセバル　96

ハ行

ハイラボル（郷）　91
バグダード　22, 39, 249
パザルジク　64, 68　→タタルパザル（ジュウ）
ハジュオスマンパザル（郷）　179
バシュゲテュレン（村）　220
バジュ鉱山　93, 97
ハジュル（郷）　221, 231
ハスキョイ（ハスコヴォ）（郷）　8, 132, 141, 164, 166-167
ババエスキ（郷）　113
ババダー（ババタグ）　179
ハマー　39, 250, 254, 262
ハミド（県）　142
パヤス　244
ハララ（郷）　101
バルカン山脈　73, 111, 113, 123, 131, 136, 164, 179
バルケスィル　23, 32, 248
バルチュク（バルチク）　179
ハレプ（アレッポ）（州）　22, 27, 35, 39, 240, 244, 247, 251, 254
ハルプト（県）　33
ビガ　142
東アナトリア　196, 248, 263　→アナトリア東部
東マケドニア地方　55
ビトリス（県）　33, 40
ヒュダーヴェンディギャール（ブルサ）（県）　32, 35, 84, 142, 150
ピルレペ（郡）　166-167, 185
ピレヴァディ（郡）　179
ビレジク（県）　22, 258
ファマグスタ（マウサ）　88, 90
フィリベ（郷）　8, 63-64, 67-68, 111, 123, 132　→プロヴディフ
フィロリナ（フロリナ）　166-167
ブダ　161
ブルガス（ブルガズ）　96, 164

フルソヴァ（郷）　111, 113, 118, 128
ブルドゥシャル（耕作地）　231
プロヴディフ　8, 11, 64, 67-68, 131, 135, 164, 166　→フィリベ（郷）
ベオグラード　86, 161, 174, 244
ヘザルグラト（ラズグラド）（郡、郷）　179
ベレン　244
ベレンディ（郷）　220-221, 229, 233
ペロポネソス半島（モレア）　91, 95
ボアズヒサル　95
ボゾク（県、郡）　193, 195-206, 208-210, 214-215, 217-218, 250, 270
ホムス（フムス）　39, 254, 262
ボル（県）　142
ボルヴァディン　36

マ行

（歴史的）マケドニア（地方、山地）　55-56, 64, 102, 118, 123, 157-158, 164, 166-167, 182
マナストゥル（ビトラ）（郡）　158, 166-167, 185
マニサ（県）　34-35, 37, 63, 67
マラシュ（県）　33, 35, 39, 196, 244, 260
マラティヤ（県）　33, 35, 37, 196, 246
マルカラ（マルカルイェ）（郷）　91, 101, 179
マルマラ海（沿岸）　118
ミスィヴリ（ネセバル）　96
ムーラ　248
（聖地）メッカ（マッカ）　256
（聖地）メディナ（マディーナ）　164, 256
メネメン（平野）　63
メンテシェ（県）　142
モンテネグロ（カラダー）　92-93

ヤ行

ヤンボル（郷）　73, 85, 111, 131-133, 135
ヤンヤ（ヨアニナ）　172
ユレイル（郷）　220-221, 224, 231-232
ヨズガト（県）　193, 195

索引

ラ行

ラヴィシュテ（郡）　122
ラーズキイェ（郡）　240
ラッカ　12, 237, 239-243, 247-259, 261-263
ラルナカ　88
ラーレンデ（郡）　35
リムノス（リムニ）島　181

両聖地　256　→メッカ、メディナ
ルスチュク（ルセ）（郷）　179
ルドニク鉱山　97
ルハー（ウルファ）（県）　244
ルーム（州、地方）　8, 11, 84, 195, 199, 258
ロドピ（山脈）　56, 102

事項索引

ア行

アヴァールズ・ディーヴァーニイェ税　71, 74, 80, 130, 140
アヴァールズ税　72, 75, 130, 152, 176, 180-184
アヴァールズ台帳　150
アクダー・タタール　94
アクタヴ・タタール　95-96, 129-133, 135, 154
アクチェ　19, 36, 72, 74-77, 80-81, 84, 102-104, 109-112, 116-118, 122-125, 127-129, 133, 140, 145, 147, 149-150, 152, 176, 198-201, 206, 211, 214-216, 221-222, 229
アクンジュ　62, 76
アージャ・コユンル族　211, 214
アージャル族　211, 214, 216
『アーシュクパシャザーデ史』　63-64, 67-68
アスケリー　61, 71-72
アタテュルク図書館　46, 235, 239
アトチェケン　40
アフシャール族　258, 260, 274
アヤソフィア・モスク　5, 139
アラバジュ・ユリュク　35
アラブ　13, 35, 39
　─系遊牧民　218, 241
アリー・ベイリュ族　210
アレヴィー　28, 40
アンカラの戦い　67
アンカラのワクフ総局中央図書室　44, 252
イェニイル　39, 241, 244, 247, 253-254, 256
　─・テュルクメン　241, 244, 247, 253-254, 256
　─・ハス　253
イェニチェリ　13-14, 155, 161, 171, 176, 181, 183
　─・軍団　14
イキズジェリュ族　232
イスラーム化　35, 195
イチイル・ユリュク　32, 250
移動牧畜　23
移牧　22-26, 49
イルディクリュ族　258
ヴァルサク・テュルクメン　40
ヴィゼ・タタール　94-96
ヴィゼ・ミュセッレム　82, 136, 138, 140, 142, 147, 149
ヴィゼ・ユリュク　73, 82, 85-89, 91-92, 94-96, 99, 105, 124-125, 131-132
ヴェネツィア共和国　88
ヴォイヴォダ　244
ヴォイヌク　61-62, 71, 74, 77, 185
　─制　62, 185
ウシュル税　70-71, 77, 100-106, 108-110, 127-129, 140, 143, 145, 147, 176-177, 181, 185, 200-202, 204, 211, 214-217, 221-222, 224, 228, 230, 233, 241, 250-251
ヴラフ（アルーマニア）人　24

323

索　引

ウラマー　13, 61
エシキンジ　53, 70-77, 80, 83, 85, 87, 90, 92-93, 97, 99-100, 104, 110-113, 116-117, 122-123, 125, 127, 131-133, 152-153, 156, 162-164, 168-169, 174, 176, 181-182, 184-185
エッリジ・ユリュク　35
エミル族　247
遠征の代替税　183, 185
オグズ族　30
オグズ二十四氏族　12, 28-30, 197
オジャク　40, 53, 55, 73-77, 80, 84-85, 87, 92, 99-100, 104-105, 110-113, 116-118, 122-125, 128-129, 131-133, 135, 138, 140, 143, 145, 147, 149, 152-154, 156, 164, 186
オーストリア　70, 161, 170, 174, 186, 244-245
『オスマン朝諸法典』　48, 136, 141-142
オスマン文書館　32, 41-46, 54, 56, 81, 94, 109, 137, 140-141, 145, 147, 234-236, 239-240
オフチャボル・ユリュク　73, 86, 99, 131
『オルチ・ベイ史』　64, 68

カ行

改革軍　15
夏営地　18, 22-24, 26, 32-33, 36, 38, 49, 195, 204, 220, 247-248, 256, 260, 262
　―税　199, 204
火器　14-16, 20, 84, 88, 139, 186, 267
果樹園税　204
カスム　82
　―の日　82
家畜追いの羊・山羊税　176-178, 180, 182-184
カーディー　1, 93, 254
カビーレ　27, 197, 202, 204, 210
カプクル　61
カプダン・パシャ　84, 136
火砲　14-16, 186, 273
火薬　14-15, 139, 174

カユ氏族　12, 29
カラケチリ族　33, 40
カラシェイフリュ族　258
カラジャ・ユリュク　32-33
カレンデルオールの乱　208
簡易帳　45, 72, 102, 163-164, 182
灌漑農業　22
慣習の諸税　109, 130, 176
完全遊牧　24-25
旧母后のモスク　241
　―のモスクのワクフ　252-256
キリス・クルド　241, 253
キーレ　127
近世　13, 16, 19-20, 27, 36, 40, 267, 272-273
クズルコジャル族　213
クズルジャ・ミュセッレム　76, 95, 136, 138, 141-142, 145, 147, 149, 151
クズルバシュ　15, 40
　―／キズィルバーシュ　15
クリミア・タタール　62, 130-131
クリミア・ハン　17, 62, 110-111, 130, 171
クルシュ　176-178, 180, 244-245
クルド　10, 12-14, 19, 23-24, 26-27, 33, 35, 39-40, 209, 218, 221, 240-241, 243-251, 253, 255, 258, 260-262, 270-271, 274-275
　―系遊牧民　23, 33, 35, 40, 261, 274
　―人　10, 12-14
軍人　180
　―／支配層　72, 75-77, 79-80, 101, 128, 133, 149, 152, 154-155, 165-166, 168, 175-176, 178, 180, 183, 185, 187, 268-269, 272
結婚税　76, 100, 103, 127, 130, 202, 204
耕作地　25, 37-38, 104, 106, 156, 202, 204, 208-210, 212, 215-219, 221-223, 225, 227-228, 230-233, 270
耕地・作物税　198-199, 202-205, 210-211, 214-217
耕地税　70, 74-77, 100-101, 104-105, 110, 127-129, 199-202, 204, 214, 217,

324

索　引

228-230, 232
耕作地　25, 36, 37, 38, 104, 106, 156, 202, 204, 206, 208, 209, 210, 215, 216, 218, 219, 221, 222, 223, 224, 227, 228, 230, 231, 232, 233, 270
国税代替税　93, 177
コジャジュク・ユリュク　54, 73, 85, 88-89, 94, 99, 110-111, 113, 116, 118, 125, 131, 153, 158
古典期　13
コプト　21
コユンジュ族　231

サ行

菜園税　103, 145, 205
ザーイム　19, 71, 77, 85, 110-111, 113, 116-117, 133, 172-173, 200
再遊牧化　23, 37
ザーキルリュ族　211, 214
サファヴィー朝　15, 40, 161, 185, 274
サーラーリイェ税　71, 101, 104, 127
サーラール税　71
サルケチリ族　32
サルハン・ベイリク　63-64, 66, 137
サンジャクベイ　66, 84, 127, 145
シェイフリュ族　258-259
ジェベリュのタタール　126, 128-131, 133, 154
ジェマアト　27, 197, 202, 204, 210, 215, 218, 220, 222-224, 227-228, 230-233
　　―・耕作地分離型　224, 227, 230, 232
　　―名分類　223-224, 227-228, 230, 232
ジェリド族　258
ジプシー　21, 82, 136
シャーム・バヤドゥ族　211, 215
ジャバ　75, 200
　　―税　200
シャリーア法廷台帳　33-34, 39, 240, 257
ジャンバズ　71, 77, 91
集団（ジェマアト）　117
住民交換　9, 275
硝石　139

常備軍　14-15, 155
司令官　76, 155, 163, 172
臣民　61
　　―／被支配層　76-77, 80-81, 91, 100, 127-128, 133, 140, 142-144, 150, 152, 154-155, 165, 180-183, 186, 199-202, 229, 243, 269, 272
スィヴァス・テュルクメン　33
水牛　84-85, 93, 139
　　―税　227
水道　87-88, 175
スィパーヒー　19, 61, 66, 71, 74-76, 104-105, 127, 138, 142, 144, 153, 155, 176, 183, 198, 200
枢機勅令簿　42-44, 55, 80-83, 90-91, 94, 98, 109, 137, 142, 144, 161-162, 164, 167, 170, 174, 239-241, 243, 245, 247-251, 253, 256-258
巣箱税　104, 204
スバシ　74, 76, 82-83, 135
スルクントゥ・テュルクメン　220
スルタン　3, 65-69
スレイマニィエ図書館　137
ゼアメト　19, 74, 76, 84-85, 142-143, 145, 166
聖キリル・聖メトディ・ブルガリア国立図書館　56, 234-235
聖地メディナ／マディーナ　164
税調査台帳　31
征服者の子孫たち　12, 19, 53-54, 56-57, 135, 161-187, 243-246, 269-272, 275
　　―台帳　163, 181
『世界の鑑』　2, 64, 68
世帯税　222, 229-230, 232-233
セラニク・ユリュク　73, 83, 84, 85, 86, 87, 89, 91, 95, 97, 99, 105, 110, 113, 116, 117, 118, 122, 123, 125, 131, 132, 153, 164, 167
セリミイェ・モスク　88, 139
『セルジューク朝史』　26, 48
総動員　171
総督　254

325

索　引

ソクレン族　211, 214-215
租税調査台帳　31-40, 44-46, 55, 63, 65-66, 69-70, 72-73, 77, 79, 98-106, 108-109, 118, 126-129, 132, 136-138, 152-154, 163, 167, 196-197, 200-204, 206, 209-211, 214-224, 228-233, 236, 270

タ行

大軍管区簡易会計台帳　45
代替税　91, 93, 171, 176-178, 180, 182-187
大統領府オスマン文書館　42
第二次ウィーン包囲　161, 243, 269
大砲　15, 84-86, 88, 93, 97, 143, 152, 170-171, 174-175, 182-184, 246, 262, 267
鷹匠　71, 91
タタール　17, 19, 32, 34, 53-54, 56-57, 59, 61-62, 66-73, 76-77, 79-81, 85, 94-98, 109, 126-133, 135-136, 138, 140, 145, 154, 268, 271, 275
　―台帳　72, 131, 133
　―兵　17
ダニシュメンドリュ・テュルクメン　244-245, 247
煙草税　102-103, 110
タバンル族　259
タプ　200
　―税　200-201, 204, 214
タフタジュ　28
タンズィマート改革　13, 17, 19, 41, 44, 53, 186-187, 270, 272, 275
タンルダー・ユリュク　55, 73, 85-86, 88-89, 94-95, 99, 118, 122-123, 125, 131, 267
チェクメジェ橋　96-97, 100
地券・地籍簿総局文書館　45, 102, 109, 141, 145, 147, 236
チジェクリュ族　213
チフト　74-75, 77, 103, 105, 127, 200
　―税　205
チムリ・アラブ・テュルクメン　259
チャタル　70-71, 220
チャルディラーンの戦い　15
チュムラ・ユリュク　34
逃散　34, 124, 162, 177-180, 184-186, 239, 242, 248, 250-252, 256-263, 271-274
徴税請負制　144, 155, 161, 268
徴税権　13, 19, 40, 45, 61, 65-66, 72, 75-77, 101, 109, 111, 127, 140, 142, 144, 151-152, 176-177, 183, 252-253, 268
帳簿保存局　45, 109, 149
チルメン・ミュセッレム　136, 142, 149
チンゲネ・ミュセッレム　82, 88, 92, 95-96, 135-136, 138, 140-142, 144, 147, 149
追放　35
庭園税　204
定住　21, 23, 30
　―化　18, 23, 25, 28-29, 34-41, 54, 76, 137, 195-197, 205, 209-210, 214, 217-218, 221, 239-244, 246-263, 270-275
　―化政策　239-263
ティマール　13, 19, 65-66, 69, 74, 84-85, 91, 100, 142-143, 166, 172-173, 183, 198
　―制　19
ディルリク　13, 19, 45, 69, 101-106, 108-109, 128, 144, 153, 155-156, 166, 176, 181, 219, 228, 268
　―制　13, 19, 45, 144, 155, 219, 228, 268
テジルリュ族　211, 214-215
鉄砲　15
デミュルジュレル族　211, 214-215
デュルカディル・ベイリク　195
デュルカディルリュ族　231
テュルク化　28-29, 34-35, 56, 195
テュルク系遊牧民　11, 15-16, 24, 28-31, 34, 38, 40, 53-54, 69, 270, 274
テュルクメン　13, 19, 22-23, 26-27, 30, 32-33, 35, 39-40, 139, 158, 220, 241, 243-249, 253-256, 258-262, 271,

索 引

―／トルクマーン 13, 27
デリュ・アリーリュ族 210
デルベンドジ 139, 239, 241-242, 248
　―制 239, 241-242, 261
天水農業 22, 195, 217
トイジャ 62
冬営地 18, 22-23, 26, 33, 36, 38, 49,
　　102-103, 110, 195, 202, 220, 260, 262
　―税 102-103, 105, 110, 128, 199, 202
峠守 182
トゥーラ 3, 83, 179
トゥルハラ・タタール 95, 97, 129, 132
土地法 18
トプカプ宮殿博物館附属図書館 43, 46,
　　83, 94
トプカプ宮殿博物館附属文書館 43, 71,
　　81, 94
ドブルジャ・タタール 94-95, 130
トルクマーン人 10, 12

ナ行

ナアルドケン・ユリュク 55, 73, 85,
　　87-88, 90, 92, 94-95, 99, 123-125, 131
ニーム 75, 127, 200
　―税 200
農民 205
ノウルーズ 82, 229

ハ行

ハイマーネ 76-77, 81, 104
　―税 76-77, 81
ハス 19, 76, 84, 177
罰金 76, 100
パーディシャー 3, 8
バードゥ・ハヴァー税 127, 198-199, 202,
　　204
ハプスブルク軍 161
ハプスブルク君主国 86, 155, 161, 244
バルタ・バラバンル・ユリュク 101
ハルチルク 72, 74-75, 80, 140, 145, 176
ハレビー・アクチェ 222, 229
ハレブ・テュルクメン 22, 39, 244, 247,

254
叛徒 33-34, 36, 40-41, 82, 239-242,
　　247-248, 250-252, 254, 256, 258-260,
　　262-263, 271-272
半遊牧 24-25
　―民 25, 220
挽臼税 127, 198-199, 204
非耕地・非作物税 198, 202, 204-205,
　　210-211, 214
ヒサール・ベイリュ族 210-211, 214-216
非正規兵 161, 171, 182, 185
羊・山羊税 36, 105-106, 108, 110,
　　128-129, 145, 147, 176-178, 180,
　　182-184, 198-199, 201-202, 204, 211,
　　214-217, 228
フズル・イルヤース 82
　―の日 82
部族集団 27, 32-33, 39-40, 76, 197, 199,
　　201-206, 208-211, 214-218, 220-222,
　　224, 227-228, 230-231, 233
　―名 206, 208-209
部族長 245-246
附属文書室 44
ブユク・チェクメジェ橋 96, 100
兵役代替税 185
兵団長 74, 76-77, 82, 92-93, 100,
　　110-111, 115-116, 124, 133, 176-178,
　　182-183
ベイディクリ・テュルクメン 258
ベイリク 53, 63-64, 66, 196
ヘズィール・アクチェ 199
ペフリヴァンル・テュルクメン 260
ベンナーク 75, 103, 127, 200
　―税 127, 200
奉公集団 61, 70, 73, 76-77, 80, 94, 99,
　　109, 126, 136-137, 142, 144-145, 147,
　　149-150, 152-156, 165, 176, 185-187,
　　262, 267-268, 270-273, 275
砲車兵 171-172, 175, 183, 187, 246, 269
砲弾 85-86, 88, 90, 93, 97, 139, 152, 171,
　　173, 175, 267
砲兵 171-172, 175, 183, 187, 246, 262, 269

327

索　引

法令集　46-47, 53-54, 56, 70-73, 76-77, 79, 81, 91, 98, 100, 104, 116, 137-138, 140-141, 145, 147, 197-202, 204, 209, 222, 228-229, 231
牧草地　21-22, 25-26, 92
　―税　204
牧畜　21, 24
母后　241, 252-253
　―のモスク　241, 252-256
ボズアパ・タタール　96-97, 126-127, 129, 132
ボズウルス・ムカーター　244
ボズウルス・テュルクメン　40
ポスト古典期　13
ポーランド・リトアニア共和国　17, 62, 110-111, 126, 130

マ行

ミッド　127
ミュジェッレド　75, 103, 127
ミュセッレム　14, 57, 59, 61, 71-74, 76-77, 82, 85, 88, 92-96, 109, 127, 135-138, 140-145, 147, 149-152, 154-156, 268, 275
　―台帳　72, 141, 145, 148, 151
ミョウバン　139
民兵　171
ムカーター　143-144, 150-152, 155-156, 177, 244
　―台帳　144
ムガル朝　15
群れ税　102, 108, 199, 204
明細帳　45, 72, 101, 105-106
命令台帳　43-44, 72, 253
メヴクーファート局　93
メズラア　222, 233
棉花　22, 220-222
免税権代替税　176-178, 180, 185

ヤ行

ヤマク　53, 55, 70-72, 74-77, 80, 92, 99-100, 104, 110-113, 116-118, 122-125, 127, 131-133, 138, 140, 143, 145, 147, 149-150, 152-153, 155-156, 163-164, 168-169, 175-176, 268
　―税　55, 72, 74-76, 99-100, 104, 110-113, 116-118, 122-125, 131-133, 145, 147, 149-150, 156, 168, 175-176, 268
ヤヤ　14, 61, 71-74, 77, 93, 136-138, 140-145, 150, 156, 268, 275
ヤンボル　73, 85, 94-97, 111, 113, 129-133, 135, 154
　―・タタール　73, 94-96, 129-132, 154
　―・ユリュク　85, 97
遊牧　14, 16-17, 21-26, 128, 153, 195, 203, 205, 218, 247-248, 257, 267, 270. 272, 275
遊牧民　5, 7, 11-41, 44, 46, 48, 50, 54, 56, 63-64, 69, 74, 76, 137, 144, 153-154, 159, 164-189, 197, 199, 201-203, 207, 210-212, 219-220, 222-223, 230, 237, 239, 241-245, 248-250, 252-254, 256, 258-263, 265, 269-270, 272-277
　―の定住化　12
ユリュク　11-12, 18-19, 23-24, 26-28, 30, 32-35, 41, 53-57, 59, 61-77, 79-92, 94-106, 108-113, 116-118, 122-126, 128, 131-133, 135-136, 138, 140, 143-145, 150, 152-158, 161-178, 180-182, 185-187, 242-246, 250-251, 262, 267-269, 271-272, 275
　―・タタール台帳　131, 133
　―台帳　55-56, 72-73, 76-77, 92, 99-100, 104, 110-113, 116, 122-123, 125, 131-133, 155, 162-164, 168, 177-178, 180-181, 243
傭兵　62, 155, 177-178

ラ行

『ラーシド史』　163, 171-173
ラマザン・ベイリク　219, 221
リシュヴァン・クルド　240-241, 253
リシュヴァン族　40, 209, 240, 261

リプカ・タタール　62, 130-131
糧秣税　176
糧秣調達税　180-183
糧秣調達代替税　178, 183-184
『旅行記』　2, 48, 84-85
ルメリ・ベイレルベイ　108, 172
ルメリのタタール　32, 53-54, 59, 61, 66, 70, 77, 79-80, 94-98, 126, 128, 130-133, 135-136, 154, 268
　―台帳　134
ルメリのミュセッレム　57, 136-137, 141-145, 147, 149-152, 155
ルメリのユリュク　11-12, 32, 53-57, 59, 61-62, 70, 73, 75-77, 80-83, 85, 89-92, 94, 98-101, 104, 109-110, 123-125, 131, 133, 135-136, 138, 140, 144, 152-154, 156-157, 161-172, 174-176,
181-182, 185-187, 242-246, 262, 267-269, 271-272, 275
レアーヤー　61, 71-72
レイハンル族　254, 257
ロシア　111, 161
　―帝国　274
ロマ　21, 82, 136
『論策』　141, 143, 150

ワ行
ワクフ　9, 44, 63, 102, 127, 164, 166, 183, 241, 252-256, 259, 263, 271-273
　―総局中央図書室附属文書室　252
　―台帳　102

アルファベット
VGM　44, 252-255

著者略歴

岩本　佳子（いわもと　けいこ）

大阪府生まれ。京都大学文学部卒業。京都大学大学院文学研究科博士後期課程単位取得満期退学，京都大学博士（文学）現在は，東京外国語大学アジア・アフリカ言語文化研究所ジュニア・フェロー。専門はオスマン朝史。

主な著作

「免税者から担税者へ：16-17世紀のバルカン半島におけるミュセッレム集団の存続と変容」『オリエント』59(2), 2017；"A Study on the Turning Point of the Ottoman Policy toward Nomads: The Settlement Policy of Turkish and Kurdish Nomads in the Seventeenth end Eighteenth Centuries." *Annals for Japan Association for Middle East Studies(AJAMES)*, 32(2), 2017; "The Ottoman Auxiliary Units in the Balkans; A Study of the Yörüks in Rumeli and the Descendants of the Conquerors in the 17th and 18th Centuries." in *IS Research Exchange Seminar 2014: Complication of Papers and Seminar Proceedings*, Osaka City University, 2015；「オスマン帝国の中の「タタール」──15から16世紀のアナトリアとバルカン半島におけるタタールと呼ばれた集団についての一考察」（共著：杉山正樹編『続・ユーラシアの東西を眺める』，京都大学大学院文学研究科，2014）；「ジェマアト・村・メズラア──16世紀のアダナ県における「部族の存続」の一考察」（『西南アジア研究』78, 2013）；「ルメリのユリュクから征服者の子孫たちへ──オスマン朝における準軍人身分の「遊牧民」の成立と展開」（『東洋史研究』71(3), 2012）；「「遊牧民」から「農民」へ──オスマン朝支配下のアナトリア中部における遊牧民認識の変遷」（『史林』93(2), 2010）

帝国と遊牧民
── 近世オスマン朝の視座より

2019年2月20日　初版第一刷発行

著　者	岩　本　佳　子	
発行人	末　原　達　郎	
発行所	京都大学学術出版会	
	京都市左京区吉田近衛町69	
	京都大学吉田南構内（〒606-8315）	
	電話　075(761)6182	
	FAX　075(761)6190	
	URL　http://www.kyoto-up.or.jp	
	振替　01000-8-64677	
印刷・製本	亜細亜印刷株式会社	

Ⓒ Keiko Iwamoto 2019　　　　　　　　　　　　　　Printed in Japan
ISBN978-4-8140-0182-8　　　　　定価はカバーに表示してあります

本書のコピー，スキャン，デジタル化等の無断複製は著作権法上での例外を除き禁じられています。本書を代行業者等の第三者に依頼してスキャンやデジタル化することは，たとえ個人や家庭内での利用でも著作権法違反です。